Tamagawa University Press Higher Education Reader Series
リーディングス 日本の高等教育 ❶

大学への進学
選抜と接続

中村高康 ――［編集］

玉川大学出版部

「リーディングス　日本の高等教育」刊行にあたって

　21世紀に入ってから、わが国の高等教育やそれを取り巻く諸環境は、さらにその変貌のスピードを加速化させつつある。このなかで高等教育研究はその激流への対応に慌ただしく、これまでの研究蓄積への批判的自省と学問的な問い直しの機会はけっして充分であったとは言えない。ここで敢えて立ち止まり、数多ある諸研究を振り返り、それを踏まえてさらなる発展と飛躍を試みることが必要な時にあるのではないか。

　このリーディングスは、そうした問題意識の下、わが国の高等教育領域における問題群を区分けし、総説およびトピックごとに解説を加えながら、重要と思われる研究論文を所収している。それとともに、戦後60有余年にわたる高等教育を取り巻く時代背景や社会状況をも通観できるよう、各時期が有していたリアリティを浮かび上がらせるような論考なども取り上げた。また本リーディングスは、8つの領域をたてているが、どの巻から手にとってもらっても、その巻のテーマについては、一通りの基本知識と社会背景が理解できるような仕組みとなっている。各領域の編者は比較的若手の研究者であり、各自が学生の頃にあったらよかったと思えるようなリーディングスを作ることを心がけた。したがって専門の研究者はもちろん、高等教育に興味のある一般の読者、さらには高等教育研究を手がけようとする初学者など、読者層を選ばない構成となっている。

　本リーディングスが、幅広い層の読者を獲得して、ひいては今後の高等教育研究の裾野を広げると同時に、新しい研究視座と課題発見の機会になることを期待している。

企画編集　橋 本 鉱 市
阿曽沼明裕

凡 例

1. 本シリーズの各巻は、対象とする研究分野を5部ほどに分け、その構成や内容を紹介・概観した巻頭の「総説」と、それぞれの部の分野についての論文・論考、およびその「解説」で構成したものである。所収できなかった関連の論文・論考についても「解説」でできるだけ言及し、そのほかの文献も加えて「解説」のあとに「参考文献」として掲げた。
1. 各巻の構成については、戦後の高等教育（研究）を辿るという目的から時系列的な構成を取る場合もあれば、多様な研究領域を取り上げるという目的から研究項目別の構成となっている場合もある。また巻によってはこれが混在する場合もあるが、それらの構成や内容については、基本的には各巻の編者の判断に任せた。
1. 収録論文は、比較的最近に出版された単行本は除いて、戦後（1945年以後）に発表された論文および単行本の一部を転載したものである。
1. 収録した論文の出典は、それぞれの論文の冒頭頁欄外に記載した。[ ]内は掲載論文の章節名などの番号を指す。
1. 編集するにあたって、原文を以下のように変更した。
    - 論文のタイトル・節・図表・注の番号を本書の構成に合わせ、変更したものがある。
    - 原文が縦組のときは横組に変更し、漢数字をアラビア数字にするなど、横組の書式に改めたものがある。
    - 原文の旧（正）字・旧仮名遣いは新字・新仮名遣いに改めた。
    - カタカナの人名・地名は通常表記されているように改めた場合がある。
    - 途中で省略したところは〔略〕〔後略〕などで示した。また編者による補足を〔 〕で表記した。
    - 原文の一部省略に伴い、該当する図表、注、参考文献を省略した。
    - 原文の明らかな誤植は訂正した。
1. 総説、解説で参照した文献が他の部の参考文献として掲げられているときは、以下のように表記した。
    （例）「中山 1991〈第5部〉」

目次

「リーディングス　日本の高等教育」刊行にあたって
　……………………………………………橋本　鉱市・阿曽沼　明裕　1

凡　例……………　2

総　説　**変容する大学進学現象を読む** ……………………中村　高康　5

第1部　高等教育の大衆化 ……………………………………………… 9

解説　「高等教育の大衆化」の理論と問題 ………………中村　高康　10
1　高等教育体制の段階移行論──〈トロウ・モデル〉の再検討 …喜多村　和之　18
2　エリートからマスへ──大衆化の過程と構造 …………天野　郁夫　36

第2部　進学率の動向と教育機会 ……………………………………… 75

解説　高等教育の拡大・停滞と機会均等をめぐる議論の展開 ……中村　高康　76
1　大学入学者の所得階層 ……………………………………潮木　守一　84
2　わが国の高等教育進学率はなぜ停滞しているか ………菊池　城司　95
3　なぜ、大学に進学しないのか──顕在的需要と潜在的需要の決定要因
　………………………………………矢野　眞和・濱中　淳子　105
4　進学移動と大学・短大の適正配置 ………………………牟田　博光　124

第3部　受験競争の問題 ………………………………………………… 147

解説　教育拡大と受験競争の変容 ……………………………中村　高康　148
1　進学問題の背景 ……………………………………………新堀　通也　156
2　総括と提案 …………………………………………………大田　堯　168
3　入学試験競争に対する適応態勢 …………………………倉石　精一　178
4　受験のポスト・モダン ……………………………………竹内　洋　197

| 第4部 | 入学者選抜制度 | 215 |

解説 戦後日本における大学入学者選抜の特質とその変容 …中村 高康 216
　1 大学入学試験に関する研究——高校学業成績および大学入学試験成績と大学在学中の学業成績との関係 ……………………西堀 道雄・松下 康夫 224
　2 共通第1次試験・センター試験の制度的妥当性の問題 ……木村 拓也 244
　3 推薦入学制度の公認とマス選抜の成立——公平信仰社会における大学入試多様化の位置づけをめぐって ………………………………中村 高康 265

| 第5部 | 高校と大学の接続 | 285 |

解説 ユニバーサル化の課題としての「高大接続」……………中村 高康 286
　1 学校制度のなかの大学入試 ……………………………………佐々木 享 294
　2 研究の動機と概要 ………………………………………………黒羽 亮一 300
　3 高校と大学の接続——ユニバーサル化の課題 ………………荒井 克弘 310
　4 日本における教育接続の戦後史 ………………………………岩田 弘三 327

|総説| 変容する大学進学現象を読む

中村 高康

　本書は、戦後日本における高等教育への進学の問題に関連する研究論文を収録している。もっとも、高等教育進学といっても、本来それが意味するのは大学進学だけではなく短大進学もあり、高等専門学校もあり、専門学校や大学院の進学もある。だが、本書で扱うのは、主として大学進学に関わる論考である。それは恣意的な基準を用いてそうしているわけではなく、現在時点からみて戦後日本社会の高等教育進学者の拡大は、数のうえで大きい大学進学者の拡大によって特徴づけられてきたからであり、また実際に社会的にもまた研究上も大学進学の問題に議論が集中してきたからでもある。

1. 戦後社会の特質としての教育拡大

　戦後社会を特徴づける変化については、これまで様々なことが言われてきた。経済成長・停滞の動向、サービス産業の拡大、家族の変化、少子化、国際化、情報技術の発達等々、いくらでも列挙可能であるが、教育に関して大きな変化を一つだけ挙げるとすれば、それは進学率の上昇＝教育拡大ということになるだろう。とりわけ、注目されるのが、本書で中心的に取り扱う大学進学の問題である。次の図1は、各高等教育機関への進学率および高校生の就職率の推移を示したものである。

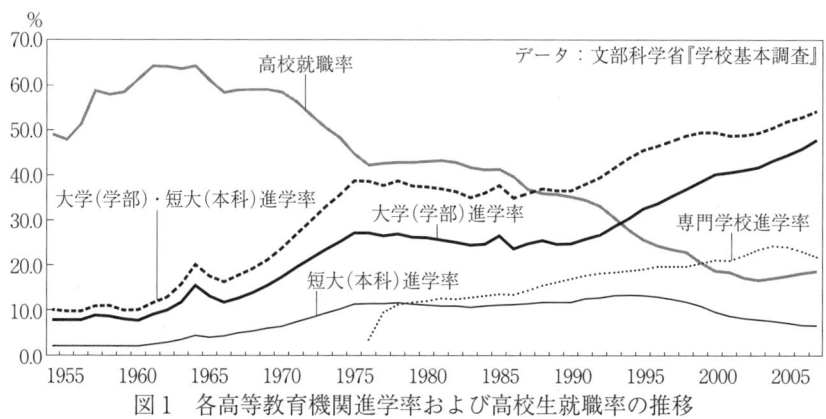

図1　各高等教育機関進学率および高校生就職率の推移

戦後は中学校までの義務教育が徹底されたし、後期中等教育といわれる高校も1970年代にはほぼ普遍化した。しかし、これらはいずれも戦後のある時点においてほぼ天井に達してしまっており、戦後社会の長期的変化を特徴づけるインデックスとしては一過性のもので使いにくい。むしろ戦後を通じて継続して変化を続けてきたのは高等教育進学率であり、さらにいえば大学進学率である。戦後の高校生の進路の変化を端的に述べるなら、彼らは圧倒的に就職しなくなってきたのであり、また圧倒的に大学に進学するようになってきたのである。この点を無視して、戦後の教育変動を語ることはきわめて難しい。

なお、進学率の動向も重要だが、本書に収録した一部の論文でも言及されるように、進学者数そのものもインパクトを持ってきたということには注意を喚起しておきたい。わかりやすいのは、現代における少子化の影響であるが、過去においても第一次ベビーブームや第二次ベビーブームの世代が大学進学年齢に達した時期に社会問題化して、様々な改革が試みられてきた経緯が実際にある。いずれにせよ、教育拡大は「大学への進学」問題を語るうえで必須の背景をなしているのである。

2. 5つの問題領域の設定

高等教育進学に関する議論には様々なものがありまた数も膨大なものだが、文献を整理していくと、明らかにこの高等教育拡大・停滞・再拡大の趨勢が、議論を方向づけてきたことがわかる。本書では5つの問題領域を設定して、それぞれの問題についての重要文献を収録しているが、解説にも記したように、各部の内容はすべてこの高等教育拡大の問題と密接に関わっている。

本書冒頭の第1部で「高等教育の大衆化」をテーマとしたのは、それが高等教育進学の問題を統一的に理解する一つの軸だと考えたためである。とりわけ、マーチン・トロウの構造＝歴史理論を日本に導入した二人の論者の議論を取り上げることは、高等教育研究でパラダイム化しているトロウ理論の再検討と高等教育の新しい理論的展開を試みるための重要な土台となると考えたからである。また、トロウの理論は高等教育進学の問題だけを扱っているわけではなく、大衆化に伴う高等教育の様々な側面の変容を議論している。その意味では、本シリーズ全体の冒頭にも位置することになる第1巻の第1部において高等教育大衆化の議論を押さえておく形をとるのも、意義があると考えた。

本書第2部で扱っているのは、進学率の動向を具体的に説明しながら教育機会の問題を捉えようとする、主として計量的な研究群である。誰もが思うように、

進学者が増えたということは、それだけ教育機会が拡大したということであり、より平等な状態に近づいたと想定することも可能である。しかし、それはどのような社会層からもまんべんなく進学者が増えた場合であって、現実には、経済的に恵まれた層や家庭での教育に熱心な親を持つ層などが教育機会の拡大の恩恵をもっとも受けてきたことが、多くの研究によって指摘されている。高等教育の場合も同様である。日本では欧米ほど教育機会が社会問題化してこなかったこともあり、このテーマに取り組んできたのはほぼ教育社会学者に限られるが、社会科学的にはきわめて重要なトピックであり、一つの部を構成することとした。

　第3のテーマは「受験競争の問題」である。これは一般的な言説としてはもっとも多く、社会的に非常に注目されてきた問題でもあり、本巻でも一つの部としてたてておく必要がある問題である。しかし、文献をあらためて検討してみると、社会的言説の多さに比して研究としての蓄積は必ずしも体系だったものではなかったように見える。ただし、大学受験に参加する人数が増えたことに起因する受験競争批判の高まりがあり、それをうけて受験競争を捉えようとする研究が生まれてきたのは事実である。また、同様に高等教育のマス化・ユニバーサル化に連動して生じてきたと思われる受験競争の現代的変容を捉えようとする研究群も出てきている。これらの諸研究を提示しておくことは重要であろう。

　4番目にテーマとして設定したのは、「大学入学者選抜制度」である。大学入学者選抜制度をどのようにするのかという問題は、国家レベルの政策から個別大学の実践的判断まで含むため、非常に多くの研究・文献が存在する領域である。このテーマに参入している研究者の専門分野も、比較教育学、教育史、高等教育論、教育社会学、教育心理学、教育制度学など実に多様である。制度というのは人為的に操作可能な変数とみられるため、変革の可能性を期待しての研究も多々あったと思われるが、見方を変えると制度は社会変動と社会規範の影響も反映しうる。戦後の大学入学者選抜制度の変容は、高等教育の拡大とそれに伴う選抜の公平性・妥当性に関する社会規範の変容を映し出している。ここではそうした観点から、とりわけ現代の入試多様化の趨勢を理解するうえで特に重要と思われる文献を取り上げた。

　第5部は「高校と大学の接続」を取り上げる。いうまでもなく今日においては、高等教育進学に関連するテーマの中ではもっとも注目されるトピックである。このテーマの隆盛が意味するところは、戦後日本社会における高等教育進学の問題の語り口として、「選抜」を中心とする議論から、高等教育がユニバーサ

ル段階に突入するのに伴って「教育」を中心とする議論へと変化してきた、ということである。接続を議論するには、高校教育と大学教育の理解が不可欠である。その意味では、大学進学という現象が選抜や競争として処理されるのではなく、なんらかの教育的意匠をほどこすべき現象へと変化していると見ることができる。いずれにせよ、現在発展途上のテーマでもあり、一つの部を構成して議論を取り上げておく必要がある。

3. 「大学への進学」研究の現代的課題

　以上の5つのテーマは、次のように整理可能であろう。さきほども述べたように、高等教育の大衆化（第1部）は全体を理解するうえでの枠を構成する。そのうえで選抜の視点をとるか教育の視点をとるかで扱われる議論の方向性が分かれてくる。本巻でいえば、教育機会（第2部）と入学者選抜制度（第4部）は選抜の側面を、受験競争（第3部）と高大接続（第5部）は教育的な側面を重視した議論である。一方で、個人に注目するのか、システムに注目するのかによっても区分可能である。選抜や接続はシス

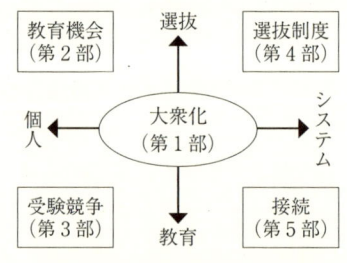

図2　大学進学研究の枠組

テムの問題であり、教育機会や受験競争は個人レベルの問題と見ることが可能である。したがって、図2のような枠組みで『大学への進学』研究を俯瞰することができるだろう。

　現代においては、全体を理解する枠組みとして「大衆化」は「ユニバーサル化」にとってかえられることになる。そして、個々の象限にはユニバーサル化に対応した課題がそれぞれあるはずである。それを探り出すことが「『大学への進学』研究の現代的課題」といえるが、ここではそれにとどまらず、「大衆化をユニバーサル化に置き換えただけで足りるのか」という理論的批判も含めた枠組みそのものの捉えなおしの可能性もまた、この領域の現代的課題の一つとして挙げておきたい。

　本巻に収録された論文の数は限られており、また当然ながら収録できなかった優れた研究も多くあるが、本巻がいま述べた現代的課題の探究のための一つの刺激となることを願っている。

第1部 高等教育の大衆化

| 解説 | 「高等教育の大衆化」の理論と問題

中村　高康

　日本における高等教育拡大の問題は、すなわち高卒者の高等教育入学者の拡大を意味する。なぜならば、リカレント型の成人教育システムは十分に定着せず、トコロテン方式といわれるように入学後のドロップアウトも少なく、また転学のシステムも確立していなかったため、高等教育人口の増加のほとんどは下級学校からの進学者の増加によるものだったからである。高等教育への入学を取り扱う本巻の第1部においてこのテーマを採用する理由は、この点にある。

1. トロウの高等教育発展段階説をめぐって

　この大衆化をめぐる議論は、これまで高等教育論の一つのパラダイムを形成してきた。その核となったのはマーチン・トロウの構造−歴史理論である（トロウ 1976）。具体的には、高等教育が少数のエリートのための教育機関であった段階から、同年齢人口の15％を超えて就学するようになるマス段階を経て、さらに同年齢人口の50％以上が就学をするようになるユニバーサル段階へと歴史的に移行していき、その移行とともに高等教育の構造や性格も転換していくとみる高等教育発展段階説である。1989年のレビュー論文において、有本他（1989）は、このトロウの理論について、日本の高等教育論に「理論的な準拠枠を与えた」と指摘している。

　ところで、トロウの紹介者である天野郁夫や喜多村和之は、トロウ理論の有効性だけではなくその限界についても実際かなり自覚的であった。例えば天野は、トロウの考え方は厳密な検証を経ていない一つの仮説であり、それを有効な分析用具とするには制度の類型論が必要だと指摘している（天野 1979）。また喜多村も、トロウ自身の自己批判的研究を手掛かりとして、トロウがヨーロッパ固有の伝統や構造を十分考慮してこなかった点に限界を認め、トロウのモデルを日本に適用するためには日本固有の高等教育の制度・構造の分析が不可欠だと論じている（喜多村 1986）。トロウの理論が一般化した現在においてこそ、こうした紹介者たち自身による反省的研究から学ぶべき点は多いと考え、本巻ではまず理論的パースペクティブを確認する意味でも、とりわけその問題を集中的に論じている

喜多村 1986「高等教育体制の段階移行論」を採用することにした。これは初出は喜多村（1980）であるが、有名にもなったトロウ・モデルの一覧表が再録されているため、1986年の論文を採用することにした。

2. ユニバーサル段階の高等教育

　天野や喜多村の論稿を現代において参照する意義は、今日の高等教育がおかれた社会環境と不可分である。現代日本においては、近年の進学率の急拡大によりトロウの発展段階説でいうところのユニバーサル化のボーダーラインである50％を軽く超えるようになり、トロウの指摘通りのユニバーサル化が（少なくとも形のうえでは）達成されたとさしあたりはいうことができる。日本高等教育学会の『高等教育研究』（第2集）や高等教育研究所の『高等教育研究紀要』（第17号、第18号）では、1990年代末にはユニバーサル化の特集が組まれている。またヨーロッパ諸国の高等教育が拡大したことにより、さきほどの喜多村の論文にもあるように一時はトロウ自身が自らの理論の妥当性に批判を向けた時代とは状況が異なり、トロウの枠組みはますます使いやすくなっている文脈がある。トロウのその後の議論についてもいくつか翻訳がなされ（トロウ 1998；1999a；1999b；2000）、トロウ自身の関心もユニバーサル段階への移行に焦点化されるとともに、日本の研究者がますますトロウ理論を参照しやすい環境が整ってきているのである。

　しかしながら、トロウ理論が紹介された当時とは社会状況も大きく様変わりした中で、1970年代のアメリカを中心にしたトロウの理論をそのまま安易に用いてしまうことへの違和感も、一方で徐々に広がりつつあるようにみえる。江原（1999）が指摘するように、高等教育研究であまりにも一般化した「ユニバーサル化」の用語は、すでにいろいろな意味で使われるようになっていた。有本もまた、国際比較研究の観点からトロウ理論のアメリカ中心的な性格の限界を指摘し、知識社会における高等教育システムの比較研究のためのモデルとして「知識モデル」を対峙させ、歴史−構造論的アプローチと知識論的アプローチのクロスした視座が必要と指摘している（有本 2003；2006）。中村（2007）は、抽象的で一見大きな問題を扱うような装いを持ちながらも、十分に理論的に展開されない空虚な現代社会評論的用語のことを〈誇大ターム〉と呼び、このトロウの枠組み自体が高等教育研究において他の社会理論との関連性やトロウ自身の理論の内実を十分に問わずに使用される〈誇大ターム〉の仲間入りを果たしてしまっている可能性を指摘している。羽田他（2007）もまた、トロウモデルが大局的には高等

教育の構造変化を説明するのに成功していたがゆえに、かえってこのモデルへの過剰な依存を生んだとしている。タイヒラーが日本の高等教育研究において指摘してくれていることは、こうした文脈では非常に示唆的である。「高等教育研究は、複雑な高等教育の把握を確実なものにするために、ある程度の割合で積極的に理論的・方法論的な強化を図ることが求められるのである」(タイヒラー2007、174頁)。このタイヒラーの苦言を日本の高等教育研究者が真摯に受け止めるのであれば、それは安易なトロウ批判でも、また安易なトロウ受容でもありえないだろう。おそらく必要なのは、トロウ理論の日本的な消化・拡張であり、それはまさにトロウ理論の紹介者たちが意識し、また実践もしてきたことだったのである。大きな社会変動のうねりが語られ、ユニバーサル化という語が通俗化しつつある現代にあってこそ、こうした先行研究は基本的視点として一層重要性を増しているといえる。

3. 戦後日本の高等教育大衆化

以上の点を押さえたうえで、戦後日本における高等教育の大衆化を概観できる研究論文についてここでいくつか言及しておきたい。戦後の高等教育の大衆化を正面から取り上げた研究書としては、清水編著(1975)や市川編(1995)、放送教育開発センター(1996)などがある。また広島大学大学教育研究センターでは1974年に研究員集会のテーマとして大学大衆化が取り上げられている(広島大学大学教育研究センター 1975)。しかし、論文として早い段階で、戦後の高等教育の大衆化を明治以降の歴史的経緯を踏まえて統一的な枠組みで描いたのは、天野(1975)の研究である。巷間〝天野テーゼ〟とも呼ばれる官立／私立、大学／専門学校という戦前期の二元二層の高等教育の制度的構造が戦後にも持ち込まれ、教育拡大に対して感応的なシステムとして機能するという観点は、近年の天野(2009b)とも通じ合っており、天野の一連の歴史研究を現代へと橋渡しする位置づけとなる論文である。今日の視点から読んでみても学ぶべき点が多々ある。なお、この論文はのちに**天野(1986)『高等教育の日本的構造』**に収録されており、若干加筆があるのでこちらの論文を収録した。

この天野の議論が個性的視点による大衆化の分析だとすれば、多様な視点を総合する形で大衆化の特質を論じていると言えるのが、市川(1995)の論文である。これは『大学大衆化の構造』の第一章として書かれたものだが、様々なところに現代の高等教育を読み解くヒントがちりばめられている。進学率で概括されがちな大衆化を複数の指標で整理して提示している点、質的な大衆化を強調して

いる点、大衆社会論の中での位置づけをしている点等々、これまでの高等教育大衆化の議論一般の傾向に対する穏やかな批判もこめられているように思われる。大衆化に対する政策変数の限定性や、ベビーブームの影響、選抜方法との関連など、見落とされがちな点も押さえられている。以後の趨勢もおおよそ市川の診断通りの方向で進んでいるように見える。

　また、近年では女性の進学率上昇が目立つが、短期大学の拡大を含めて女性の視点から見た戦後のマス高等教育の趨勢や傾向についても、以上の議論とは別に理解しておく必要がある。この点でいえば、天野（正）（1986）の研究はきわめて先駆的なものと位置づけられる。戦後の女子高等教育の拡大が短期大学や女子大学によって支えられたこと、しかしながら専攻分野が家政・人文に偏るなど「女性専用軌道」がむしろ定着したことを指摘し、量の拡大にもかかわらず「質」の点で問題を残していると結論づけているが、いずれにしても現代にも通じる論点が提示されている。

　さらには、政策との関連で高等教育大衆化の課題を明瞭に整理した矢野（1989）、マクロデータをもとに大衆化過程を検討し、制度確立期・大拡張期・調整期・再変動期に時期区分した吉本（1996）、高等教育大衆化を担った私立大学に着目し、個別大学データベースから実際には多様な拡大パターンがあったことを見いだした金子（1996）など、80年代から90年代前半までの大衆化状況を理解するうえで参考になる論考もかなり生み出されている。

　なお、大学院の拡大については、第5巻において言及されているのでここでは若干の文献をリストに提示するのみで具体的にはふれないが、高卒者の進路として専門学校（専修学校専門課程）は現代においては無視することができない規模にまで発展しているので、一言だけ言及しておきたい。この専門学校の拡大や専門学校進学について検討したものとしては、比較的早い段階のものでは麻生・近藤（1984）、岩木・耳塚（1985）、岩永（1985；1986）、近藤・岩永（1986）などを挙げることができる。また専門学校制度を概観できる総括的論文としては吉本（2003）がある。専門学校への進学とその制度的拡大の問題は、相対的に研究が手薄であったことや1976年の制度創設から月日がたち、制度としてかなり定着してきたこともあり、参考文献リストに一部提示したように、近年ではこれに関する研究は増えつつある。いずれにせよ、今後は大学以外の機関の拡大についても理論的枠組みの中に位置づけていく必要があるかもしれない。

参考文献

麻生誠・近藤博之 1984「専修学校制度の社会的定着度」『大学論集』第 13 集、広島大学大学教育研究センター、163-182

天野郁夫 1975「高等教育大衆化の過程と構造——近代化と高等教育-3-」『名古屋大学教育学部紀要・教育学科』第 21 巻、79-100

天野郁夫 1979「高等教育の発展段階説と制度類型論」『大学史研究』第 1 号、1-11

天野郁夫 1986「第四章 エリートからマスへ——大衆化の過程と構造」『高等教育の日本的構造』玉川大学出版部、127-173

天野郁夫 1996「日本型マス高等教育の成立と展開」『学習社会におけるマス高等教育の構造と機能に関する研究』(『研究報告』第 91 号) 放送教育開発センター、7-22

天野郁夫 2003「マス化とトロウ「理論」」『日本の高等教育システム——変革と創造』東京大学出版会、289-315

天野郁夫 2009a『大学の誕生(上・下)』中公新書

天野郁夫 2009b「日本高等教育システムの構造変動——トロウ理論による比較高等教育論的考察」『教育学研究』第 76 巻第 2 号、172-184

天野郁夫・喜多村和之 1976「解説」トロウ, M.(喜多村和之・天野郁夫訳)『高学歴社会の大学』東京大学出版会、181-204

天野正子 1986「戦後期・大衆化と女子高等教育」天野正子編著『女子高等教育の座標』垣内出版、59-92

荒井克弘 1995「新設私立大学・短大の供給メカニズム」市川昭午編『大学大衆化の構造』玉川大学出版部、125-153

有本章 2003「高等教育の国際比較研究におけるトロウモデルと知識モデルの視点」『大学論集』第 33 集、広島大学大学教育研究センター、1-19

有本章 2006「高等教育研究 30 年——高等教育研究の制度化の実現」『大学論集』第 36 集、広島大学高等教育研究開発センター、1-29

有本章他 1989「高等教育研究の動向」『教育社会学研究』第 45 集、67-106

飯嶋香織 2000「専門学校進学の選択過程——4 年制大学に進学した男子学生との比較から」『早稲田大学大学院教育学研究科紀要』別冊 (8-1)、61-69

市川昭午 1995「大学大衆化と高等教育政策」市川昭午編『大学大衆化の構造』玉川大学出版部、9-57

市川昭午編 1995『大学大衆化の構造』玉川大学出版部

岩木秀夫・耳塚寛明 1985「専修・各種学校入学者増加メカニズムの高校階層別分析」『国立教育研究所紀要』第112集、1-177

岩永雅也 1985「中等後教育機関としての専修学校の機能と問題点」『高等教育研究紀要』第4号、29-46

岩永雅也 1986「短期高等教育機会の現状―専修学校・各種学校」『高等教育研究紀要』第6号、64-74

岩永雅也 1999「大学のユニバーサル化とエリート教育」『高等教育研究』第2集、65-84

植上一希 2007「専門学校進学者のキャリア形成要求―新規高卒者の進路決定過程に注目して」『産業教育学研究』37(1)、31-38

植上一希 2009「専門学校生の進学・学び・卒後―ノンエリート青年のキャリア形成ルートとしての意義と課題」中西新太郎・高山智樹編『ノンエリート青年の社会空間―働くこと、生きること、「大人になる」ということ』大月書店、47-107

潮木守一 1975「高等教育の大衆化と高等教育卒業者の雇用構造」『大学の大衆化をめぐって―第3回(1974年度)『研究員集会』の記録』(『大学研究ノート』第20号) 広島大学大学教育研究センター、33-41

浦田広朗 1992「大学院教育の需要と供給」『大学研究』第9号、筑波大学大学研究センター、53-64

浦田広朗 2004「拡大する大学院」江原武一・馬越徹編著『大学院の改革』(『講座 21世紀の大学・高等教育を考える』4) 東信堂、31-49

江原武一 1999「アメリカの経験―ユニバーサル化への道」『高等教育研究』第2集、85-104

金子元久 1996「高等教育大衆化の担い手」『学習社会におけるマス高等教育の構造と機能に関する研究』(『研究報告』第91号) 放送教育開発センター、37-59

金子元久 2006「政策と制度に関する研究の展開」『大学論集』第36集、広島大学高等教育研究開発センター、223-235

鎌田積 1995「大学大衆化と公立大学」市川昭午編『大学大衆化の構造』玉川大学出版部、181-201

川嶋太津夫 1998「大衆化する大学院」天野郁夫編『変貌する高等教育』(『岩波講座 現代の教育―危機と改革』10) 岩波書店、197-220

喜多村和之 1980「高等教育体制の段階移行論について―〈トロウ・モデル〉の再検討」『大学論集』第8集、広島大学大学教育研究センター、51-65

喜多村和之 1986「第I部 第2章 高等教育体制の段階移行論―〈トロウ・モデル〉の再検討」『高等教育の比較的考察―大学制度と中等後教育のシステム化』玉川大学出版部、29-47

喜多村和之 1996「結び―高等教育の未来展望」『学習社会におけるマス高等教育の構造

と機能に関する研究』(『研究報告』第91号）放送教育開発センター、324-329
高等教育研究所 1999『高等教育ユニバーサル化の衝撃(1)』(『高等教育研究紀要』第17号）
高等教育研究所 2000『高等教育ユニバーサル化の衝撃(2)』(『高等教育研究紀要』第18号）
小林信一 1989「工学系大学院の発展過程と現段階」『教育社会学研究』第44集、132-144
小林信一 1995「大学院への進学と大学院生の就職」市川昭午・喜多村和之編『現代の大学院教育』玉川大学出版部、52-75
近藤博之・岩永雅也 1986「専修学校進学の諸側面」麻生誠（研究代表者）『専修学校制度の展開とその評価—短期高等教育の社会的規定に関する調査研究』(文部省科学研究費補助金研究成果報告書) 15-20
清水義弘編著 1975『高等教育の大衆化—大衆化の流れをどう変えるか』(『現代教育学講座』9) 第一法規出版
タイヒラー、U. 2007（吉本圭一訳）「外から見た日本の高等教育研究」『高等教育研究』第10集、165-177
舘昭 1999「やわらかな高等教育システムの形成—バーチャル・ユニバーシティの態様と単位制度の意義」『高等教育研究』第2集、25-46
田中雅文 1992「拡大する大学院社会人入学」『大学研究』第9号、筑波大学大学研究センター、65-77
トロウ、M. 1976（喜多村和之・天野郁夫訳）『高学歴社会の大学—エリートからマスへ』東京大学出版会
トロウ、M. 1998（金子元久訳）「高等教育におけるユニバーサル・アクセスの現代的意味」（その1）『IDE 現代の高等教育』No. 402、74-80
トロウ、M. 1999a（金子元久訳）「高等教育におけるユニバーサル・アクセスの現代的意味」（その2）『IDE 現代の高等教育』No. 404、74-80
トロウ、M. 1999b（喜多村和之訳）「マス型からユニバーサル型高等教育への移行」『高等教育研究』第2集、125-132
トロウ、M. 2000（喜多村和之編訳）『高度情報社会の大学—マスからユニバーサルへ』玉川大学出版部
長尾由希子 2006「女子高校生にとっての短期高等教育と将来展望—専門学校進学者と短大進学者の比較から」『東京大学大学院教育学研究科紀要』第45巻、97-103
長尾由希子 2008「専修学校の位置づけと進学者層の変化—中等後教育機関から高等教育機関へ」『教育社会学研究』第83集、85-106
中村高康 2007「高等教育研究と社会学的想像力—高等教育社会学における理論と方法の今日的課題」『高等教育研究』第10集、97-109
成田克矢他 1974「高等教育の大衆化と大学間格差の問題」『教育学研究』第41巻第4号、286-300

西田亜希子 2009「専門学校は大学進学の代替的進路か？―進路多様校における専門学校希望者の分析による検討」日本子ども社会学会編『子ども社会研究』15号、163-178

西村貴之 2006「専門学校に進学する若者たち」乾彰夫編『18歳の今を生きぬく―高卒1年目の選択』青木書店、205-226

日本高等教育学会編 1999「特集　ユニバーサル化への道」『高等教育研究』第2集

羽田貴史他 2007「大学史・高等教育史研究の10年」『高等教育研究』第10集、31-50

濱中（万見）淳子 2002「大学院の発展と構造分化」『国立大学の構造分化と地域交流』（『国立学校財務センター研究報告』第6号）129-144

濱中（万見）淳子 2002「1990年代における社会科学系修士課程の拡大メカニズム―政策と現実」『教育社会学研究』第71集、47-66

濱中淳子 2007「高等教育における専修学校の役割―「入口」と「出口」からの検証①高校生の進学行動からみた専修学校」『IDE 現代の高等教育』No. 492、73-76

濱中義隆 2008「高等教育の拡大過程における「非大学型」高等教育機会の役割と変容―専門学校の制度化と定着に着目して」中村高康編『階層社会の中の教育現象』2005年SSM調査研究会、49-67

韓民 1996『現代日本の専門学校―高等職業教育の意義と課題』玉川大学出版部

広島大学大学教育研究センター 1975『大学の大衆化をめぐって―第3回（1974年度）『研究員集会』の記録』（『大学研究ノート』第20号）広島大学大学教育研究センター

放送教育開発センター 1996『学習社会におけるマス高等教育の構造と機能に関する研究』（『研究報告』第91号）

丸山文裕 1995「女子高等教育進学率の変動」市川昭午編『大学大衆化の構造』玉川大学出版部、89-99

万見淳子 2000「国立大学大学院拡大の過程と構造」『東京大学大学院教育学研究科紀要』第39巻、213-223

万見淳子・金子元久 2001「大学院拡大の担い手―1990年代における修士課程在学者の変容」矢野眞和（研究代表者）『高等教育費と費用負担―政府・私学・家計』（文部科学省科学研究費補助金研究成果報告書）390-413

三浦真琴 1991「大学院修士課程の機能分化に関する一考察―社会科学系及び理学系大学院を中心に」『教育社会学研究』第48集、124-145

村澤昌崇 2008「大学院の分析―大学院進学の規定要因と地位達成における大学院の効果」中村高康編『階層社会の中の教育現象』2005年SSM調査研究会、87-107

矢野眞和 1989「高等教育の大衆化と政策課題」『教育社会学研究』第45集、20-34

矢野眞和 1999「ユニバーサル化への道」『高等教育研究』第2集、7-24

吉本圭一 1996「戦後高等教育の大衆化過程」『学習社会におけるマス高等教育の構造と機能に関する研究』（『研究報告』第91号）放送教育開発センター、23-36

吉本圭一 2003「専門学校の発展と高等教育の多様化」『高等教育研究』第6集、83-103

1　高等教育体制の段階移行論
――〈トロウ・モデル〉の再検討

喜多村　和之

1 ――〈トロウ・モデル〉の視点

　〝Elite-Mass-Universal〟の3つのタイプの発展段階モデルによって、先進産業社会の高等教育の制度・構造の特質を分析し、共通に当面する諸問題の根源と性格を説明しようとした、いわゆる〈トロウ・モデル〉がはじめて発表されたのは、1970年前後のことであった。カリフォルニア大学（バークレイ校）の社会学者 Martin Trow は、1970年はじめにアメリカ高等教育が現在「マス型高等教育からユニバーサル型高等教育へ移行」（the movement from mass toward universal higher education）過程にあることを論じたが、翌71年には視野をヨーロッパ諸国にもひろげて、西欧産業社会における高等教育がいまやエリート型からマス型への転換期にあり、その時期に固有の問題に当面していることを指摘したのである。

　1970年と1973年に書かれたこの2つの論文はいずれも、アメリカおよび西欧産業社会が1960年代の後半に直面した大学問題を、その社会の高等教育体制がひとつの段階からつぎの段階へと発展していく場合に、不可避的に生みだされる矛盾や葛藤として説明しようとしたものであるが、包括的かつ系統的な理論化はまだじゅうぶん試みられていたわけではない。「エリート／マス／ユニバーサル」の発展段階論で有名になった〈トロウ・モデル〉の理論枠が体系的な形で提示されたのは、翌1972年秋に執筆され、1973年6月のOECD主催の「中等後教育の未来構造に関する会議」で発表された、「エリート型からマス型高等教育への移行過程に生ずる諸問題」と題する論文においてである。この論文は、前の2つの論文でトロウが提起した仮説やモデルの考え方を、より体系的かつ系統的に理論化したもので、これによって〈トロウ・モデル〉は一応の理論的根拠を与えら

出典：喜多村和之著『高等教育の比較的考察――大学制度と中等後教育のシステム化』玉川大学出版部、1986年、［第Ⅰ部　第2章］29-47頁

れ、現代高等教育の構造を説明する有力な理論として、ひろく認められることになる。たとえばアメリカ合衆国ではカーネギー高等教育審議会、ヨーロッパではOECDなどの研究報告や政策提言を支える理論的根拠として活用されたばかりでなく、多くの専門研究者の支持をも獲得したのである。また日本には、天野郁夫と筆者とによって、トロウの論文集が翻訳・紹介された。[(4)]

いわゆる〈トロウ・モデル〉について、ここでその概略を紹介しておこう。

トロウによれば、現代の高等教育をめぐって産業社会に生じている多彩な問題は、ばらばらに別個の問題としてではなく、それぞれがたがいに関連し合っている問題としてとらえるべきである。たとえば、学園紛争、大学入試問題、カリキュラム、管理運営、大学自治等々といった事柄にかかわって生じてくる多彩な諸問題は、その社会の高等教育体制が、ひとつの段階からつぎの新しい段階へと移行するという大きな歴史の動きのなかで位置づけるとき、いっそう理解しやすくなり、解決の方向も求めやすくなる、というわけである。

ところで先進産業社会の高等教育体制（higher education systems）は、その歴史的な発展段階（phases of development）に従って、基本的構造を異にする3つのタイプの形態（forms）に分類される。

高等教育の最初の段階は、限られた少数者を対象とするエリート型システムから出発する。トロウはこの段階を数量的規模から規定して、高等教育適齢人口中に占める学生数の在籍比率がおおよそ15％程度までの大きさと考える。この段階では高等教育の機会は限られた少数者の〈特権〉とみなされ、大学の機能はその社会の支配者層や専門職の養成に向けられる。

高等教育がさらに拡大し、該当年齢層の15％をこえて50％に至る多数の学生を教育の対象とする段階になると、その社会の高等教育体制の基本的な性格はエリート型からマス型へと変質化する。言いかえれば、高等教育のマス化に対応するためには、社会は伝統的なエリート型高等教育体制を、より大規模かつ多様な機能を果たす体制へと変革していかなければならなくなる。このマス型高等教育体制のもとでは、高等教育の機会は、一定の能力をもつ者の〈権利〉とみなされ、教育の機会均等の実現がつよく求められ、高等教育の役割や機能は、エリート型の段階のそれに加えて、社会の多彩な要請に応ずる指導層の育成のみならば、ほとんどすべてのホワイト・カラーへの職業準備をほどこすことにおかれる。

高等教育の全体規模がさらに拡大し、該当年齢層に占める高等教育在籍率が

50％をこえるようになると、マス型体制は年齢にかかわりなく万人に高等教育の機会を保証するユニバーサル＝アクセス型システム（universal-access systems）へと変化していかなくてはならなくなる。この段階においては、高等教育の機会を享受する権利（access）は、むしろ全国民の〈義務〉として意識され、高等教育の機能は高度産業社会に適応できるような全市民の育成におかれるようになる。

　このようにして、〈トロウ・モデル〉が先進産業諸国の高等教育に共通な発展段階を示すものであるとするならば、該当年齢層に占める学生数の在籍率が15％前後の段階にあるヨーロッパ諸国やアジア諸国の多くはエリート型からマス型への発展段階途上にあり、この15％という〝マス型高等教育のしきい〟をこえた日本やスウェーデン、カナダなどの諸国はマス型高等教育の真只中にあり、すでに1970年代に50％の大台を越えようとしているアメリカ合衆国は、世界で最初に、マス型からユニバーサル型への方向へと進行していることになる（〔図表5〕参照）。

　こうしてトロウは、それぞれの社会に生じている高等教育をめぐる問題は、「エリート」から「マス」段階へ、「マス」から「ユニバーサル＝アクセス」段階へという大きな歴史の動きのなかに位置づけて理解すべきであること、そしてこのような段階移行の時期には、いずれの社会の高等教育もさまざまな葛藤や緊張を経験してきたし、今後も経験することになると指摘したのである。

　この〈トロウ・モデル〉がたんにアメリカばかりでなく、ヨーロッパや日本をふくめて国際的にひろく受け入れられたのは、かれの高等教育の発展段階説によって、それぞれの国が当面している現実の諸問題を「相互に関連し合ったもの」として一挙に説明できるばかりでなく、同時にそれぞれの社会の高等教育の未来の変化をも予想するための図式としても、他に比類のない指針を与えたからであろう。まさに〈トロウ・モデル〉は、現代の高等教育の現実の説明（illumination）としてばかりでなく、未来の予想（prediction）としても活用されてきたのである。

　〈トロウ・モデル〉が提唱されて8年、トロウの1973年の論文が発表されて5年後の1978年6月、スウェーデンで開かれた国際会議において、トロウは「エリート型高等教育とマス型高等教育——アメリカ型モデルとヨーロッパ的現実」[5]と題する講演を行なった。この報告は、かれが自己の仮説の有効性を、5年という時間的経過を通じて明らかになった現実の変化と対比しながら問い直そうとし

図表5　M.Trowによる高等教育システムの段階移行に伴なう変化の図式

高等教育システムの段階	エリート型 →	マス型 →	ユニバーサル・アクセス型
全体規模（該当年齢人口に占める大学在籍率）	15%まで	15%〜50%まで	50%以上
該当する社会(例)	イギリス・多くの西欧諸国	日本・カナダ・スウェーデン等	アメリカ合衆国
高等教育の機会	少数者の特権	相対的多数者の権利	万人の義務
大学進学の要件	制約的（家柄や才能）	準制約的（一定の制度化された資格）	開放的（個人の選択意思）
高等教育の目的観	人間形成・社会化	知識・技能の伝達	新しい広い経験の提供
高等教育の主要機能	エリート・支配階級の精神や性格の形成	専門分化したエリート養成＋社会の指導者層の育成	産業社会に適応しうる全国民の育成
教育課程（カリキュラム）	高度に構造化（剛構造的）	構造化＋弾力化（柔構造的）	非構造的（段階的学習方式の崩壊）
主要な教育方法・手段	個人指導・師弟関係重視のチューター制・ゼミナール制	非個別的な多人数講義＋補助的ゼミ、パートタイム型・サンドイッチ型コース	通信・TV・コンピュータ・教育機器等の活用
学生の進学・就学パターン	中等教育修了後ストレートに大学進学、中断なく学習して学位取得、ドロップアウト率低い	中等教育後のノンストレート進学や一時的就学停止（ストップアウト）、ドロップアウトの増加	入学期のおくれやストップアウト、成人・勤労学生の進学、職業経験者の再入学が激増
高等教育機関の特色	同質性（共通の高い基準をもった大学と専門分化した専門学校）	多様性（多様なレベルの水準をもつ高等教育機関、総合制教育機関の増加）	極度の多様性（共通の一定水準の喪失、スタンダードそのものの考え方が疑問視される）
高等教育機関の規模	学生数2,000〜3,000人（共通の学問共同体の成立）	学生・教職員総数3万〜4万人（共通の学問共同体であるよりは頭脳の都市）	学生数は無制限的（共通の学問共同体意識の消滅）
社会と大学との境界	明確な区分　閉じられた大学	相対的に希薄化　開かれた大学	境界区分の消滅　大学と社会との一体化
最終的な権力の所在と意思決定の主体	小規模のエリート集団	エリート集団＋利益集団＋政治集団	一般公衆
学生の選抜原理	中等教育での成績または試験による選抜（能力主義）	能力主義＋個人の教育機会の均等化原理	万人のための教育保証＋集団としての達成水準の均等化
大学の管理者	アマチュアの大学人の兼任	専任化した大学人＋巨大な官僚スタッフ	管理専門職
大学の内部運営形態	長老教授による寡頭支配	長老教授＋若手教員や学生参加による"民主的"支配	学内コンセンサスの崩壊？　学外者による支配？

M・トロウ『高学歴社会の大学』により訳者（喜多村）が図表化した。

たものである。つまり〈トロウ・モデル〉において試みられた分析や予想に、みずから批判的検証を加えているのである。このようないわば自己批判にとりかかった動機について、トロウはつぎのように述べている。

「ますます複雑化し見通しの立ちにくい今日の時代のなかで、高等教育の展開をめぐる社会的な諸力とは何かについて、いささかでも自己の洞察をふかめようとするには、以前に行なった分析や予想を再検討し、とくに誤っていたと思われる事柄、その後の現実の経過によって確証されなかった事柄に焦点をあてて検討してみることが有益であろう。一般的にいえば、われわれの理解は、自分の理論を支持するような証拠をあれこれとあつめたりするよりは、むしろ仮説や予測（両者はだいたい同じことだ）に矛盾するような否定的な証拠と対決することによって、はるかに大きな進歩を遂げてきたのである」。

トロウがこのような自己批判の作業にあえてとり組んだのは、理論の固定化を嫌い、たえざる自己発展を信条とするかれの学問的態度の反映であろう。そしてかれはこの講演において、あたかも自分の説を他者のもののように客観視し、呵責のない批判と修正を加えている。

このトロウの1978年の論文については、すでに紹介者のひとりである天野郁夫によって、いちはやくとり上げられ、的を射た指摘がなされている[6]。しかしながら、紙幅の制約とテーマの関係から、天野の紹介は簡潔に過ぎるので、ここではやや詳細に再説しておきたい。トロウの紹介者であるわれわれが、〈トロウ・モデル〉の修正について紹介することは、とうぜんの義務と考えるからである。

2 ──ヨーロッパ高等教育の〈現実〉

トロウが自己の理論の再検討にとり組んだ直接的な動機は、1976年にヨーロッパ文化財団教育研究所が発表した、1970年代のヨーロッパ諸国における学生数の動きを展望した調査報告[7]によって、ヨーロッパ諸国の高等教育が自己の予想通りに拡大していないことを知ったことにある。

この報告書は、1960年代後半から70年代前半までの学生在籍の絶対数および比率、新規増加学生数、学位授与数などの動向を示す統計データを、OECD加盟11ヵ国について収集し、これを60年代の統計と比較分析したうえで、つぎのような結論を出している。

① 高等教育の学生在籍数の上昇率は低下傾向を示しており、場合によって

は、固定化または低落化の傾向を明らかにしている。その原因としては、第1に、高等教育への入学資格である中等教育卒業者の該当年齢層に占める割合が固定化する傾向にあること、第2に、中等教育から高等教育へと進学する者の比率が低下していることが挙げられる。この現象はとくに男子学生の場合に妥当する。
② 高等教育体制の再編ないし変革の方向を示すものとみられた過去の兆候は、充分な影響力を及ぼしたとは言えそうにない。たとえばすくなくともデータからみるかぎりでは、学生集団がいっそう多様化し、新しい入学者の学校歴、年齢や社会的地位などに多大な変化が生じ、これが高等教育の構造的変革をもたらしたと結論することはできない。こうした変化は、アメリカ合衆国ならびに部分的にスウェーデンでのみ生じたが、それはあくまでも例外的な現象である。
③ この時期には生涯教育のための重要な実験が多くの国々で行なわれたが、まだ大きな影響を及ぼすまでには至っていない。
④ 1970年代前半の期間においては、西ドイツをのぞいて過去に生じていた高等教育の拡大は頭打ちとなり、70年当時に行なわれた諸々の予測は正確なものではなかったことが明らかとなった。

この調査で、すくなくとも統計データのうえで明らかにされたことは、ヨーロッパ諸国の高等教育が、1960年代後半から70年代前半までの10年間において、当時の予想（トロウならびにOECDなどが行なった予測）通りには、量的にも拡大されず、質的にも多様化されたとはいえない、ということである。この調査結果にもとづく結論は、〈トロウ・モデル〉にたいする重大な挑戦であった。

そこでトロウは、ヨーロッパの高等教育体制がしだいにアメリカ的マス型高等教育体制へと移行していくとした自分の分析は、その後の事実の面からみて誤りであったと率直に認めている。つまりヨーロッパの高等教育は、1973年から78年までの過去5年間においても、そしておそらく今後の5年を加えた10年間においても、該当年齢人口層の40〜50％もの青年を在学させるような、日本やアメリカ的なマス型システムに発展してこなかったし、今後もその可能性はないだろう、としているのである。

その理由としてかれは、第1にヨーロッパ諸国における中等教育の性格を指摘する。高等教育の拡大は、明らかに中等教育修了者および大学入学資格取得者の数の増大に依存する。1972〜73年当時、トロウはヨーロッパ諸国でもアメリカ

のように、学校教育の・より・上級の段階への進学熱は、・より・高度の教育を求める基本的な態度傾向の変化とあいまって、ますます強化されると確信していた。この意味での教育の民主化はヨーロッパの階級社会を貫いて浸透し、政府の奨励策に力づけられて一段と進行するであろうし、中等教育の入学および卒業の資格要件を緩和する改革なども、中等教育の民主化をさらに促進するものとみていた。ところが現実には、大学入試資格を取得した学生の実数もそれほど拡大しないのみならず、有資格者のなかで高等教育に進学する者の比率も予想に反して伸びなやみ、それどころか多くの国では1970年以後は低落現象すら呈しはじめたのである。

この調査報告書の著者のひとりであり、かつてOECDの1973年の「中等後教育の未来構造に関する会議」で、トロウとともにヨーロッパの高等教育がエリート段階からマス段階への移行過程にあるとしたLadislav Cerych[8]は、この1976年の報告書[7]の結論のなかで、

「卒業資格取得者の数と、高等教育への進学者の数とが、1970年代の初頭には減少してきたこと、あるいは予想以上に伸びがゆるやかになったということの発見は、この報告書の第1部で行なわれた学生のフローの分析のなかで、最も重要で、おそらく最も驚くべき事実であった」

と指摘しているが、この事実はトロウにとっても「最も重要で、おそらく最も驚くべき事実」であった。

トロウはさらにヨーロッパ社会における高等教育への進学率の停滞の原因を、アメリカ社会と対比しながら、中等学校と特定の専門職やエリート型高等教育との歴史的な結びつきの深さ、学校教育の程度やレベルにたいする強固な階級意識――どの種類の教育をどの程度受けることがそれぞれの階級の市民にとってふさわしいか、ということについての階級意識に結びついた教育観――の存在、社会移動という観念と世代間の社会移動に果たす教育の役割に関する考え方の著しい相違、アメリカとヨーロッパの高等教育における市場原理（マーケット・メカニズム）の機能のちがい――学生の数が減れば資金も減少する仕組みになっているアメリカでは、より多くの学生をひきよせるための市場原理が強力な圧力となって機能するが、ヨーロッパではアメリカに比して市場原理の圧力は弱い――などを指摘していく。

このようにトロウは、自分のヨーロッパの高等教育の将来予測が誤った理由として、ヨーロッパ諸国における階級的な高等教育観や態度をはじめとする、アメ

リカと異質な要因の数々を挙げ、このアメリカとヨーロッパとの相違性を充分に考慮しなかった点を自己批判している。しかしながら、高等教育の将来の発展の予想を困難にしているのはそればかりではない。それぞれの社会の高等教育体制を形成している要因には、それ以外にも数多くの多彩な諸力が存在するとトロウは指摘する。

そこでトロウは、任意の西欧社会において、「該当年齢人口に占める高等教育在籍率に直接的・間接的に影響を及ぼす重要な要因」を整理して、次頁のように図式化してみせる（〔図表6〕）。（図の矢印の先端は主要な影響力が及ぶ方向を示している。かれはこれを西欧社会に適用される図式と考えており、したがって、アメリカ合衆国や東欧にはこれとはかなり異なる図式が想定されることになるとしている）。

このシェーマを通じてトロウは、まず第1にはヨーロッパの高等教育在籍率を規制しているのは、高等教育にたいする階級的な社会観念の存在——それぞれ異なった階級に属する父兄や学生が抱いている高等教育にたいする態度の相違——であるが、このほかにも3つの要因が考えられるとしている。すなわち、高等教育の全体規模に影響を及ぼす主要な要因として、中等教育制度の性格、政府の政策、雇用市場の性格などの一連の変数を挙げている。

① まず第1の変数はその社会の中等教育制度の性格であって、それが総合型制度であるか、その一部が高等教育の準備機能を果たす複線型制度であるか、そして高等教育への進学にはどのような資格を要求しているかなどによって、その国の高等教育在籍率に影響を及ぼす。このような制度はすべて、ひるがえってみると、ほとんどのヨーロッパ諸国では、中央政府の教育政策の直接的な反映である。

② 第2に挙げられる要因は、その国が高等教育制度全体に、どれだけの財政的支援を供給しているかということである。高等教育に与えられる定員の量は、かなりの程度まで高等教育の需要を形成する。そして多くの西欧諸国では、政府は定員量を操作することによって、さらには授業料の値上げや奨学金等の水準を決定することによって、現実には高等教育への進学を奨励したり弱めたりすることが或る程度可能なのである。このように政府の政策は高等教育の全体規模の決定に大きな影響力をもつのである。

③ 第3の変数は、高校卒業者の就職市場の性格に関連する一連の要因である。高校卒業者の失業率、大卒者と非大卒者間、青年と成人間の賃金格差

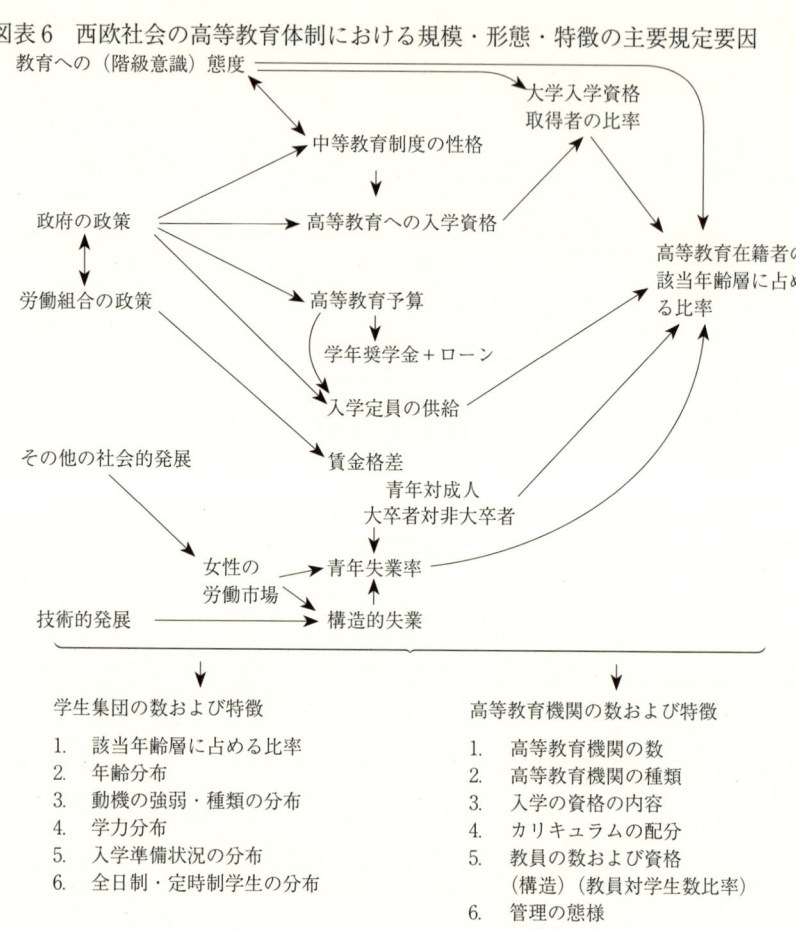

図表6　西欧社会の高等教育体制における規模・形態・特徴の主要規定要因

高等教育システムの基本性格
エリート―マス―ユニバーサル・アクセス型

出所：M.Trow: Elite and Mass Higher Education: American Models and European Realities.

は、高等教育への入学資格を得ようとする中等学校生徒の割合や、資格取得者のうちの進学者の割合に影響を及ぼす要因となる。しかしひるがえってこの雇用市場に関連する諸要因は、たとえば賃金政策に影響を及ぼす議会、勤労女性の比率の向上や若年失業率の上昇傾向などの文化的変化、技術の能力や学歴のレベルなどに影響を及ぼす技術革新などの諸要因によって影響を受けることになる。

以上の3つの関連要因は、高等教育の拡大に影響を及ぼす社会的・文化的・政治的変数の一部にすぎないが、これらのうち、かなり先の将来について予想できるものはきわめて少ない、とトロウは言う。たとえば、技術的変革がどのような方向に影響を及ぼすかを予想しようとする場合に、それが人びとの勤労にたいする態度に、政府の立法に、あるいは学歴別の市場需要に、どのような2次的・3次的な波及効果があるのか予想することは、不可能ではないにしても困難である。要するにヨーロッパの高等教育体制の発展が今後5年ないし10年にどの程度すすんでいくかを、かなり正確に予想するためには、きわめて多くの要因を考慮に入れねばならず、しかもわれわれが10年、20年先までを予測できる唯一の重要な因子は、ただ人口増加の動態に関する統計しかないのである。[*2]

　以上に説明してきたすべての諸要因の最終的な効果として、その社会の中等以後段階の教育への該当年齢人口に占める在籍率が形成されるわけだが、それだけでは高等教育の全国的体制の特徴を充分に示すものとはならない、とトロウはいう。そこでその社会の高等教育体制の特徴は、これらの社会的・経済的・政治的・文化的諸要因がもたらす結果としての学生集団の規模や特徴、高等教育制度を形成している高等教育機関の規模や特徴をみることによって、より適切に記述することができる、とかれは主張する（〔図表6〕の第2段参照）。ところがこの学生集団や高等教育機関の諸特徴をみていくと、それらはただ相互に連関なく、ランダムに存在しているのではなくて、エリート、マス、ユニバーサル・アクセスと自分が名づけた3つの顕著な特徴をもつ形態的配置（configurations）ないしは段階（phases）のなかに、群集しているのである、とトロウは結論する。

　「このようにして、高等教育の全国的体制の拡大と変容を形成する諸力の多彩な影響力について予想することは、われわれの力をこえていることを認めなければならないが、これらの諸力の結果としてもたらされた諸々の高等教育体制について分析し説明することは、われわれの力をこえたものではないのである」と。

3 ――〈トロウ・モデル〉の有効性と限界

　これまでみてきたように、トロウは「エリート型からマス型へ、さらにユニバーサル・アクセス型の段階へと、高等教育体制が逐次移行していくとした、アメリカ型の高等教育の発展パターンにもとづいた自己の仮説は、必ずしもヨーロッパの現実を反映していない」ことをみとめる。そして〈トロウ・モデル〉を

cross-national な教育体制の発展の予想に適用するにはきわめて慎重でなければならず、教育発展のパターンはその国固有の歴史、伝統、法制、政治によって、さらには予想しがたい事件によって大幅な影響をうけるので、つい数年先の将来を予想することも困難であることもみとめている。(5) しかしそれでは〈トロウ・モデル〉はわれわれの高等教育機関や制度を理解したり、その発展の方向を予想するうえに有効性をもたないのだろうか？

　これにたいして、かれは〈エリート―マス―ユニバーサル・アクセス〉型高等教育に関連した概念や考え方は、特定の社会の範囲における全国規模の高等教育体制や高等機関が当面する諸問題を研究するうえには、依然として有効性をもっていると、〈トロウ・モデル〉の効用を主張する。なぜならかれは依然として「すべての西欧諸国が当面している最も興味ぶかく、かつ最も重要な問題は、まさにエリート型とマス型高等教育の諸形態と諸特徴との間の緊張関係から生じている」と考えており、そうだとすれば、〈トロウ・モデル〉をめぐる概念や考え方をこれに適用することは、そのような問題の本質を理解し、解決するために有益だからである。

　こうしてかれは〈トロウ・モデル〉の効用を２つの面から主張する。

　第１の効用はいわば「歴史志向的」(historically oriented) 利用法ともいうべきものであって、それは高等教育の全国的体制の発展方向を予想しようとするものである。そのさいこの方法による予想は、高等教育体制が〈エリート―マス―ユニバーサル・アクセス〉へと移行するという高等教育の発展段階論 (phaseology) や、これに応じて国民の態度、学生の募集、高等教育機関の反応、その他相互に機能的な適応として生ずるその他の社会構成要素が変化するという前提にもとづいて行なわれる。このモデルは、高等教育体制を構成している諸要素が機能的な不調和におちいり、或る段階から或る段階への移行の時点ないし期間中に生じてくる諸問題を究明する場合に、とくに活用される。

　第２の効用は「機能志向的」(functionally oriented) 利用法とでもいうべきもので、高等教育制度の構成要素や部分と高等教育機関との関係を解明するために用いられる。第１の方法が高等教育の構成要素の機能的な適応を前提としているとすれば、この機能志向型方法はこの前提を疑問視する。この方法の中心的な関心は、高等教育機関間および機関内における諸々の形態の教育・研究機能の分業・分担 (the academic division of labor) のありかたを究明することである。さらにこの方法はさまざまな形態の高等教育の間の境界や、高等教育機関および

機関内部で生じてくる諸問題の分析をとくに目指すものである。この方法は高等教育体制の段階移行論を前提とするものではなく、特定の社会の範囲内における高等教育制度ないしは高等教育機関の性格や形態の分布を明らかにし、それぞれの段階における教育・研究機能の分業・分担を分析する用具を提供するものである。

　トロウはさらに〈トロウ・モデル〉の以上の2つの利用方法について、つぎのように述べている。すなわち第1の方法つまり発展段階論としての方法 (a phaseology of development) の有効性をはかる試金石が予想 (prediction) であるとすれば、第2の方法、すなわち概念と仮定された相互関係の組合せとしての方法 (a set of concepts and hypothesized relationships) の有効性の試金石は、解明 (illumination) であろう。そして前者はトロウの用語でいえば主として高等教育の公的部分 (the public lives of higher education) ——たとえば制度的構造、財政出資の形態、高等教育と中等教育、さらには高等教育と経済や政府との関係など——を対象とするのにたいして、後者の方法は、高等教育の私的部分 (the private lives of higher education) ——すなわち、高等教育機関内において実際に行なわれている教育・学習の現実的過程——を問題とし、教育・研究上の分業と関連して教育・学習過程のなかで発生している矛盾、緊張を明らかにしようというねらいをもっている、としている。[9]

4 ―日本の高等教育への適用性

　〈トロウ・モデル〉が修正されなければならなかったのは、トロウ自身が認めているように、かれがヨーロッパ社会の固有の伝統や構造を充分に考慮に入れずに、アメリカ型の高等教育の発展パターンをそのまま西欧社会に適用して、ヨーロッパ高等教育の発展を予想したことにある。現実の推移が示すところでは、1970年代を通じて、ほとんどの西欧諸国において、アメリカ的なマス型高等教育への段階移行は、量的にも質的にも、大方の予想通り進行しなかった。トロウはしかし、自己の予想が誤っていたことはみとめつつも、長期的な展望において西欧産業社会の高等教育体制が、エリートからマス段階へ、さらにユニバーサル・アクセス段階へと移行するという発展段階論は、これをあくまでも維持している。そして現に、多くの西欧諸国の高等教育に関する諸問題は、エリートからマス段階への過程で生じているものであることを強調している。

しかしトロウは、西欧社会の高等教育の規模や特徴を規制している諸要因を考慮して、西欧社会に固有に適用される要因分析の図式化をあらためて試みている。この意図が、成功しているか否かはともかくとして、トロウの試みは先進産業社会に共通した発展パターンとして提唱されていた従来の〈トロウ・モデル〉を、さらに精緻化しようとしたものと評価することができるだろう。

　このような見方にたつならば、ヨーロッパの場合と全く同一の理由によって、アメリカの発展パターンにもとづいた〈トロウ・モデル〉を、日本社会の伝統や構造を考慮に入れずにそのまま適用して、日本の高等教育の発展過程を説明したり未来の予想を試みたりするならば、われわれはやはりトロウが注意したことと同じ誤りをくりかえすことになるであろう。日本の高等教育を〈トロウ・モデル〉を用いて説明したり予想したりするためには、われわれはトロウがヨーロッパ高等教育の要因分析で試みたような努力を、つまり日本社会に固有の要因分析を試みる必要があるだろう。そして、そのような試みは、日本の高等教育研究のなかから生みだされなければならないであろう。

　天野郁夫はこの点に関して、〈トロウ・モデル〉のいっそうの発展に必要なものとして、「制度の類型論」を構想することを提唱している[6]。天野によれば、アメリカがエリート段階からマス段階への移行に（トロウの言うように）独自の段階移行の道を経てきたとすれば、ヨーロッパ諸国もまた「独自の移行のパターン」をたどると考えるべきであり、それはひるがえって日本もまたアメリカやヨーロッパとはちがった独自の発展過程をたどると考えることができる。したがって、これまでの高等教育の発展過程を説明し、さらには今後の方向を予想するためには、「制度の類型論」すなわち「その類型の違いに応じた、段階移行の複数の道を設定する」必要があるのではないかと提唱している。

　この天野の指摘は、まさにトロウがヨーロッパの高等教育固有の特徴に着目した、要因分析の図式化の試みと基本的には同じ考えであり、筆者（喜多村）もつよく同意するものである。そこでつぎに、〈トロウ・モデル〉の日本の高等教育への適用性について、若干の検討を試みてみたい。

　トロウによれば、高等教育の規模や機能がエリート型からマス型にスムーズに進行するためには、エリート段階の高等教育体制のなかに、すでにエリート型の高等教育機関と異質のマス型教育機関が並存していなければならない。アメリカの場合はその機関類型は「国有地付与大学」（Land-grant college）であり、日本の場合には、天野が指摘するように、その「機能的同等物」は、戦前期において

は専門学校、とりわけ私立専門学校であり、戦後期についてみれば、これらの専門学校を中心として統合された新制大学、とりわけ私立大学であったということになる。したがって日本の高等教育には、すでに戦前期から、エリート型からマス型への段階移行を容易にするような制度的構造がそなわっていたといえる。ただ高等教育の量的拡大としてのマス化がじっさいに生じたのは、戦後の学制改革によって単線型の学校制度が施かれ、その結果として新制高等学校制度が発足し、中等教育の普及が急速に進行したのちのことであった。日本の高等教育の拡大が後期中等教育の普及とパラレルに進行したこと、開放的な中等教育制度が高等教育への進学傾向を促進したことは、まさにアメリカにおける高等教育と中等教育の関係と同一のパターンを示しており、この点こそが制限的な中等教育制度をもつヨーロッパと、アメリカ・日本とをへだてている決定的な制度的相違のひとつなのである。[10]

かくして1980年現在の日本の高等教育体制は、〈トロウ・モデル〉の指標からすれば、その全体規模においても、制度的構造や機能の点からも、マス段階の高等教育の諸特性をきわめてゆたかにそなえている、と言ってよいであろう。該当年齢層（18～21歳）に占める高等教育在学率は33％前後にたっし、高等教育進学率は38％で、まぎれもなくマス段階の真只中にある。

そのおよそ250万人の学生が、443校の大学、518校の短期大学、62校の高等専門学校など、1,000校をこえる高等教育機関に在籍している。その量的な大きさばかりでなく、それぞれの設置形態や学力水準や教育プログラム等を異にする諸機能の多彩性において、日本の高等教育はまぎれもなく、伝統的なエリート型の諸形態や機能をも包含した、まさにマス型の体制を象徴しているといえよう。

それでは、すでにエリートからマス段階への移行を終え、いまやマス段階の真只中にあるというべき日本の高等教育は、トロウのいうつぎの段階のユニバーサル・アクセス型段階への移行を開始しようとしているのであろうか？　言いかえれば、アメリカ高等教育の発展パターンにもとづいた〈トロウ・モデル〉は、日本の高等教育の発展の方向に、どのように適用できるであろうか。

ところで、アメリカの高等教育は、トロウによれば1940年代にエリート段階からマス段階へ移行をなしとげ、1970年代にはついにマス段階からユニバーサル・アクセス段階へと移行しつつあるという。たしかにトロウの量的指標である該当年齢層（18～21歳人口）に占める学士課程在籍者比率は、1970年代半ばまでに50％の大台に近づいている。また合衆国の一部の州では、高等教育の機会

を特定の年齢の青年層にばかりでなく、あらゆる年齢の成人層にも保証しようとするユニバーサル・アクセス・ポリシーが、州の教育政策の目標とされ、制度的・財政的保証を確立しようとする努力も払われている。あたかもこの努力を裏付けるかのごとく、1970年代からアメリカ高等教育における成人学生の比率は着実に上昇しつつあり、1976年には全学生数の実に3分の1を占めるに至っているのである。⁽¹¹⁾

ところでユニバーサル・アクセス段階の高等教育とは、万人がその年齢にかかわりなく、生涯のいずれかの時点で、中等以後の教育機会を得ることを保証するものであるならば、そのような機会には、すくなくとも制度的に万人がアクセスできる機関類型が存在しなければならない。特定の年齢にかかわりなく、あらゆる市民に機会を保証するための機関類型は、アメリカの場合、たとえば公立の高等教育機関、とりわけコミュニティ・カレッジであろう。年齢、学力、経済的負担の障害をとりのぞくことを目的とした自由入学・低学費のコミュニティ・カレッジは、まさにアメリカが独自に生みだした、ユニバーサル・アクセス型機関類型の尖兵にほかならないのである。したがってコミュニティ・カレッジは、まさにエリートからマス段階への移行で果たした国有地付与大学と同じような役割を、マス段階からユニバーサル・アクセス段階への移行にさいして果たしつつあると言ってよい。

ただここで注目しなければならないのは、アメリカ高等教育がマス段階からユニバーサル段階への移行を開始した時期とされる1970年代から、高等教育への進学率は頭打ちないし低下の傾向を示してきたことである。のみならず、将来予測の多くは、1980年代から1990年代にかけて、進学者数がかなりの割合で減少することを暗示している。⁽¹²⁾そのため、アメリカ高等教育はついにマス段階をこえることができないのではないかとみる者も出てきている。⁽¹³⁾

すでに述べたように、1970年代以後のアメリカ高等教育体制においては、構造的にはマス段階からユニバーサル段階への移行を象徴する現象があらわれている。すなわちユニバーサル型の機関類型としてのコミュニティ・カレッジの登場であり、あるいは学生集団に占める成人学生の増加である。それにもかかわらず、トロウが段階移行の指標として最も重要な変化とみている、該当年齢層に占める高等教育在籍率は、50％前後を低迷し、むしろ低落の傾向すら示している。アメリカ社会に生じているこのような相矛盾する現象をどのように解したらよいか——トロウはそれについては語っていない。ただ、かれが、以前 *universal* higher education とよんでいた用語を、*universal-access* higher education へと修正している点に注目するならば、トロウがユニバーサル段階の高等教育の指標はたんに在籍率50％以上という量的な規模よりは、むしろ万人がその年齢にかかわりなく、生涯のいずれかの時点で高等教育の機会を享受できるようになる状態、すなわち構造的な変化が生ずる段階に重点をおいてとらえようとしたものと考えられるのである。

　現在マス段階の真只中にあり、ユニバーサル・アクセス段階へはアメリカ合衆国のすぐ背後へと迫っている筈の日本の高等教育体制においては、それではそのような方向へと展開していく兆候がうかがわれるであろうか。この問に答えるためにさしあたって最も手近な方法は、現行の日本の高等教育体制のなかに、ユニバーサル・アクセス型の機関類型またはプログラムが、すでに存在しているかどうかをたずねてみることだろう。

　〈ユニバーサル・アクセス〉とは、具体的には、青年のみならず成人がその希望に応じて、経済的その他の障害なしに高等教育の機会にアクセスできるよう、制度的に保証された状態であるという前提にたつとしよう。こうした視点からみると、既存の高等教育機関（大学、短大、高専等）のほとんどは、ごく一部の例外をのぞいて、現状では圧倒的に青年層のための学校教育機関としての性格がつよいことをみとめざるを得ない。これらのいわゆる〝正規の〟高等教育機関は、基本的に学校教育の延長的性格の教育機関なのであって、入学要件、カリキュラム、教育方法、その他一切の条件が、もっぱら前段階の学校を修了してストレートに進学してくる青年を本来の教育対象としてつくられているのである。このような性格の学校教育機関を、成人という従来と全く異質の学生をも受け入れるように改造することは、不可能ではないにしろきわめて多くの困難を伴なうであろう。

　それでは大学や短大に比べると、はるかに成人を受け入れやすい専修学校や各種学校などは、ユニバーサル・アクセス段階の教育機関としてふさわしいものといえるであろうか。専修学校や各種学校は、設置条件が大学・短大に比してより簡易であり、社会的な制約要件も少なく、それゆえより柔軟に社会的需要に適応でき、年齢にかかわりなく学生を受け入れる機関であることはたしかである。しかしながら、これらの学校のほとんどは私立であり、顧客にたいしてかなりの経済的負担をかけるばかりか、奨学金や補助金等の社会的助成措置も未発達な分野であるから、現状のままでは、とうてい万人に障害なく教育機会を提供すること

は困難といわざるを得ない。

　ユニバーサル・アクセス時代の高等教育機関として注目すべきものに、放送大学があり、新しい生涯教育機関として期待をあつめているが、現在の時点ではまだ評価できる段階にはない。

　こうしてみると、日本社会では、まだマス型からユニバーサル・アクセス型への移行の条件は、けっして整っているとは言えないのである。そのことは、〈トロウ・モデル〉の示唆する方向性が、必ずしも日本の場合にもそのままあてはまるという保証がないことをも意味するのである。

　高等教育にかかわって生じてくる現実の諸問題の性格を分析・解明し、将来の発展の方向について予想を試みるうえで、〈トロウ・モデル〉は依然として一定の有効性をもつ理論である。しかしながら、われわれがこれを日本の高等教育の現実解明と未来予測に有効に適用できる用具とするためには、日本固有の高等教育の制度・構造を形成している要因とそのメカニズムの究明という課題を避けることができないであろう。

[注]

(1)　Martin Trow: The Transition from Mass to Universal Higher Education, *Daedalus*, Winter 1970, pp. 1-42.
(2)　Martin Trow: The Expansion and Transformation of Higher Education, *International Review of Education* (ⅩⅧ/1972/1), pp. 61-84.
(3)　Martin Trow: Problems in the Transition from Elite to Mass Higher Education. OECD: Conference on Future Structures of Post-Secondary Education (26-29th June, 1973), 45p. のち OECD: *Policies for Higher Education* (Paris, 1974), pp. 51-101. に掲載。
(4)　マーチン・トロウ／天野郁夫・喜多村和之訳『高学歴社会の大学 ── エリートからマスへ』（東京大学出版会、1976）、204p. 本書には、トロウの前掲の2つの論文（注2、3）の翻訳が収録されている。
(5)　Martin Trow: Elite and Mass Higher Education ── American Models and European Realities, December 1978 (Revised version of a paper presented at the Conference into Higher Education: Process and Structures, Dalarö near Stockholm), June 1978, 37p.
(6)　天野郁夫「高等教育の発展段階説と制度類型論」『大学史研究』第1号（1979年12月）、pp. 1-11（大学史研究会発行）。天野郁夫『高等教育の日本的構造』（玉川大学出版部、1986）に再録。
(7)　Ignace Hecques, Christiane Verniers, and Ladislav Cerych: *Recent Student Flows in Higher Education*, Institute of Education of the European Cultural Foundation, Paris, July 1976 (ICED, New York), 189p.
(8)　Ladislav Cerych, Dorotea Furth and George Papadopoulos: Overall Issues in the

Development of Future Structures of Post-Secondary Education, *Policies for Higher Education* (OECD, Paris, 1974), pp. 15-50.
(9) このへんの問題の詳細については、トロウのつぎの論文にくわしい。
Martin Trow: The Public and Private Lives of Higher Education. *Daedalus*, vol. 2 (Winter 1975), pp. 113-127.
(10) 喜多村和之『誰のための大学か——大衆化の理想と現実』(日本経済新聞社、1980)。
(11) National Center for Education Statistics: *Digest of Education Statistics*, 1979, p. 97.
(12) 1980年代から2000年にかけてのアメリカ高等教育の学生数予測については、つぎのカーネギー・レポートに詳しい。
Three Thousand Futures — The Next Twenty Years for Higher Education: Final Report of the Carnegie Council on Policy Studies in Higher Education, Jossey-Bass, 1980, 155p.
(13) Roger L. Ceiger: The Limits of Higher Education — A Comparative Analysis of Factors affecting Enrollment Levels in Belgium, France, Japan and the United States, *Yale Higher Education Research Group Working Paper* YHERG-41, February 1980, 43p.

＊1 トロウは1973年の論文までは、*universal* higher education という用語をつかっていたが、のちに universal-*access* higher education という用語に代えている（後掲〔注5〕の1978年の論文参照）。
＊2 トロウは、人口動態の因子をこの図式からのぞいたのは、それが重要でないからではなくて、多かれ少なかれ知られていることだからである、としている。と同時に、つぎのような興味ぶかい指摘を行なっている。「……しかし人口動態はすでに知られているがゆえに、未来の学生在籍数の予想に、みせかけの正確さの予測をもたらしがちである。なぜみせかけかというと、人口動態にのみもとづいてなされた予想は、高等教育にかかわるその他のすべての要因が、その間を通じて、その力ないし特性において変化しないだろうということを前提にしたものにすぎないからである」と。

2 エリートからマスへ
―大衆化の過程と構造

天野 郁夫

1 ―大衆化の日本的構造

はじめに

　わが国の高等教育機関の在学率が、当該年齢人口（18-21歳）人口比で15％をこえたのは、1966年（昭和41）年である。マーチン・トロウは、この15％という数値を、高等教育のエリート段階からマス段階への移行を示す量的な指標として重視しているが、そのかれの「理論」[1]にしたがうならば、わが国はアメリカについで、またヨーロッパ諸国に先んじて「マス高等教育へのしきい」[2]をこえたことになる。

　高等教育のこうした量的発展の速度が、GNP（国民総生産）の伸びと高い相関をもつことは、よく知られている。1960年代に入る頃から始まったわが国の高等教育の急激な量的拡大も、同じ時期に起った経済の高度成長ぬきに考えることはできない。しかし同時にGNPと高等教育の量的規模との関係については、クロスセクショナルな国際比較研究によって、GNPに比して例外的に高い（あるいは低い）水準の国のあることが[3]、また主要国の統計の時系列的な分析からGNPの伸びに対する高等教育人口の伸びの弾性値に国によって著しい違いのあることが知られている[4]。たしかにGNPの増加は、一方では社会あるいは家計の教育にさきうる資源の量をますことによって、進学希望者の増加（「プッシュ」）をもたらし、他方では高学歴者のより大きな雇用機会（「プル」）をつくり出すことによって、高等教育人口の増加を結果する。しかしそうしたGNPの増加が社会の階層構造と職業構造を媒介に、プルとプッシュの増大をもたらし、さらには高等教育制度がそれに反応しつつ在学者の規模を拡大していくメカニズムが、国によって必ずしも同じではないというのが、これら国際比較研究の教えるところである。そしてさらにいえば、これらの研究が一致して、もっとも重要な「例

出典：天野郁夫著『高等教育の日本的構造』玉川大学出版部、1986年、［第四章］127-173頁

外」的なケースとしてあげているのが、日本の場合なのである。

　わが国は戦前期、一人当りGNPの水準がヨーロッパ諸国のはるか下位にあった段階にすでに、これら諸国と肩をならべる高等教育の量的水準を達成し、戦後はさらに、トロウのいうエリート段階からマス段階への移行に先頭を切ってきた。そうした高等教育の「例外的」な急成長が、なぜ日本において可能であったのか、それがここで検討を加えてみたい問題に他ならない。

量的拡大のメカニズム

　高等教育の量的拡大のメカニズムについては、ジョセフ・ベン＝デービッドによる示唆にとんだ、社会学的な説明の図式がある。すなわちかれは、「プッシュ」にかかわる社会学的要因として「階層構造」、「プル」にかかわるそれとして「職業構造」、そしてこの二つを媒介するものとして高等教育の「制度的構造」の三つをとり出し、その国際比較を試みた結論として、(1)近代大学の生成が強力な中産階級の成立に先行し、(2)高等教育制度が社会階層間の移動の中心的なチャンネルとされ、(3)専門的職業の養成を高等教育制度に依存する度合いの大きい社会ほど、高等教育の量的な拡大の「可能性（ポテンシャリティ）」が大きいことを、明らかにしたのである。

　このシェーマをさらに敷衍すれば、こうなるだろう。つまり大学の近代化がおくれ、強力な中産階級を中心に安定的な階層構造をもち、職業の専門職業化（プロフェッショナリゼーション）のおくれた硬直的な職業構造をもつ社会では、高等教育の急速な量的拡大は起りにくい。それに対して大学の近代化が進み、高等教育の制度が開放的で、社会的な上昇移動のチャンネルとして重要な位置をしめ、階層構造や職業構造の流動性が大きい社会では、高等教育の量的拡大の可能性は、はるかに大きくなる。要するに、高等教育の量的発展の速度は単純にGNPの水準によるのでなく、それぞれの社会の階層構造、職業構造、教育構造の三者と、その関連構造によって左右されるのだ、と。

　この幾分誇張されたシェーマは、ヨーロッパ諸国における量的拡大のおくれと、「新興国」、とりわけアメリカや日本におけるそれの速さを見事に説明してくれる。わが国を例にとれば、近代高等教育の生成期は同時に、伝統的な身分階級制度の崩壊による、社会の階層構造の流動期であり、旧幕期の「遺産」と断絶的につくり出された新しい高等教育機関は、各種の専門的職業の中心的な育成・供給源となり、そこから送り出される高学歴者を中心に、新しい中産階級が形成さ

れていった。当時のわが国の GNP の水準が、欧米諸国にくらべて著しく低い水準にあったことはいうまでもないが、流動化した階層構造は強い上昇移動（「立身出世」！）欲求をもった、多数の進学希望者をうみ出し、また近代化・工業化の開始は、これも相対的に多数の、専門的職業を主体とする新しい人材への需要をもたらした。わが国の高等教育は、こうした「プッシュ」と「プル」を効率的に結びつけ、みたしていくことによって、急速な量的拡大を約束されたのである。

　このように、ベン゠デービッドの研究は、高等教育の量的な規模が国によってなぜ著しく違っているのかを、あざやかに社会学的に説明してくれる。しかし問題は、プルとプッシュの双方を有機的に結びつけ、みたしていく高等教育の構造である。量的な拡大のメカニズムの主要な動因が、GNP の水準による基本的な制約のもとで、階層構造と職業構造とから生み出されるプルとプッシュにあるとして、それらがどう結合され、相互規定的な関連構造をつくり出していくかは、高等教育の制度的構造にかかわっている。高等教育がプルとプッシュの変動や増大に、敏感に反応する「感応的(リスポンシブ)」な制度の構造をもたなければ、急速な量的拡大は起りえないからである。そしてこの点について、ベン゠デービッドはなにも語っていない。高等教育制度の構造は、いわばブラック・ボックスのまま残されているのである。

　この問題について、さらに一歩踏みこんだ検討を加えたのは、マーチン・トロウである(7)。アメリカの高等教育の急激な量的拡大の過程の説明をめざしたかれが、該当年齢人口に占める在学者の比率を指標に、高等教育のエリート・マス・ユニバーサルの三つの発展段階を設定したことは、よく知られている。そしてかれは、この発展段階モデルが特殊アメリカ的なものではなく、西欧先進諸国や日本にも適用可能な、普遍的なものであり、いまやマスからユニバーサル段階への移行期にあるアメリカに対して、それ以外の先進諸国はエリートからマスへの段階移行の途上にあると主張したのである。

　このトロウのモデルの特色は、在学者の比率 15％、50％ という量的な指標を用いて段階区分をするとともに、それぞれの段階にある高等教育の性格を、さまざまな質的な指標に着目して多面的に描き出した点にある。表 4-1 は、それを喜多村和之が整理したものだが、そこには各段階における高等教育制度の基本的な構造が端的にとらえられている。ただここでの問題意識からすれば、このトロウの発展段階「理論」は、量的拡大が起った結果として、高等教育の制度的構造に

表4-1 高等教育の制度・機関類型

	エリート	マス
1. 教育機会の性格	特　権	権　利
2. 機　能	支配エリートの養成・官僚とプロフェション	社会的リーダーの養成・プロフェション
3. 教育の目的	人間形成中心	職業教育中心
4. 教育課程	構造的・必修制・学年制	半構造的・選択制・単位制
5. 教育方法	少人数・ゼミナール・寄宿制	多人数・大講義・通学制
6. 選抜方法	能力主義的・知的能力のみ	能力主義的・知的能力プラス他の要因
7. 学生のキャリア	庇護的・アカデミックな目標を志向	競争的・職業的目標を志向
8. 教育研究水準	高く・同一的	多　様
9. 社会との境界	明確・断絶的	不明確・滲透的
10. 教育機関	均質的・共同体制	異質的・共同体制の喪失

(注) M. Trow "Problems in the Transition from Elite to Mass Higher Education", 1973（天野・喜多村訳『高学歴社会の大学』東京大学出版会、1976年所収）および喜多村和之「世界の教育改革4・変革を迫られる大学制度」（『季刊教育法』1974年夏季号所収）より作成。若干の修正を加えた。

どのような質的な変化が起るのかを説明するにとどまり、高等教育のどのような制度的構造が急速な量的拡大を可能にするのかという、「移行の理論」を欠いている点に、重大な制約をもっている。つまり、ある国の高等教育が、なぜ他の国に先がけてエリートからマスへ、さらにはマスからユニバーサルへと段階移行するのかは、かれの発展段階「理論」では、十分に説明できないのである。

　公平を期するためにいえば、この問題にトロウがまったく気づいていなかったのではない。論文のなかで、かれは、アメリカの高等教育のエリートからマスへの段階移行を「容易」にしたのは、この国が「国有地交付大学(ランド・グラント・カレッジ)」とよばれる現在の州立大学の原型となる「マス高等教育を志向する大学」を「高等教育の在学者数が、マス段階に特徴的な比率に達するはるか以前に」もっていたためであることを指摘している。量的拡大の具体的な担い手となるのは、制度を構成しているひとつひとつの高等教育機関である。発展段階「理論」が「移行の理論」となるためには、高等教育制度の類型論だけでなく、高等教育機関の類型論がなければならない。どのようなタイプの高等教育機関をもつとき、高等教育制度は量的拡大に「感応的」になるのか、またどのようなタイプの高等教育機関が量的拡大に「感応的」な性格をもつのか。トロウは、その問題に気がつきながら、それを特殊アメリカ的な経験とするにとどまり、普遍性をもった機関の類型論を展開することをしなかった。そしてここで、そのことを問題にするのは、アメリカに次い

でマス段階への移行をとげた日本の歴史的な経験をあとづけてみるとき、ここにもまた「特殊日本的」な、量的拡大にきわめて「感応的」な、マス段階に入る以前にすでに「マス高等教育を志向」した高等教育機関の類型を見出すことができるからである。こうしてアメリカだけでなく日本の経験をも的確に、分析の視野のなかに位置づけるならば、トロウの発展段階「理論」をさらに発展させて、「移行の理論」をつくりあげることができるかも知れない。

しかしここでのねらいは、そこにあるのではない。本章の課題はわが国における高等教育の量的な拡大——大衆化の過程、さらにいえばエリートからマスへの段階への移行が、どのような形で、どのような主体に担われつつ進行したのかをあとづけることにある。それはいってみれば、トロウのいう高等教育の発展段階「理論」のいっそうの展開に必要なひとつの事例研究の試みに他ならない。

高等教育の二つの道

わが国が近代化を開始し、その一環として近代高等教育制度の構築に着手した19世紀後半は、同世紀の初めドイツに生まれたベルリン大学に代表される、近代大学モデルの成熟期であった。それはトロウがエリート型と呼んだ制度と機関の特質をほぼ完全にそなえた大学であり、大学制度であったといってよい。中世以来の伝統的な「大学」という古い皮袋に新しい酒をもったこの大学は、医師・法曹・聖職者・官僚などのプロフェションと支配エリートの養成機関であると同時に、学問研究に専念する「象牙の塔」であり、知的能力をもとにメリトクラティックに選抜された学生は、特権的な集団をつくり、ゼミナールを中心とした強固な師弟関係の下に、将来のエリートとしての人間形成と専門教育の機会を与えられていた。この大学モデルは、留学生などの交流を通じてヨーロッパ諸国だけでなく、アメリカや日本などの新興国にも大きな影響を与えたのであり、1880年代の後半に成立したわが国の「帝国大学」もまたそうした「エリート型」高等教育機関のモデルを、ほぼ忠実になぞるものに他ならなかった。[8]

しかし19世紀後半という時期については、それと同時に欧米諸国における工業化の進展が、伝統的な「大学」という皮袋には盛り切れない新しいタイプの人材需要を生み出し、それが「大学」とは異なる新しい高等教育機関の類型を登場させつつあった時期でもあることを、指摘しておかなければならない。このいわば「第二」の高等教育機関とでも呼ぶべきものには、フランスの「大学校（グランゼコール）」、ドイツにおける「工科大学（テヒニッシェ・ホッホシューレ）」、イギリスの「市民大学（シビック・ユニバーシティ）」、アメリカの

「国有地交付大学(ランド・グラント・カレッジ)」などがある。これらの高等教育機関は、もともと社会の階層・職業構造の変動から生み出された新しいニーズに対応しえない「大学」に対して、一方ではその機能を補完する「準大学」的性格をもち、他方では新しいニーズを充足しつつ高等教育の外延を拡大していくという二面性をはらみながら成立したものであり、発展の過程で次第にその機能様式のいずれかを肥大させていった。概括的にいえば、「大学」の支配力が強大で職業・階層構造が流動性を欠くヨーロッパ諸国では、それは「大学」モデルへの接近と同格化を志向し、そこに発展の道を求め、逆に「大学」モデル自体が安定性を欠き社会構造も流動的なアメリカでは、「州立大学(ステート・ユニバーシティ)」に代表される、社会のニーズの変動により適応的な機関類型の急速な発展をみたのである。そしてこうした量的拡大への「感応性(リスポンシブネス)」の高い、いいかえればマス型の属性を基本的に内包した機関類型を、エリート段階においてすでにもちえたか否かが、その後のマス段階への移行のテンポを左右する重要な条件となったとみてよい。

　そこでわが国の場合だが、概括的にいえば近代高等教育制度の創設時に、「大学」とそれ以外の高等教育機関という二つのモデルを与えられたわが国では、それははじめは「大学か専門学校か」という択一的な問題としてとらえられ、1886年の「帝国大学」の成立後は「大学も専門学校も」という、重層的な構造の制度化によって、独自の解答が与えられることになる。このうち「帝国大学」が、例えば工学・農学等の学部をはじめからその編成学部の一つに加えるという点で、「第二」の高等教育機関の影響を残しながらも、純然たる「エリート型」高等教育機関の属性をもったことはいうまでもない。「国家ノ須要」に応ずる最高学府として、学校制度の頂点に位置づけられた唯一の「大学」としての帝国大学は、国家官僚をはじめとするエリート養成を期待され、知的能力をもとに全国的に選抜されたひとにぎりの学生集団に、全寮制をとる高等学校で人間形成＝教養教育を与え、さらに構造化されたカリキュラム（学年制・必修制）の下に高度の専門教育を積み上げ、その卒業者には国家官僚としての無試験任用をはじめ、諸種の特権を賦与して、エリートの座を約束したのである。

　「専門学校」はこうしたエリート型「大学」の補完的機能を果たすものとして発足し、発展を遂げる。しかしその「補完性」は、「大学」と「専門学校」の同時的で共存的な生成を要求した近代化の初期条件の下で、欧米諸国のそれとは異なる独自性をもつことになった。その初期条件とは次のようなものである。(1)近代化を後発したわが国が、教育の発達水準という点では、幕末期すでに欧米諸国

に比肩しうる高い「識字率」を達成し、また藩校をはじめとする高度の教育機関の全国的な普及をみていたことはよく知られている。それはすでに社会の一部（とりわけ士族層）に長期間の就学が慣行として定着し、また教育要求が総体的に高い水準にあったことを意味する。(2)さらに近代化の開始とともに一挙に創出された、プロフェションをはじめとする近代的職業の安定的な育成・供給基盤は、新たに創出さるべき学校制度の他にはありえなかった。わが国の近代職業、とりわけ職業構造の上層部を占めるそれの再生産は、極度に高等教育依存的だったのである。(3)にもかかわらず、近代化の後発性から、高等教育に投入しうる資源、例えば近代西欧の学術の組織的な教育研究能力をもった教師、それを学習するに必要な近代学力を身につけた学生、教育課程に必要とされる資金などは著しく限られており、こうした「プル」と「プッシュ」のすべてを均質的に、かつ同時的に充足することを不可能にしていた。

　こうした制約条件の下で政府がとったのは、資源投入の重点を人材需要をはじめ「富国強兵・殖産興業」に象徴される、「国家ノ須要」の充足を目的とした「官学」、なかんずく「帝国大学」におき、これを欧米諸国の「大学」に匹敵する高度の教育研究機関とすると同時に、「専門学校」には短い年限と簡易な教育課程、低い教育コストによる進学要求と人材需要の充足を期待するという、資源の傾斜的な配分と官学中心主義を基軸とした政策方針である。機能的補完は、「大学」と「専門学校」とのヨコの平面ではなく、タテのハイラーキーの中に位置づけられ、制度化された。高等教育における「質」と「量」の二つの政策課題の同時的な解決への要請――それが「大学」と「専門学校」からなる重層的な高等教育の構造を結果し、またそうした構造の制度化が、高等教育の急速な量的拡大と、急激な近代化の達成を可能にしたといってよいだろう。

2 ―高等教育機関の形態と機能

官学と私学

　専門学校のそうした基本的性格は、もともと帝国大学＝高等学校以外のすべての高等教育機関を包括するものとして設定されたこの学校類型の、形態と水準の多様性を意味した。専門学校は大きく官立と私立の二つの学校群に分かれるが、官立校のなかには農・工・商の「実業専門学校」の他に、外国語・音楽・美術等の特殊な専門学校があり、昇格前の医学専門学校もこれに入っていた。これに対

して私立校は少数の実業専門学校と医学専門学校の他、大半は法・文・宗教などの専門学校でしめられ、とくに法学系私学が在学者の圧倒的多数をしめた。官立校がいずれも「単科」であるのに対して、これら私学、なかんずく法学系私学は商・経・文などの学科を増設し、「複合」的な編成をとり、また官立校がいずれも正規の中学校卒業者を入れる「本科」を教育課程編成の中心にすえたのに対して、事実上年齢以外の入学資格を問わない「別科」をおいてこれを経営の中心とし、さらに「本科」よりも「予科」(1年-1年半) の分だけ年限が長い「大学部」をおくなど、その形態は多様であった。(9)

　このように同じ専門学校の名称でよばれながら、官学と私学とでは、ほとんど別種の学校といってよいほどの性格の相違がみられたが、それは社会のニーズに対する「感応性」(リスポンシブネス)についても、両者の間に大きな差異があったことを示唆している。まず官立校についていえば、「講座制」をとり研究中心・エリート養成中心の組織形態をもつ「総合大学」としての帝国大学が、設置・維持に多額の費用を要することから、新設・拡充が著しく制約され、低い「感応性」しかもちえなかったのに対して、「単科」で教育中心の専門学校は、コストも低廉であり、また工・商・農など、近代化の民間セクターでの需要度のたかい人材養成部門を主体とした学科編成は、社会のニーズへの弾力的な対応を保障するものであった。事実、工業化の進展とともに実業専門学校は急激な発展をみせ、帝国大学が戦前期を通じてわずか7校しか設置をみなかったのに対して、昭和18 (1943) 年の時点で58校、42道府県と全国的に開設されている。しかしこの「感応性」についてはそれがあくまでも、官立専門学校制度全体としてのそれであり、個々の官立校の内部に「そなえつけ」(ビルト・イン) られたものではなく、したがってつねに「国家ノ須要」の充足を優先する政府の高等教育政策の枠内での「感応性」にすぎなかったことを、見逃してはならない。大正期の大拡張をはじめ、政府は進学要求の上昇と人材需要の増大に対処するため、次々に専門学校の増設・拡充を行なったが、それは同一の組織形態・規模・水準の学校の「同型繁殖的」(アイソモルフィック)な新設の形で進められ、また「国家ノ須要」の充足に戦略的重要度のたかい人材、とりわけプロフェッションの育成に重点をおくものに他ならなかった。その意味で、官立専門学校は、帝国大学とほぼ共通の属性をもち、その機能的補完を期待された、いわば「準エリート型」の高等教育機関だったのである。

　それでは、私立専門学校はどうだろうか。すでにみたように私立専門学校の生成の基盤は、帝国大学をはじめとする官学だけでは充足しえない量と質をもっ

た、進学要求と人材需要にあった。極度に能力主義的な選抜方針をとる官学の門戸は、開かれていたとはいえ狭いものだったし、「国家ノ須要」に隷属する官学は、それと直接かかわることの少ない（例えば在野法曹である弁護士や企業の経営者層などの）人材養成にほとんど関心をはらわなかった。そのうえ、職業専門教育中心の官学は、「新」中産階級の創出に中心的な役割をはたしえても、農村と都市の自営業主層をはじめ「旧」中産階級の階級としての「教養」的再生産機能をもつことはなかった。私立専門学校はこうした、いわば「国家ノ須要」からはみ出した社会のニーズの充足に、その生成・発展の現実的基盤をもったのである。このことは私学がつねに「国家ノ須要」尺度からもっとも遠い位置にあり、したがって傾斜的な資源の配分構造のなかで、もっとも低い「序列(プライオリティー)」をあたえられ、また官学とつねに競合関係に立たされていたことを意味する。それは、これら私学に高度の「感応性」を「そなえつけ(ビルト・イン)」た、独自の経営・組織形態を「強制」するものであった。

　私学の経営・組織形態を「強制」されたものとみるのは、次のような理由からである。すなわち、国家の手厚い保護をうける官学とちがって、私学が安定的存続に必要な経済的基礎をもつためには、一定の「基本財産(ファンド)」の蓄積か、あるいは経常的な財政的援助を約束する（宗教団体などの）特定の社会集団の支持が必要とされる。しかし高等教育に投入しうる資源の総量が極度に制約され、しかもその大半が国家＝官学に吸収される状況のもとで、私学はそうした安定的な経済的基礎を、もつことを許されなかった。もちろんキリスト教・仏教などの宗教団体によって設立された私学も少なくない。しかしそれらの宗教団体自体、多額の資金を継続的に提供するにたる強力な信徒集団を欠く場合が多く、ほとんどの学校が宗教専門職の育成機関の域を出なかった。こうしてその設立の理念はともあれ、大多数の私学にとって、存立と発展の道は、「国家ノ須要」＝官学の枠をはみ出した社会のニーズを的確にとらえ、より多くの学生を、ひいてはより多くの授業料収入を獲得する一方、教育に要するコストを最小限にとどめるような、独自の組織と経営の形態を「発明」する他はなかったのである。

　私学の独自の経営・組織形態の典型は、わが国の私立高等教育機関の発展に、量的にも質的にも、つねに主導的な地位をしめつづけた「法学系」私学にみることができる。これら法学系私学の存立基盤は、短い教育年限と低廉なコストで在野法曹としての弁護士や、中・下級官僚への社会的上昇移動の「捷径(バイパス)」を提供し、あるいは「教養」としての法律知識の「速成」的な習得の機会を提供して、

可能なかぎり多数の学生を収容することにあり、そしてそれは、次のような組織、経営形態を前提としてはじめて可能であった。第一に、きびしい選抜試験をへた均質的な、少数の学生集団を対象とする官学とちがって、これらの学校が対象としたのは、知的能力・進学欲求・職業目的・経済的能力のいずれもが多様な、しかもおしなべて低位にある、雑多な学生層である。その多様なニーズをみたすためには、教育課程もまた多様な編成形態をもたねばならない。中学校卒業者あるいはそれと同等の学力試験合格者を入れる「本科・正科」などとよばれる正規の課程の他に、「別科・副科」などがおかれ、また明治30年代の後半に入ると従来の3年制の課程と別に、予科をふくめて4年-4・5年制の「大学部」が開設されるなど、複雑な課程編成をもち、しかもより簡易な課程が在学者の多数をしめたのは、このためである。またより多くの学生を吸収するため、入学時の選抜はほとんど無いにひとしく、定員制をとらずに希望者全員を入れ、さらに授業料の水準を可能な限り低く（少なくとも官学と同じか、それ以下に）おさえ、いわゆる「苦学生」の進学を可能にするパートタイムの授業形態をとる学校も少なくなかった。そしてこうした、つねに新しい学生層の開拓を至上の要求とした経営形態が、学部・学科編成の多様化への強いドライブとなった。

第二に、「学生から徴収した学費を学生を教授するための教職員給に支出」するという、「手から口へ」の経営形態のもとでは、授業料収入の極大化とともに、人件費の極少化が要求される。[13]先進的な西欧の学芸の本格的な教授能力をもつ教員層の不足からはじまった、私学の非常勤講師依存は、やがて人件費の低廉化のための方策として固定化し、専任の教員をもつ学校はまれというのが一般的な状態になった。多額の資金投入を必要とする施設設備については、いうまでもないだろう。法文系を中心とした私学の発展自体、資金面の制約の結果であるが、図書をふくむ施設設備への投資は（明確な「設置基準」がなかったこともあって）最低限に切りつめられた。多様な専門課程の開設や、パートタイムの授業形態は、そうした限られた施設設備やスタッフのフル活用と深くかかわっていたと考えられる。

以上のような経営構造のもとで、私学はつねにより多くの学生＝授業料収入を求めて、一種の「飢餓」（ハングリー）状態におかれていたとみてよい。社会的ニーズへの「感応性」は、そうした私学経営のメカニズムに内在的なものであった。進学予備軍である中学校卒業者の規模が限定され、また官学の拡充がそれを先取りする形で進められていた時期には、そうした「感応性」は、例えば企業の「職員」（ホワイトカラー）層の

需要増に応えるための、法学から商学への学科編成の中心の転換などの形で発揮されたにすぎない。しかし大正期に入り中学校卒業者が激増し、進学圧力が高まるとともに、その「感応性」は、私学を高等教育の量的拡大の先兵にしたてあげていった。

「私立大学」の登場

　わが国の高等教育人口の最初の飛躍的増加は、大正期の後半に起った。高等教育のエリート段階からマス段階への移行が、いくつかのステップをふんで進行するのだとすれば、その最初のステップはこの時期にあったとみてよい。大正4 (1915) 年から14年の10年間に高等教育人口は2.5倍に増加し、同年齢層にしめる在学率も1％から2.5％に急上昇した。こうした飛躍的な発展の背後にあったのは、いうまでもなく第一次大戦時の好況がもたらしたGNPの急激な増加を基盤に、急テンポで増大した進学要求の圧力である。進学予備軍である中学校卒業者の数をとってみれば、それは明治38 (1905) 年の1.4万人から大正4年の2万人、大正14年には3.3万人とふくれあがっている。しかしその基底にはさらに大きな、社会の階層・職業・教育構造の相互規定的な関係の根本的な変化があったとみなければならない。

　創成期の高等教育の機能様式は、図式的にみるならば次のようにいえるだろう。すなわち制度の頂点に位置する高等学校＝帝国大学は、旧幕期の教育遺産を、高い学習能力と上昇移動欲求という形でもっとも大きく継承した士族層を最大の供給源として選抜された学生に、高度の教養教育と法・医・工を主とする専門教育を与え、卒業後は支配エリート、より具体的には国家官僚とプロフェションの座を約束した。官立専門学校群も、士族層を学生の主要なリクルート基盤としたが、そこでは農・工・商などの高度に職業志向的な専門教育に力点がおかれ、帝国大学出身のエリートを補佐する実務的なプロフェショナルの育成がめざされた。これに対して私立専門学校群は富裕な旧中産階級を主体とする平民層が学生の大半をしめ、(「苦学生」をふくむ) 高い知的能力と上昇移動要求をもつ (全体としては「少数派(マイノリティ)」の) 学生に、プロフェショナルとしての国家資格取得の「捷径(バイパス)」を提供する一方、大多数の学生には「地方名望家層」が大きな比重をしめる旧中産階級の新しい階級的教養である法学・政治学教育の機会をあたえ、社会の中堅的なリーダー層や、(例えばジャーナリズムや企業の経営者層といった) 近代化の民間セクターの人材の創出に重要な役割を果たしていた。

こうした機能様式はしかし、近代化の進展とともに、とりわけ明治30年代の末ごろから次第に変化しはじめる。人材の社会的選抜を学校＝高等教育制度に大きく依存する「教育主義(エデュケーショノクラシィ)」が定着するとともに、進学熱が階層構造の上層をしめる諸階層に滲透し、また高等教育を通じて形成された新中産階級が次第に肥大し、社会的威信と勢力をますにつれて、それへの階級的転身を求める旧中産階級の進学圧力も急速に高まっていくからである。さらにその総量が社会的に枠づけられたプロフェションと違って大きな成長力を約束された企業の「職員(ホワイトカラー)」層が、新中産階級の有力な構成部分となりはじめたことは、プロフェションの養成に中心をおいてきた高等教育制度に、構造的な変化を要求するものであった。私立専門学校の学科編成の法学から商学への重心移行は、そうした変化の方向性を端的に示している。大正中期の制度改革と高等教育機関の大拡張は、そうした構造変化の要請に対して出された一つの回答であったとみることができる。

　この改革と拡張の具体的な過程について、ここでは第一にそれが「大学」教育の帝国大学による独占体制に終止符をうち、それ以外の官公私立の大学の発展を可能にし、第二には高等教育機会の拡大を、もっぱら官立高等教育機関の計画的な増設・拡充によって充足する方向をめざすものであったことを指摘するにとどめておこう。その結果、高等教育の量的構造にどのような変化が起ったかは、表4-2、4-3にみる通りである。大学、なかんずく私立大学の新設によって、大学と専門学校

表4-2　高等教育の機関別在学者数（Ⅰ）

	1895	1905	1915
帝　国　大　学	9.6	14.1	15.0
高　等　学　校	14.9	11.8	12.0
官公立専門学校	20.1	15.0	11.9
実業専門学校	49.0	46.9	45.1
私立専門学校	6.4	12.2	15.9
大　　　　学	24.5	35.9	27.0
専　門　学　校	75.5	74.1	73.0
官　公　立	51.0	52.5	53.3
私　　　立	49.0	47.5	46.7
（法学系私学）	—	(38.3)	(33.3)
合　　　計	100.0	100.0	100.0

（『文部省年報』による）

表4-3　高等教育の機関別在学者数（Ⅱ）

	1925	1935
帝　国　大　学	10.5	10.8
その他官公立大学	2.1	2.5
高　等　学　校	12.1	8.6
官公立大学予科	2.0	1.2
私　立　大　学	9.1	13.1
私立大学予科	11.1	9.9
官公立専門学校	3.8	4.8
実業専門学校	15.6	14.8
私立大学専門部	19.1	16.8
私立専門学校	14.7	17.4
大　　　　学	46.9	46.1
専　門　学　校	53.1	53.9
官　公　立	45.1	39.1
私　　　立	54.9	60.9
（法学系私学）	(33.8)	(32.9)
合　　　計	100.0	100.0

（『文部省年報』による）

の在学者の構成比は1915年の27対73から25年の47対53へ、卒業者のそれは18対82から32対68に変わった。それは予想された結果といってよい。明治30年代の半ばから積極的に「大学」昇格をめざしてきた主要私立専門学校が、いずれもその目的を果たしたからである。しかし官学中心の大規模な拡張計画にもかかわらず、官公立と私立の構成比は、同じ時期について在学者で53対47から45対55に、卒業者でも61対39から48対52へと、逆に私学の比重の著しい増加をもたらした。そして1895年以降、現在にいたる期間について、10年ごとにみた在学者数の増加率は、この時期以降（師範学校の高等教育機関への昇格があった1935-46年をのぞいて）、私学がつねに官学（国立校）を上まわる伸びを示してきたことを教えている（表4-5）。この事実はなにを意味するのだろうか。ここであらためて、制度改革の焦点がなによりも私立専門学校の「大学昇格」にあったことを思いおこさねばなるまい。

大正期の改革は、官立校にとってその伝統的な制度的構造の、なんらかの変化を意味するものではなかった。官立専門学校の昇格は、あくまでも帝国大学に象徴される「エリート型」機関類型の「同型繁殖的（アイソモルフィック）」な過程として進行したのであ

表4-4　高等教育の機関別卒業者数

	1895	1905	1915	1925	1935
大　　　学	11.2	15.3	17.8	32.1	32.3
専 門 学 校	88.8	84.7	82.2	67.9	67.7
官　公　立	37.4	52.7	61.3	48.3	35.3
私　　　立	63.6	47.3	38.7	51.7	64.7
（法学系私学）	(―)	(37.2)	(21.7)	(40.3)	(36.9)
合　　　計	100.0	100.0	100.0	100.0	100.0

（『文部省年報』による）

表4-5　在学者数の増加率（10年ごと）

	全体	国立	私立
1895～1905	257	289	249
1905～1915	135	146	132
1915～1925	245	197	287
1925～1935	138	117	146
1935～1946	245	320	203
1946～1955	132	87	175
1955～1965	180	124	210
1965～1972	168	132	180

（注）全高等教育機関の在学者数、戦後は短大をふくむ。
『文部省年報』による）

り、1915年と25年の間に行なわれた高等学校の8校から25校へ、実業専門学校の20校から49校へという大量の新設も、均質的な学校類型の地方分散的な設置の形をとるものであった。学部・学科編成についても、帝国大学における経済学部の新設や、人材需要の構造変化に配慮した実業専門学校の増設など若干の手直しはあったが、高い能力と上昇移動欲求をもつ学生層を吸収し、かれらをプロフェションや官僚を主体とする、職業構造の上層部をしめる安定的な高学歴職種へキャナライズすることをめざすその機能様式に、基本的な変化はなかった。

私学の場合はそうではない。私立専門学校の「大学」昇格にあたって「万一不完全ナル大学ノ容易ニ設立セラレルカ如キ弊ニ陥ル」(15)ことをさけるために設けられた「基本財産」の供託、専任教員制の確立、一定水準以上の施設設備の具備、入学資格の厳格化、定員制の導入などのきびしい「設置基準」は、その適用過程である程度の緩和措置がとられたとはいえ、認可された私立大学が、エリート型高等教育機関としての「大学」の基準を、基本的にみたすものであったことを示している。しかし私学の基本的な性格を規定したのは、そうした新しい構成部分である「大学」ではなく、その母胎となり付属の形で残された「専門部」であった。その独自の経営構造から、在学者規模の拡大、ひいては授業料収入の増大をはかる以外に発展の、エリート型高等教育機関としての自己形成の道をもたない大多数の私学にとって、専門部の温存・拡大なしに「大学」の存立と充実はありえなかったからである。こうして主要私学の多くは、官学の拡充の速度をはるかに上まわる進学予備軍の増大を基盤に、また教育の重点を着実に増大する企業の「職員」層（ホワイトカラー）の養成に移しつつ、大学・大学予科・専門部を同一の法人組織のもと

表4-6 主要私学の在学者数

		1905	1915	1925	1935	1955
慶	応	1151	2748	6853 (16.3)*	7306 (7.7)*	10652
早稲田		4908	5232	9753 (41.4)	13242 (39.5)	24121
明	治	2558	1901	5723 (49.4)	6313 (49.1)	34784
日	本	1838	2374	8665 (80.1)	12204 (67.7)	21784
中	央	1422	2169	4473 (65.1)	6838 (61.5)	17340
法	政	1045	818	3288 (29.3)	4140 (46.1)	12152
専	修	411	831	1074 (65.1)	2244 (44.1)	?
関	西	715	967	2493 (63.9)	4495 (69.5)	12531
立命館		962	558	1367 (78.0)	2027 (53.8)	11030
在学者にしめる比率(%)	私学	81.8	74.0	62.7	57.4	──
	全体	38.3	33.3	33.8	32.9	──

*( )内の数字は専門部在学者のしめるパーセント　　　（『文部省年報』等による）

に併存させ、多様な知的能力・進学欲求・経済的能力をもつはば広い学生層に「開かれた」教育機会を提供し、在学者規模を極大化する方向をめざした。それがいかに大きな成果をおさめたかは、主要法学系私学の在学者規模の推移をみた表4-6 からもうかがうことができる。「大学令」の施行をめぐる一連の高等教育政策は、私学のなかに（おそらくは意図しないままに）高等教育の量的拡大のトレーガーとなる、独自の組織をもつ高等教育機関としての「私立大学」をうみ出したのである。

すでに指摘したように、社会のニーズの変動への高い「感応性」を約束する私学の経営・組織形態は、進学予備軍の規模が限定され、官学の拡充がその拡大に先行的に進められ、またプロフェション以外の高学歴職種が限られていた時期には、量的拡大のメカニズムとして機能する余地をもちえなかった。しかし、進学希望者の増加が官学との競合をはなれた私学の規模拡大を可能にし、大学への昇格が私学の社会的威信を高め、さらに法商経系の学部が、プロフェション養成学部にかわって、新中産階級への移動の主要なチャンネルとなったことは、そのメカニズムの発動を可能にする十分条件を用意した。大正4（1915）年から14年の間に、私立専門学校の数は53校から79校に増加している。しかし、高等教育の量的拡大の先兵となったのは、表4-6にあげた9校の旧法学系私学に代表される、大学と専門部を併存させ、法商経系学部の複合的編成をとることによって大量の学生を収容する、いわば多角経営型の「私立大学」に他ならない。それは大正14年の時点で全在学者の34％、私学在学者の63％、また卒業者のそれぞれ40％、78％と圧倒的な比重をしめた。わが国の専門教育の量的拡大―マス段階への移行の中心的な担い手となったのは、こうした経営の多角化と規模拡大へのドライブを「そなえつけ（ビルト・イン）」た、「私立大学」に他ならず、それはまた後続私学に、発展への基本的なモデルを提供するものであった。

3 ―大衆化の過程

戦後改革の意味

大正期が高等教育のマス段階への接近の、第一のステップとすれば、戦時体制期はその第二のステップであった。昭和10（1935）年と45年とを比較すると、高等教育機関の在学者数は2.5倍、在学率でも3％から5.8％へとふくれあがっている。こうした規模の拡大が一つには師範学校の高等教育機関への格上げ（昭和

18年）という、制度改革にあったことはいうまでもない。しかし、それはこの時期に3.2倍にふくれあがった官立校の在学者増の、半分をしめるにすぎない。2倍をこえる増加率を示した私学をふくめて、戦時期の高等教育人口の増加はなによりも、理工系の大はばな拡充によってもたらされたのである。とりわけそれまで法文系中心に発展をとげてきた私学は、法文系学部・学科の強制的な転換をふくむ政府の理工系拡充政策によって、その多くがはじめて理工系の学部・学科をもつようになった。そしてこの企業の「事務」職員層から「技術」職員層へという、私学の人材養成機能の拡大は、やがて戦後にやってくる技術革新時代への、より大きな「感応性」を約束するものであった。そして高等教育をはじめ制度全般にわたる戦後の教育改革は、そうした戦前期の遺産の上に、マス化への第三の、さらに決定的なステップを用意したのである。

　高等教育の量的拡大の基底をなすGNPの水準は、敗戦による経済の荒廃によって大はばな低下をみた。それが戦前期の水準を回復するまでには昭和30年代の後半をまたねばならなかった。しかしこの経済の沈滞期にも、高等教育人口の増勢はおとろえていない。昭和21（1946）年と30年をとれば、この間に在学者は1.3倍、入学定員も1.4倍、また在学率は5.8％から8.8％に上昇している。こうした量的発展の動因を、GNPの水準によって規定される、職業構造からする、「プル」の増大に求めることはむずかしい。昭和30年代の後半に入るまで、高等教育卒業者、とりわけ法文系の卒業者は著しい供給過剰状態にあり、その削減構想すら真剣に検討される事態が続いたからである。(16) 学生数の着実な増加をもたらしたのは、なによりも「プッシュ」の増大と、それに「感応的」な、またそれをさらに「活気づけ」する新しい制度的構造の生成に他ならなかった。

　高等教育への進学要求の増大については、その動因として第一に、農地改革をはじめとする一連の戦後改革による、社会の階層構造の流動化をあげておかねばなるまい。それはGNPの階層的な配分構造の変化＝平準化と相まって、高等教育の新しい需要者層を掘りおこし拡大する役割を果たした。第二に、戦前期を通じて立身出世主義と結びつきながら、進学要求を拡大再生産してきた「教育主義」は、企業の「職員」層の肥大とともに、昭和初年から戦時期にかけて、その採用や昇進・賃金体系における「学歴主義」として定着し、制度化され、職員層へのパスポートとしての「学歴」取得を志向する進学要求の増大に、さらに拍車をかけるものであった。不況下に逆に過熱化する進学競争は、こうした「学歴主義」の制度化と深くかかわっている。進学要求の「噴出」をもたらし

表 4-7　高等教育人口の推移

	大　学				短　大			
	計	国	公	私	計	国	公	私
1952	339,513	156,871	17,480	225,162	53,230	953	8,139	44,138
1955	523,355	186,055	24,936	312,364	77,885	3,637	11,080	63,168
1960	626,421	194,227	28,569	403,625	83,457	6,652	11,086	65,719
1965	937,556	238,380	38,277	660,899	147,563	8,060	13,603	125,900
1970	1,406,521	309,587	50,111	1,046,823	263,219	9,886	16,136	237,197
1972	1,529,163	320,712	49,234	1,159,217	287,974	10,422	16,608	260,944

(『学校基本調査』による)

た第三の要因は、教育の制度改革自体にある。高等教育のマス化が、中等教育のマス化、あるいはユニバーサル化を先行条件として要求するのは、教育発展の「鉄則」とされているが、戦後改革による前期中等教育（中学校）の義務化と、男女共学・小学区制・総合制のいわゆる「高校三原則」のもとに発足した、3年制の新制高等学校は、まさにそうした中等教育のマス＝ユニバーサル化を担う機関類型であり、その進学率は昭和25（1950）年にすでに43％、30年には52％に達し、高等教育進学の有資格者数を激増させた。さらに第四に義務教育修了後、高等教育に至る「進学」の距離が従来の5年から3年に短縮されたことは、高等教育の機会を享受するに必要な「機会費用」の減少を意味し、それもまた進学要求を増大させる方向に作用した。第五に、こうした中等レベルでの改革とならんで戦前期の多様な高等教育機関が、少なくとも「法制」上、そのハイラーキカルな構造を否定され、単一の4年制大学（一部2年制の短期大学）に統合されたことは、「大学」への社会・心理的な距離を一挙に短縮する役割を果たしたとみてよい。かつては東京をはじめ大都市にのみ存在した「大学」は、いまでは「駅弁大学」とよばれるほどに、身近な存在になった。そして高等教育のこうした制度改革は、たんに「法制」上の改革にとどまらぬ影響を、その量的拡大のメカニズムに及ぼした。

　大学・大学予科・高等学校・専門学校・師範学校と、多様な学校類型から編成された戦前期の多系重層的な高等教育制度の廃止の影響をもっとも強くうけたのは、官立の諸学校である。官学のうちでも旧帝国大学は、ほぼその組織や機能の基本的変更なしに、比較的スムーズに、新制大学へと移行した。しかしそれ以外の官立校、とりわけ地方所在の単科大学・高等学校・専門学校・師範学校の場合、いわゆる「一県一大学」原則に基づく、強制的な統合・再編を伴った新制大

表 4-8 機会均等指数[1]（所得階層別）

所得分位[2]	1961		1968			1972		
	国立	私立	国立	私立	全体	国立	私立	全体
I	0.99	0.32	0.83	0.18	0.35	0.51	0.25	0.31
II	1.02	0.46	0.65	0.27	0.37	0.85	0.40	0.50
III	0.77	0.62	0.80	0.49	0.57	0.89	0.67	0.72
IV	0.88	0.93	1.27	1.24	1.25	0.89	0.85	0.46
V	1.25	2.68	1.47	2.83	2.48	1.88	2.85	2.62

(1) 各所得階層の 大学進学者にしめる％／全世帯にしめる％(20％) として算出 資料：文部省「学生生活調査」各年度による。
(2) 全国の世帯を所得水準により5等分したもの。
　　各分位20％　I（低）→V（高）

学への移行は、まったく新しい組織原理に立つ、「複合大学」としての新生を意味するものであった。「地方国立大学」と俗称されるようになる、これら大学の具体的な性格の検討は別の章に譲るとして、[18]当面の主題である進学要求への「感応性」という点でいえば、この新しい学校類型の創造は、たしかに一歩の大きな前進を意味した。もともと「地方性（ローカリティ）」の強い師範学校＝教育学部が量的に大きな比重をしめたこともあるが、ほとんどの大学・学部で戦前期の前身校にくらべて、入学者にしめる地元出身者の比重が一挙にたかまり、自宅通学の可能化による機会費用の低廉化や、また政策的におさえられた授業料と相まって、教育機会が、低所得者層にむけて大きく開かれることになったからである。いま全国の世帯を所得水準によって五等分し、それと各所得階層から送り出された大学生の比率とを比較した「機会均等指数（パリティ・レイショ）」をみれば、昭和36（1961）年の国立大学在学者の場合、所得階層の第I分位（最下位20％）の0.99に対して、第V分位（最上位20％）では1.35となっており、私立大学在学者の指数がそれぞれ0.32、2.68であるのにくらべて、国立大学、とりわけその大半をしめる「地方」国立大学が、いかに戦後の高等教育機会の社会の階層構造の下方にむけての開放に、重要な役割を果たしたかが知られる。

　発足時の「地方移譲」構想からもうかがわれるように、統合を熱心に推進した占領軍当局者の頭の中には、母国アメリカの高等教育の量的拡大の担い手となった「州立大学（ステート・ユニバーシティ）」に近い「地方国立大学」像があったとみてよい。[19]しかしわが国の「地方」国立大学はあくまでも地方「国立」大学であり、地域社会のニーズの変化を鋭敏にとらえる、内的メカニズムを依然として欠いていた。所在の地理的な同一性だけを条件に、機械的に進められた統合の「後遺症」——一つの「大学」としての統一的な理念の不在やあいまいさも、制約条件の一つに加えるべき

表 4-9　高等教育機関数の推移

	大学				短大			
	合計	国	公	私	合計	国	公	私
1950	201	70	26	105	149	—	17	132
1955	228	72	34	122	264	17	43	204
1960	245	72	33	140	280	27	39	214
1965	317	73	35	209	369	28	40	301
1970	382	75	33	274	479	22	43	414
1972	398	75	33	290	491	24	44	423

(『学校基本調査』による)

かも知れない。いずれにせよその編成形態こそ変われ、「国家ノ須要」を重視する高等教育政策の対象でありつづける国立大学は、それが戦後の一時期に示した階層構造の変動への「感応性」を持続することができなかった。経済の高度成長の始まった昭和30年代の後半以降、地方国立大学は理工系学部の大はばな拡充・新設という形で、職業構造の変動への対応をはたす。しかしその間、昭和30（1955）年にはまだ31％であった全高等教育人口にしめる国立大学のシェアは、10年後の40年には21％に、また47年現在では17％にまで低落し、それとともに、前掲の「機会均等指数」も昭和47年には、第Ⅰ分位の0.51に対して第Ⅴ分位では1.88と、機会の不均等化が再び進行しはじめたことを教えている。そしてそれは同時に入学者の「地方性（ローカリティ）」の着実な低下を伴うものであった。

　戦後の教育改革の推進主体となった占領軍当局の構想のなかで、「地方国立大学」は、分権化された、民主的で大衆的な高等教育制度の発展に中心的な役割を果たす「マス型」の高等教育機関たるべく期待されたとみてよい。しかし地方国立大学が政策的に方向づけられ、また大学自身も積極的に志向したのは、それが前身校からひきついだ「準エリート」的性格の強化であり、さらには依然として「エリート型」高等教育機関として存立する旧帝国大学系の「国立総合大学」モデルへの接近であり、それとの同格化に他ならなかったのである。

　私学、とりわけ大学・大学予科・専門部を併存させつつ発展をとげてきた主要私学の場合には、戦後の教育改革はその形態や機能をなんら基本的に変えるものではなく、むしろその量的拡大に「感応的」な性格のいっそうの強化を意味した。たしかに専門部・専門学校は廃止され、重層的な教育課程は一本化された。しかしこうした教育課程の統合が、きびしい「設置基準」のもとに設立運営されてきた旧「大学」レベルへの、いわば「昇格」的な統合ではなく、専門学校レベルへの「降格」的な統合として実現されたことを見逃してはならない。専門教育

のみを行なう3年制の高等教育機関として発展してきた専門学校にとって、2年間の一般教育課程をおく4年制「大学」への移行が、一定の水準向上への努力を必要としたことは疑いない。だが昭和23 (1948) 年度に200校を数えた私立専門学校のうち、大学への移行をはたさず廃校となったものは12校にすぎず、また58校が暫定措置として2年制の短大となったが、そのほとんどは高等女学校を母胎に設立された小規模の女子専門学校であり、大多数の学校は、認可にあたって若干の付帯条件はつけられたものの、ほぼ支障なく新制大学への「昇格」を果たしたのである。[20] 設立認可にあたって適用された、新しい「大学設置基準」はそれがあくまでも「最低基準」であることをうたい、個々の大学がつねにその基準をこえる方向で努力することを期待している。しかし現実の高等教育の発展は、それが文部省の監督行政の弱体化（それは教育民主化の重要な狙いの一つであった）から、むしろ「最高基準」的な機能を果たしてきたことを教えている。そうしてこうした実質的な「設置基準」の低下は、その後の大学新設や学部の増設・拡充を容易にすることによって、加速度的な量的拡大を可能にする制度的な枠組みを提供した。

　経営形態の独自性からつねに量的拡大への内的なドライブをもつ私学に、その発動の機会を与えたのは、そうした「設置基準」の緩和による定員枠の拡大だけではない。私学の在学者数は（これもまた監督行政の弱体化とそれに代わる自己規制のメカニズムの不在を主な理由とする）、定員を大きくこえる学生の収容、いわゆる「水増し入学」の常態化によってさらに増大の可能性をあたえられた。入学定員に対する入学者の比率でみた私学の「水増し率」は、大学の場合昭和27 (1952) 年にすでに1.37倍であったが、以後35年1.58倍、45年1.68倍と直線的に増加し47年には1.81倍とほとんど定員の2倍近い入学者を入れるまでになった。こうした「水増し」へのドライブは、戦前期にも存在したことは明らかである。しかしおそらくは文部省の強力なコントロールが、さらには進学予備軍をめぐる官学との競合関係がその発動をはばんできた。戦前期の私学で定員をこえる入学者をもつものは希であり、むしろ定員割れがノーマルな状態であった。そうした状況が戦後一変したのは、コントロールの弱体化と同時に、国立校の入学定員の増が極度におさえられ、急速に増大する進学圧力のもとで、競合関係をめぐるバランスが大きく崩れたためとみてよいだろう。こうして授業料の年額が、むしろ私学の方が低位にあった戦前期に対して、戦後は昭和26 (1951) 年にすでに国立1に対して、私立2.8と大きく格差を示し、その後も着実にそのは

ばが広がっていったにもかかわらず、私学は「上げ潮のように増」してくる進学希望者を最大限に吸収しつつ、量的拡大の一途をたどることになった。

マンモス私学の発展

戦前期の私学は、すでにみたように、授業料収入を事実上唯一の財源とする経営構造の上に、第一に本科と別科、大学と専門部、昼間部と夜間部といった教育課程の重層化、第二には法学から商学・経済学、さらには工学へという学部・学科編成の多様化の二つの方向で、規模の拡大をはかってきた。そうした私学の発展に主導的な役割をはたした9校の法学系私学は、昭和10（1935）年に専門学校をあわせた私立高等教育機関在学者全体の57％をしめ、とくにその典型である早稲田と日本の両私学は、ともに1万人をこえる在学者数をもっていた。こうした私学の発展構造は戦後、専門学校制度の廃止によって修正される。しかし実

表4-10　私立大学新設状況

	1970年現在	～1950	1951～55	1956～60	1961～65	1966～70
北海道	9 (8)	—	1(1)	1 (1)	3 (3)	4 (3)
東北	13 (5)	3	1	1 (1)	4 (1)	4 (3)
宮城	7 (1)	3	—	1 (1)	2	1
関東	120 (30)	63	10(2)	5 (5)	26(16)	16 (7)
東京	89 (19)	56	10(2)	3 (3)	15(12)	5 (2)
神奈川	12 (5)	4	—	1 (1)	4 (1)	3 (3)
千葉	15 (6)	3	—	1 (1)	6 (3)	5 (2)
中部	27 (9)	6	2(2)	3 (3)	9 (2)	7 (2)
愛知	19 (7)	6	2(2)	3 (3)	5	3 (2)
近畿	64 (24)	24	3	4 (3)	17(11)	16(10)
京都	16 (2)	10	—	1 (1)	3 (1)	2
大阪	26 (12)	7	3	3 (2)	8 (6)	5 (4)
兵庫	18 (9)	5	—	—	5 (3)	8 (6)
中国	15 (9)	2	—	1 (1)	4 (3)	8 (5)
岡山	6 (3)	1	—	—	2 (1)	3 (2)
広島	8 (5)	1	—	1 (1)	2 (2)	4 (2)
四国	4 (3)	1	—	—	1 (1)	2 (2)
九州	22 (9)	5	1(1)	3 (1)	5 (4)	8 (3)
福岡	13 (3)	4	—	2	4 (3)	3
合計	274 (97)	104	18(6)	18 (15)	69(41)	65(35)

（ ）内は短期大学からの「昇格」校。内数。（『全国大学一覧』、『全国短期大学、高等専門学校一覧』による）

質的には「旧専門学校」水準での新制大学への移行は、私学の収容能力を（とりわけ専門部をもつ旧私立大学の場合）いっそうたかめただけでなく、学部、学科の増設・拡充の容易化は、次々に早稲田・日本の二大学と同型の大規模私学をうみ出していった。規模の拡大は従来の「タテ」の重層化と「ヨコ」の多様化の組み合わせから、戦後はヨコの多様化に中心を移したが、それはより多くの私学に大規模化への可能性を開くものだったのである。こうして高等教育の量的拡大は、私立大学の新設と同時に、あるいはそれ以上に、既設の、多くは戦前期以来の伝統をもつ私立大学の規模拡大の形で進行することになった。

　昭和23（1948）年にはじまる新制大学への移行が一段落した昭和25年、私立大学の総数は105校、そのほとんどすべてが戦前期の大学・専門学校の移行によるものであった。それから20年後の昭和45年の学校数は274校、この間の新設校数は169校にのぼり、しかも昭和36-45年の10年間にその80％、134校が集中している。しかしこの多数の新設私大は、大学の地方分散に一定の役割をはたした（例えば昭和25年には私立大学の75％が東京、京阪神に集中していたものが、45年に54％に激減している）ものの、私学人口の拡大にあずかるところは必ずしも大きくはなかった。これら新設私大は、そのほぼ半数が短期大学を母胎とする、その「出自（オリジン）」からも知られるように、82％までが単科であり、しかも43％は女子系の小規模文科系私学というその学部編成からいっても、学生の吸収力は限られていた。昭和36-45年の新設私大は、学校数でこそ50％弱をしめたものの、在学者のシェアはわずか15％にすぎなかったのである。

　わが国のように私学が必ずしも明確な教育理念や、その実現を可能にする「基本財産」をもたぬままに生成する場合には、各学校はほぼその創設年度と学部の編成形態によって、ハイラーキカルな構造の各層に位置づけられる。創設年度＝伝統が重要な指標となるのは、それが乏しい「校風（スクール・カラー）」の重要な構成部分であるだけでなく、基本財産の蓄積・卒業者集団の形成、社会的な知名度の上昇、それにおそらくは学部編成の多様化と深くかかわっているからである。学部編成の多様性は私学の社会的威信の重要な指標の一つであり、新設校はそれによって規模を拡大し、ハイアラーキーのなかを上方に移動することができる。しかし授業料収入に財源を依存する私学にとって、それは容易にめざしうる道ではない。昭和36-45年の新設私大のうち5学部をもつものはわずかに1校にすぎず、3学部以上をもつ大学も6校を数えるだけである。新設校はほとんど例外なく、高等教育の（入学者の質や卒業者の雇用機会によって左右されるインフォーマルな社会的

表 4-11　マンモス私学の学部編成

	文	社	その他文系	法	経	商	経営	工	その他	理工系		薬医
早稲田	○		○教	○	○政経	○		○理工				
日本	○(文理)		○芸	○	○	○		○	○理工	△生工	○養	○歯○
慶応	○			○	○	△		○				
中央	○			○	○	○		○理工				
明治	○			○	○政経	○		○			○養	
法政	○	○		○	○	△		○				
関西	○	◎		○	○	○		△				
立命館	○	◎産社		○	○	○	◎	○理工				
同志社	○		○神	○	○	○						
専修	◎			○	□	□	○					
東洋	○	△		△	○	○	○					
国学院	○			○	○							
関西学院	○	△	○神	○	○	○				◎理		
青山学院	○		△	○	○	○	◎	○理工				
明治学院	○	◎		○	○	○						
立教	○	△	△	○	○	○				○理		
駒沢	○		○仏	○	○	○						
竜谷	○											
神奈川			◎外	□	○			○	◎二工			
国士館	◎		△体	○	◎政経			○				
近畿			○		○商経	△		△	○理工	◎二工	◎養	○
東京理科								◎	○理工	○理		△
東海		◎養	○体	○	○政経			○	◎二工	○理	○海	
大阪工業								○				
福岡		◎人文	○体	△	△	○				◎理		△
名城				□		□		○理工		○養		△

○　1952年現在開設　　◎ 1961〜70年新設　　産社：産業社会学部　　養：教養学部　　(『全国大学一覧』
△　1953〜60年新設　　　　　　　　　　　　教：教育学部　　　　生工：生産工学部　　　による)
□　1952年開設でのちに分離　　　　　　　　二工：第二工学部　　海：海洋学部

評価、威信の序列に応じて形成された)ハイラーキカルな構造の底辺部に位置づけられ、進学予備軍をめぐって既設校と不利な競合関係におかれることになる。これに対して既設校の場合には、その伝統に応じて蓄積された有形・無形の「資産」が、より多くの進学希望者を集め、学部編成の多様化をはかり、規模を拡大することを可能にする。戦後私立大学のたどった道は、なによりもそうした既設私学の発展過程だったのである。

　ここで在学者数1万人をこえる大学を「マンモス大学」とよぶことにしよう。その数は昭和45年度で28校、うち国立の2校（東京・京都の2大学）をのぞいた26校はいずれも私立である。これら「マンモス私学」は、学校数からすれば、同年の私立大学全体の1割にもみたないが、在学者数にしめるシェアは52％に

表4-12 マンモス私学在学者の増加率

		1935～46	1946～55	1955～60	1960～65	1965～70	1970年在学者数
早稲田	U	○169	108	129*	123	105	4.0万人
日本	U	○113	158*	120	198*	141	7.3
慶応	U	○139	105	185*	119	104	2.4
中央	U	○160	254*	141*	117	113	3.3
明治	U	148	○372*	89	107	90	3.2
法政	U	203*	○145*	162*	132	112	2.9
関西	U	97	○287*	137*	113	123	2.4
立命館	U	367*	○148*	119	134	121	2.1
同志社	U	241*	○251*	121	133	115	2.0
専修	U	139	?	?	213*	132	1.5
専洋	U	235*	176*	○198*	262*	149	2.0
国学院	U	87	337*	○144*	180*	123	1.3
関西学院	U	233*	199*	○168*	129	103	1.2
青山学院	C	112	404*	101	148	○178*	1.3
明治学院	C	315*	142	147*	185*	○149	1.2
立教	U	212*	142	192*	117	○115	1.1
駒沢	U	204*	105	135*	262*	○181*	1.0
竜谷	U	129	75	99	375*	○247*	1.0
神奈川	C	194	181*	108	173*	○158*	1.4
国士館	C	?	?	?	869*	○194*	1.1
近畿	U	434*	102	142*	136	○272*	1.9
東京理科	C	133	149*	100	242*	○155	1.3
東海	C	?	?	?	417*	○214*	2.0
大阪工業	C	—	165*	178*	148	○138	1.0
福岡	C	—	281*	237*	178*	○188*	1.8
名城	—	—	—	131*	158	○186*	1.6
私学全体		203	145	129	164	158	——

○ 当該期間に在学者数が1万人をこえたことをしめす。　　(『全国学校総覧』による)
? 不明をあらわす。
* 私学全体の増加率を上まわることを示す。

も及んでいる。既設校中心の私学の発展は同時に、これらマンモス私学の発展に他ならなかった。こうしたマンモス私学の典型は、先にもふれたように戦前期の早稲田・日本の両大学にみることができる。他の私学に先んじてこの2校が1万人をこえる在学者をもつに至ったのは、それがタテの重層化だけでなく、ヨコの多様化に積極的に努力し、伝統的な法学中心の学部編成から脱皮して商学・経済学、さらには工学へと、企業の「職員」層の大量養成学部の拡充に成功したためである。昭和10(1935)年時の編成をみれば、早稲田は「大学」を中心に政経・法・文・商・理工・高等師範などの学部・学科をおき、また日本大学は「専門

部」に経営の主体をおき、法・政・商・経・宗教・歯・工・高等師範の各科をもっていた。法・経2学部を中心に、商・文それに工の各学部を配するという、この「マンモス私学」モデルが、規模拡大をめざす後続私学が志向する一般的な組織形態であったことは、表4-11からも知られる。戦後の昭和30（1955）年、マンモス私学は9校にふえたが、それらはいずれも戦後の新制大学としての発足時にすでに、文・法・経・工を基幹にした学部編成を完成していた。これらマンモス私学がいかに大きな学生層の吸収力をもったかは、その在学者にしめるシェアからもうかがうことができる。9校の私学はほとんどが、昭和21-30年の期間に、在学者数において、私学全体のそれを大きく上まわる伸びを示し、昭和30年代には全私立大学在学者の56%をしめていた。

　この9校のマンモス私学は、いずれも明治初年以来の伝統をもつ旧制私立大学であり、戦前期にすでに高い知名度をもち「準総合」的な学部編成を達成し、全国的に学生を集め、したがって私学センターでのハイラーキカルな構造の最上層をしめる学校群である。この一握りの大学は昭和21-30年の私学在学者数の増分の実に97%、30-35年の増分についてもその45%を吸収した。しかしその膨張が一段落した昭和30（1955）年以降には、それに代わって、旧制の小規模私大や専門学校の急激な拡大が開始される。これらの私学はいずれも単科ないしはそれに近い学部・学科編成をもちつつ、戦後をむかえたものであり、「第Ⅰ期」のマンモス私学が既設学部の量的拡張に力を注いだのに対して、次々に学部を新設しつつ、その規模の拡大をはからなければならなかった。その学部編成の多様化が、先発マンモス校のパターンを基本的に踏襲するものであったことはすでにみたとおりだが、多額の設備投資を必要とする理工系学部の新設は容易ではなく、ほぼ第Ⅰ期マンモス校のそれを再現しえた少数の学校をのぞいて、編成形態は大きく文・法・経を中心とする「文科系総合」、あるいは理・工を中心とする「理科系総合」のいずれかの方向をとることになった。そして戦前期の伝統は、文科系私学は文科系総合を、理科系私学は理科系総合を、という形で継承された。これら昭和30-35年の「第Ⅱ期」に3校、昭和40-45年の「第Ⅲ期」に13校が成立をみた新しいマンモス私学はまた、既設マンモス私学に対して、戦後社会の新しいニーズを鋭敏にとらえたいわば「戦後派」学部の積極的な新設という点に、もう一つの特徴をもっている。社会学部・経営学部・体育学部・海洋学部などはいずれも、これら第Ⅱ・Ⅲ期のマンモス私学に特徴的な学部といってよい。新しいマンモス私学は、こうした新しい学部編成のもとに急速に学生層の吸収力をた

かめ、昭和45年に17校でマンモス私学在学者全体の45%、私学全体の23%をしめるまでに、成長をとげたのである。

　昭和47 (1972) 年度の学校基本調査によれば、同年の私立大学290校のうち、マンモス私学は30校、5000-1万人規模の私学が25校、そして1000-5000人規模が125校、1000人以下115校という構成になっている。5000-1万人規模の私学のなかには、その学部編成や知名度からいって近い時期にマンモス化をはたすとみられるものも少なくない。しかしその一方、第III期に属する新興私学は別として、第I・II期のマンモス私学の成長率は、とりわけ昭和30年代の後半以降、停滞期をむかえている。その停滞がどのような理由によるかは、個々の大学によって同じではないだろう。在学者2万人前後というマンモス私学の平均規模は、それが私立大学の組織体としての規模拡大への限界を意味するのかも知れない。また規模拡大への「可能性」の喪失を、東京・京阪神の超人口集中地域にあるこれら私学の、校地取得の制約に求めることもできるだろう。事実在学者総数7万人をこえるという「超マンモス化」を達成した日本大学の場合、キャンパスは5都県11ヵ所にまたがっている。しかしそれが、量的拡大の担い手としての私立大学が本質的にもっている限界ではないのかどうか、あらためて検討を要する問題であろう。

4 ─ 大衆化の衝撃

階層構造と職業構造

　マンモス私学に主導されつつ進行してきた、高等教育の大衆化の構造は以上みてきた通りである。進学要求の急激な上昇を基盤に、私学はその内在的な量的拡大へのドライブの実現を容易にする戦後の制度改革の枠組みのなかで、急速な量的拡大をとげ、定員の2倍をこえる入学者を吸収し、全高等教育人口の80%、大学在学者数の78%をしめるに至った。ではこうしたマンモス私大中心の量的拡大による「マス段階」への移行は、(1)社会の階層構造、(2)職業構造との関係に、また(3)高等教育の制度的構造そのものに、どのような衝撃を与えつつあるのか、さらには(4)私立大学は、はたして高等教育の次の段階移行の担い手たりうるのか、以下ではこれらの問題に検討を加えておくことにしよう。

　まず階層構造との関係をみよう。高等教育の量的拡大は、他の条件が等しい限り進学要求の強さと、その充足を可能にする経済的能力──教育費の負担能力に

よって規定され、またその負担能力は高等教育機会を享受するのに必要なコストの水準に左右される。アメリカにおける高等教育の急激な発展は、低廉なコストで教育機会を提供する「州立高等教育機関」の存在ぬきに考えることはできない。しかしわが国の戦後の量的拡大は、政策的に抑えられた授業料水準と、その地方的な分散のゆえに低廉な教育費で享受可能な国立大学の教育機会の拡大ではなく、もっぱら高額の授業料と大都市集中によって高い教育費負担を要求する、私立大学の拡充に依存してきた。それはマス段階への移行が、進学者の階層的基盤の下方にむけての大はばな拡大なしに進展してきたことを示唆している。

　いくつかの数字をあげよう。まず昭和47（1972）年度の文部省調査によれば同年度の大学（昼間部）在学者の52％は、全国の世帯を所得水準で五等分した場合、最上位20％（第Ⅴ分位）に入る家庭の出身者でしめられ、下位40％（第Ⅰ・Ⅱ分位）のそれはわずかに16％にすぎなかった。さらに前掲の「機会均等指数」でみれば、第Ⅴ分位の出身者は2.62と、全世帯平均の2.6倍、また最下位の第Ⅰ分位の0.31にくらべて、実に8.5倍も有利な進学のチャンスをもっていたことがわかる。教育費の負担能力が進学のいかんを大きく左右する私立大学に対して、国立大学が所得の低い階層にもより平等に教育の機会を開いてきたことは、表4-8からも明らかである。とくに1960年代のはじめには、第Ⅰ分位と第Ⅴ分位の機会均等指数は0.99対1.35と、小さな差をもつにすぎなかった。しかしその国立大学が、現在では全高等教育人口の3分の2以上を収容するアメリカの公立高等教育機関とちがって、極度にその量的拡大を制約されてきたことはすでにみた通りである。経済の高度成長はたしかに家計の所得水準、ひいては教育

表4-13　機会均等指数（職業別）

	指　数(1)	構成比(2)
農林漁業	0.42	30.7％
労務者	0.25	11.4
商人・職人	0.89	10.4
個人経営者	1.70	8.9
自由業	1.47	2.0
民間職員	1.29	19.0
官公職員	1.83	12.4
法人経営者	2.84	1.4
無職	0.51	3.8
計	—	100.0

(1)　表4-8参照
(2)　調査対象全体の百分比
資料：文部省「高等学校卒業者の進路状況」1968年

表4-14　機会均等指数（学歴別）

学歴	指　数(1)	構成比(2)
父母とも高等教育	3.26	1.5％
父母の一方が〃	2.84	7.6
父母とも中等教育	1.71	17.6
父母の一方が〃	1.12	12.9
父母とも初等教育	0.43	52.7
その他	—	7.7
計	—	100.0

(1)　表4-8参照
(2)　調査対象全体の百分比
資料：文部省「高等学校卒業者の進路状況」1968年

費の負担能力をたかめた。しかしほぼ2年に1度の割合の授業料引上げを伴う私学の発展が、量的拡大の中心となったことは、進学機会の所得階層の下方への拡大に抑制的に動いたといわねばなるまい。

　機会均等指数は、さらに職業と学歴の別に算出することができる。それによれば、昭和43（1968）年4月の大学進学者の場合、職業階層別では最上位をしめる法人経営者層の2.84は例外的としても、官公職員（1.83）と労務者（0.25）とでは進学の機会に7.3倍の違いがあり、また学歴階層別では父母とも高等教育修了の高学歴層の3.26に対して、ともに初等教育修了の低学歴層の0.43との間に、7.6倍の開きがみられる。

　こうした職業・学歴、それに所得という社会の階層構造の三つの規定要因が示しているのは、ほぼ次のような階層と教育の関連構造である。すなわち第一に、どの指標についても全階層平均の3倍に近い進学機会をもつ高学歴・高所得・高職業層の場合には、進学はすでに事実上「ユニバーサル」化しているとみてよい。昭和43年4月の進学者についてみれば、高学歴層の99％、法人経営者出身者の72％、家庭の収入300万円以上（全体の2.4％）のものの71％が、それぞれ高等教育機関に進学している。第二に、しかし量的拡大の階層的な担い手となったのは、社会階層の中層に位置する諸階層である。昭和43年進学者の家庭の平均収入は154万円だったが、年収100-150万円の階層は進学者の31％を出し、また官公庁・民間企業をあわせた「職員」層の子弟は進学者の50％をしめ、しかも進学者の66％は、父母のいずれかあるいは双方が中等教育修了の学歴所有者であった。第三に、階層構造の下位にある諸階層の出身者の進学機会は、その量的拡大にもかかわらず、依然として狭く、閉ざされている。例えば年間所得50万円未満の層の進学率は11％、労務者の子弟のそれも10％にすぎない。しかもこれら進学者の40％近くは国立大学に進学しているが、その国立大学が急速に希少性とエリート性を強め、進学準備に多額の「投資」をすることの可能な高所得者層にとって、相対的に有利な進学機会になりつつあることは、すでにみた通りである。

　このように、社会階層による進学機会の差は依然として大きいが、わが国の場合、その格差を規定しているのは階層文化による進学への「動機づけ」の相違よりも、むしろ教育費の負担能力であるとみることができる。その意味でGNPの急速な上昇は、これまで進学希望者数の持続的な増加を可能にしてきた最大の要因であり、今後は中等教育修了者層の肥大が増加のもう一つの階層的基盤を提供

するだろう。しかしマス段階への「しきい」をこえた高等教育が、そのままユニバーサル段階へと直線的な発展をとげるのかどうか、それは教育機会を享受するに必要なコストの水準を左右する私立大学の規模と経営構造、さらにはそれと深くかかわっている高等教育の制度的構造の変革の方向によって左右されることになるだろう。

職業構造との関連についてはどうだろうか。高等教育人口の増大が、進学要求からする「プッシュ」と、人材需要としての「プル」の二つの変化に対応的に進行してきたことはすでにみた通りだが、このうちプルとしての人材需要については、二つの異なる対応のパターンが存在する。[22]

高等教育機関の卒業者＝高等学歴の職業機会は、大きく二つの部分から構成されている。第一はそれが伝統的に占有してきた各種のプロフェションである。これらの職業は一般に高度の知識・技術に裏づけられた一定の「資格＝学歴」を要求するという意味で、基本的に「学歴閉鎖」的であり、その需要量はしたがって比較的安定的である。医・工・理・農等の理工系学部、それにかつての文学部や法学部、現在の教員養成学部などはそうしたプロフェション養成のための学部に他ならない。第二の職業機会は事務職員層、さらには販売従事者など一般にホワイトカラーと総称される職業群である。これらの職業は必ずしも高学歴と結びついた特定の資格や専門的能力を必要とせず、したがって下位の学歴層との間に一定の代替可能性をもつという点で「学歴開放」的であり、またその雇用機会や需要量はきわめて変動的、可変的である。商・経済・経営、それに現在の法・文などいわゆる文科系学部はこれらホワイトカラーの養成学部といってよい。

わが国の高等教育が大正期以降、伝統的なプロフェション養成から、この第二の職業分野へと、その人材養成機能の、ひいては学部学科編成の重心を大きく移

表4-15　新規大卒就職者（男子）の職業分布

	1955	1960	1965	1970
専門・技術	44.4	39.4	39.5	37.3
（技術者）	(14.3)	(21.0)	(25.5)	(28.1)
（教員）	(27.0)	(14.1)	(10.6)	(6.0)
管理・事務	41.4	43.5	37.8	32.6
販売	4.6	10.5	16.9	26.8
その他	9.6	6.6	5.8	3.3
全体	100.0	100.0	100.0	100.0

資料：「学校基本調査」各年度

表 4-16　主要学部卒業者の就職分野別（男子）

	法政商経				人　文				理　学				工　学			
	55	60	65	70	55	60	65	70	55	60	65	70	55	60	65	70
専門技術	6.1	3.7	3.2	2.2	43.1	32.7	34.8	23.2	87.7	88.6	92.0	84.3	85.1	93.6	94.5	94.5
管理事務	79.8	72.3	62.2	53.1	42.9	48.8	43.1	35.3	6.8	5.8	4.2	6.9	2.7	2.5	2.0	2.0
販　　売	8.3	17.8	28.3	41.1	3.9	8.2	12.6	34.9	1.6	1.6	1.5	6.6	1.5	1.3	1.5	1.5
（専門・技術のうち教員）					31.9	20.5	23.1	13.8	42.4	20.6	25.8	14.3	3.0	1.1	2.8	1.5

資料：「学校基本調査」各年度

してきたことはすでに述べた。しかしそれはすべての高等教育機関にひとしく起った変化ではない。エリート型ないし準エリート型の官（国）立校は、一貫してプロフェション養成学部中心に発展をとげてきたからである。昭和45（1970）年度についていえば、国立大学卒業者の77％をプロフェション養成学部がしめ、法・経・商・文などホワイトカラー養成学部の卒業者は23％をしめるにすぎない。工業化の進展とともに肥大する企業の「職員」層の養成需要にすばやい対応を示したのは、社会のニーズの変動に鋭敏な私学であった。低廉なコストで多人数教育の可能な法・経・商の各学部が、私学の経営構造にきわめて適合的な教育領域であったことはいうまでもないだろう。私学は増大する進学希望者をこれらの学部に吸収し、それを高等教育卒業者の第二の職業分野へと送り出すことによって発展をとげてきた。昭和45年度の私立大学卒業者の68％までは、こうした文科系のホワイトカラー養成学部卒業者でしめられている。高等教育の急速なマス段階への移行は、私立大学を中心としたこうしたホワイトカラー養成機能の肥大によって可能になったとみてよいだろう。

　この高学歴者の第二の職業分野としてのホワイトカラー職業は、その需要量が経済変動に敏感に連動する。大正末から昭和初年にかけての、さらには戦後の経済の沈滞期に、多数の未就職者を出したのは、文科系の諸学部であった。しかし同時に「学歴代替性」の大きいホワイトカラー職業は、高等教育卒業者にとって、職業構造の下方にむけて開かれた大きな職場が存在することを意味する。かれらの雇用機会は、より下位の学歴層のそれを蚕食しつつ拡大していくのである。そして経済の高度成長を基底とする職業構造の変動は、新しい（それはわが国の文化のなかでは一般にプラスの価値をもつ）「都市的」なホワイトカラー職種を次々にうみ出し、それがホワイトカラー養成学部卒業者の強い吸引力をもたらす。「販売」的職業は、その典型例とみてよいだろう。新規学卒男子を例にとれば、経済の高度成長のはじまる以前の昭和30（1955）年には、販売的職業に

就職したものの58%が中卒、38%が高卒でしめられ、大卒はわずか4%にすぎなかったものが、昭和45年には大卒が全体の40%をしめるまでになっている。

　高等教育の量的拡大——マス段階への移行は、法・商・経を中心とする文科系学部と、理科系では工学部の拡大によって達成された。そして職業構造の変動も、少なくとも現在の時点まで、それに適合的な方向で進展してきた。進学圧力からする「プッシュ」の最大限の吸収をめざして量的拡大をとげてきた私学から送り出される、大量のホワイトカラー予備軍について、昭和20年代から30年代の前半期にはその供給過剰と就職難が再三、問題にされたが、それ以降、雇用市場は一貫して売り手市場をつづけ、大学卒の高学歴者は「学歴代替性」の強い「学歴開放」的な職業領域に次々に進出し、下位の学歴層をしめ出し、雇用機会を拡大してきた。昭和45年度の大卒男子の就職状況をみれば、法・商・経系では事務的職業に53%、販売的職業に41%が、また文・教育などの人文系でも、この二つの職業分野にそれぞれ35%が就職している。高等教育のマス化は、高学歴層の大量生産を結果したにもかかわらず、大きなコンフリクトなしに、新しい学歴＝職業構造の形成に成功したといってよいだろう。

高等教育の制度的構造

　さて、制度的構造の問題である。わが国の高等教育が、近代化の特質とかかわる制約的な諸条件のもとで、「質」と「量」という二つの政策的課題の同時的達成を求めて、独自の重層的な構造をつくりあげてきたことは、すでに述べた。戦後の教育改革による新しい「大学」の発足は、そうした重層的構造を法規上は否定したが、この資源の傾斜的配分に裏うちされつつ形成された70年近い歴史をもつ制度的構造を、根本的に変革するものではなかった。戦前期の高等教育は大学—専門学校、官立—私立という2本の軸の組み合わせからなる、帝国大学—官立実業専門学校—私立大学—私立専門学校という、4つの学校類型が、ほぼこの序列でつくるハイラーキカルな構造をもっていたとみてよい。戦後、たしかに大学—専門学校という軸は消失した。暫定措置として設けられた短期大学、あるいは大学学部の上におかれた大学院は、それに代わる重層的な構造の軸にはなりえなかった。しかしそれにかわって登場した「中央—地方」という軸（それは大学—専門学校という軸に内包されていた）は、国立—私立の軸とともに、国立総合大学—国立地方大学—マンモス私立大学—小規模（地方）私立大学という形での、ハイラーキカルな高等教育構造の再編をもたらしたのである。そして戦前期

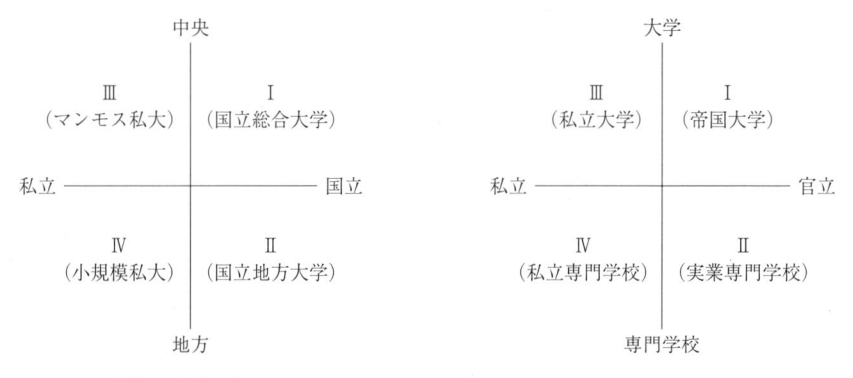

```
          中央                                    大学
    Ⅲ          Ⅰ                         Ⅲ          Ⅰ
(マンモス私大)  (国立総合大学)              (私立大学)    (帝国大学)

私立 ─────────── 国立            私立 ─────────── 官立

    Ⅳ          Ⅱ                         Ⅳ          Ⅱ
(小規模私大)   (国立地方大学)              (私立専門学校) (実業専門学校)
          地方                                  専門学校
```

図 4-1　高等教育機関の諸類型

以来の資源の傾斜的な配分構造は、そうした再編を可能にした重要な要因の一つであった。

　戦後の新制大学の発足は、従来の資源の傾斜的投入から生じた各学校類型間の「ストック」の再配分や、格差の是正とは無縁なままに進行した。新しい大学は前身校の人的・物的な、あるいは有形・無形のストックをそのまま継承して発足したのであり、その後の資源配分（「フロー」）もまた、かつての傾斜的なパターンを基本的に踏襲した。戦前期の「官立中心主義」は、私学に対する「ノーサポート・ノーコントロール」政策として引きつがれた。政府がようやく経営費の一部国庫負担を認めたのは昭和45（1970）年になってからであり、しかもその額は授業料収入にくらべればきわめて少額にとどまっている。さらに国立大学の間でも、旧帝国大学の系譜にたつ国立総合大学と、旧専門学校を主体に編成された地方国立大学とでは、予算配分に大きな格差が制度化されていることはよく知られている。こうした配分パターンのもとでは、いったん形成されたハイラーキカルな構造は強化されることはあっても、解消されることはない。もちろん、私立大学の急激な量的拡大は、「中央」所在のマンモス私大の地位を急速におしあげ、マンモス私大─小規模私大という私学の序列と、総合大学─地方大学という国立校のそれとは、一部並列的な構造をもちはじめている。しかしそれは階層的構造そのものの解体を意味するものではない。それは長い伝統をもち、国家の庇護をうける度合の大きい大学が自動的にハイラーキカル上の高い地位を約束される、きわめて「父権主義（パターナリスティック）」的な、一種の「年功序列制」的な構造を、そのままに残しつつ、温存されているのである。

こうした制度的構造のもとでは、高等教育機関の「質」の向上を求める競争関係は、ほとんど望みがたい。国立大学の間では、総合大学中心の予算の配分構造が制度化されているだけでなく、各大学内部でも予算の配分は、学部・講座・学科を単位に固定化されており、その流動的で重点的な投入は不可能になっている。私立大学の場合にも、学部や学科の壁はあつく、またなによりも質的向上に投入しうる資金量は著しく制約されている。かつてのように、「専門部」の量的拡大の上に「大学」の質的向上をはかるというメカニズムは、いまでは存在しえないのである。それだけではない。もともと画一化への志向の強い、わが国の高等教育機関の教育課程は、「大学設置基準」によってその弾力的な編成をはばまれており、さらに「質」を規定する主要な要因である大学教員の流動性はきわめて低い。こうした制約条件のもとで、施設設備・組織形態・教育課程・教授陣などの諸資源の「新結合」による大学の革新と、それに基づく大学間の自由な競争関係が、したがって流動的な高等教育構造が、成立しがたいことはいうまでもないだろう。

　ハイラーキカルな構造を安定的なものにしているもう一つの要因は、個々の大学に対する社会的評価の固定的な序列である。それはもともと、父権主義的で年功序列主義的な高等教育の制度的構造の反映として、うみ出されたものだが、いまではそれからの相対的な自律性を獲得し、社会の学歴主義的な秩序や「学閥」の存在と結びついて、進学希望者の流れを大きく方向づけている。前述のように、大学が諸資源の独自の「結合」パターンによってその個性をきそう可能性に乏しい状況のもとで、進学希望者はなによりもそれが卒業後に約束する（と考えられる）雇用機会や社会的上昇移動のチャンスの大小によって、進学先としての大学を選択する。そして基本的に「学力＝知的能力」を尺度に、それぞれの大学が個別に行なう入学試験による選抜制度のもとでのこうした選択のプライオリティは、ハイラーキーの上位にある大学ほど、知的能力と上昇移動欲求の水準において高い「質」のよい学生層を、自動的に約束されることを意味する。「受験地獄」とよばれるほどに苛烈な進学競争は、より優秀な学生を求める大学間の競争によってではなく、将来のより有利な地位を求める学生集団内部の競争によってうみ出されているのである。高等教育における選抜が、あくまでも「入学時」に限定されているのは、そうした現実と無関係ではない。

　高等教育のマス段階への移行は例外なく、量の拡大と質の維持という相矛盾する二つの政策課題の同時的解決を要求する。アメリカは、諸資源の多様な結合パ

ターンをもつ高等教育機関が相互に、学生層その他の社会的な「顧客(クライアント)」層をめぐって競合し、また学生が各学校類型間を自由に「転・進学(トランスファー)」する弾力的な制度的構造によって、それに答えてきた。イギリスでは「大学(ユニバーシティ)」と教育カレッジや継続教育機関をふくむ、その他の高等教育機関との「二元システム(バイナリー)」がとられ、またヨーロッパ諸国では伝統的な「大学」の他に「短期(ショート・サイクル)」高等教育機関の拡充がはかられつつある。それは進学要求の圧力＝量的拡大による、「大学」教育の質の低下を防ぐための措置とみてよい。わが国の場合はどうだろうか。短期大学や高等専門学校といった「短期」高等教育機関は、職業教育・進学準備教育・完成普通教育の三つの機能を併存させ、学生の自由な「転・進学」を伴う、アメリカのマス型高等教育の有機的な、しかも重要な一部をなす「コミュニティ・カレッジ」とは違って、職業専門教育のみを目的とする、むしろヨーロッパ諸国のそれに近い学校類型である。しかもその全高等教育人口にしめるシェアは短大16％、高専（第4・5学年のみ）1％と低く、また短大在学者の84％までが女子という、特殊な性格をもっている。進学圧力の吸収に中心的な役割をはたしてきたのは大学、それも私立大学に他ならない。

　わが国の高等教育のマス化の独自性は、そうした量的拡大の過程が、法制上は同一の学校類型として同じ「大学設置基準」によって設立され、運営される「大学」間の、戦前期以来のハイラーキカルな構造を拡大再生産する過程として進行してきた点にある。戦後次々に設立された大学は、画一的な組織形態と教育課程を特色としており、その点では、ヨーロッパ諸国の「大学」と同様「同型繁殖」的な性格をもっているが、各大学間の教育研究水準の格差、とりわけ国立大学と私立大学のそれは事実上、別個の学校類型といってよいほどに大きい。そしてこうした質の多様性という点で、それはアメリカの高等教育制度と類似性をもつが、その非競争的性格という点ではまったく異なっている。量の拡大と質の維持は、こうした「形態上の同一性と質の多様性」を特色とした大学、ないしは大学群から構成される、硬直的で非競争的な、またハイラーキカルな制度的構造のもとで、達成されてきたのである。きわめて図式的にいえば、ひとにぎりの国立大学への集約的な資源の投入による「質の維持」と、質の犠牲において経営のバランスを保持しようとする私立大学に全面的に依存した「量の拡大」という、明治期以来の高等教育の発展のパターン——それが急速なマス段階への移行を可能にした、制度の基本的構造であるといってよい。

5 ——残された課題

　本章のはじめにわれわれは、高等教育の各発展段階がそれぞれに独自の「制度」類型とその制度を代表する「機関」類型をもち、また新しい段階への移行は、次の段階を代表する「機関」類型の属性の多くをそなえた高等教育機関の出現によって容易にされ、加速化されると想定した。わが国の場合、そうしたエリート段階からマス段階への移行の担い手となったのが、私立大学、とりわけマンモス私学に他ならないことは、すでにみてきた通りである。それではマス段階への「しきい」をこえたわが国の高等教育は、すでにそのマス段階に特徴的な「制度」類型を実現しえているのだろうか。さらに私立大学は、そうしたマス段階の制度を代表する「マス型」高等教育機関としての、基本的な属性を獲得するに至っているのだろうか。ここでトロウが設定した「理念型」と現実との距離を、あらためて検討してみなければなるまい。

　わが国の高等教育は、その制度のフォーマルな側面についていえば、戦後の改革によってすでに「マス型」の制度の基本的な属性のほとんどを約束されたとみてよい。アメリカ・モデルの新しい学校体系は、中等教育だけでなく高等教育をも民主化し、そのエリート性を否定するものだったからである。戦後教育改革の基本路線を敷いた第一次の「米国教育使節団報告書」（昭和21年）は、「大衆と少数の特権階級とに対して別々な型の教育を用意して、高度に中央集権化された19世紀の型」を否定し、「少数者の特権ではなく、多数者のための機会」としての高等教育の創造を求め、改革もまたその方向で実施された。一般教育・専門教育各2年の課程からなる、単一の学校類型としての「大学」は、こうして「多数者」のための高等教育機関として発足した。しかし戦前期からそのまま継承された高等教育のインフォーマルな階層的構造と、その基底にある私学中心の発展構造は、わが国の高等教育が、アメリカのそれの「忠実な模写（ファクシミリ）」となることをはばんだ。もちろん制度改革がつねに「新しい皮袋」に「古い酒」を盛る形でしか進行しえない以上、特定のモデルの完全な「移植」と「再生」はありえない。しかし戦後の限定的な改革は、その基本目標であった（トロウの定義する）「マス型」の教育制度の実現そのものを、はばんだのである。

　例えば学生の選抜は、フォーマルには「能力主義（メリトクラシィ）」原理に立って行なわれている。しかし事実上入学時にのみ、「学力」試験によって行なわれ、また選抜過程に社会階層差が強く投影されるのを防ぐための十分な配慮（例えば奨学制度）を

伴わない選抜は、その原理が、制度全体を貫徹するのをはばんでいる。J・ガルツングは、このように「どの階級に所属するかが入学試験のさいにきまる」、わが国における選抜の特質を「能力主義(メリトクラシィ)」と混同してはならないと指摘している(23)が、それは大学と学生の自由な競争と流動を前提とする「マス型」の高等教育制度とも無縁なものといってよい。教育課程の編成についても同様である。それはかつてのように必修制・学年制をとる、強固に「構造化(ストラクチュアド)」されたものではなく、単位別をとり、また選抜制が大はばに導入されている。しかし反面、一般教育と専門教育のカリキュラム編成や、学部・学科制の枠にみるように、弾力的な編成を許容する法制上の枠は、きわめてせまい。社会の新しいニーズに対応した、新しい学部・学科の設置認可の際の困難は、そのよい例であろう。マス段階の高等教育に要求される、諸資源の「新結合」によるたえまない革新の過程は、そこではほとんど望みがないといわねばなるまい。

　大きな制約は「社会との境界」面にもある。トロウが指摘しているように、マス段階では、それは不明確で相互滲透的なものであることが期待される。しかし大学紛争の過程でくり返し問題にされてきたように、わが国の大学制度と社会との間のかべは厚く、関係は断絶的である。たしかに量的拡大は、社会のニーズの変動への鋭い「感応性」なしには実現されない。しかしわが国の高等教育の発展は、新しい「顧客(クライアント)」層を掘り起すことによってではなく、伝統的なそれのいわば自動的な肥大によってもたらされたものであることを指摘しておかねばならない。量的拡大はもっぱら中等教育の修了と同時に進学してくる、年齢とキャリアにおいて同質の、フルタイムの学生層に、従来と同一の教育課程をあたえ、これも基本的に変わることのない職業領域へと送り出す形で進行してきたのである。わが国の高等教育にとって、「理念型」としてのマス型の制度類型への到達は、まだ今後に残された課題であるといわねばなるまい。

　「機関」類型についてはどうだろうか。これまでの諸節でみてきたところによれば、ハイラーキカルな高等教育構造の上層をしめる国立大学は、地方国立大学をふくめて、依然として「エリート型」高等教育機関としての属性を守りつづけている。これに対して私立大学は、早くから「マス型」の属性の多くをそなえ、それによって量的拡大の、ひいては「マス段階」への移行の中心的な担い手として機能してきた。しかしそうした機能様式が、なによりもその独自の経営形態に、いわば、「強制」されつつ形成されてきたものであることは、すでにみた通りである。例えば私学が、その学部・学科編成の重点を国立校に先んじて法・

商・経系のホワイトカラー養成を主眼とする学部に移したのも、また多人数の大講義を授業形態の中心に据えたのも、基本的にはそれが「経営」上より大きな効率をもつからであって、「教育」上の効率や効果を考えての選択とはいいがたい。さらにいえば、教育機会の開放と拡大も、その均等化が目的ではなく、それなしには成立しえない経営構造が存在したためとみるべきだろう。こうして私立大学もまた、形態的には「マス型」の属性の多くをもちながら、「理念的」にはエリート型を志向し、そのモデルを、ハイラーキーの上層をしめる国立大学、とりわけ旧帝国大学の後身である国立総合大学に求めている。

　トロウが「自律的(オートノマス)」機能とよんだ、「高等文化(ハイ・カルチュア)」の伝達と新しい知識の創造、それにエリートの選抜・教育・資格賦与の諸機能をはたす、あるいはそれをつねに理想として追い求める高等教育機関はたしかに存在する。しかし希望するすべてのものに「権利」として高等教育の機会をあたえ、あるいは社会のどのような集団や機関の要請にも応えて、実用的な知識とサービスを提供するという、「通俗的(ポピュラー)」機能を理念としてかかげ、あるいは現実に遂行する高等教育機関の類型の成立は、まだ今後にまたねばならないのである。

　そうしたマス型の制度・機関類型の未形成とかかわりなく、高等教育の在学率が今後とも上昇曲線をたどることを予想させる条件は多い。GNPの上昇のテンポはおちるかも知れない。しかし中・高学歴層の肥大、在学率にみられる顕著な男女間の格差、高等学校における普通課程の比率の増大、進学率にみる大きな地域間格差、社会の階層構造の下層においてもきわめて強い進学欲求——それらはいずれも在学率の上昇の「可能性」の高さを示唆している。そしてそうした量の拡大は、学生層の質的変化を伴いつつ進行し、能力や欲求の多様化は、否応なくエリート型を志向する制度や機関の変革——マス型への移行を求め、ときには暴力的にその欲求を貫徹しようとするだろう。昭和40年代中頃の大学紛争は、そのひとつの徴候とみることができる。社会のニーズの変化を鋭敏にとらえざるをえない内的メカニズムをもつ私学が、再びそうした新しい変化の方向性をとらえて変身をとげる可能性をはらんでいるのか、それともエリート型志向の地方国立大学を「通俗的」機能に重点をおく、真の「地方」国立大学に転身させるのか、あるいはまったく新しいタイプの高等教育機関を創造するのか——その予測や政策的選択の問題は、ここでの考察の範囲をこえている。

　しかし変革が、どのような形で進むにせよ、マス段階の高等教育は、従来の「質(クオリティ)」と「量的拡大(イクスパンション)」という二つの課題の他に、「機会均等(イクオリティ)」という、もう一つ

の課題に答えていかなければならない。わが国の高等教育はこれまで、機会均等の要請にほとんど配慮をはらうことがなかった。しかし量の拡大が自動的に教育機会の拡大と均等化をもたらすものではないことは、すでにみた通りである。そしてそれはマス段階への「しきい」にたどりつきはじめたヨーロッパ諸国の経験でもあった。量と質の問題についても、わが国は「大学」という法制上単一の学校類型のなかに、インフォーマルな形で戦前期の遺産である階層的構造をすべりこませ、国立と私立という設置形態の相違に、それら二つの要請を分断的に対応させる、独自の解決方法をとってきた。それはもともと近代化の初期段階に、高等教育に投入しうる資源の制約のもとでうみ出された解決方法であり、そうした「官学中心主義」に対する私学の反発は強い。財政や施設設備面での、国立大学との同等化・同格化運動は今後ますます強くなっていくだろう。そしてそれは当然、より多額の高等教育への資源投入を要求する。わが国はいまGNPの1％、政府の財政支出の4％を高等教育に支出しているが、その比率をさらに高めることは、はたして可能なのだろうか。

わが国の高等教育のマス段階をになう、制度と機関の類型は、そうした相互に矛盾しあう要請をどう解決するかによって、その基本的な形態が決まることになるだろう。

[注]

(1) M. Trow, "Problems in the transition from Elite to Mass Higher Education." 1973.（天野・喜多村訳『高学歴社会の大学』東京大学出版会、昭和51年所収）。
(2) Ladislav Cerych & Dorotea E. Furth, "On the Threshold of Mass Higher Education" in the *World Year Book of Education 1972-73*.
(3) たとえばOECD『経済発展と教育投資―スペニルソン報告』産業計画会議訳、昭和38年。
(4) 潮木守一『近代大学の形成と変容』東京大学出版会、1973年、162-179頁。
(5) 同書184頁。
(6) Joseph Ben-David, "The Growth of the Professions and the Class System" in *Current Sociology* V. 12（1963-64）, pp. 256-277.
(7) M. Trow, op. cit.
(8) モデル問題については、寺崎昌男「日本の大学における欧米モデルの選択過程」および天野郁夫「日本の高等教育発展過程における『モデル』問題」（『大学史研究通信』第8号、昭和49年8月所収）を参照。
(9) 国立教育研究所編『近代日本教育百年史4（学校教育編(2)）』昭和49年を参照。
(10) R. ドーア『江戸時代の教育』松居弘道訳、岩波書店、昭和45年参照。

(11) 天野郁夫「日本の高等教育と私学の財政危機（上）」（『大学時報』第20巻第98号所収）。
(12) 一般に法学系私学とよばれるのは、現在の校名でいえば、慶応・早稲田・明治・法政・専修・日大・中央・関西・立命館の各大学である。この9校は全私学在学者数に、1905年82％、1935年にも57％、全高等教育機関在学者についても、それぞれ38％、33％という大きな比重をしめた。なおその経営構造については前掲「日本の高等教育と私学の財政危機（上）」参照。
(13) 『半世紀の早稲田』昭和7年、86頁。
(14) この点については前掲の『近代日本教育百年史・学校教育編』に詳しく論じられている。
(15) 海後宗臣編『臨時教育会議の研究』東京大学出版会、昭和35年、525頁。
(16) たとえば統計研究会『大学卒業生の就職に関する経済考察』昭和32年参照。
(17) Cerych and Dorotea. op. cit. p. 17.
(18) 本書第三章参照。
(19) 本書112頁。
(20) 文部省「専門学校資料（下）」昭和31年による。
(21) 『法政大学八〇年史』昭和36年、314頁。
(22) 天野郁夫「学歴閉鎖型への傾斜」（『採用情報』昭和47年10月号所収）参照。
(23) OECD『日本の教育政策』深代惇郎訳、朝日新聞社、昭和48年。
(24) M. Trow, "Reflections on the Transition from Mass to Universal Higher Education" in *Deadalus*. Winter 1970.
(25) M. Trow, op. cit., 1973.

第2部
進学率の動向と教育機会

| 解説 | 高等教育の拡大・停滞と機会均等をめぐる議論の展開 |

中村 高康

　日本の高等教育進学率をおおまかに区分するならば、70年代前半までの拡大期、90年前後までの停滞期、そして現在に至る再拡大期に分けることができる。このそれぞれの局面について、それがなぜ起こったのかという問題に多くの研究者が取り組んできた。そして、この一連の研究の中で、高等教育の拡大・停滞が教育機会の平等化とどのように関連しているのかという点をめぐっても、活発な議論が展開された。第2部ではそうした諸研究のうちで代表的なものを取り上げる。

1. 進学率の拡大・停滞と経済要因

　日本の場合、経済成長に支えられた高い進学需要を背景においた場合、70年代前半までの進学率上昇は望ましい事態であるともいえ、さほど大きな研究上の問いにはなりえなかった。もちろん、社会階層によって高等教育機会が異なるという認識は、新堀通也の『大学進学の問題』(1955)〈第3部〉、ですでに指摘されていたし、進学率上昇の時代においても高等教育機会の格差があるとの指摘はあった（天野 1975、江原 1977 など）。しかし、趨勢として教育拡大局面での高等教育機会格差の安定性や拡大を指摘する研究は、一定の時代を経た後でなければなかなか見出すことはできない。たとえば、金子（1987）は、進学選択の理論モデルを提起する中で、教育拡大がそのまま機会均等に直結しないことを論証しているが、こうした指摘は80年代後半まで待たねばならなかったのである。その点で、早い段階で明確に教育機会の階層間格差が教育拡大局面でも維持されていることを指摘している潮木（1978）「大学入学者の所得階層」の研究は、今日から見ても重要な内容を含んでいる。あとで指摘するように、学生生活調査などを用いた推計には今日では様々な問題も指摘されているが、本書ではこの論文をこの領域における初期の代表的な論考と考え、収録することとした。

　もっとも、高等教育研究において機会の問題が重要なトピックとして頻繁に取り上げられるようになったのは、当然視されていた進学率上昇が止まってしまった70年代後半以降の状況であった。この70年代後半の高等教育進学率停滞につ

いて早い段階で経済変数の影響と指摘したのは、菊池（1981）「わが国の高等教育進学率はなぜ停滞しているか」ではないかと思われる。菊池は、各種調査の結果を整理する中で親の進学希望が減退していないこと、一方で平均月収よりも授業料の伸びが大きいこと、相対的に恵まれない家庭の多い非進学校で専門学校・各種学校希望率が高まっていること、低所得層の大学在学率の低下が始まっていることから、経済的要因の影響が大きいと推定したのである。それをもとに加筆修正されたものとして菊池（1982）があるが、内容的に多くの読者に読みやすい前者の論文を収録することにした。

　90年代後半以降の拡大休止局面についても、同様の問題提起をした論文がある。それが矢野・濱中（2006）「なぜ、大学に進学しないのか」である。この研究の問いはいたってシンプルである。要は、学力の分布から考えてもっとも頭数が多い進学率50％のポイントが決定的分岐点となることは考えにくいのであって、これは学力選抜の帰結ではなく、別の要因がこの進学率水準を保つように働きかけている、という見立てである。時系列分析の結果から導き出された診断は、家計所得が下がり、授業料が上がっても、失業率が上がることによって進学率が保たれるという、3つの経済変数の合成効果だ、というものである。ここでも、進学率の停滞は経済変数が重要であることが再確認されたわけである。

　こうした議論を通じて見えてくるのは、この間の拡大／停滞／再拡大等の局面で高等教育研究者たちが通時代的にある程度共有していたもの――経済変数の重要性――である。ただし、こうした経済要因ベースの議論が重要であるとしても、教育機会の問題を経済要因とは違った角度からみる議論も検討されてもよいはずである。その意味では、人口規模と制度の慣性力をモデルに組み込み、所得変数が進学者数に対して効果がないと判定した近藤（1995）の研究、および全国データではなく県別データを子細に検討する中で、経済分析ではなく「教育システム分析」の有効性を主張して、矢野・濱中論文への批判を加えた潮木（2008）の研究などは、我々に考える刺激を与えてくれる論文だといえる。

2．個人データによる機会分析

　なお、経済変数が進学率の変化に影響するという定説が妥当であるかどうかはさておき、以上の諸研究が主として集計されたマクロデータの再分析を中心としているということは確認しておく必要がある。とりわけ高等教育研究者の目に触れる機会が多かったのは、文部科学省の「学生生活調査」および総務省の「家計調査」を用いた研究である。基本的な形としては、親の所得層別の在学率を比較

するというものである。比較的簡便に格差のトレンドが見られることから多用され、天野（1975）や潮木（1976）あたりからはじまって近年の近藤（2005）、古田（2006）に至るまで、コンスタントに検討されてきた。第1部で紹介した天野（郁）（1986）や第2部で取り上げている潮木（1978）、菊池（1981）でも扱われており、女子の進学機会に関してもこの学生生活調査を用いた研究例がある（天野（正）編著 1986、木村 1999）。こうした方法は個人データがない場合の代替的方法として広まっていたものと推測される。スペースの都合で本書に収録はできなかったものの、そうした集計データではなく個人データの分析も実際には行われてきたので、ここではそうした研究例を紹介しておきたい。

　まず、そうした個人データに基づく高等教育機会の研究と見ることが可能であるのは、社会学における社会階層研究の一つとしての教育達成研究である（富永編 1979、菊池編 1990、尾嶋 1990、近藤編 2000、荒牧 2000、ほか多数）。社会学者を中心として10年に1度のサイクルで実施されている『社会階層と社会移動全国調査』をはじめとして、個人を対象とする全国調査がこうした分析をある程度可能にしてきたが、高等教育研究という文脈で見ると、必ずしも高等教育機会のみを重点的に取り上げるわけではなかった（たとえば教育達成を教育年数に換算して分析するなどはその典型である）という事情や、かつてはデータが非公開で高等教育研究者が誰でも利用できる状態ではなかったこともあり、高等教育研究としての位置づけはあまりなされない。

　こうした研究動向の中で、相対的に早い段階で個人の追跡データ（青少年研究所の「高校生将来調査」）を用いて高等教育機会と所得の関係を計量的に分析した例として、金子・吉本（1989）を挙げることができる。大学進学機会の問題は高校生から見れば進路選択の問題であり、それがいかに決定されるかを見るには高校生を対象とした調査が適しているとする彼らの主張はまったく正論である。しかも追跡調査のデータであるならば、その可能性は一層広がりをもつものとなる。得られた知見でとりわけ興味深いのは、中位層の高校出身者において所得の効果が高まるとする知見である。これは中位層において所得による限界的な選択が生じていることを示しており、進学率50％ラインから経済変数の影響を読み込んだ矢野・濱中（2006）と微妙に符合している。いずれにせよ、個人データ（しかも追跡データ）による所得と高等教育機会の関連の解明が大いに可能性があることを示した点で特筆される。小林（2007）や藤村（2009）もまた、従来型の「学生生活調査」ベースの分析の限界を指摘したうえで、高校生の追跡調査デ

ータによってこの問題を検討している。さらに小林（2009）は、マクロデータとミクロデータを組み合わせながら多角的に教育機会の問題に迫っている。

3. 地域と教育機会

　最後に、高等教育研究においてはもう一つ、教育機会に関して蓄積のあるジャンルがある。それは、進学による地域移動および進学機会の地域格差の研究である。このジャンルは通例、友田（1970）の論文が起点として位置づけられる。友田は、都道府県単位のデータから、経済水準以上に職業構成や学歴構成によって進学率の県間格差が生じているとしたほか、都道府県の大学収容力（大学設置率）を考慮した点にも独自性があり、後続の研究はこれを踏襲することになる。とりわけ、1970年代における高等教育の地方分散化政策が実施されてからは、この政策と都道府県別の教育機会の関連を問題とする研究が多数生み出されることになった（潮木 1984、島 1996、間渕 1997、小林 2006、佐々木 2006など）。

　ただし、都道府県別データの分析がこの領域のスタンダードとなったことは必ずしも好ましいとはいいきれない。学校基本調査から誰でも容易にデータを作成できる点は依然として魅力的ではあるが、47都道府県について一つ一つデータを検討することがかえって情報の集約を手間取らせている研究も多いように見受けられるからである。進学移動であるならば47×47＝2209の情報を検討する必要があるので、なおのことである。また、大学進学については都道府県による制度的独自性が強いわけでもないため、都道府県単位の分析にどこまでリアリティを感じることができるのかは読者次第という面もある。こうしたことから、分析方法上の工夫が必要と考えられるが、たとえば都道府県別データをパス解析に持ち込んだ山本（1979）、社会学における移動表分析のロジックを応用した秋永・島（1995）、人文地理学の人口移動選択指数を使った大友（1996）、自宅進学率に議論を焦点化した日下田（2006）などは、こうした局面を打開する意図をもった試みと位置づけることが可能である。ただし、都道府県の枠にリアリティを感じない場合の代替策はもっと検討されてよい。その意味では、移動距離を変数化して分析に取り込んだ牟田（1986）、**牟田（1988）「進学移動と大学・短大の適正配置」**や塚原（1986）らの試みは今後の研究に示唆的なものがあると考え、ここでは移動距離を用いたグラビティ・モデルに一貫して取り組んでいる牟田の論文を取り上げることにした。牟田らの試みですべて解決されるわけではないが、少なくとも今後は都道府県境を計算基準とする固定的な進学移動の分析を乗り越えることが重要だと思われる。

参考文献

秋永雄一・島一則 1995「進学にともなう地域間移動の時系列分析」『東北大学教育学部研究年報』第 43 集、59-76

天野郁夫 1975「高等教育大衆化の過程と構造―近代化と高等教育-3-」『名古屋大学教育学部紀要・教育学科』第 21 巻、79-100

天野郁夫他 1983「進路分化の規定要因とその変動―高等教育システムを中心として」『東京大学教育学部紀要』第 23 巻、1-43

天野正子編著 1986『女子高等教育の座標』垣内出版

雨森聡 2008「大学進学に対する地方居住のもつ意味―地域的教育機会格差に焦点を置いて」中村高康編『階層社会の中の教育現象』2005 年 SSM 調査研究会、69-86

荒牧草平 1996「大学進学機会の地域間格差に関する時系列的分析」『大阪大学教育学年報』創刊号、201-213

荒牧草平 2000「教育機会の格差は縮小したか」近藤博之編『戦後日本の教育社会』(『日本の階層システム』3)東京大学出版会、15-35

荒牧草平 2007「Transitions Approach による教育達成過程の趨勢分析」『理論と方法』22(2)、数理社会学会、189-203

石川義孝 1994『人口移動の計量地理学』古今書院

岩本健良編 1998『教育機会の構造』(『1995 年 SSM 調査シリーズ』9) 1995 年 SSM 調査研究会

潮木守一 1976「教育費負担と機会均等―高等教育を中心にして」『経済評論』25 巻 5 号、64-75

潮木守一 1978「第Ⅱ章 第 1 節 第二項 大学入学者の所得階層」『学歴社会の転換』(UP 選書 181) 東京大学出版会、98-114

潮木守一 1984「高等教育の地方分散化と大学進学率との関連―1」『名古屋大学教育学部紀要・教育学科』第 31 巻、1-14

潮木守一 1987「18 歳人口の変動にともなう大学・短大進学者のブロック別推計」潮木守一 (研究代表者)『教育システムの動態分析のための指標開発とデータベース作成』(文部省科学研究費補助金研究成果報告書)

潮木守一 2008「大学進学率上昇をもたらしたのは何なのか―計量分析と経験知の間で」『教育社会学研究』第 83 集、5-21

潮木守一他 1982「高等教育進学率の停滞傾向に関する分析(第一次報告)」『名古屋大

学教育学部紀要・教育学科』第29巻、145-182
江原武一 1977「大衆化過程における高等教育機会の構造」『大学論集』第5集、広島大学大学教育研究センター、177-199
江原武一 1984「高校生の進路選択」江原武一『現代高等教育の構造』東京大学出版会、33-82
大友篤 1996『日本の人口移動―戦後における人口の地域分布変動と地域間移動』大蔵省印刷局
岡田真 1970「受験生人口の移動とその都市社会学的意味―友田氏のStudent Ecological Analysisの追証」『駒沢大学文学部研究紀要』28、74-89
尾嶋史章 1986「教育機会の地域間格差と教育達成」『大阪大学人間科学部紀要』第12巻、99-116
尾嶋史章 1990「教育機会の趨勢分析」菊池城司編『教育と社会移動』(『現代日本の階層構造』3) 東京大学出版会、25-55
加藤毅 1994「学生生活調査からみた大学選択と機会均等」矢野眞和(研究代表者)『高等教育費の費用負担に関する政策科学的研究』(文部省科学研究費補助金研究成果報告書) 139-152
金子元久 1986「高等教育進学率の時系列分析」『大学論集』第16集、広島大学大学教育研究センター、41-64
金子元久 1987「教育機会均等の理念と現実」『教育社会学研究』第42集,38-50
金子元久・吉本圭一 1989「高等教育機会の選択と家庭所得―選択モデルによる規定要因分析」『大学論集』第18集、広島大学大学教育研究センター、101-126
苅谷剛彦編 1998『教育と職業―構造と意識の分析』(『1995年SSM調査シリーズ』11) 1995年SSM調査研究会
川田力 1992「わが国における教育水準の地域格差―大学卒業者を中心として」『人文地理』第44巻、25-46
菊池城司 1981「わが国の高等教育進学率はなぜ停滞しているか」『IDE 現代の高等教育』No. 226、72-80
菊池城司 1982「教育需要の経済学」市川昭午他『教育の経済学』(『教育学大全集』4) 第一法規出版、15-38
菊池城司 1985「高等教育機会の変動と測定」『大阪大学人間科学部紀要』第11巻、197-216
菊池城司 1988「大学教育機会の変動過程―在学率の推移と比較」『大阪大学人間科学部紀要』第14巻、223-254
菊池城司 1994「家計収入と大学教育機会の構造」矢野眞和(研究代表者)『高等教育費の費用負担に関する政策科学的研究』(文部省科学研究費補助金研究成果報告書) 153-177
菊池城司編 1990『教育と社会移動』(『現代日本の階層構造』3) 東京大学出版会
吉川徹 2001『学歴社会のローカル・トラック―地方からの大学進学』世界思想社
木村涼子 1999『学校文化とジェンダー』勁草書房

小林雅之 1986「教育人口の変動と高等教育計画―予測モデルの検討とシミレイション」『大学論集』第16集、広島大学大学教育研究センター、159-178
小林雅之 2006「高等教育の地方分散化政策の検証」『高等教育研究』第9集、101-119
小林雅之 2007「高等教育機会の格差と是正政策」『教育社会学研究』第80集、101-125
小林雅之 2008『進学格差―深刻化する教育費負担』ちくま新書
小林雅之 2009『大学進学の機会―均等化政策の検証』東京大学出版会
近藤博之 1995「大学進学率のトレンド分析―人口生態学的モデルの可能性」『大阪大学人間科学部紀要』第21巻、93-111
近藤博之 2001「高度成長期以降の大学教育機会―家庭の経済状態からみた趨勢」『大阪大学教育学年報』第6号、1-11
近藤博之 2005「親の所得と大学教育機会―関連の強さと変化に関する検証」『大阪大学教育学年報』第10号、1-16頁
近藤博之編 1998『教育と世代間移動』(『1995年SSM調査シリーズ』10)1995年SSM調査研究会
近藤博之編 2000『戦後日本の教育社会』(『日本の階層システム』3)東京大学出版会
佐々木洋成 2006「教育機会の地域間格差―高度成長期以降の趨勢に関する基礎的検討」『教育社会学研究』第78集、303-320
島一則 1996「昭和50年代前期高等教育計画以降の地方分散政策とその見直しをめぐって」『教育社会学研究』第59集、127-143
銭小英 1989「教育機会均等化の実態と奨学金政策」『教育社会学研究』第44集, 101-118
大膳司 2005「2022年度までの都道府県別大学進学者数の予測―これまでの予測モデルを参照して」『大学論集』第35集、広島大学高等教育研究開発センター、147-169
田中敬文 1994「個別大学『学生生活調査』の分析と家計負担」矢野眞和(研究代表者)『高等教育費の費用負担に関する政策科学的研究』(文部省科学研究費補助金研究成果報告書)、179-195
沈甸 2009「高等教育機会に関する実証研究の動向―米日中を中心に」『名古屋大学大学院教育発達科学研究科紀要・教育科学』第56巻第1号、81-97
塚原修一 1986「進学・就職にともなう高校生の地域間移動に関する研究―進学・就職選択の優先度と県内地域差の分析」『国立教育研究所研究集録』No.12、1-16
粒来香・林拓也 2000「地域移動から見た就学・進学行動」近藤博之編『戦後日本の教育社会』(『日本の階層システム』3)東京大学出版会、57-76
竇心浩 2004「教育機会均等問題と進学選択理論―高等教育進学を中心に」『東京大学大学院教育学研究科紀要』第43巻、109-119
富永健一編 1979『日本の階層構造』東京大学出版会
友田泰正 1968「大学入学者の地理的移動と地域別輩出率」『教育学研究』第35巻、294-304
友田泰正 1970「都道府県別大学進学率格差とその規定要因」『教育社会学研究』第25

集、185-195
中村高康編 2008『階層社会の中の教育現象』(『2005年SSM調査シリーズ』6) 2005年SSM調査研究会
服部憲児 1994「高等教育における教育の機会均等の分析視角に関する試考——アメリカの高等教育政策を題材として」『京都大学教育行財政論叢』3、12-23
日下田岳史 2006「大学への自宅進学率の経済モデル」『教育社会学研究』第79集、67-84
藤井智子 2008「高等教育機会の不平等を考える」『家政経済学論叢』44、日本女子大学、25-35
藤村正司 2009「大学進学における所得格差と高等教育政策の可能性」『教育社会学研究』第85集、27-48
古田和久 2006「奨学金政策と大学教育機会の動向」『教育学研究』第73巻第3号、207-217
舞田敏彦 2004「僻地出身者における高等教育就学機会——奄美群島内の一高校卒業生の事例から」『日本社会教育学会紀要』40、101-110
間渕泰尚 1997「大学進学率の地域間格差の変動——高等教育計画期を中心として」『東京大学大学院教育学研究科紀要』第37巻、91-100
牟田博光 1986「大学・短大進学に伴う地域間移動の時系列分析」『大学論集』第16集、広島大学大学教育研究センター、179-198
牟田博光 1988「進学移動と大学・短大の適正配置」『大学研究』第1号、筑波大学大学研究センター、37-55
矢野眞和 1982「入学と就職の経済学」市川昭午他編『教育の経済学』(『教育学大全集』4) 第一法規出版、39-62
矢野眞和 1984「大学進学需要関数の計測と教育政策」『教育社会学研究』第39集、216-228
矢野眞和・濱中淳子 2006「なぜ、大学に進学しないのか——顕在的需要と潜在的需要の決定要因」『教育社会学研究』第79集、85-102
山内乾史 1990「2000年における4年制大学進学者数の都道府県別・ブロック別予測」『教育学研究』第57巻第2号、137-148
山口泰史・松山薫 2001「わが国における大学進学移動の動向と変化」『東北公益文科大学総合研究論集——forum21』第2号、75-95
山村滋 2006「小規模公立高校と大学教育の機会——教育課程の比較分析」『高等教育研究』第11集、185-205
山本真一 1979「大学進学希望率規定要因の分析」『教育社会学研究』第34集、93-103
米澤彰純編 2008『教育達成の構造』(『2005年SSM調査シリーズ』5) 2005年SSM調査研究会

1 大学入学者の所得階層

潮木 守一

量的拡大の実相

　1960年代をかけて、わが国の高等教育は飛躍的な量的拡大をとげた。これは何も日本だけのことではなく、いわゆる先進工業社会はどこでも共通して、高等教育の量的拡大を経験した。そしていまや、この量的拡大が結局のところ何をもたらしたのか、そのことがさまざまな角度から検討されようとしている。そのなかでもとくに重要なのは、この量的拡大のなかで、高等教育を受けるチャンスが社会的に見て、どのような形で配分されたのか、という点である。つまりだれがこのチャンス拡大の利益を受け、だれがその利益を受けることができなかったのか、これが検討されなければならない。

　1960年代の初頭の状況をふりかえって見た場合、各国の高等教育のプランナーの間には、一つのオプティミズムが支配していた。つまり高等教育の量的拡大は、当時どこの国でも明確な形で存在していた高等教育への進学における階層格差、これを少しずつ解消していくにちがいない、いやもっと積極的な形でいうならば、高等教育の門戸をもっと広くしないかぎり、教育機会の階層均等化は実現できない、こういう政策的判断である。当時、とくにヨーロッパ諸国においては、大学への進学率はせいぜい5％前後。しかもこの同一年齢層の5％はもっぱら、上層出身者によって占められていた。これら社会の上層を占める階層が、これまでの特権を放棄し、より下の階層出身者に向けて、高等教育を受ける特権を開放するというのであれば話は別であるが、そうでない限り、高等教育の門戸を拡大させる方が、社会的抵抗ははるかに少ない。それに当時ヨーロッパ諸国はどこでも、高級技術者不足に頭をいためていた。つまり人文系を中心とする19世紀的高等教育システムはもはや20世紀の後半の労働力市場には合致しなくなっていた。そこで高等教育の拡大は教育機会の均等化政策の観点から見ても、また

出典：潮木守一著『学歴社会の転換』（UP選書181）東京大学出版会、1978年、［第Ⅱ章 第1節　第二項］98-114頁

各国のマンパワー需要のうえからも、きわめて有効な政策であり、ここに60年代ヨーロッパ諸国が高等教育の一大拡張政策を展開する現実的根拠があった。たしかに、同一年齢層の5％程度という狭い枠のなかで、この少ないポストを社会的にいかに公平に分配するか、さまざまな施策をほどこしたところで、その効果はたかがしれたものだったであろう。それよりも門戸を拡大し、拡張を通じての格差縮小をねらった方が、機会均等化に一歩前進するうえでは、はるかに有効だったのであろう。それに60年代はどこの社会にとっても、バラ色の高度成長期であった。高等教育の拡張という、かなり多額の資源を必要とする政策も、当時の高度経済成長をもってすればたいしたことではない。かくして60年代はヨーロッパにとって、高等教育の高度成長期となった。

　こうした状況はわが国の場合にも、かなりあてはまる。たしかに戦後の教育改革の結果、単線型の学校制度が創り出され、高等教育へと到達する制度上の障壁は低められたといっても、実質的な意味で、高等教育がすべての階層に対してその門戸を平等に開いたわけではなかった。しかも60年時点でみれば、大学・短大への就学率は10％にすぎず、この同一年齢層の1割というポストは、なんといっても社会的にめぐまれた層に有利に分配される結果とならざるをえなかった。

　ところでこうした60年代の初頭、各国の高等教育プランナーがいだいた政策的見通し、つまり量的拡大を通じての機会の均等化というテーゼはいったいどこまで実現できたのか。この問題をまずもってわが国の場合についてテストしてみなければならない。

　今日、日本の大学はさまざまな問題に直面しているが、そのなかでもあまり人々の気づいていない大きな問題が一つある。それは何かといえば、日本の大学が段々、経済的に有利な家庭に入りやすくても、経済的に不利な人々には入りにくいものになりはじめているという問題である。つまり一口で言えば、大学教育を受けるチャンスが、次第に一人一人の家庭的条件に左右されはじめている、という問題である。こういうことを書くと多くの人は首をかしげ、そんなばかなことがあるものかと言うかもしれない。現に大学はどんどんふえ、大学ぐらいぜいたくを言わなければ、どこかに入れるはずだ。家計が苦しければ、アルバイトをやればよいし、アルバイトの賃金だって大分あがっている。だいたい今の大学はアルバイトに精を出し、講義などろくすっぽ出なくたって、試験のとき適当にごまかしておけば、単位はくれる。入試にしたって5教科も7教科もやるところを

ねらうのだったら話は別だが、それほど苦労しなくても入れるところは、その辺にごろごろしている。入試地獄だとかなんとか世の中では騒いでいても、それは有名大学に入りたがる人間が多いから大騒ぎになるだけで、適当なところをねらっていさえすれば、大学などどこかに入れるはずだ。よほど経済的に恵まれない家庭の場合ならともかく、ごく少数の人々を除いて、ごくふつうの家庭だったならば、大学へ行くぐらい、まあなんとかなるはずだ。おそらく多くの人はそう考えるはずである。

　ところが事実は必ずしもそうなってはいないというところに問題がある。まず何よりもデータをあげた方が早い。文部省は4、5年おきぐらいに「学生生活調査」を実施している。そのなかで大学生の家庭の年間所得を調べ、大学生はいったいどういう経済水準の家庭から来ているのか、それを調べている。家庭の所得水準を調べるといっても、年収200万円といっても、10年前の200万円と今の200万円では全く価値がちがう。そこで所得の絶対額ではなく、日本全体の所得構成から見てどのぐらいの順位にある家庭から、大学生が来ているのか、それが問題となる。そこで今全国の世帯を所得の低い家庭から、高い家庭へと順番に全部並べてみる。そしてそれを5等分して、まず所得の最も低い20％の層を第Ⅰ五分位階層と名づける。次に低い20％の層には第Ⅱ五分位階層という名を、まんなかの20％には第Ⅲ五分位階層、次の20％には第Ⅳ五分位階層、そして所得が最も高い20％には第Ⅴ五分位階層という名をつける。つまり相対的に見て、日本全世帯のなかでどのぐらいの位置にあるのか、これがこの第何五分位階層という名前で示されることとなる。

　それではいったい日本の大学生はどこの所得層から来ているのか。この問題をすこし過去までさかのぼって、時間的な流れのなかで検討してみよう。

高まる国立大の階層的閉鎖性

　まず昭和30年当時の状態を見てみよう。表Ⅱ・1・4に示してあるとおり当時、日本の国立大学の学生のうち2割は、家庭の年収が最も低い20％の層、つまり第Ⅰ五分位階層の出身者だったことがわかる。またトップ20％の所得層、つまり第Ⅴ五分位階層から来た者は26％、この層が他よりも若干多めであるが、それにしても、だいたいのところ、どの層の出身者もほぼ20％程度の割合を示している。先ほどもことわったとおり、この五分位階層というのはどれも全世帯の20％を占めているのだから、次のような計算が成り立つ。つまり日本の国立

表Ⅱ・1・4　所得階層別に見た国立大学学生の出身階層

	昭和36年		昭和40年		昭和45年		昭和49年	
第Ⅰ五分位階層	19.7%	} 39.9	16.3%	} 31.4	17.3%	} 31.2	14.4%	} 25.6
Ⅱ 〃	20.2		15.1		13.9		11.2	
Ⅲ 〃	15.4		18.6		17.7		16.0	
Ⅳ 〃	18.5	} 44.7	22.5	} 50.1	21.2	} 50.4	24.3	} 58.4
Ⅴ 〃	26.2		27.6		29.2		34.1	
合　　計	100.0		100.0		100.0		100.0	

　大学が金持ちにも貧乏人にも全く平等に門戸を開いていたとしたならば、どの所得階層からも同じ数の学生が国立大学に入ってくるはずである。そして大学生の家庭の所得水準を調べてみれば、第Ⅰ五分位階層から第Ⅴ五分位階層にいたるまですべて公平に20％ずつの割合を示すはずである。もし実際にそうであれば日本の国立大学は、すべての階層に公平にその門戸を開放していることとなる。

　ところで36年当時の状況を見てみるとその当時の国立大学は、所得の低い層からも、また所得の高い層からもほぼ同じだけの大学生を吸収している。つまり当時の国立大学はかなり平等にそして公平に、すべての階層にその門戸を開いていた、ということがわかる。

　それではその後どうなったか。表Ⅱ・1・4の昭和49年のデータを見ていただきたい。ごらんのとおり大学生の構成は一変してしまっている。つまり国立大学の学生の34％は、所得が最も高いトップ20％の階層の出身者で占められている。その次に所得の高い層まで含めてみれば、全大学生の58％までが、日本の全世帯のうち上位40％の所得層の出身者だということになる。これは36年当時と比較してきわめて大きな変化である。その頃、国立大学の学生のうち年間所得が上位40％に位置している階層の出身者は45％だった。それが今では58％にのぼっているのである。

　それではこうした経済的上位階層の進出に犠牲となったのは、どの層か。これは言うまでもなく、経済的下位階層である。36年当時、第Ⅰ五分位階層（所得の最も低い20％の層）からの出身者はまだ20％程度いた。ところが現在ではその割合が14％にまで減少してしまった。また第Ⅱ五分位階層の割合も、36年の20％から49年には11％にまで減少してしまった。要するに年間所得が最も低い40％の階層は、36年の40％から49年には26％にまで減ってしまったことになる。このことからも明らかなように、過去15年ほどの間に、日本の国立大学は次第にその門戸を低所得者層に対して閉ざしはじめてきている。国立大学は次第

に経済的に有利な階層によって独占されはじめてきており、それだけ国立大学の階層的閉鎖性が高まりつつある傾向を示している。

拡張しても変化のない私大

　それでは私立大学の方はどうか。過去10年ほどの期間における私立大学の拡張はきわめて顕著である。たとえば昭和36年から49年までの間をとってみても、私立大学の学生数は全体として3.5倍も増加した。つまりその門戸は3.5倍も拡大したのだから、さぞかし誰にでも入りやすくなったと想像するのは無理もない。ひところまではかなり家庭が恵まれていなければ、私立大学へはなかなか子どもはやれないということがあったかもしれないが、いまではだいたい私立大学の数もふえ、かなり容易に入れるようになったのだろう。こう一般の人々が考えても、それほど不思議なことはない。ところで私立大学の門戸はその拡大のなかで、どんな家庭の子どもでも容易に入れるようになったのであろうか。これもまずデータを紹介しよう。

　まず表Ⅱ・1・5に示してあるとおり、49年現在で見ると、私立大学生の55％は所得の点でトップ20％に位置している第Ⅴ五分位階層の出身者によって占められている。さきに国立大学の場合を紹介したが、国立大学の場合にはこのトップ20％層の占める割合がまだ34％ほどであった。ところがそれと比較すると、この大学生全体の55％までがトップ20％の層の出身者だという私立大学の姿はかなり目立っている。つまり私立大学の学生の家庭の経済水準は国立大学よりも、さらに高い方にかたよっていることになる。

　それでは私立大学は低い所得層にむけてはどれだけ門戸を開いているのか。まず気づくことは、所得がもっとも低い20％にあたる第Ⅰ五分位階層出身者が、私大生全体のわずか6％しか占めていないという事実である。国立大学の場合にはこの所得層はまだ14％という水準に達していた。ところが私立大学の場合には、その半分以下のわずか6％にしかならない。またその次に所得の低い20％、つまり第Ⅱ五分位階層出身者も、全体の7％にしかならない。要するに、所得がもっとも低い40％の層は、私立大学の学生のうち13％を占めているにすぎない。国立大学の26％と比較すると半分にしかならない。

　以上のことからも明らかなように、私立大学の学生の家庭の経済水準は、国立大学の場合よりもかなり高い階層にかたよっている。私大生の76％までが所得の点で上位40％を占める家庭の出身者で占められ、下位40％の家庭の出身者は

表Ⅱ・1・5　所得階層別に見た私立大学学生の出身階層

	昭和36年		昭和40年		昭和45年		昭和49年	
第Ⅰ五分位階層	6.4%	15.6	4.8%	11.6	5.8%	11.9	6.1%	12.6
Ⅱ 〃	9.2		6.8		6.1		6.5	
Ⅲ 〃	12.3		11.1		13.3		11.6	
Ⅳ 〃	19.2	72.1	20.9	77.3	22.3	74.8	21.2	75.8
Ⅴ 〃	52.9		56.4		52.5		54.6	
合　　計	100.0		100.0		100.0		100.0	

表Ⅱ・1・6　私立大学（4年制昼間）学生納付金の推移

a. 学生納付金合計

年度	文科系	理科系	医歯系	その他	平均	対前年度伸率	物価指数
	千円	千円	千円	千円	千円	%	
41	149.8(100.0)	214.1(100.0)	596.9(100.0)	187.1(100.0)	191.1(100.0)	—	80.6
42	160.9(107.4)	224.1(104.7)	670.6(112.3)	198.5(106.1)	200.9(105.1)	5.7	83.8
43	170.2(113.6)	243.0(113.5)	647.3(108.4)	223.8(119.6)	213.6(111.8)	6.3	88.2
44	177.4(118.4)	255.0(119.1)	652.2(109.3)	240.6(128.6)	221.9(116.1)	3.9	92.9
45	182.1(121.6)	263.1(122.9)	668.4(112.0)	254.1(135.8)	229.0(119.8)	3.2	100.0
46	194.6(129.9)	271.8(127.0)	857.2(143.6)	267.5(143.0)	234.0(122.5)	2.2	106.1
47	209.5(139.9)	294.7(137.7)	878.8(147.2)	306.2(163.7)	254.9(133.4)	8.9	110.9
48	229.1(152.9)	323.7(151.2)	1,117.2(187.2)	340.2(181.9)	288.7(151.1)	13.3	123.9

注：1.「その他」とは、家政、体育、芸術等である。
　　2. カッコ内の数字は、昭和41年度を100.0とする指数である。

b. 授業料

年度	文科系	理科系	医歯系	その他	平均	対前年度伸率	物価指数
	千円	千円	千円	千円	千円	%	
41	61.3(100.0)	87.9(100.0)	195.0(100.0)	67.3(100.0)	74.6(100.0)	—	80.6
42	64.2(104.8)	92.0(104.6)	209.4(107.4)	72.1(107.2)	77.1(103.3)	3.3	83.8
43	68.6(111.9)	96.7(110.0)	220.6(113.1)	78.0(116.0)	82.3(110.3)	6.7	88.2
44	70.3(114.8)	98.2(111.7)	221.4(113.5)	82.9(123.3)	84.0(112.6)	2.2	92.9
45	72.0(117.5)	100.0(113.7)	223.9(114.8)	84.2(125.1)	85.7(114.8)	1.9	100.0
46	79.2(129.3)	107.8(122.6)	282.3(144.8)	90.8(134.9)	92.0(123.3)	7.4	106.1
47	88.6(144.6)	123.8(140.8)	315.3(161.7)	106.4(158.1)	104.5(140.0)	13.6	110.9
48	98.5(160.8)	138.4(157.4)	412.9(211.8)	117.0(173.9)	119.8(160.5)	14.6	123.9

資料：民主教育協会編「統計から見た高等教育の現状」(1974) より。

13％にすぎない。この点からも容易に想像がつくように、私立大学の階層的閉鎖性は国立大学よりも、かなりきびしくなっている。

　それではこうした私立大学の階層的閉鎖性は最近になってきびしくなったのか。昭和36年からの変化を見てみよう。表Ⅱ・1・5に示すとおり、私立大学の学生の出身層は過去10数年間、ほとんど変化していない。第Ⅰ、第Ⅱ五分位階

層の比率ははじめから低く、私大生の圧倒的な部分は、トップ40％を占める第Ⅳ、第Ⅴ五分位階層の出身者であることはこの10数年間全く変化していない。つまり私立大学の枠そのものは年々拡大を続け、36年から49年までの間には3.5倍もの拡大を経験したが、その門戸はいぜんとして比較的所得の高い層にのみ開かれていて、低所得層にとってはその門戸はすこしも拡大していない。いったいどうしてこのようなことになるのか。

表Ⅱ・1・7　居住形態別学生生活費（大学昼間部）（単位：円）

区分	自宅	学寮	下宿
国立	(100) 324,000	(130) 420,000	(169) 548,100
公立	(104) 335,800	(150) 487,300	(169) 548,900
私立	(150) 487,600	(197) 638,200	(225) 728,200
平均	456,300	583,100	680,200

注：（ ）は国立自宅を基準(100)とした場合の指数である。
資料：文部省「昭和49年度学生生活調査結果」より。

まず一つ考えられることは、最近における私立大学の授業料の高騰である。表Ⅱ・1・6に示したとおり、私大の学生納付金、授業料などはかなりのテンポで上昇を続けてきている。授業料ばかりでなく、下宿者の場合などにはそれにインフレによる生活費の高騰がつけ加わる。

たとえば49年現在で見ると表Ⅱ・1・7に示したとおり下宿をして私立大学に通学するとなると、年間73万円の経費がかかるとされている。年間73万円となると、49年当時、第Ⅲ五分位階層、つまり所得順位でまんなかにくる20％の平均年収が約200万円なのだから、その約4割ほどにあたる。つまりごく平均的な世帯が子ども一人を下宿させて私立大学にかよわせるとなると、年収の約4割を投入しなければならない計算になる。ましてや平均年収150万円の第Ⅱ五分位階層の場合になったら、年間所得の約半分を子どもの大学教育に投じなければならないこととなる。平均年収262万円の第Ⅳ五分位階層になって、ようやく30％台をわって、28％という水準におちつく。

もっとも私立大学といっても、その内訳にはかなり差がある。最近医学・歯学系の私立大学の金権大学経営には、きびしい世論の批判がむけられているが、もしもっともコストのかかる医歯系の私立大学に子どもをかよわせるとするとどうなるか。入学時における何百万円とか1000万円をこえると言われている寄付金はもう計算外である。この場合には下宿者で年間103万円の経費が必要だとされているが、これだけの教育を与えるためには、第Ⅱ五分位階層はその年収のあらかたをその子どもの教育に投入しなければならない結果となる。第Ⅲ五分位階層でも52％、第Ⅳ五分位階層でもまだ年収の40％を投入しなければ追いつかない。

こうなるとまさに教育も金次第である。よほどの家庭でなければ私大の医学部、歯学部には子どもをやれないことは、これで明らかである。

一流大ほど多い高所得層

このように私立大学がいくら拡大しても、低所得層に対してはすこしも門戸は拡大しないという問題は、まだ経済的な要因で説明がつく。ご存じのとおり、私立大学の大部分は大都市に集中しており、大都市周辺に住んでいる家庭はまだ自宅通学というコストの安い方法を選ぶことができるが、そうでない場合は下宿というかなり高いコストを覚悟しなければならない。それに耐えられない層は大学進学を断念せざるをえないわけで、日本全体で見れば、こうした層がかなりいることは明らかである。

ところが国立大学が次第にその門戸を低所得層にむけて、閉じはじめているという現象はどこからくるのか。先ほど、国立大学の学生の出身階層についてデータを示したが、それはあくまでも国立大学全体の平均にすぎない。ところがよく話題になるように、国立大学のなかでも、いわゆるトップ大学といわれるところでは、ますます学生の家庭の所得水準が高くなってきている。つまりよほど家庭が豊かでないと、いわゆる一流国立大学には入れない、そんな現象が目立ちはじめている。いくつかの大学について、実際のデータを示してみよう。

まず東京大学だが、49年に東京大学が実施した第24回学生生活実態調査によると、東大生の家庭の平均年収は423万円。また京都大学が実施した49年度の学生生活実態調査報告によると、京大生の家庭の平均年収は342万円。ところが同じ年、文部省が実施した学生生活調査によると、表Ⅱ・1・8にあげたように全国の国立大学の学生の家庭の平均年収は279万円。この数字から計算すると、東大生の家庭の年収は全国立大学の1.5倍である。また京都大学の場合には1.2倍強である。全国世帯の家計調査によると、年収300万円以上がトップ20％を占める第Ⅴ五分位階層とされているのだから、東大生の7割がこのトップ20％の所得層の出身者だと推定される。これからも明らかなごとく、東大の学生はきわめて高い所得層にかたよっている。また京大生の家庭の所得分布を見てみると、表Ⅱ・1・9のように、全

表Ⅱ・1・8 大学生の家庭の平均年収

区 分	年 収
国立大学	279万円
公立大学	316
私立大学	386
大学全体	362
東京大学	423
京都大学	342
名古屋大学	233

資料：文部省、昭和49年度「学生生活調査」結果および、東大、京大、名大の昭和49年度の学生生活実態調査報告。

表Ⅱ・1・9 京大生と名大生の家庭の年収構成

家庭の年収	京大生	名大生
150万未満	12.0%	19.2%
150万～200万	13.8	18.2
200万～250万	15.9	17.3
250万～300万	15.7	15.1
300万以上	42.6	32.2
合　　計	100.0	100.0

資料：京都大学、名古屋大学の昭和49年度の学生生活実態調査より。

表Ⅱ・1・10 東大生、名大生の家庭の職業（昭和49年度調査）

家庭の職業		東大	名大
公務公共企業体	管理職	15%	11%
	非管理職	9	14
民間企業	管理職	28	19
	非管理職	14	20
小企業経営者		17	20
大・中企業経営者		7	
農林水産業者		3	7
自由業		4	4
不動産収入・金利・恩給生活者など		4	6
合　　　計		100	100

体の43％が年収300万円以上の層の出身者である。いま国立大学全体でみると、この年収300万円以上の層の占める割合は34％であることがわかっているが、これと比較しても、東大・京大の学生はそれだけ経済的に裕福な家庭の出身者が多いということがわかる。

また所得からばかりでなく、家庭の職業を見ても、東大生の場合には、官庁、民間企業の管理職、経営者という例がきわめて多い。表Ⅱ・1・10に示したとおり、大中企業の経営者、民間企業、官庁、公共企業体などの管理職を合わせると、東大生全体の約半分がこうした家庭の出身者である。それに対して官庁、民間企業の非管理職の割合は23％にしかならず、小企業経営者は17％、農林水産業者にいたってはわずか3％にしかならない。

ついでに私の勤務先である名古屋大学の場合をあげておくと、名大生の30％は官庁、公共企業体、民間企業の管理職の家庭の出身者で、東大生の場合にはこのカテゴリーに入る者が43％にものぼる。同じく官庁、公共企業体、民間企業の非管理職の出身者は、東大の場合23％にしかならないのに、名大の場合には34％となっている。名古屋大学は東京大学よりも、非管理職層を比較的多く吸収しているが、それでも農林水産業者に対する門戸は東大の場合と同様、かなり狭い。

このようにいわゆる一流国立大学は次第に経済的に裕福な家庭出身者に占められはじめているが、いったいどうしてこのようなことが起きるのか。私立大学の場合ならば、それは授業料の高騰ということで説明がある程度はつくが、国立大学の授業料は51年現在1年間3万6000円という低額である。私立幼稚園でさえ現在月額1万円をこえている。私立高校の平均授業料でさえ年額8万円程度（49

年度総計）とされている。それにくらべれば国立大学の授業料など経済的障壁になど、とうていならないほどの低さである。

かくされた選抜

　それでは日本の大学全体が経済的に低い階層の者をしめ出す方向に変質してきているのはなぜか。とくに国立大学の門戸が経済的に不利な人々をしめ出し、次第に高い所得の人々をより多く吸収するように変わってきているのはなぜか。もちろん、誰を入学させ、誰を落とすか、これをきめるのは大学入試の結果である。入試成績の得点の高い者は入学でき、そうでない者は落ちる。大学が個々の受験生の家庭状況を調べ、金持ちの子どもにはあまい点をやり、貧乏人の子どもにからい点をやる、こんな差別的なことはどこでもやっていない。ふつうどこでも受験生の名前はかくし、すべて受験番号におきかえ、何番のものが何点をとったか、その得点で合否を決定する。だから金持ちの子どもをあまくしようとしても、また逆にからくしようとしても、そんな操作を加える余地は全くない。入試選抜は受験生の獲得した得点の前では、全く公平である。

　これが入社試験になったならば、もう事前に応募者の出身大学、出身学部がわかっており、採用する方もそれを頭に入れて選考をやる。だから面接の段になると一流大学一流学部の出身者にはあまい顔を示し、三流大学三流学部の出身者にはとたんにきびしくなる。そんな話は学生諸君からよく聞かされるが、大学入試の方は出身高校で差をつけるなどということは、一切ない。大学入試は全く公平である。

　ところがそれにもかかわらず、いったんふたを開けてみると、金持ちの者が多く、経済的に不利な階層の子弟が少なくなるのはなぜか。ここでわれわれは入試選抜といっても、目に見える選抜のほかに、目には見えないかくされた選抜というものがあるという事実に注目しなければならない。誰が入試で何点という得点をかせぎ、その結果合格したか、それとも落ちたか、これは目に見える選抜で、この目に見える顕在的な選抜は明らかに公平である。そこになんらかの不正をもちこんだならば、たちまちにして世論にたたかれてしまう。この選抜の過程は、きびしい世論の監視にさらされているだけに、不公平をもちこもうにも、全く不可能である。ところが問題なのは目に見えない潜在的な選抜の過程の方である。それでは目に見えない潜在的な選抜過程とはどのようなものか。

　まず考えてもらいたい。日本の大学は門戸が拡大したといっても、拡大したの

はもっぱら私立大学である。同じ大学教育を受けるのなら、授業料の高い私立大学よりも、安くてすむ国立大学の方が良いと考えるのが、ごくふつうというものであろう。そこで多くの者が国立大学をめがけて殺到することとなる。そこで国立大学の入試は一段ときびしくなる。ここでものをいうのは実力である。良い点をとれないことには入れないのだから、そこで良い得点を獲得するための事前競争がはじまる。正式の入学試験などいわば最後の儀式みたいなもので、本当の入試競争はすでにずっと以前からはじまっている。大学の実施する入試という最後の儀式までにどれだけの実力を身につけるか、その長い過程が問題であって、この過程で、ある家では塾にかよわせることもあろうし、家庭教師をつけることもあるだろう。いったい一般にはいつ頃からはじまるのか、よくはわからないが、ごく小さな時から開始される教育競争の結果が、少しずつ蓄積されて、それが最後に大学入試という形で表現されることになる。つまりやや大雑把な言い方ではあるが、現在の大学入試は小学校段階からすでにはじまる各家庭の教育投資の蓄積量の差に応じた選抜をやっているにすぎない。こう言うこともじゅうぶんに可能なのである。大学入試は得点の前では、全く公平だとしても、その得点なるものが、個々の家庭の経済水準によってかなり影響を受けるような性格へと、次第次第に、変質しつつある、こういう危険性が多分に出てきているのである。こうして見えざる選抜の過程が、個々の家庭の経済力によって支配されはじめているとしたら、これはわれわれの社会システムにとっては、きわめて重大な問題である。われわれは長年、実力による選抜が行われていると信じ込んできたが、その実力なるものが家庭の経済力の反映物にほかならないとしたら、こうした教育システムを通じて、日本社会は硬直した構造へとおちこんで行くこととなる。

2 わが国の高等教育進学率はなぜ停滞しているか

菊池 城司

　1981年の高等教育進学率（大学・短大・国立養護教諭養成所、高等専門学校）は37.4％と発表され、前年より0.5％低下したことが報道されている。現役進学率は6年連続で、現役志願率は5年連続で低下している。1970年代の半ばまでに、多くの欧米諸国において、高等教育進学率の伸びが減速あるいは停止したことは、周知のとおりである。1977年以後、わが国もその例外ではありえないことが明らかになってきた。

　高等教育進学率の停滞についてはさまざまな機会にさまざまな理由が指摘されてきた。例えば、不況、賃金格差の縮小、就職難・大学卒業者のグレイカラー化、専修学校志向、高等教育計画の定着……など。学校基本調査などの結果を検討して、すでにある程度のことは明らかにされている。例えば、入学志願率、とりわけ大学への現役志願率の低下、職業課程（とくに工業、商業）における就職志向への回帰、普通課程の進学希望者における「教育訓練機関等」への進路変更など。ここでは、既存統計資料を組み合せることによって、進学率停滞の原因に接近しようとするものである。直接にこの問題にこたえるようなデータが今のところ存在しない以上、接近は間接的にならざるをえない。青年たちが「なぜ」高等教育に進学しなくなったかという問題は、「誰が」進学しなくなったかを明らかにすることによってある程度解明できるというのが、本論の前提である。

県内進学率・県外進学率

　高等教育進学率は、すべての府県について一律に停滞しているのではない。大学・短大進学率の変化を、県内進学率（18歳年齢人口にしめる県内進学者の比率）と県外進学率（18歳年齢人口にしめる県外進学者の比率）とに分割して計算しなおしてみよう。1975～80年において、全体では0.4％の減少であるが、県内進学率は0.6％増加し、県外進学率は1.0％減少している。つまり、県内進学

出典：『IDE 現代の高等教育』No. 226、民主教育協会、1981年、72-80頁

率は上昇しているが、県外進学率が低下しており、後者のウエイトが大きいために全体としてみると、低下となる。この全国平均型パターン（全体－県内＋県外－）は最も一般的で、17府県にみられる。この傾向がとくに著しいのは、大都市のある府県である。例えば、東京では都内進学率が－8.8％、大阪では府内進学率が－4.9％、愛知では県内進学率－4.8％となり、進学率の低下の大部分がこれによる。

　県内進学率が増加し、県外進学率が減少している場合でも、前者が後者を上回るために、全体では増加になるパターン（＋＋－）に8県が入る。主として中国、九州の13県が県内・県外進学率ともに増加している＋＋＋というパターンに属する。最後に県内・県外進学率ともに減少しているパターン（－－－）が8県、－－＋というパターンが1県だけある。

　この点をさらに詳しく検討するために、進学先が県内・県外であるかに加えて、国公立か私立かにわけて、大学進学率（18歳年齢人口に対する比率）を算出してみよう。その結果によれば、次のような傾向が指摘できる。

(1)県内国公立大学進学率は、上昇傾向にある。ただし、大都市が所在する府県では、この傾向は必ずしも明確ではない。

(2)県外国公立大学進学率は、どちらかといえば、やや増加傾向にあるが、それほど大きな変化ではない。

(3)県内私立大学進学率については、とくに大都市が所在する府県において、明らかに低下する傾向を示す。

(4)県外私立大学進学率は、(3)ほど著しくはないが、全体としては低下傾向がみられる。

　短大についても、大学の場合ほど、大きな変化はみられないが、ほぼ同様の傾向を指摘することができる。

　注目すべきことは、①大都市所在府県において、県内私立大学進学率、県内国公立大学進学率が低下してきたこと、②その他の県では県内国公立大学進学率がやや上昇し、県外進学率が低下してきたということである。県によって異なったパターンがあらわれるのは、県内・県外、国公立・私立のウエイトが異なるためである。

　このことは、大都市の高校卒業者にとって、①競争が次第に激化して私立大学への入学が難しくなってきたこと、②自宅通学不可能な県外の大学に進むよりは、専修学校その他を選択するようになったこと、地方の高校卒業者のある部分

が、③県内（自宅通学可能な）大学に進学先を変更したことを示唆している。このような解釈を補強するデータは少なくない。①については、ここ数年来、東京都内にある私立大学の入学試験が他に比べて極端に難しくなってきたとされる（『IDE』第181号、1977年8月）ことと対応する。さらに、都内私立大学における新入生地元占有率（1973～80年）を算出してみると、学習院、上智、順天堂、成蹊、成城、武蔵などの各大学では、東京都内出身者の比率が大幅に低下していることがわかる。もちろん、都内出身者の比率が上昇している大学もある。したがって、すべての都内の私立大学に妥当するとはいえないが、入学試験がむずかしくなり、都内出身者の比率が以前より低下している一群の私立大学が存在することはたしかである。②については『リクルート高校総覧』から、府県別進学希望率（50年3月および55年3月卒業者に対する比率）を計算してみると、東京の場合、専修・各種学校希望率は5.5％増加している。その他の大都市所在府県も、それに近い増加を示しているが、この数値自体はとくに高いというわけではない。むしろ注目されるのは、志望の大学に不合格の場合、「専修学校・各種学校に進学先を変更する」と答えた者が、調査対象（進学希望者）の20％をこえたという調査結果（リクルート進学動機調査1981）である。この選択肢自体、75年以前にはほとんど考えられなかったものであろう。③については、共通一次試験の実施と入試期日の一本化とも関連があるといわれている。いずれにしても、他の条件を一定とすれば、自宅通学可能な大学に進学するか否かは、進学に要する経費と直接関連する。その意味で、②と③は経済的要因と関連をもつといえよう。

高等教育進学への選好

　需要に影響する要因として、経済学では、①所得、②価格、③選好あるいは趣向の三つをあげるのが普通である。③は①、②の変化に帰せられない需要の変化を一括するために利用され、それを直接に測定することは試みられないことが多い。ここでは、最初に③から検討する。はたして高等教育進学への選好が変化したのだろうか。

　各種の世論調査の結果によれば、最近においても、20歳以上の国民が自分の子どもに期待する高等教育進学希望率は低下する兆しをまったくみせていない。世論調査においては、母集団、質問・回答のワーディング、回答選択肢の数と内容が異なると、結果において相当な差異が生ずることは常識である。子どもに受

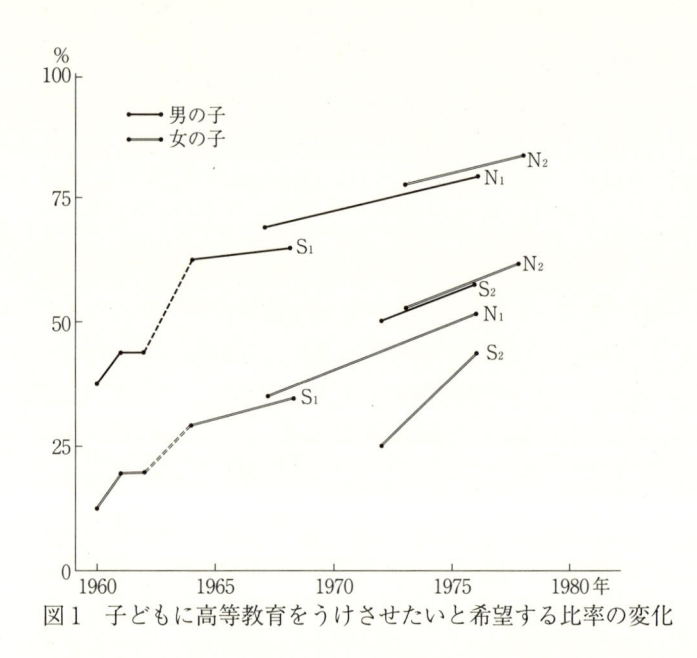

図1 子どもに高等教育をうけさせたいと希望する比率の変化

けさせたい教育程度についての質問を含む世論調査・社会調査の類は少なくないが、ここでは以上の条件を考慮して、全国サンプル（層化多段無作為抽出）で、しかも2時点以上で実施され、時系列的に比較可能な、次の4種の世論調査の結果について図示している。

S1：総理府広報室「国民生活に関する世論調査」（64年1月および68年1月調査）

S2：総理府広報室「婦人問題に関する意識調査」（72年10月調査）および同「教育に関する世論調査」（76年8月調査）

N1：NHK放送世論調査所「国民世論調査・日本の教育」（67年2月調査）および同「家庭と教育」（76年9月調査）

N2：NHK放送世論調査所「日本人の意識」（73年6月調査）および同「第2日本人の意識」（78年6月調査）

　高等教育、4年制大学のいずれについても、全体としての進学希望率（回答者にしめる比率）はコンスタントに上昇し、低下する兆しは今のところ見られない。最近の結果によれば、高等教育進学希望率では男子75％、女子50％をこえて、全体では60％前後、4年制大学進学希望率では男子70％、女子25％程度、全体では約50％になっている。4年制大学希望だけに限定すると、現在において

も男子と女子の差異が著しい。女子の高等教育を希望する回答者の半分は短大まででよいと答えている。70年代において女子の短大希望が増加したために、短大を含めた高等教育進学希望率の男女差はかなり縮小している。

　S2の結果が、他と明らかに異なるのは、選択肢に「本人の意思にまかせる」「子ども次第」という項目が加わっているからである。これらの判断保留グループは、いずれの場合にも約30％を占めている。他の調査結果と対照してみると、そのかなりの部分が、高等教育進学希望であるとみなしても誤りではない。
参考のため、新聞世論調査連盟による「子供の進学に関する世論調査」(65年調査)、総理府広報室「教育に関する世論調査」(62年調査)の結果を付している。前者は全国の高校生以下の子どもをもつ親(3,000人)を、後者は全国の中学生の親約3,000人を対象としている。両調査とも「短大、専門学校」という選択肢はなく、母集団や質問形式も多少異なっている。したがって、それ以後の結果と厳密な比較にはたえないが、1960年前半に、高等教育進学希望率が急上昇したことを示すには十分であろう。

　以上で利用した世論調査の集計結果をさらに詳しくみると、いくつかの興味ある事実が発見できる。ここでは、男子高等教育希望率の場合だけについて検討する。

　(1)地域別　東京および6大都市では60年代にすでに70％台から80％に達しつつあり、70年代には90％に接近した。郡部(町村)では、60年代に50％の山をこえるところであったが、70年代には70％をこえた。70年前後に、小都市、とりわけ郡部(町村)における上昇が著しいといえる。

　(2)職業別　60年代前半において、管理職、専門技術職、事務職の高等教育進学希望率は既に80％をこえており、70年代に至り90％をこえる。それに対して、同じ時期に農業では40％にみたず、労務職は60％にみたなかった。しかし、60年代後半から70年代にかけて、これらの農林漁業、一般作業職などにおいて、進学希望率の著しい上昇がみられる。したがって、60年前後の急上昇を支えたのは管理職、専門技術職、事務職などであったが、70年前後の上昇には、農林漁業、労務職などが主として寄与したと考えられる。

　(3)学歴別　60年代から、高等教育卒業者では90％を、中等教育卒業者でも80％をこえていた。小学校卒業者(未就学を含む)は30％台、旧高小卒業者では50％台であった。しかし、60年代後半から、新中・旧小卒業者の高等教育進学希望率の上昇は目ざましく、70％をこえる。

このようにみてくると、大都市居住の、管理職、専門技術職、事務職、高等教育卒業者などにおいては、すでに60年前後までに、高等教育進学希望率はきわめて高い水準に達していたと考えられる。そこには、進学希望率の大幅な上昇の余地はほとんど残されていなかった。それ以後、とくに70年前後における進学希望率の上昇を支えたのは、郡部居住者、農林漁業、一般作業職（労務職）、初等教育卒業者であった。大学進学にはこれまで関係がなかったこれらの層が、近年における進学希望率の主要な上昇要因であったことは注目に値する。

家庭の所得と授業料

　次に、高等教育需要を直接的に規定すると考えられる、①家庭の所得と、②高等教育の価格（学生納付金）との関連をみることにしたい。ここでは、できるだけ長期にわたって連続可能なデータをとるために、①の指標として勤労者世帯の平均月収を、②の指標としては4年制大学の授業料を利用し、それらの関連を両対数グラフにプロットしている（図2）。授業料を含む学生納付金について同様の分析を試みたことがあるが、同じ内容と精度のデータを長期にわたってとれな

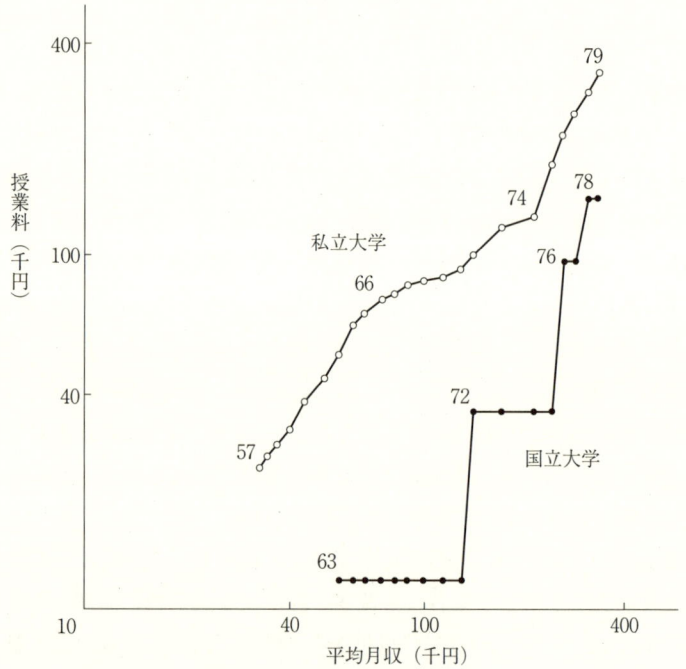

図2　家庭の収入と授業料との関連

いので、ここでは断念した。家計の収入の伸びに対する学生納付金の伸び（弾力性）に注目する限りでは、これでさしつかえないと思われる。図2によれば、私立大学授業料の所得弾力性は74〜79年について1.92となり、57〜66年の1.34をはるかに上回っている。このことは、私立大学授業料の上昇は、平均的にみて、家計の収入の上昇にくらべて2倍近く大きかったことを意味する。国立大学についても、その急な傾斜は私立大学に劣らない。したがって、ここ数年来、大学進学のための家計負担は、収入の伸びを考慮しても、それ以前にくらべて重くなっている。それが最近の高等教育進学率の停滞と何らかの関連をもつことは明らかであろう。その意味において、わが国の高等教育進学率の停滞は、経済的要因によってかなり説明可能である。

　このことと関連して、学歴の経済的価値が低下してきたことにもふれておくべきだろう。高等教育卒業者のセールスマン化、サービス業化、ブルーカラー化など職業的地位期待の低下については、しばしば指摘されるとおりである。また、いくつかの試算の示すとおり、高等教育の個人的収益率は、ほとんどコンスタントに低下してきた（収益率はむしろ上昇傾向に転じているという最新のデータもある）。しかし、これらの情報が進学行動に与える影響にはタイム・ラグを伴うのが普通だから、重要なのは、毎年の変化ではなく、長期的なトレンドであろう。家庭の収入の伸びに対して、高等教育をうける経費の伸びが低かった時期（1966〜74年）においては、高等教育の経済的価値の低下は進学希望にほとんど影響を与えなかった。しかし、高等教育をうける経費が上昇し、家計負担度が高まるにつれて、経済的収益の低下が強く意識されるようになるのは不思議ではない。

高校格差との関連

　進学希望率の変化がどこに生じているのかを具体的にみるために、次のような作業を試みた。日本リクルートセンター「リクルート高校総覧」（75年度版および80年度版）に基づいて、高校別の進学希望率（専修・各種学校を含む）を算出し、それが1975〜80年にどのように変化したかを分析する。高校によって不明その他があるので除外すると、全体の約2/3の高校がカバーできる。理想的とはいえないが、一応の見通しをつけるには十分であろう。他の主要府県についても同様の分析を行っているが、ここでは東京都の場合を報告する。

　公立高校（国立を含む）においては、進学希望率ⅠA、ⅠB（75年の進学希

表1　専修・各種学校進学希望率の増減（東京都、1975〜80年）
　　　（公立高校および私立高校）

国公立大学進学希望率(75年) ＼ 専修・各種学校希望率増減	−10%未満		−10%〜−6%		−6%〜−2%		−2%〜+2%		+2%〜+6%		+6%〜+10%		+10%以上		不明		計	
	公立	私立	公立	私立	公立	私立	公立	私立	公立	私立	公立	私立	公立	私立	公立	私立	公立	私立
ⅠA (0.0〜4.9%)	2	6		1	1	3	10	9	17	38	13	33	9	25	7	30	4	18	63	162

表1 再掲（完全版）

希望率増減	−10%未満 公	私	−10%〜−6% 公	私	−6%〜−2% 公	私	−2%〜+2% 公	私	+2%〜+6% 公	私	+6%〜+10% 公	私	+10%以上 公	私	不明 公	私	計 公	私
ⅠA (0.0〜4.9%)	2	6		1	1	3	10	9	17	38	13	33	9	25	7	30	4	18	63	162
ⅠB (5.0〜19.9%)		1	1	1	2	2	6	8	11	5	9	2	8	1	5	2		4	38	23
Ⅱ (20.0〜39.9%)					1	2	1	2	5	4	2		2		2				13	6
Ⅲ (40.0〜59.9%)							1		5	3	2	1	1			2			9	6
Ⅳ (60.0〜79.9%)				1			1		5	1	1				1			1	9	3
Ⅴ (80.0〜100.0%)									3	1						1			4	1
計	2	7	3	3	15	13	41	55	28	38	16	26	16	32	15	22	136	196

表2　進学希望率の増減と専修・各種学校進学希望率の増減との関連（東京都）
　　　（公立高校および私立高校）

専修・各種学校希望 ＼ 進学希望	−10%未満 公	私	−10%〜−6% 公	私	−6%〜−2% 公	私	−2%〜+2% 公	私	+2%〜+6% 公	私	+6%〜+10% 公	私	+10%以上 公	私	不明 公	私	計 公	私
−10%未満		3			1			2		1	1	1					2	7
−10〜−6%	1	1				1	1	1	1								3	3
−6〜−2%	7	1			4	2	3	6		2	1	1				1	15	13
−2〜+2%	14	3	4	3	4	6	18	35	1	6				2			41	55
+2〜+6%	5		5	1	8	6	7	20	3	4				2			28	38
+6〜+10%	4	2	1		4	1	4	3		7	1		2	7			16	26
+10%以上	5	2	2	2	5	2	1	2	1	3	1		2	7	1	16	16	32
不明	3			3	1		7	8		2				9		2	15	22
計	39	12	17	6	27	18	41	80	6	25	4	18	1	34	1	3	136	196

望率が20%未満）のところで低下しており、専修・各種学校進学希望率はⅠA、ⅠB、さらにⅡのところでむしろ増加している（表1）。変化は主としていわゆる非進学校において生じており、ほとんどの職業高校はこの中に含まれている。全体としての進学希望率は低下しているにもかかわらず、専修・各種学校進学希望率が増加しているということは、大学・短大進学希望者が低下するという形で、就職希望者と専修・各種学校希望者が増加していることを示唆している。

　私立高校では、進学希望率がⅠAの多くの高校で増加している（減少している高校もある程度存在する）。ⅠBでも変化している高校が多少ある。専修・各種学校進学希望率はⅠA、さらにⅠBにおいて著しく増加している高校が多い

(表1)。表2によれば、私立の場合にも、進学希望率の変化はいわゆる非進学校において生じ、その内容は主として専修・各種学校進学希望率の上昇によることがわかる。

要するに、①公立高校においては、いわゆる非進学校において増加しつつあった大学進学希望者のある部分が就職希望と専修・各種学校希望へと移動していること、②私立高校では、非進学校で進学希望率は上昇しているが、大学進学希望はそれほど変化せず、増加分は専修・各種学校への進学を希望していることがわかる。ただし、大学進学希望率が1/2以上をこえるような、いわゆる進学校では、著しい変化はほとんど生じていない。

この事実の意味は、高等教育進学希望率が高校格差と対応しており、しかもその格差は父母の学歴や職業と対応していることを考慮すると、いっそう明確になる。父母の職業・学歴と高校格差（偏差値）とのみごとな対応については、日本教育学会・入試制度調査委員会の調査報告が明らかにしたとおりである。私立の場合には、偏差値と父母の職業・学歴が必ずしも対応しないことがあることに注意したい。高等教育卒業、管理的職業従事者の親の比重の高い進学校においては、卒業後の進路はほとんど変化していない。逆に、初等教育卒業、農林漁業、労務技能職の親が過半数を占める非進学校では、卒業後の進路に、上述のような著しい変化が生じている。

このデータは、学校単位に集計された特性間の関連であって、同様の関連が個人のレベルにおいても成り立つかどうかについては、厳密にいえば、改めて実証を要することである。可能ならば、この点に焦点をあてた特別な調査が実施されることが望ましい。ここでは、所得階層別大学在学率を推計し、一つの状況証拠を提出するのにとどまる。

家計調査報告（総理府統計局）に基づいて、所得五分位階級別大学在学率（18～21歳人口にしめる4年制大学在学者の比率）を算出すると、表3のようになる。国公立大学では低所得層

表3　所得五分位階級別大学在学率（18～21歳）の推計
（世帯主年齢45～54歳として補正）

		低所得層 (Ⅰ+Ⅱ)	中所得層 (Ⅲ+Ⅳ)	高所得層 (Ⅴ)
国公立大学	1974	3.5	5.2	7.3
	1975	4.2	5.6	7.7
	1976	4.7	5.8	8.1
	1977	4.7	6.7	7.6
	1978	6.5	4.8	9.1
	1979	5.2	4.8	10.3
私立大学	1974	9.2	14.6	29.0
	1975	11.5	18.0	26.7
	1976	13.4	18.3	28.0
	1977	14.7	18.9	28.6
	1978	15.3	17.8	30.3
	1979	14.8	17.0	31.0

（注）総理府統計局「家計調査年報」により算出

(Ⅰ+Ⅱ)は79年から、中所得層(Ⅲ+Ⅳ)は78年、私立大学では低所得層は79年から、中所得層は78年から、在学率の低下がはじまっている。文部省の学生生活調査によっても同様の推計が可能であるが、調査方法が異なるため、多少違う結果が得られる。その場合にも、高所得層(Ⅴ)の大学在学率だけは上昇している。この結果は、上述の高校別進学希望率の変化と整合する。以前ならば4年制大学に進学する可能性のあった中所得層あるいは低所得層の一部が、専修・各種学校あるいは就職へと進路を転換しつつあることを表3は裏付けている。わが国の高等教育進学率が停滞しているのは、そのためであろう。

3 なぜ、大学に進学しないのか
――顕在的需要と潜在的需要の決定要因

矢野 眞和・濱中 淳子

1 ―問題の所在― 50％の進学の謎

　最近の大学・短大の進学率は、50％水準を安定的に推移しており、今後も大きな変動はないだろうと暗黙に了解されているようである。そのため、近い将来に進学率が大幅に増加する、あるいは大学を量的に拡大するのが望ましいと考える者はほとんどいないと思われる。拡大させるどころか、定員割れをする大学が3割ほどに達しており（私立経営相談センター編 2005）、大学にふさわしくない学力の学生が増えているという実感も重なって、膨張した大学を縮小するのが望ましいと思う者が多くなっているかもしれない。

　伝統的な大学の使命を考えるならば、縮小説はそれなりに説得的である。しかしながら、50％ほどの進学率が一つの安定的な到達点であるかのように了解されるのは、きわめて不思議なことである。50％進学が安定的な均衡状態だとは思えない。むしろ奇妙で、社会的に歪んだ不安定な状態ではないだろうか。私たちがそのように考える理由は単純である。

　もし、学力の高い順に進学が決まっているとすれば、該当年齢人口全体の学力の平均値（偏差値50）が、進学／非進学の線引きになるとは考えられないからである。学力が正規分布しているならば、偏差値50の前後で人数が最も多く、偏差値52と48との間に、全体の16％が集中する。52と48の学力にたいした差があろうはずはない。50％進学は、42％進学や58％進学となんら変わりがない。

　論理的に考えれば、50％進学という停滞状況は、学力選抜による帰結ではないことを含意している。学力が平均よりも低いにもかかわらず、進学している者がいる。その一方で、学力が平均よりも高いにもかかわらず、進学していない者がいるということである。

　大学進学は、学力で決定されているわけではなく、個人の選好の問題だという

出典：『教育社会学研究』第79集、東洋館出版社、2006年、85-102頁

かもしれない。学力があっても、専門学校への進学や社会に出て働くことを好んだり、逆に学力がなくても、大学を好む者がいたりするという解釈である。学力と選好の2つが重なって、50％という水準に到達しているという理解になる。

しかし、大学を選好する者が50％ほど存在しているから、安定的に推移していると判断して良いだろうか。いくつかの世論調査が明らかにしているように、親が子どもに望む学歴水準は、50％進学をはるかに上回る。その一例を挙げておこう。

NHK放送文化研究所は、1973年から5年おきに、「日本人の意識調査」を継続しているが、そのなかに、「中学生の子どもがいるとしたら、どの程度の教育を受けさせたいか」という質問項目がある。2003年の調査では、男子の教育の場合、「大学まで」が68％、大学院を含めると76％に達している。「高校まで」はわずか11％にすぎない。1973年の調査でも、大学・大学院をあわせて70％である（NHK放送文化研究所 2004）。

親の希望と本人の選好とは違う、と言えなくもない。しかし、親の希望と現実との大きな落差を考えてみれば、本人の選好が50％進学を維持させ、安定化させていると判断するのは、無理があるだろう。

このように考えると、50％進学が、学力と選好の2つから構成される均衡状態だとは言えそうにない。学力が平均以上であるにもかかわらず、そして、進学を希望しているにもかかわらず、進学しない他の事情があることになる。他の事情として考えられるのは、経済条件である。1975年以降、私立大学の授業料は、家計所得の伸びを上回って上昇してきた。最近では、実質所得がマイナスになっているにもかかわらず、実質授業料はプラスに推移している。「学力」と「選好」ではなく、「資金力」が進学の決め手になっているはずである。つまり、所得による進学機会の格差は依然として解決されていない問題だということになる。

「50％進学は、奇妙で、社会的に歪んだ不安定な状態だ」と述べたのは、以上の理由からだが、「謎」と言うほどに大袈裟な推論ではない。平凡な謎解きにすぎない。ところが、最近の大学改革論議では、「市場化による大学間の競争が大学教育の質を向上させる」かのような言説ばかりが流行し、50％進学を「謎」だと思う感性が失われている。格差社会の是正がこれからの政治的イシューになるとすれば、教育機会はその中心に位置づけられるべき政策課題である。格差社会をつくるのは、「家庭」と「教育」である。「教育」機会が「家庭」の経済条件に規定されるということは、格差社会がさらなる格差をつくるということである。

教育機会の問題が忘れられたような風潮を反省し、大学進学の機会問題を基本に立ち返って再考することが本稿のねらいである。「50％進学の謎」を言い換えれば、「なぜ、大学に進学するのか」ではなく、「なぜ、大学に進学しないのか」という問いになる。

その問いに答える最も有力な方法は、高校生の進路選択と保護者の希望および家計状況の関係を把握できる調査を設計することである。進路選択の社会調査はかなり多いが、保護者の経済事情を信頼できる水準で詳しく調べた調査は、残念ながら皆無に近い。けれども、こうした調査の分析以外にも、「50％進学の謎」を解く手がかりは残されている。公表された統計資料から進学需要の時系列変化を追跡し、その動きの決定要因を解明することである。本稿では、この時系列分析の手法によって、謎解きを試みたいと思う。

進学需要の決定要因を探るにあたって、重要であるにもかかわらず、見逃されてきたのは、「進学を選択しない者の行動」である。非進学者の行動には、進学を断念した潜在的な進学需要が含まれている。そこで、本稿では、顕在化した大学進学需要の決定要因のみならず、進学者の背景に潜んでいる潜在的需要の決定要因からも進学行動を探索するというアプローチをとることにしたい。ただし、ここでは、現役男子の進学需要だけに絞って紹介しておきたい。

次節で、進学需要の規定要因に関する先行研究を簡素にレビューした上で、本稿の分析枠組みと論文の構成を述べる。

2 ―進学需要の分析モデルと本稿の分析枠組み

本稿で扱う進学需要の時系列分析の多くは、経済モデルが用いられている。モデルの説明力の高さだけがその理由ではない。進路選択の社会学的研究は、親の職業・学歴といった階層変数、および学校文化の変数が子どもの進学に与える影響に強い関心を払ってきたが、親の階層は制御できる変数ではなく、学校文化は短期的に変動するわけではない。政策の意思決定、および政策の介入に対して適切な知見を提供する観点からすれば、制御可能な経済変数を含む経済モデルの方が有力である。ここでは、本稿の目的に直接的に関係する論文に限定して先行研究をレビューし、本稿の分析枠組みを述べておくことにする。

はじめに、経済モデルの考え方について簡単に説明しておきたい。経済モデルでは、大学進学を「投資」として捉える。そして投資収益率が大きいほど、つま

り費用が小さく、得られる収益が大きいほど進学需要は高まると考える。この因果関係は、投資にかかる費用を負担するだけの資金調達力がなければ成立しないから、進学需要に対して、家計所得はプラス、授業料はマイナスの影響を及ぼす。

他方、非経済変数の特定化も工夫されてきたが、そのなかで注目されるのは、合格可能性（合格率）が進学需要に与える影響である。たとえ投資収益が高くても合格率が低ければ、進学需要は顕在化しないと考えられる。

投資収益、家計所得、授業料、そして合格率。進学需要の変動を説明するために先行研究が設定してきた主要な変数はこの4つである。日本の男子進学需要の時系列分析を手がけた研究（矢野 1984、藤野 1986、Nakata & Mosk 1987、荒井 1990、小椋・若井 1991、中村 1992、田中 1994、島 1999）は、これらの4変数、あるいはその一部を用いた分析を行っている。

「すべての研究に共通している結果」は、家計所得と授業料の2つに限られる。家計所得は進学需要にプラス、授業料はマイナスの効果がある。そして、所得の効果が授業料のそれよりも大きいことが指摘されている。けれども、それ以外に共通な結論は見出せない。先行研究の間で見解が分かれるか、あるいは一部を扱った分析による部分的知見に留まっている。進学需要の時系列分析は決着のついた古い研究テーマではない。とくに次の3つが、残された重要な課題になっている。

第1は、投資収益の影響が曖昧だということである。これまでも多様な指標から投資収益の影響が検討されてきたが、その結果は大きく異なっている。小椋・若井（1991）は大卒と高卒の賃金格差に、田中（1994）と島（1999）は内部収益率に有意な正の影響があることを指摘している。Nakata & Mosk（1987）は、新規大卒者が大企業に就職する確率が進学需要を高めることを示している。しかしながら他方で、荒井（1990）は、収益率を含まずに、所得と授業料を用いたモデルのほうが適していると述べ、中村（1992）は1973年のデータが異常であることを確認して、大卒高卒賃金格差の影響が不安定になることを指摘している。また、矢野（1984）によれば、高卒有効求人倍率、高卒と大卒の初任給格差、機会費用としての高卒初任給に、理論的に期待できる効果が認められない。投資収益を計測する指標の選択とモデルの特定化によって、異なった分析結果になる。1つの変数の結果から投資収益の効果を結論づける前に、経済モデルに適合的で、安定的な結果が得られるいくつかの変数を探索するアプローチが現実的な方

法である。

　第2に、合格率の影響を再検討する必要がある。合格率については、矢野（1984）と Nakata & Mosk（1987）が、進学需要に有意なプラスの影響を及ぼしていることを明らかにしている。見解は一致しているが、2つの分析は1980年までの期間に限られている。しかし、80年代以降、進学需要と合格率には共変関係が確認されなくなり、2000年以降には合格率が80%を上回って、その影響力がなくなりつつあるから、1980年代以降を含めて、合格率の効果を再検討する必要がある。

　第3に、進学需要を規定する構造が変容している可能性を考慮する必要がある。矢野（1984）は、石油ショック後の一時期（1975〜78年の4年間）をダミー変数で分離したときに、D. W. 比と決定係数について最良の結果が得られることを指摘している。それ以外の先行研究は、対象期間を一括して、構造変容が生じていないことを暗黙の前提としている。矢野（1984）の石油ショックダミーも、この一時期だけ志願率が上昇したという便宜主義的な定式化になっている。構造変容が生じていれば、共通に確認されてきた所得と授業料の影響についても、改めて検討しなおす必要がある。所得と授業料の効果が時代によって異なる可能性があるからである。

　本稿では、残されたこの3つの課題を考慮した経済モデルをベースにして、大学進学の顕在的・潜在的需要を立体的かつ探索的に分析するように努めた。その手順は、次のようになっている。4節では、投資収益変数として「失業率」および「学歴別賃金比率」を追加した分析を行い、「家計所得」「私立大学授業料」「失業率」の3つが重要な決定要因であるという結果を示す。そして、続く5節では、この基本モデルを「高校生の就職率」と「専門学校進学率」に適用し、先の3変数と「大学合格率」の効果を分析する。その結果を現役志願率の要因と比較しながら、非進学行動に潜在的な進学需要が埋め込まれていることを指摘する。ところが、こうした時系列の分析は、どのような変数を組み入れても、誤差項が強い系列相関をもち、必ずしも適切な結果にはならない。6節では、このことを踏まえて、進学需要の時系列に構造的な変化がみられることを逐次 Chow テストの統計的方法によって明らかにする。そして、この35年ほどの間に進学需要を規定する構造が変化しており、いくつかの期間に分けて考えるのが適切であること、およびそれぞれの期間の特徴を示す。最後に、以上の分析結果から導き出される政策的含意を検討する。

3 — 分析に用いる変数とデータ

分析に先立って、ここで用いる変数とデータの出所について簡潔に説明しておく。進学／非進学行動を計測する変数として設定したのは、文部（科学）省『学校基本調査報告書』（初等中等教育機関・専修学校・各種学校）の各年度版から算出した次の3つの変数（すべて男子のみの値）である。

第1は、現役大学志願率である。現役大学志願者数を高校卒業者数で割った値を用いる。第2は、高卒就職率である。現役就職者数を高校卒業者数で割ることによって求めた。そして第3は、専門学校進学率である。専修学校（専門学校）入学者数を高校卒業者数で割ることによって算出した。厳密に言えば、専修学校（専門学校）入学者数には現役以外の入学者も含まれるため正確な進学率とはなっていないが、データの制約上、この値で代用することにした。

以上の行動指標を説明する変数として、投資収益、家計所得、授業料、合格率の4変数を特定化するが、具体的には次のように算出した。

投資収益に関連する指標として、完全失業率と大卒／高卒賃金比率の2つに着目する。失業率が高くなると、就職することが難しくなるだけでなく、恵まれた会社・職種に就職しにくくなるから、高卒での就職を回避した進学需要が増えると考えられる。経済学的に説明すると、失業すれば進学による放棄所得（機会費用）がゼロになるから、失業率の上昇は大学の機会費用を減少させ、その結果、進学需要にプラスの影響を与える（Foot and Revin 1983）。年齢区分別の完全失業率は総理府統計局『労働力調査』、学歴別賃金は（厚生）労働省『賃金構造基本統計調査』による。ただし、完全失業率については景気変動による年次の増減が激しいため、3年間の移動平均値を用いることにした。

家計所得には、勤労者世帯・全国の可処分所得を用いた。総理府統計局『家計調査年報』から可処分所得のデータを収集し、消費者物価指数（持家の帰属家賃を除く総合）で実質化した。あわせて、少子化による影響を家計所得に反映させることを考慮し、可処分所得を世代人員の数で除し、「世帯一人あたりの実質可処分所得」を用いた。以下では、この数値を「所得」と表現する。

価格である授業料は、実質私立大学授業料を設定する。文部（科学）省私学振興課調査データであり、消費者物価指数（持家の帰属家賃を除く総合）で実質化した。

合格率については、男女別、現役浪人別に合否が決定されるわけではないので、文部（科学）省『学校基本調査報告書』から、全入学者を全志願者数で割った値を用いることにした。

　進路選択の説明変数は、すべて1年ラグを設定した。当該年度の進路選択は、前年の状況を踏まえて決定されると考えるのが現実的だからである。分析期間は、1970～2004年の35年間を対象にした。その理由の一つは、年齢区分別の失業率が1968年までしか遡及できないことに加えて、3年間の移動平均値の値を1年ラグで用いたため、1970年以降に限定されたことである。それだけでなく、1960年代のベビーブーマーによる特殊な影響を分析の範囲外にすること、および「50％進学の謎」を考えるには、順調に成長した70年代前半を視野に入れながら、進学しなくなった1977年以降の動向を追跡するのが適切だと判断したからである。

4 ―顕在的進学需要の実証分析―所得・授業料・失業率モデル

　はじめに、進学率と志願率の変化を概観しておこう（図1）。文部（科学）省が高等教育進学率として用いている基本指標は、「当該年度の大学・短大の入学者数」を「18歳人口」で除した数値である。この進学率は、1960年の10.3％から、70年の23.5％を経て、76年の39.1％にまで急速に成長した。その後は、若干の低下・停滞・回復を経験するが、93年以降の18歳人口の減少にともなって40％を上回るようになる。しかし、99年から04年の間は、49％前後を推移し、

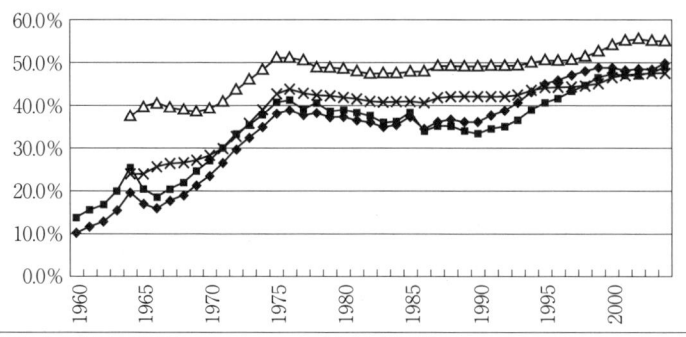

図1　高等教育進学率・志願率

大きな変化がみられない。

　同じ方法による男子の大学進学率（短大を含まない）も図に示したが、男女計の高等教育進学率と同じような推移を辿っている。本稿の分析対象は、男子の大学進学需要である。進学率を被説明変数にする方法もあるが、これは浪人などの過年度進学者を含めたもので、しかも、入学定員の供給量に規定されるので、ここでは、男子の「現役の大学志願率」を「該当年」に「顕在化」した「進学需要」と考える。この現役大学志願率も同じ図に示しておいた。最近は、55％台を推移しているが、当該人口あたりの志願率をみれば48％程度である。ここでも、50％が一つの峠になっている。50％進学問題を取り上げたのは、以上の動向を踏まえてのことである。

　前節で述べた理由から、1970年から2004年の範囲に限定し、現役高校生の志願率の決定要因を分析することからはじめたい。経済理論的に考えて、所得の向上は志願率を上昇させ、授業料の高騰は志願率を引き下げる。ところが、所得と授業料の2変数だけの重回帰分析結果は、授業料の効果は、符号条件を満たしているものの、統計的に有意だとはいえない（表1）。授業料よりも所得の上昇によって、進学需要が喚起されてきたといえそうである。

　しかし、この2つの説明変数の間には強い相関があり、多重共線性の問題を孕んでいる。多重共線性が存在すると推計される係数の標準誤差が大きくなり、ゼロ仮説を棄却しにくくなるが、推計値は最良線形不偏推定量であり、回帰分析の手続き上に問題はない。ただし、データが弱い状態にあるために、推計の期間および第三の変数の組み入れ方を変えることによって、係数の統計有意性が変動することに注意しておく必要がある。加えて、この2変数モデルの説明力は時系列分析としてはかなり低く、他に重要な変数が存在していると考えられる。そこで、大学進学の投資収益が進路選択に影響を与えていると考えて、「失業率」および「学歴別の賃金比率」を第三の変数として取り上げる。

　まず、「失業率」についての主な分析結果を表1に示しておいた。失業率は、3年間の移動平均とし、「男子総数の完全失業率」「男子15〜19歳の完全失業率」「男子20〜24歳の完全失業率」の3つのケースを用いた。

　いずれの場合も、失業率は、理論仮説どおりに、志願率にプラスに有意な影響を与えている。つまり、失業率が高くなると、大学に進学する需要が高まっている。しかも、授業料のマイナス効果が顕著に現れ、その係数も2変数モデルに比べて大きくなっている。説明力は、年齢集団別失業率を用いたモデルよりも、男

子全体の労働需給状況を示す「総失業率」を用いたモデルで最も高く、86％になる。生徒本人の世代だけでなく、親世代を含めた全体の失業率状態が進学需要に影響していると解釈できる。そこで、以下の分析では「総失業率」を失業率の代表指標として用いることにする。

ついで、「学歴別の賃金」は、進学需要分析の焦点とされてきたが、その結果は計測モデルの特定化の方法によって異なっている。投資モデルの詳細な検討がここでの趣旨ではないので、年齢集団別にみた高卒に対する大卒の賃金比率だけを取り上げておきたい。ただし、賃金構造基本調査の対象者が時期によって変更されているので、データの一貫性が保たれている1973年以降だけに着目して検討した。

大卒賃金の高卒に対する比率を第三の変数として投入した場合には、統計的に意味のある結果は得られなかったし、説明力もきわめて低かった。しかし、失業率と賃金比率を加えた4変数モデルの場合は、有意な結果になる（表1）。とこ

表1 現役志願率の2変数モデル／失業率3変数モデル／賃金比率4変数モデル

		2変数モデル	3変数モデル			4変数モデル		
		モデル1	モデル2	モデル3	モデル4	モデル5	モデル6	モデル7
所得		0.0236** (3.04)	0.0340** (7.26)	0.0293** (5.70)	0.0317** (6.43)	0.0187** (4.70)	0.0175** (3.30)	0.0147** (3.13)
授業料		−0.0014 (−1.54)	−0.0041** (−6.50)	−0.0042** (−5.70)	−0.0038** (−5.78)	−0.0029** (−6.34)	−0.0026** (−4.78)	−0.0017* (−2.57)
失業率	総数		0.0282** (8.01)			0.0262** (11.33)	0.0223** (6.19)	0.0151** (3.16)
	15〜19歳			0.0126** (6.63)				
	20〜24歳				0.0130** (7.24)			
賃金比率	25〜29歳					0.1942* (2.40)		
	30〜34歳						0.1964 (1.45)	
	35〜39歳							0.2356* (2.62)
定数		0.2964** (6.72)	0.2451** (9.28)	0.2825** (9.77)	0.2712** (9.85)	0.1611* (2.19)	0.1494 (1.18)	0.0835 (0.86)
R^2		0.588	0.861	0.824	0.842	0.881	0.865	0.885
D.W.比		0.198	0.497	0.476	0.384	0.894	0.695	0.841

所得と授業料の単位は万円、**1％水準で有意 *5％水準で有意。R^2：自由度調整決定係数、カッコ内t値、表2〜3と表5〜6も同様

ろが、年齢集団によって効果に差異があり、必ずしも安定的ではない。学歴別労働市場の最近の特徴は、若年層の学歴間格差が拡大しているところにある。この変化はきわめて重要だが、今回の分析範囲の議論としては、学歴別賃金格差よりも失業率に注目するのが適切だといえる。

この2つの投資収益指標に加えて重要な非経済変数が、進学の可能性を示す「合格率」である。矢野（1984）は、所得と授業料に合格率を加えた3変数モデルが、進学需要を規定する基本モデルだと位置づけている。この3変数を私たちのモデルに適用すると、表2のように統計的に有意な結果が得られた。しかしながら、その説明力は、失業率の3変数モデルよりも小さく、合格率と失業率を同時に投入した4変数モデルを計測すると、合格率は有意でなくなる。

失業率は、1973年の石油ショック後に2%台に増加し、バブル期に低下している。その後に再び悪化し、95年には3%を上回り、2001年に5%台にまで上昇した。この著しい変化が進学需要を規定している。合格率の時系列変化も、バブル前の低下とその後の上昇を経験しているが、現役志願率に対する影響としては、合格率よりも失業率のほうが強く現れている。70年から2004年の全体を説明するモデルとしては、所得・授業料・失業率の3変数モデルをベースにするのが適切だと判断できる。

表2　合格率の3変数モデルと4変数モデル

	3変数モデル	4変数モデル
所　得	0.0260**	0.0367**
	(4.74)	(7.04)
授業料	-0.0021**	-0.0048**
	(-3.13)	(-5.54)
失業率		0.0384**
		(4.03)
合格率	0.2398**	-0.1070
	(5.79)	(-1.16)
定　数	0.1453**	0.2939**
	(3.58)	(5.92)
R^2	0.795	0.863
D.W.比	0.314	0.646

5 ─非進学行動に潜在化した進学需要

以上にみるように、現役大学志願率として顕在化した進学需要は、経済的事情に規定されて変動してきたことが分かる。したがって、現在の大学進学需要が停滞し、安定しているのは、実質所得の減少、実質授業料の上昇、および失業率の高止まりによる帰結である。失業不安が進学需要を高めているが、所得と授業料の2つが進学需要を下げるように作用し、相反する力関係のために均衡している。

表3　高卒就職率と専門学校進学率の4変数モデル

	現役大学志願率（再掲）	高卒就職率	専門学校進学率
所　得	0.0367**	－0.0448**	－0.0083
	(7.04)	(－9.24)	(－2.05)
授業料	－0.0048**	0.0027**	0.0049**
	(－5.54)	(3.41)	(7.72)
失業率	0.0384**	－0.0407**	0.0076
	(4.03)	(－4.59)	(1.06)
合格率	－0.1070	－0.0164	－0.2037*
	(－1.16)	(－0.19)	(－2.79)
定　数	0.2939**	0.8440**	0.0824*
	(5.92)	(18.30)	(2.22)
R^2	0.863	0.983	0.984
D.W.比	0.646	0.863	1.233

　将来不安から進学したいと思っており、「進学しない」のではなく、「進学できない」状態にある。機会の平等化政策に話を展開する前に、実証的に分析しておかなければならない問題がいくつか残されている。最近では、専門学校の進学率が上昇しており、大学よりも役に立つ専門学校が選好されていると説明されることがしばしばある。ところが、専門学校進学率の規定要因が解明されているわけではない。大学進学を希望しながらも、やむを得ず専門学校に進学しているかもしれない。同様に、やむを得ず就職している可能性もある。

　そこで次に、現役高校生の大学志願以外の選択行動に着目して、それらの規定要因を分析しておきたい。大学に進学しない要因として、「所得・授業料・失業率」および「合格率」を取り上げる。志願率と同じ要因の効果を比較すれば、それぞれの行動の特徴を把握することができるし、非進学行動のなかに、進学需要が潜在化していることも分かるからである。表3に、現役大学志願率の結果と比較対照できるように、4変数モデルの分析結果を示した。

　はじめに、「高卒者の就職率」に着目しておきたい。高卒就職率は、志願率とマイナスの相関（－0.95）が強く、進学需要の対極に位置している。この就職率に4変数が与える効果をみると、志願率と裏腹の関係にあることが分かる。つまり、所得の上昇とともに高卒就職率は低下する一方で、授業料の高騰とともに高卒就職率が高まる。高い授業料のためにやむを得ず就職しているケースがあるということである。そして、失業率が上がると、就職難のために、高卒就職率は減少する。しかし、合格率は有意な影響をまったく与えていない。就職者にとって

は、合格率の問題よりも、授業料負担、および失業の経済問題が深刻である。

　第2は、「専門学校進学率」である。この変数は、志願率とプラスの相関関係にある（＋0.78）が、だからといって、志願率と同じような要因が作用しているわけではない。同じどころか、4変数の効果は大きく異なっている。第1に、所得の符号がマイナスになっている。有意確率は5.1％だが、所得が上昇すると専門学校離れが生じやすくなる。第2に、大学の授業料がプラスであり、授業料が高騰しているために大学進学をあきらめて、2年間で就職できる専門学校を選択していると解釈できる。第3に、失業率が影響を与えていない。就職に有利だといわれている専門学校だが、それを支持する結果にはなっていない。そして第4に、合格率がマイナス効果をもっている。合格率が有意なのは、専門学校進学率だけであり、大学の合格可能性が高まると専門学校進学率は減少する。授業料の高さと大学の合格率を考慮しつつ、専門学校を選択していることが分かる。大学進学の潜在的需要が、家庭の経済事情と進学事情に応じて、専門学校に吸収され、埋め込まれている。1970年代の後半における大学進学率の低下について、菊池（1982）は、四年制大学に進学する可能性のあった者が専修・各種学校あるいは就職へと進路を転換しつつあると述べている。就職への転換はともかく、専門学校の位置を的確に指摘した論文である。

　文部（科学）省『学校基本調査報告書』は、この他の高卒者進路データとして、「その他」の比率を掲載している。無業者や不明者が含まれたもので、その内容は定かではない。この決定要因についても分析したが、統計的に有意な変数は限られ、しかも、論理的に整合的な結果は得られなかった。「その他」の行動には、複数の動機が隠され、意味不明な指標になっている。

　それぞれの進路選択が独立しているものと仮定して検討してきたが、実際には相互に関係しているから、適切な分析方法だといえない。論理的には、それぞれの進路選択の関係性を考慮したパス解析が望ましいが、そのような分析は、個票データを用いた調査が適切な領域である。ここでの分析の範囲内でも、非進学行動に潜在的な進学需要が埋め込まれているという事実を指摘することはできる。

6 ―進学／非進学行動の構造変容

　これまでの分析では指摘しなかったが、いずれの結果もD. W. 比が悪い。誤差項に強い系列相関があるからである。2つの原因が想定される。1つに、含め

るべき不可欠な変数を採用していないかもしれない。しかし、経済変数と合格率以外に想定される変数は多くないし、その発見はかなり難しい。そこで、いま1つの原因の可能性について検討する。これまで確認した進学行動の姿は35年間の平均像である。しかし、進学行動と非進学行動を規定する要因の強弱が時代によって変化したかもしれない。とくに最近の状況を理解するためには、1970年代の経験を相対化できることが望ましいし、昔と現在とでは状況が異なっているように思われる。もし、こうした時代による差異が存在していると、35年間の平均像による推計値は、時代による系列相関が強くなり、D.W.比が悪くなる。

構造変容の時期を特定化するための実証分析に、逐次 Chow テストがある。これは、t年分のデータで推定したパラメータと、1年追加したt+1年分のデータで推定したパラメータが等しいかどうかを、F検定によって検証するものである。簡単に説明すると、下式によって得られる $Chow_t$ は自由度（1、t−1−k）のF分布に従うことが知られており、$Chow_t$ > F値（1、t−1−k）となったときに構造が変容したと判断する手法である（蓑谷 1996）。ここでは、この逐次 Chow テストを利用し、現役大学志願率から検討してみたい。

$$Chow_t = \frac{(SSE_t - SSE_{t-1})}{SSE_{t-1}/(t-1-k)}$$ （SSE：残差平方和、k：定数を含めた変数の数）

現役大学志願率に有意な影響を与えていた3変数（所得・授業料・失業率）を用いたテストを行った。自由度（1、1）の1970〜75年からはじめて、逐次に $Chow_t$ とF値（5%水準）を計測した結果が表4である。同時に $Chow_t$ ／Fの列を設けたが、この値が1以上になったときに、変化が生じたと解釈できる。

表をみると、1975〜76年と78年、96〜98年に $Chow_t$ ／Fが1以上の値を示しており、石油ショックの後、およびバブル経済崩壊後の97年不況が、志願率の構造転換を示唆する時期になっている。この構造変化を考慮して、期間を分割した推計をするのが望ましいことになる。構造の推移期間が数年重なっているので、その期間を除く方法もあるが、推計期間の年数が少なくなること、および5%検定というのも便宜的な統計値であることを考慮して、ここでは、$Chow_t$ ／Fの最大値を基準に期間を分けて検討しておきたい。

そこで、現役大学志願率の動向を「第1期：1970〜75年」「第2期：1976〜96年」「第3期：1997〜2004年」の3つに分けて分析してみる。表5に示したその結果から明らかになるのは、統計的に有意な変数が期間によって異なってい

表4　逐次 Chow テスト結果（現役大学志願率）

期　間	残差平方和（×10⁻⁴）	Chow	F値（5%）	Chow/F値
1970 − 1974	0.000006			
1970 − 1975	0.002859	460.065	161.448	2.850
1970 − 1976	0.087210	59.016	18.513	3.188
1970 − 1977	0.113913	0.919	10.128	0.091
1970 − 1978	0.566122	15.879	7.709	2.060
1970 − 1979	0.572598	0.057	6.608	0.009
1970 − 1980	0.582861	0.108	5.987	0.018
1970 − 1981	0.609998	0.326	5.591	0.058
1970 − 1982	0.613255	0.043	5.318	0.008
1970 − 1983	0.731447	1.735	5.117	0.339
1970 − 1984	0.789984	0.800	4.965	0.161
1970 − 1985	1.051938	3.648	4.844	0.753
1970 − 1986	1.338068	3.264	4.747	0.688
1970 − 1987	1.339352	0.012	4.667	0.003
1970 − 1988	1.339984	0.007	4.600	0.001
1970 − 1989	1.453804	1.274	4.543	0.280
1970 − 1990	1.463329	0.105	4.494	0.023
1970 − 1991	1.509374	0.535	4.451	0.120
1970 − 1992	1.511475	0.025	4.414	0.006
1970 − 1993	1.521432	0.125	4.381	0.029
1970 − 1994	1.544805	0.307	4.351	0.071
1970 − 1995	1.618145	0.997	4.325	0.231
1970 − 1996	2.042173	5.765	4.301	1.340
1970 − 1997	3.197868	13.016	4.279	3.042
1970 − 1998	4.096331	6.743	4.260	1.583
1970 − 1999	4.420674	1.979	4.242	0.467
1970 − 2000	4.443985	0.137	4.225	0.032
1970 − 2001	4.503531	0.362	4.210	0.086
1970 − 2002	4.631431	0.795	4.196	0.190
1970 − 2003	4.686903	0.347	4.183	0.083
1970 − 2004	5.202422	3.300	4.171	0.791

表5　期間別重回帰分析結果（現役大学志願率）

	第1期 （1970～1975年）	第2期 （1976～1996年）	第3期 （1997～2004年）
所　得	0.0277** (12.48)	0.0328** (7.90)	−0.0005 (−0.05)
授業料	−0.0003 (−0.60)	−0.0040** (−7.46)	−0.0027 (−1.45)
失業率	0.1674** (12.05)	0.0136* (2.55)	0.0316** (5.83)
定　数	−0.0026 (−0.16)	0.2960** (10.59)	0.6125 (2.30)
R^2	0.999	0.755	0.960
D.W. 比	1.549	1.882	2.009

表6 期間別重回帰分析結果（高卒就職率・専門学校進学率）

	就職率				専門学校進学率
	第1期 (1970〜1977年)	第2期 (1978〜1984年)	第3期 (1985〜1997年)	第4期 (1998〜2004年)	(1976〜2004年)
所得	−0.0502** (−13.45)	−0.0053 (−0.85)	0.0291 (1.55)	0.0048 (0.28)	−0.0104** (−2.98)
授業料	0.0042* (3.53)	0.0006 (2.46)	−0.0092* (−3.16)	0.0026 (0.77)	0.0053** (12.25)
失業率	−0.0831** (−4.85)	−0.0511** (−10.48)	−0.0261** (−4.41)	−0.0441* (−3.59)	
合格率					−0.1296** (−5.97)
定数	0.9043** (28.57)	0.5350** (11.55)	0.6019** (8.92)	0.1382 (0.32)	0.0535* (2.11)
R^2	0.993	0.986	0.970	0.945	0.984
D.W.比	2.716	2.755	1.474	2.494	1.205

ることである。しかも、D. W. 比が改善されており、構造変化による系列相関がD. W. 比の大きな問題だったことを示している。

　第1期と第3期のサンプル数（年数）が少ないという問題は残るが、各期間の特徴を指摘しておく。第1期は、授業料の影響はほとんどなく、所得の上昇が志願率を引き上げた時代である。この期間は、所得が授業料以上に成長していた時期であり、大学紛争の影響で授業料の値上げが難しかった時期だから、納得のいく結果だと思われる。その後の第2期は、3変数ともに統計的に有意な時代である。石油ショックおよび円高不況による失業率の上昇、および所得を上回る授業料の高騰が進学需要を左右した時期である。しかし、1997年以降になる第3期は、かなり特殊である。失業率だけの効果が際立って高くなっており、所得も授業料も志願率に影響を与えなくなっている。この期間は、実質所得がマイナス成長であるにもかかわらず、授業料が上昇しているから、志願率が減少してもいいはずである。にもかかわらず、現役大学志願率が安定的に推移してきたのは、失業率上昇による不安が「とりあえずの進学」を強く促しているからだと思われる。

　あわせて、「高卒就職率」と「専門学校進学率」の2つについても、それぞれに有意な影響を与えていた3変数を用いて、同様の逐次 Chow テストを行った。紙幅の都合でテスト結果は省略するが、そこで確認された時期区分ごとの推計結果を表6に示しておいた。

　高卒就職率の Chow $_t$ ／F 値は、1978年、85年、97〜98年、2004年の4箇所

で1以上となり、経済の好不況期に敏感に反応していることが分かる。各期間の年数が短くなるが、期間別の3変数モデルの結果をみると、全期間において「失業率」が常にマイナス効果をもっているのが特徴的である。失業率の悪化と就業不安が、一貫して若者の就職希望を弱め、大学、専門学校進学需要を支えてきた。77年までは所得・授業料・失業率の3変数が有意な効果をもっていたが、78年以降は、失業率の悪化によって就職率が低下した。ただし、第3期の85年から97年の期間は特殊で、授業料がマイナスの効果で、所得との符号が逆転している。解釈上に難点がある。

次に、専門学校進学率についてみてみる。専門学校進学率については、有意な影響を与えていない失業率を除き、有意確率5.1%だった所得を含めた3変数モデルで Chow$_t$ / F 値を計算した。その結果によると、専門学校が創設された1976年から2004年までの間、値が1を超えることはなく、一貫した構造を保っている。表3の4変数モデルの D. W. 比が比較的良好であったことからもうなずける結果である。表6には、所得、授業料、合格率の3変数モデルの結果を示しておいたが、ここでは所得のマイナス効果が1%水準で有意になっている。

7 ―分析結果と政策的含意

こうした実証的分析から、35年間の大学進学需要の変化を簡潔に説明すると次のようになる。現役大学志願率に現れる大学の顕在的需要が安定的に推移してきたのは、「家計の所得水準（プラス効果）」「費用としての私立大学授業料（マイナス効果）」「失業率（プラス効果）」という3つの経済変数によって相殺された結果である。しかし、大学進学需要は、現役大学志願率で測定される範囲よりも広く、就職と専門学校の選択に進学を断念した潜在的な需要が埋め込まれている。Chow テストの結果を踏まえると、1977年頃までは、授業料負担が大きいためにやむを得ず就職する傾向がみられ、76年の専門学校創設後には、授業料の高騰と進学の難しさ（合格率）のために、大学進学を断念し、専門学校に進学する者がいる。

このような結果から推察すると、50%進学は、経済合理的な選択の帰結だといえる。しかし、「なぜ、大学に進学しないのか」という問いに戻って考えてみよう。所得の上昇と高い失業率が大学進学を促しているが、授業料は家計の重い負担になっており、進学をあきらめている層が存在している。個人の選好によって

「進学しない」のではない。進学したくても「進学できない」のである。「大学全入時代」という言葉を用いて、進学を希望すればだれでも大学に行けるようになったと断定するのは誤りである。

進学の促進要因になっている失業という生活不安も深刻である。生活不安の解消は社会政策の基本的課題であり、その不安を解決する数少ない手段の一つが教育投資である。50％進学が将来も安定的に推移するとか、「大学全入時代」が到来したという最近の風潮は、根拠のない判断であり、高等教育「政策」の問題の所在を隠蔽してしまう危険性がある。そこで、最後に、実証分析から導き出される政策的含意を3点ほど指摘しておくことにする。

第1は、政策を考える上で欠かせない大学規模の想定にあたって、実証分析の結果が有益な知見を提供してくれることである。冒頭で、「近い将来に進学率が大幅に増加する、あるいは大学を量的に拡大するのが望ましいと考える者はほとんどいないと思われる」と述べた。しかし、実証分析から示唆されるのは、これからの経済事情と大学合格率の上昇によって大学進学率が上昇する可能性があるということである。

今回の分析の焦点は、現役の男子高校生に限定して、大学進学の潜在的需要の存在を解明することにあり、大学規模の推計が目的ではない。大学規模を予測するためには、女子および浪人の進路選択を含めた研究枠組みと分析が不可欠である。それは今後の課題になるが、15年間ほどの長い不況が終わりつつあり、実質所得が向上する可能性があるし、大学の合格率はさらに高くなる。所得の上昇は現役大学志願率を上昇させるし、専門学校進学率を押し下げる。そして、大学合格率が高まれば、専門学校の進学率は減少する。男子に限ったことしかいえないが、順調に成長してきた専門学校進学率が低下し、逆に大学進学率が上昇する可能性はある。授業料がどれほど上昇するかは未知数だが、男子の現役大学志願率が、現状を維持したままに推移するとは考えにくいことに留意しておくことが重要である。

第2は、大学教育機会の均等化が、50％進学の重要な政策課題だということである。「失業不安による進学への希望」と「資金力による進学の機会格差」が並存してきた。ここで触れるゆとりはないが、大学生を抱える世帯の貯蓄率は、マイナス10％という赤字状態が続いている。進学している家計も厳しいが、進学できない家計はさらに深刻である。次代を担う若者の大学教育機会が、長い間にわたって閉ざされ放置されてきた。それが、50％進学の謎の背景である。経済合

理的な選択の帰結だと結論するだけでは済まされない社会規範の問題である。所得の上昇を上回って高騰してきた授業料の負担が家計を脅かしている。奨学金のみならず、授業料の負担軽減策を加味した機会均等政策を検討することが急務である。

　第3に、大学は過剰なのではなく、過少だということを指摘しておきたい。潜在的な進学需要からみて、現在の大学が過剰だとはいえない。もちろん、過剰か、過少かを判断するためには、学歴別労働市場の評価もあわせて検討しなければならない。大学教育の成果を測る一つの指標が、投資収益率である。今回のテーマの枠外だが、この指標からみても、決して日本の大学が過剰だといえない。最近の10年間では、20代および30代における学歴間の賃金格差が拡大している。若年層における労働力の質的向上と教育投資が求められているということである。大学教育に対する公的資金の投入は、機会の均等化政策のためだけでなく、経済の効率性からみても支持される政策的含意である。

　機会均等政策と効率的投資の政策基準については、さらなる確かな分析と検討が必要だが、重要なことは「証拠に基づいた」政策を構築することである。現状を暗黙に是認し、市場に委ねるだけでは、未来の大学像を描くことができないと私たちは考えているし、その一つの証拠を提供したいというのが、本稿を執筆した動機でもある。

［引用文献］

荒井一博、1990、「大学進学率の決定要因」『一橋経済研究』Vol. 40 No. 3、pp. 241-249。
Foot, D. K., and Revin, B., 1983, "The Determinants of Postsecondary Enrolment Rates in Ontario", *The Canadian Journal of Higher Education* Vol. XIII-3.
藤野正三郎、1986、『大学教育と市場機構（一橋大学経済研究叢書36）』岩波書店。
菊池城司、1982、「教育需要の経済学」市川昭午・菊池誠司・矢野眞和『教育の経済学』第一法規出版。
蓑谷千凰彦、1996、『計量経済学の理論と方法』日本評論社。
中村二朗、1992、「大学進学の決定要因」『経済セミナー』No. 453、pp. 37-42。
Nakata, Y. & Mosk, C., 1987, "The Demand for College Education in Postwar Japan" *The Journal of Human Resources* XXII, No. 3, pp. 377-404.
NHK放送文化研究所編、2004、『現代日本人の意識構造（第6版）』日本放送出版協会。
小椋正立・若井克俊、1991、「高等教育市場の量的規制に関する計量経済学モデル—な

ぜ受験競争はなくならないか—」『日本経済研究』No. 21、pp. 14-33.

島一則、1999、「大学進学行動の経済分析—収益率研究の成果・現状・課題—」『教育社会学研究』第 64 集、pp. 101-121.

私学経営相談センター編、2005、『平成 17 年度　私立大学・短期大学入学志願動向』日本私立学校振興・共済事業団。

田中寧、1994、「戦後日本の大学教育需要の時系列分析—内部収益率理論の再考察」『経済経営論叢』京都産業大学、第 28 巻第 4 号、pp. 73-95.

矢野眞和、1984、「大学進学需要関数の計測と教育政策」『教育社会学研究』第 39 集、pp. 216-228.

4 進学移動と大学・短大の適正配置

牟田 博光

1 ─ 問　題

　わが国では1960年代半ばまで高等教育に関する教育計画は存在せず、大学・短大の設置はかなり自由に行われた。その結果として、高等教育は急激な発展をとげたものの、その過程において様々な問題が生じてきた。第一に、大学・短大が東京都のような大都市に集中した。第二に、こういった高等教育機関の大都市への集中に伴い、都市と地方の間に進学機会の格差が生じた。さらには、いわゆる「すし詰め教室」といった言葉に代表されるような、私立の大学・短大における教育条件の悪化、地方から大都市への進学者の大量移動といった問題も生じてきた。この問題は単に大学・短大在学期間にとどまらず、大量の地方出身者が卒業後もそのまま大都市で就職するという現象を促した。すなわち、大学・短大が恒常的な若年人口の大都市流入を支える大きなチャンネルとして機能した（国土庁 1975）。その結果、労働力のアンバランスな地域的配分といった問題にまで発展した。

　一方、地方にとって、大学・短大は地域の就学機会を確保する、若者を地域に定着させ地域の活性化を図るなどの理由から、都道府県の総合計画などにおいても重点政策と考えられ、その設置は地域振興のてこになると見なされた。国土庁の働きかけもあって、高等教育計画として1976年度以降大学・短大の地方分散政策が採られた。この地方分散政策とは首都圏、近畿圏の工業（場）等禁止区域及び政令都市の区域において定員増を伴う大学・短大の新増設を行わないとしたものである（高等教育懇談会 1976）。

　また期を同じくして、1975年には私学振興助成法が成立し、私学の経常費助成が始まった。これは一見地方分散政策とは無関係のようであるが、実際には私学が経常費助成を受ける見返りとして教育条件の整備を義務付けられた。定員超

出典：筑波大学大学研究センター編『大学研究』第1号、1988年、37-55頁

過率の減少もこの中に含まれる。私立学校振興助成法第5条には、学則に定めた収容定員を越える数の学生を在学させている場合には補助金を減額できるという規定が定められてある。1975年におよそ1.9倍であった定員超過率は1985年までには1.3倍程度となり、かなりの改善をみている。教育条件の改善という観点からは、望ましい現象であるが、一方では大学・短大入学者の数が制限されるということを意味していた。

　大学・短大の地方分散政策は1980年代の前半計画においても、第三次全国総合開発計画を考慮し、広島及び仙台が制限地区に追加指定された（文部省1979）。1980年代後半の計画においても臨時定員増についてはこうした措置はみられないが、これまでの大学・短大の地方分散政策は原則として守っていくという立場がとられている（文部省 1984）。1987年に発表された第四次全国総合開発計画の中にも「適正配置」という言葉がみられ、高等教育機関の配置の均等化の促進が意図されている。この中では、「大都市圏の既成市街地における収容力の増大を抑制する一方、地方国立大学の充実、情報提供による高等教育機関の移転等の促進、放送大学の活用、地域の労働需要に即応した専修学校（専門課程）等の立地の促進その他の地方圏に重点を置いた高等教育機関の整備のための施策を講じる」と記述されている（国土庁 1987）。

　本論文はこうした大学・短大の地方分散政策を、国立、公立、私立の大学・短大学生が、どのように地域間進学移動をしているかという観点から評価するものである。データは学校基本調査報告書に基づき、設置主体別にデータの得られるすべての年度（1974年度〜1986年度）を主として利用する。

2 ― 方　法

　進学によって学生がどこへ移動するかを簡単に表現するためにしばしば利用されるのが自県残留率である。大学・短大進学者のうち出身高校の所在地である都道府県の大学・短大に進学した者の割合として定義される。しかし、この指標は都道府県の規模や地理的位置関係を考慮していない。たとえば滋賀県から京都府に移動すると県間の移動であるのに対し、京都府の日本海側から京都市内への移動は県内の移動として取り扱われる。この場合、前者の方が距離的に短いことも十分あり、この指標が進学移動の実態を適切に表現しているかどうかには問題がある。

また都道府県をいくつかのブロックにわけて考えるブロック残留率というものもある。これも、たとえば「関東」とするか、「関東甲信越」とするか、さらに静岡も加えて「関東甲信越静」とするか、といったブロックの作り方の問題を残す。そこで本稿では「200km圏残留率」及び「平均移動距離」の二つの指標を作成し利用する。「200km圏残留率」とは、大学・短大進学者のうち、高校所在地から200km以内に進学移動をした者の割合である。「平均移動距離」は進学のための移動距離の長さを示したものである。この場合、距離としては、都道府県間の移動の場合は都道府県庁所在地間の移動とみなし、同一都道府県にとどまった場合にはその都道府県と同一面積の円の半径の2分の1を移動したものと考える。

　次に高校卒業生が大学・短大へ進学移動をする現象を説明する要因について考察する。進学移動を説明する要因は様々あるであろうが、ここではなるべく数少ない要因を組み合せてひとつのモデルを作成する。ここで用いるのはグラビティモデルと呼ばれるもので、人間が2点間を移動する場合に最も普通に使われるモデルである。諸外国での進学移動分析にも通常このモデルが用いられる（例えば、Schmid et al. 1968; Schofer 1975; Fairweather 1980）。

　グラビティモデルというのはニュートンの力学からきたモデルであるが、距離をひとつの変数として扱い、さらに移動の起点に関する変数と到達点に関する変数をそれぞれ設定する。たとえば、起点に関する変数として、進学可能者としての卒業生数、到達点に関する変数としてその都道府県の大学・短大への進学者数、すなわち収容された入学者の数、移動距離、の3変数を用いた単純なグラビティモデルによっても、高校卒業生の大学・短大進学移動の要因を分析できる（市川・牟田 1977；牟田 1978；1979；1986）。

　これをもう少し複雑にしたモデルを考えることもできる。単純なモデルはちょうど月と地球が引き合っている場合のようなもので、他の要素は一切考慮しないのだが、仮にこの近くに質量の大きな物体があったとすると、その影響は無視できなくなる。地域間移動においては、学生を送り出したり、受け入れたりする県と東京都など吸引力の大きな都府県との位置関係が重要となる。二つの県の間のある位置にこのような影響を与えるものがあった場合、i県からj県へ移動する人の数はそのために増減すると考えられるのである。たとえば、学生を送り出す県が大都市圏の近くにあれば、学生はその大都市圏に引きつけられ、そのような位置変数を考えない時ほどには遠方へ移動しないかもしれない。日本が南北に細長く、中京、京阪神など収容力の大きな地域が日本の中央部に位置していること

により、周辺部から中央部への移動が多いと考えられるが、一方、このような位置変数がない場合と比較して、遠方への移動が多いことも考えられる。

そこで、進学者が流出するi県と流入するj県に対して、比較的位置が離れていてしかも収容力が大きい都道府県として、北海道・東京都・大阪府・福岡県を選んで、i県およびj県と4都道府県間との距離を考慮したモデルを考える（牟田 1987）。モデルは次のように定式化する。

$$M_{ij} = K \cdot X_i^{\alpha} \cdot X_j^{\beta} \cdot D_{ij}^{\gamma} \cdot D_{ih}^{\delta} \cdot D_{it}^{\varepsilon} \cdot D_{io}^{\zeta} \cdot D_{if}^{\eta} \cdot D_{jh}^{\theta} \cdot D_{jt}^{\iota} \cdot D_{jo}^{\kappa} \cdot D_{if}^{\lambda}$$

ただし、

  M_{ij} ：i県からj県への進学移動量
  X_i ：i県の高校卒業生数（発生数）
  X_j ：j県への進学者総数（収容力）
  D_{ij} ：i県とj県との距離
  $D_{ih}、D_{jh}$ ：i県、j県と北海道との距離
  $D_{it}、D_{jt}$ ：i県、j県と東京都との距離
  $D_{io}、D_{jo}$ ：i県、j県と大阪府との距離
  $D_{if}、D_{jf}$ ：i県、j県と福岡県との距離
  k ：定数
  α、---、λ ：乗数のパラメータ

である。i県、j県の経済状況を示す変数は含まれていないが、経済変数は高校卒業生数、大学・短大の収容力などと相関が高いこともあって、これらがなくてもモデルの説明力には大きな影響はない。対数線形回帰分析により必要なパラメータを推定できるが、$M_{ij}=0$の時は対数変換ができないため、データから除外する。これ以外にも大都市圏はあるが、たとえば神奈川県は東京都と、京都府は大阪府とそれぞれ隣接しているなど、これらに関する変数を追加しても、モデルの精度はほとんど上らない。

さらに、特定の年度について、大学・短大への進学を希望しながら進学できなかった者の地域分布に関する分析も行った。

3 ― 結　果

(1) 進学移動距離

　大学全体の分析結果からは、「200km圏残留率」は、次第に増加しており、1971年の70％から、1986年には78％にまでなっている。進学者の移動距離もこの間、184kmから143kmに減少している（牟田 1986）。これについて当時マスコミなどでは「地元志向が強まった」という表現がなされたが、これがすべての地域、学校種類にあてはまるかというと必ずしもそうとはいえない。

　表1は設置者別に大学進学者の移動を分析したものである。この表に示される13年間に、定員超過率がもともと低い国立、公立では定員の増加によって入学者が増え、これまで定員超過率が極めて高かった私立では定員そのものは増加したものの、定員超過率の急減によって、入学者数は逆に減少していることを理解しておく必要がある。まず、平均移動距離をみれば、国立、公立ではあまり大きな時系列的変化がないのに、私立では40km近くも減少していることが明らかとなる。その結果、1970年代には私立大学入学者の移動距離が最も長く、ついで、国立、公立の順であったのが、1986年では私立大学入学者の移動距離は国立より短くなってしまっている。進学者全体の移動距離が短くなる傾向は、実は私立大学進学者の移動距離の変化によるものであることは明らかである。このような

表1　4年制大学進学に関する各種の指標

年度	国立			公立			私立		
	自県残留率	200K圏残留率	移動距離	自県残留率	200K圏残留率	移動距離	自県残留率	200K圏残留率	移動距離
			km			km			km
1974	0.4149	0.7507	155.8	0.4465	0.7801	131.8	0.3476	0.7182	177.6
1975	0.4128	0.7466	157.3	0.4544	0.7944	127.3	0.3469	0.7212	175.6
1976	0.4077	0.7434	160.0	0.4509	0.7906	125.3	0.3500	0.7299	170.7
1977	0.4118	0.7471	159.0	0.4553	0.7850	127.2	0.3526	0.7360	167.8
1978	0.4072	0.7448	159.9	0.4555	0.7894	126.3	0.3488	0.7350	168.5
1979	0.4387	0.7590	155.3	0.4693	0.7995	122.9	0.3551	0.7442	162.7
1980	0.4402	0.7635	153.7	0.4856	0.8031	122.2	0.3614	0.7574	154.5
1981	0.4431	0.7651	152.2	0.4749	0.8004	125.0	0.3630	0.7633	151.7
1982	0.4487	0.7665	152.1	0.4768	0.8011	123.5	0.3689	0.7691	148.8
1983	0.4517	0.7658	151.8	0.4631	0.7903	128.8	0.3729	0.7795	142.3
1984	0.4397	0.7574	156.9	0.4699	0.7922	126.8	0.3719	0.7828	141.1
1985	0.4350	0.7553	157.8	0.4604	0.7885	129.9	0.3710	0.7868	139.9
1986	0.4239	0.7448	163.7	0.4655	0.7865	131.8	0.3738	0.7901	137.0

傾向が続けば、私立大学への進学移動距離はやがて公立よりも短くなるのではないかと考えられる。私立大学のローカル化と言えよう。

200km圏残留率、自県残留率の各指標の変化もおおむねこれを裏付けている。私立においてのみ自県残留率、200km圏残留率の増加傾向がみられる。しかし、それらのもつ情報は完全には同じではない。200km圏残留率は移動距離とかなり良く対応しているが、自県残留率はそうではない。1986年についてみれば、200km圏残留率は私立で最も高いのに対し、自県残留率は一番低い値を示している。これは私立大学への移動が県を越えて行なわれるものの、高校所在地の近県にほぼとどまっていることによる。自県残留率の移動指標としての限界を示している。もとより、200km圏残留率や移動距離も現実の移動を適切に表現する指標としては、それぞれに制限があり、さらに詳細に分析するためには、移動距離の分布に関する研究が必要とされよう。移動距離の分布は正規分布ではなく、近県、および特定の距離の所でいくつものピークがくるような特殊な分布をしていると考えられるからであり、国立、公立、私立では分布の形状がかなり異なると思われる。

詳細に見てみると、国立、公立、私立とも、1979年に前年より自県残留率、200km圏残留率が増加し、移動距離が減少しているが、これは共通1次試験の導入による影響である。しかし、国立では1983年を境として、移動距離は増加の傾向にある。共通一次体制が既存のものとなり、進学移動に必要な情報が蓄積されるにおよんで、1979年のショックからたちなおったためであろう。しかし、私立にはこのような転換点は見られない。

短大についても同じような現象が現れている。表2は短大進学者について、同様の分析をしたものである。表1と比較して、移動距離が短く、大学進学者のほぼ半分である。これに対応して自県残留率、200km圏残留率が大きいことがわかる。また、大学の場合と違って、国立、公立、私立のいずれをみても、移動距離は減少しているが、国立、公立と比較して、私立の減少は著しい。1970年代半ばでは私立短大への進学移動距離が一番長く、次いで国立、公立の順であったのが、1986年には、国立、公立、私立の順となっている。本来、地域住民に教育機会を与えることを主眼として設置された公立と比較しても、私立短大はますますローカルな地域中心になっている。言い換えれば、入学者のマーケットエリアは極端に小さくなっていると言える。

大学とは異なり、私立短大は全国的に分散しており、大都市だけにあるわけで

表2 短期大学進学に関する移動指標

年度	国立			公立			私立		
	自県残留率	200K圏残留率	移動距離	自県残留率	200K圏残留率	移動距離	自県残留率	200K圏残留率	移動距離
			km			km			km
1974	0.6555	0.8526	107.0	0.6303	0.8749	91.9	0.5650	0.8566	110.7
1975	0.6412	0.8434	106.8	0.6257	0.8744	91.4	0.5709	0.8661	104.0
1976	0.6753	0.8728	92.7	0.6294	0.8848	89.1	0.5773	0.8742	99.5
1977	0.6692	0.8632	96.9	0.6301	0.8898	85.2	0.5831	0.8780	96.2
1978	0.6438	0.8743	93.8	0.6323	0.8873	85.1	0.5813	0.8835	93.0
1979	0.6764	0.8930	81.0	0.6469	0.8976	80.4	0.5814	0.8875	90.9
1980	0.6775	0.8866	86.0	0.6484	0.9044	77.6	0.5843	0.8915	89.0
1981	0.6791	0.8820	88.1	0.6636	0.9026	77.4	0.5889	0.8973	85.5
1982	0.6714	0.8754	87.5	0.6791	0.9083	74.5	0.5975	0.9028	83.0
1983	0.6710	0.8916	87.0	0.6766	0.9123	74.4	0.6011	0.9084	79.6
1984	0.6714	0.8959	85.3	0.6542	0.9091	77.4	0.5999	0.9104	78.2
1985	0.6526	0.8936	86.4	0.6713	0.9078	75.2	0.5952	0.9118	77.9
1986	0.6609	0.8970	82.7	0.6677	0.9117	75.0	0.6014	0.9174	74.4

はない。国立、公立、私立の選択に関して、距離以外に学生を引きつける魅力、たとえば、社会的評価、授業料、特色ある専門教科などが4年制の場合よりも重要になってくる。今後18才人口が減少する時期をむかえて、短大の経営は難しい時代をむかえようとしている。短大進学者の大半は女子であることから、特に国立で1985年の値が前後の年と比較して特徴的なのは、ひのえうまの影響かと考えられる。

(2) 大学進学移動の要因分析

　グラビティモデルの弾性値パラメータは進学移動を説明する説明力の相対的な大きさを表している。言い換えれば進学移動に関する学生の選好を表している。国立、公立、私立を合計して考えれば、収容力の弾性値は1981年にかけてやや増加し、その後やや減少傾向を示しているが、これらの変化は大きなものではない。卒業生数の弾性値は増加傾向にあるが、全般的に有意な変化はない。距離の弾性値はしだいに増加し、1982年にピークに達した後、減少傾向を示しているが、これらの変化は大きいものではなく、選好が変化したとはいえない（牟田1987）。しかし、これを国立、公立、私立大学別にみれば、それぞれにいくらか様子が異なっている。

　表3はグラビティモデルに基づいて国立大学進学者の要因分析をした結果である。いずれの変数も名目的意味上の変動のほかに、変数相互の相関が高いところ

表3 国立大学進学の要因分析結果

年度	R^2 (調整済)	収容力	発生数	距離	送出地と北海道	送出地と東京	送出地と大阪	送出地と福岡	受入地と北海道	受入地と東京	受入地と大阪	受入地と福岡
1974	0.7469	1.1040 (0.0328)	0.8613 (0.0360)	-1.4332 (0.0229)	0.1788 (0.0530)	0.4287 (0.0253)	0.1052 (0.0206)	0.0083 (0.0334)	-0.1183 (0.0549)	0.1005 (0.0237)	0.2435 (0.0218)	0.2360 (0.0376)
1975	0.7405	1.1615 (0.0332)	0.8768 (0.0356)	-1.4302 (0.0231)	0.1643 (0.0534)	0.3919 (0.0255)	0.0965 (0.0206)	0.0279 (0.0340)	0.0876 (0.0510)	0.1660 (0.0228)	0.2948 (0.0213)	0.3214 (0.0356)
1976	0.7387	1.1622 (0.0336)	0.9072 (0.0354)	-1.4116 (0.0230)	0.2014 (0.0536)	0.3855 (0.0255)	0.0856 (0.0209)	0.0060 (0.0339)	0.0470 (0.0527)	0.1327 (0.0232)	0.3081 (0.0215)	0.2947 (0.0356)
1977	0.7410	1.1489 (0.0342)	0.8767 (0.0359)	-1.4256 (0.0232)	0.1508 (0.0555)	0.3423 (0.0259)	0.0871 (0.0211)	-0.0557 (0.0353)	0.0670 (0.0503)	0.1197 (0.0229)	0.3386 (0.0214)	0.2917 (0.0348)
1978	0.7371	1.1332 (0.0349)	0.8523 (0.0355)	-1.4101 (0.0232)	0.0858 (0.0555)	0.3262 (0.0258)	0.0513 (0.0213)	-0.0985 (0.0353)	0.0703 (0.0516)	0.1008 (0.0230)	0.3395 (0.0215)	0.2940 (0.0346)
1979	0.7511	1.1937 (0.0335)	0.8481 (0.0339)	-1.4029 (0.0222)	0.0831 (0.0531)	0.2623 (0.0252)	0.0433 (0.0205)	-0.0982 (0.0344)	0.1171 (0.0499)	0.1474 (0.0222)	0.3506 (0.0206)	0.3246 (0.0331)
1980	0.7639	1.2410 (0.0335)	0.8623 (0.0325)	-1.4316 (0.0218)	0.0762 (0.0505)	0.2932 (0.0241)	0.0713 (0.0198)	-0.0368 (0.0319)	0.0730 (0.0492)	0.1415 (0.0219)	0.3475 (0.0204)	0.2522 (0.0327)
1981	0.7555	1.2553 (0.0341)	0.8940 (0.0338)	-1.4392 (0.0226)	0.0941 (0.0581)	0.2984 (0.0270)	0.0934 (0.0218)	-0.0515 (0.0374)	0.1671 (0.0489)	0.1565 (0.0221)	0.3425 (0.0207)	0.3075 (0.0327)
1982	0.7454	1.2328 (0.0355)	0.8632 (0.0348)	-1.4462 (0.0233)	0.1215 (0.0576)	0.3231 (0.0272)	0.1223 (0.0220)	-0.0618 (0.0368)	0.0703 (0.0517)	0.1248 (0.0231)	0.3060 (0.0215)	0.2946 (0.0347)
1983	0.7444	1.2913 (0.0355)	0.8701 (0.0344)	-1.4134 (0.0233)	0.0566 (0.0568)	0.3307 (0.0275)	0.1477 (0.0220)	-0.0501 (0.0371)	0.0417 (0.0533)	0.1142 (0.0234)	0.2962 (0.0216)	0.2424 (0.0357)
1984	0.7468	1.2235 (0.0346)	0.9017 (0.0326)	-1.3922 (0.0227)	0.1138 (0.0582)	0.3172 (0.0275)	0.1186 (0.0218)	-0.0534 (0.0371)	0.0009 (0.0515)	0.0973 (0.0228)	0.3042 (0.0211)	0.2185 (0.0339)
1985	0.7427	1.2425 (0.0350)	0.8628 (0.0329)	-1.3993 (0.0231)	0.0687 (0.0555)	0.3155 (0.0270)	0.0767 (0.0214)	-0.0547 (0.0349)	0.0424 (0.0514)	0.1190 (0.0229)	0.2939 (0.0213)	0.2548 (0.0339)
1986	0.7314	1.2275 (0.0353)	0.8446 (0.0335)	-1.3782 (0.0234)	0.0381 (0.0556)	0.3000 (0.0277)	0.0885 (0.0220)	-0.1048 (0.0362)	0.0299 (0.0515)	0.0791 (0.0231)	0.3041 (0.0216)	0.2388 (0.0347)

注:回帰係数
(標準誤差)

からくる、他の変数の変動を反映することがある。十分な考察が必要である。全般的に言えることは、距離の弾性値の絶対値が一番大きく、ついで収容力、発生数の順である。時系列的にみるならば、最近いくらか距離の影響が小さくなり、また、収容力の影響が大きくなってきていることがあげられる。

　送出地と大都市圏の距離を表す変数は大都市圏の魅力、吸引力を示していると考えられる。送出地が大都市圏に近ければ大都市圏の影響力を受けてそれ以外の地域へのフローが減少すると解釈できる。この値が大きいほど地域間移動に対する影響力は大きい。この観点から表3を見てみれば、いずれの大都市圏についてもその値が減少する傾向にある。これは特定の地域にこだわらなくなってきた傾向を示すものと考えられる。特に、送出地と東京都との距離変数の係数の減少傾向は大きい。1979年に前年と比較して値が大きく変化したのは、共通一次試験の影響である。東京近郊の高校卒業生も遠距離の移動をしたものの、共通一次試験が定着し、それなりの新しい受験情報が普及するにつれ、もとの傾向値にまでもどったものと考えられる。もとより、今日においても、他の大都市圏と比較して、東京近郊の高校の卒業生は遠くへ移動しない傾向があることには変わらない。東京の都市の魅力だけではなく、東京近郊には多くの進学機会があり、それを振り払って出るほどには地方に魅力も機会もないと言える。

　受入地と大都市圏の距離関係は二つの解釈が可能である。この弾性値が負であることは受入地がこれら大都市圏に近付くほど移動量が多くなることを示している。大都市圏の吸引力を示すと考えられる。また一方、地理的位置の情報も含んでおり、特に地理的に日本の中央に位置する大阪府との距離に関する係数は全国平均的な地域間移動と比較して周辺部への移動がどの程度大きいかを意味していると解釈することができよう。

　ほとんどの年で有意な値をしているのは、受入地と大阪府、福岡県の距離の2変数であるが、これらはそれぞれ、平均と比較して、大阪府から離れた大学へ移動しやすい、福岡県から離れた大学へ移動しやすいことを示している。共通一次試験が始まった1979年おいて、いずれも前年と比較してその値が大きくなっているところから、これらの大都市圏より遠い地域への移動が一次的に増えたものと考えられる。

　表4は公立大学について同様の分析をした結果である。距離の説明力が一番大きく、次いで収容力、発生数の順となっている。距離の弾性値に関してはその絶対値は国立の場合より小さいが、半数以上の県には公立大学が存在せず、移動距

離の分布は国立の場合と比較していびつだと考えられるところから、直接の比較はできない。時系列的にみれば、この3変数の中で、その値が変化しているのは収容力だけである。送出地との関係では、東京都との距離が重要であるが、国立の場合と同様に減少傾向にある。受入地との関係ではほとんどの年度で有意な値を示しているのは大阪府との距離である。中央部とは逆に向かっての移動が増えていることを意味している。

　表5は私立大学進学者について同様の分析をした結果である。自由度調整済の決定係数（R^2）は国立、公立、私立大学の中では最も大きく、説明力が極めて高いことがわかる。重相関係数に換算すれば、0.9以上になっている。距離の係数の絶対値が一番大きく、しかもマイナスなので、距離が遠くなればなるほど移動する人が少なくなるということになる。次に影響力をもつのが収容力であり、発生数である。距離の絶対値が若干ではあるが大きくなっているということは、大学を選択する際に考慮される要因としての距離の説明力がわずかずつではあるが増大しているということである。発生数の説明力も増加傾向にある。

　送出地との関係では国立、公立とは違い、東京都はもちろん、北海道、大阪府との関係も有意である。私立大学のローカル化を表す現象の一つと考えることができよう。福岡県が他と異なるのは、たとえば、東北以北から東京都を越して関西地方へ移動する者は多くないのに対し、九州からは関西へも関東へも移動する者が多くいるといった、南部地域の方が移動距離が長いことによると考えられる。受入地との関係では国立、公立と比較して、大きな違いはない。東京都の影響が徐々に小さくなっていることもわかる。

　国立、公立大学と比較してみると、私立大学では距離に対する説明力が次第に小さくなってきている。すなわち私立大学に進学移動する場合、距離にとらわれる度合が増えてきたといえる。また、収容力の弾性値が国立、公立で大きくなっており、私立ではそうなっていないことは、定員の増加があった場合、国立、公立大学の場合は非常に人を引きつけやすく、同じ定員であっても私立の場合は人を引きつけにくくなっていることを意味している。国立、公立とは違って、発生数の弾性値が大きくなる傾向にあることから、私立大学への進学移動者は高校卒業生数に影響されやすくなっていることを示している。

(3) 短期大学進学移動の要因分析

　表6は国立短大について同様の計算をしたものである。距離の説明力が最も大

表4 公立大学進学の要因分析結果

年度	R^2(調整済)	収容力	発生数	距離	送出地と北海道	送出地と東京	送出地と大阪	送出地と福岡	受入地と北海道	受入地と東京	受入地と大阪	受入地と福岡
1974	0.7051	0.6834 (0.0466)	0.8558 (0.0562)	-1.1041 (0.0351)	0.0111 (0.1059)	0.5292 (0.0467)	0.1320 (0.0363)	0.0618 (0.0663)	-0.3976 (0.1114)	-0.0535 (0.0512)	0.1175 (0.0447)	-0.0570 (0.0717)
1975	0.6910	0.6471 (0.0444)	0.7445 (0.0573)	-1.1260 (0.0362)	0.0258 (0.1002)	0.4846 (0.0470)	0.0917 (0.0366)	0.0360 (0.0650)	-0.4120 (0.1282)	-0.1251 (0.0505)	0.1398 (0.0431)	-0.0937 (0.0712)
1976	0.7062	0.7050 (0.0509)	0.7539 (0.0560)	-1.0935 (0.0356)	0.0515 (0.1009)	0.4573 (0.0468)	0.0544 (0.0358)	0.0374 (0.0605)	-0.7893 (0.1386)	-0.1576 (0.0530)	0.1106 (0.0475)	-0.2589 (0.0756)
1977	0.6873	0.6767 (0.0523)	0.7908 (0.0594)	-1.1105 (0.0363)	0.0861 (0.1044)	0.4871 (0.0478)	0.0651 (0.0379)	0.0875 (0.0650)	-0.4243 (0.1263)	-0.1166 (0.0539)	0.1551 (0.0477)	-0.1635 (0.0776)
1978	0.6929	0.6770 (0.0504)	0.7055 (0.0554)	-1.1096 (0.0357)	0.0503 (0.1008)	0.4181 (0.0453)	0.0178 (0.0359)	-0.0004 (0.0619)	-0.3949 (0.1276)	-0.0857 (0.0522)	0.2238 (0.0463)	-0.0916 (0.0745)
1979	0.6844	0.6561 (0.0507)	0.7503 (0.0548)	-1.0900 (0.0354)	-0.0460 (0.0939)	0.3754 (0.0452)	0.0230 (0.0346)	-0.0147 (0.0592)	-0.2541 (0.1463)	-0.0907 (0.0526)	0.2233 (0.0467)	-0.1542 (0.0757)
1980	0.6939	0.6771 (0.0501)	0.7388 (0.0536)	-1.0832 (0.0345)	-0.0094 (0.0957)	0.3949 (0.0448)	0.0528 (0.0354)	0.0462 (0.0608)	-0.1907 (0.1104)	-0.0507 (0.0498)	0.2532 (0.0449)	-0.1298 (0.0710)
1981	0.6987	0.6211 (0.0492)	0.7195 (0.0523)	-1.0949 (0.0341)	0.1097 (0.0945)	0.4325 (0.0455)	0.1441 (0.0357)	0.0581 (0.0611)	-0.4515 (0.1188)	-0.1568 (0.0502)	0.1774 (0.0452)	-0.2527 (0.0714)
1982	0.7201	0.7284 (0.0453)	0.8060 (0.0513)	-1.1135 (0.0338)	0.0188 (0.0933)	0.4761 (0.0447)	0.0636 (0.0349)	0.0076 (0.0599)	-0.3466 (0.1103)	-0.0588 (0.0479)	0.2680 (0.0425)	-0.0616 (0.0670)
1983	0.6892	0.6930 (0.0492)	0.7595 (0.0536)	-1.0765 (0.0351)	0.0656 (0.0984)	0.4744 (0.0466)	0.0978 (0.0368)	0.0562 (0.0621)	-0.2937 (0.1200)	-0.0755 (0.0509)	0.2220 (0.0458)	-0.1233 (0.0721)
1984	0.7208	0.7381 (0.0517)	0.7460 (0.0497)	-1.1077 (0.0332)	-0.0178 (0.0935)	0.4360 (0.0448)	0.0809 (0.0349)	-0.0075 (0.0596)	-0.3148 (0.1069)	-0.0611 (0.0501)	0.2110 (0.0467)	-0.1173 (0.0704)
1985	0.7050	0.7924 (0.0484)	0.8256 (0.0525)	-1.0855 (0.0344)	0.1661 (0.1030)	0.5030 (0.0490)	0.1301 (0.0374)	0.0946 (0.0674)	-0.2420 (0.1196)	-0.0084 (0.0497)	0.2837 (0.0445)	-0.0481 (0.0705)
1986	0.6916	0.7960 (0.0499)	0.7234 (0.0509)	-1.0737 (0.0341)	-0.0280 (0.0899)	0.4434 (0.0448)	0.0569 (0.0349)	-0.0097 (0.0580)	-0.0106 (0.0922)	0.0488 (0.0441)	0.3369 (0.0398)	0.1182 (0.0564)

注:回帰係数
　　(標準誤差)

表5 私立大学進学の要因分析結果

年度	R^2 (調整済)	収容力	発生数	距離	送出地と北海道	送出地と東京	送出地と大阪	送出地と福岡	受入地と北海道	受入地と東京	受入地と大阪	受入地と福岡
1974	0.8193	0.8316 (0.0154)	0.8025 (0.0435)	-1.2877 (0.0268)	0.1185 (0.0615)	0.4942 (0.0304)	0.2171 (0.0249)	0.0634 (0.0399)	-0.1611 (0.0632)	-0.2187 (0.0295)	0.1420 (0.0268)	-0.0081 (0.0445)
1975	0.8110	0.8273 (0.0161)	0.8028 (0.0431)	-1.3222 (0.0269)	0.0492 (0.0632)	0.4868 (0.0305)	0.1922 (0.0249)	0.0767 (0.0410)	-0.1784 (0.0609)	-0.2181 (0.0288)	0.1578 (0.0265)	-0.0443 (0.0425)
1976	0.8128	0.8228 (0.0168)	0.7654 (0.0425)	-1.3518 (0.0267)	0.0862 (0.0617)	0.4846 (0.0301)	0.2214 (0.0247)	0.0829 (0.0394)	-0.1583 (0.0678)	-0.2050 (0.0310)	0.1675 (0.0281)	-0.0243 (0.0460)
1977	0.8142	0.8458 (0.0169)	0.8006 (0.0417)	-1.3327 (0.0261)	0.1333 (0.0600)	0.4604 (0.0296)	0.2122 (0.0242)	0.0680 (0.0386)	-0.1237 (0.0622)	-0.1753 (0.0294)	0.1983 (0.0264)	-0.0160 (0.0430)
1978	0.8191	0.8356 (0.0164)	0.8013 (0.0402)	-1.3554 (0.0259)	0.1357 (0.0589)	0.4659 (0.0294)	0.2008 (0.0235)	0.0761 (0.0379)	-0.1575 (0.0587)	-0.1971 (0.0281)	0.1794 (0.0255)	0.0087 (0.0404)
1979	0.8163	0.8190 (0.0163)	0.7876 (0.0397)	-1.3448 (0.0257)	0.1525 (0.0574)	0.4226 (0.0289)	0.2152 (0.0235)	0.0581 (0.0371)	-0.2031 (0.0612)	-0.1989 (0.0287)	0.1758 (0.0257)	-0.0223 (0.0416)
1980	0.8174	0.8064 (0.0163)	0.7862 (0.0389)	-1.3484 (0.0256)	0.1533 (0.0582)	0.3960 (0.0289)	0.2126 (0.0236)	0.0557 (0.0375)	-0.2070 (0.0618)	-0.2009 (0.0290)	0.1750 (0.0258)	-0.0529 (0.0420)
1981	0.8186	0.8403 (0.0164)	0.8120 (0.0386)	-1.3530 (0.0256)	0.2293 (0.0588)	0.4084 (0.0288)	0.2197 (0.0237)	0.1170 (0.0371)	-0.1185 (0.0588)	-0.1393 (0.0281)	0.2091 (0.0253)	-0.0096 (0.0403)
1982	0.8179	0.8347 (0.0163)	0.8208 (0.0376)	-1.3615 (0.0254)	0.2797 (0.0580)	0.4233 (0.0288)	0.2402 (0.0235)	0.1123 (0.0373)	-0.1071 (0.0589)	-0.1423 (0.0280)	0.2230 (0.0254)	-0.0155 (0.0403)
1983	0.8082	0.8273 (0.0171)	0.8672 (0.0384)	-1.3738 (0.0259)	0.2978 (0.0589)	0.4194 (0.0298)	0.2364 (0.0240)	0.1153 (0.0374)	-0.1115 (0.0600)	-0.1306 (0.0287)	0.2412 (0.0259)	-0.0124 (0.0412)
1984	0.8123	0.8479 (0.0170)	0.8645 (0.0367)	-1.3529 (0.0256)	0.3393 (0.0589)	0.3923 (0.0299)	0.2303 (0.0240)	0.1333 (0.0382)	-0.1455 (0.0591)	-0.1018 (0.0286)	0.2447 (0.0256)	-0.0569 (0.0406)
1985	0.7935	0.8246 (0.0177)	0.8890 (0.0382)	-1.3210 (0.0266)	0.3231 (0.0610)	0.3524 (0.0309)	0.1910 (0.0246)	0.1262 (0.0391)	-0.1123 (0.0620)	-0.1147 (0.0299)	0.2509 (0.0267)	-0.0742 (0.0426)
1986	0.8008	0.8541 (0.0178)	0.8577 (0.0380)	-1.3648 (0.0265)	0.3157 (0.0608)	0.3335 (0.0305)	0.1947 (0.0248)	0.0872 (0.0388)	-0.0114 (0.0600)	-0.0989 (0.0293)	0.2986 (0.0260)	-0.0295 (0.0412)

注：回帰係数
（標準誤差）

4 進学移動と大学・短大の適正配置

表6 国立短期大学進学の要因分析結果

年度	R²(調整済)	収容力	発生数	距離	送出地と北海道	送出地と東京	送出地と大阪	送出地と福岡	受入地と北海道	受入地と東京	受入地と大阪	受入地と福岡
1974	0.5949	0.4790	0.4589	-0.9940	-0.0544	0.4610	0.3024	0.0714	-0.1864	-0.1568	0.0363	-0.0909
		(0.1128)	(0.0788)	(0.0427)	(0.1148)	(0.0582)	(0.0465)	(0.0719)	(0.1732)	(0.0439)	(0.0436)	(0.0699)
1975	0.5967	0.5508	0.4041	-1.0301	-0.0269	0.4487	0.2553	0.0483	-0.3419	-0.1450	0.0359	-0.1198
		(0.0944)	(0.0717)	(0.0403)	(0.1138)	(0.0559)	(0.0451)	(0.0738)	(0.1598)	(0.0402)	(0.0422)	(0.0729)
1976	0.5817	0.4183	0.4911	-1.0268	0.0489	0.4500	0.2679	0.0700	-0.2675	-0.1289	0.0515	-0.1272
		(0.1197)	(0.0802)	(0.0430)	(0.1118)	(0.0591)	(0.0475)	(0.0725)	(0.1564)	(0.0444)	(0.0447)	(0.0775)
1977	0.5789	0.4836	0.4354	-1.0511	0.0009	0.5155	0.2717	0.0401	-0.3480	-0.1212	0.0373	-0.0355
		(0.1172)	(0.0811)	(0.0444)	(0.1177)	(0.0623)	(0.0514)	(0.0784)	(0.1438)	(0.0429)	(0.0456)	(0.0784)
1978	0.6085	0.3861	0.5219	-1.0793	0.0664	0.4977	0.2612	0.1312	-0.2129	-0.1350	0.0857	-0.0655
		(0.0989)	(0.0742)	(0.0412)	(0.1131)	(0.0561)	(0.0478)	(0.0710)	(0.1343)	(0.0423)	(0.0433)	(0.0705)
1979	0.6177	0.5853	0.4590	-1.0737	0.1281	0.4436	0.2609	0.1509	-0.7736	-0.1209	0.0245	-0.2189
		(0.0984)	(0.0740)	(0.0420)	(0.1097)	(0.0561)	(0.0466)	(0.0713)	(0.1863)	(0.0445)	(0.0487)	(0.0742)
1980	0.5928	0.5466	0.4955	-1.0819	0.0806	0.4717	0.2752	0.0485	-0.5168	-0.1176	0.0353	-0.0175
		(0.1101)	(0.0717)	(0.0431)	(0.1085)	(0.0561)	(0.0475)	(0.0731)	(0.1799)	(0.0450)	(0.0454)	(0.0839)
1981	0.6341	0.5235	0.4405	-1.0737	-0.0754	0.4252	0.2692	0.1233	-0.1697	-0.0718	0.1033	-0.0851
		(0.1073)	(0.0676)	(0.0398)	(0.1086)	(0.0522)	(0.0429)	(0.0667)	(0.1239)	(0.0418)	(0.0441)	(0.0747)
1982	0.6308	0.5991	0.4851	-1.1152	0.0358	0.5132	0.2776	0.0943	-0.1869	-0.0494	0.1070	0.0520
		(0.1056)	(0.0677)	(0.0405)	(0.1029)	(0.0537)	(0.0422)	(0.0646)	(0.1221)	(0.0399)	(0.0397)	(0.0713)
1983	0.6356	0.5604	0.4886	-1.1183	0.0397	0.4680	0.3133	0.0920	-0.1955	-0.0634	0.0944	-0.0039
		(0.1123)	(0.0650)	(0.0402)	(0.1056)	(0.0525)	(0.0416)	(0.0667)	(0.1070)	(0.0426)	(0.0422)	(0.0740)
1984	0.6401	0.5906	0.4432	-1.1338	-0.0642	0.4817	0.2454	0.0380	-0.2488	-0.0401	0.0967	0.0545
		(0.1063)	(0.0641)	(0.0408)	(0.1119)	(0.0578)	(0.0436)	(0.0714)	(0.1107)	(0.0407)	(0.0414)	(0.0675)
1985	0.6578	0.4489	0.4589	-1.1522	0.0708	0.4499	0.2741	0.0622	-0.1252	-0.0109	0.1574	0.0989
		(0.0981)	(0.0609)	(0.0385)	(0.0995)	(0.0513)	(0.0403)	(0.0686)	(0.0958)	(0.0398)	(0.0380)	(0.0632)
1986	0.6472	0.6127	0.5431	-1.17951	0.0898	0.5689	0.2334	0.1599	-0.3489	-0.0573	0.1295	0.0261
		(0.1028)	(0.0632)	(0.0406)	(0.1071)	(0.0551)	(0.0421)	(0.0709)	(0.1236)	(0.0397)	(0.0406)	(0.0714)

注：回帰係数
　　（標準誤差）

表7 公立短期大学進学の要因分析結果

年度	R^2（調整済）	収容力	発生数	距離	送出地と北海道	送出地と東京	送出地と大阪	送出地と福岡	受入地と北海道	受入地と東京	受入地と大阪	受入地と福岡
1974	0.6032	0.7416 (0.0784)	0.6170 (0.0753)	-1.2410 (0.0463)	0.0739 (0.1177)	0.4808 (0.0649)	0.3500 (0.0462)	-0.0182 (0.0783)	-0.1527 (0.1827)	-0.0569 (0.0509)	0.1071 (0.0455)	0.1544 (0.1004)
1975	0.6112	0.8260 (0.0722)	0.5824 (0.0752)	-1.2763 (0.0463)	0.3411 (0.1286)	0.6303 (0.0663)	0.4048 (0.0495)	0.1740 (0.0849)	-0.4329 (0.1940)	-0.1334 (0.0453)	0.0985 (0.0494)	-0.0159 (0.1021)
1976	0.6200	0.7012 (0.0740)	0.6338 (0.0746)	-1.2896 (0.0461)	0.2563 (0.1255)	0.6411 (0.0637)	0.3681 (0.0471)	0.1821 (0.0798)	-0.2254 (0.2014)	-0.1641 (0.0452)	0.1264 (0.0472)	-0.0968 (0.1024)
1977	0.6340	0.7947 (0.0738)	0.5686 (0.0771)	-1.3456 (0.0474)	0.3795 (0.1250)	0.6868 (0.0658)	0.4751 (0.0505)	0.2524 (0.0779)	-0.5810 (0.1998)	-0.1723 (0.0466)	0.0243 (0.0510)	-0.1100 (0.1090)
1978	0.6482	0.7177 (0.0713)	0.6468 (0.0707)	-1.3026 (0.0440)	0.3727 (0.1151)	0.6798 (0.0619)	0.3670 (0.0471)	0.2349 (0.0723)	-0.3853 (0.1789)	-0.1112 (0.0447)	0.1527 (0.0440)	-0.0778 (0.1051)
1979	0.6171	0.6882 (0.0757)	0.5196 (0.0748)	-1.3341 (0.0480)	0.2263 (0.1300)	0.6357 (0.0664)	0.3138 (0.0490)	0.1580 (0.0778)	-0.3737 (0.2183)	-0.1185 (0.0468)	0.1077 (0.0493)	-0.0545 (0.1097)
1980	0.6110	0.7038 (0.0761)	0.5765 (0.0751)	-1.3082 (0.0485)	0.2495 (0.1381)	0.6227 (0.0633)	0.4820 (0.0525)	0.2032 (0.0768)	-0.2933 (0.2556)	-0.1336 (0.0479)	0.0902 (0.0496)	-0.1046 (0.1120)
1981	0.5994	0.7282 (0.0767)	0.6105 (0.0743)	-1.2889 (0.0480)	0.3227 (0.1273)	0.6973 (0.0668)	0.4187 (0.0507)	0.18431 (0.0805)	-0.3613 (0.2262)	-0.0726 (0.0471)	0.0855 (0.0504)	-0.0294 (0.1133)
1982	0.5924	0.6550 (0.0813)	0.5305 (0.0770)	-1.2925 (0.0488)	0.4372 (0.1455)	0.6723 (0.0732)	0.3998 (0.0561)	0.2693 (0.0937)	-0.6006 (0.2319)	-0.1441 (0.0484)	0.0776 (0.0533)	-0.2127 (0.1160)
1983	0.6236	0.7070 (0.0749)	0.5796 (0.0716)	-1.3011 (0.0455)	0.2949 (0.1237)	0.6679 (0.0624)	0.4292 (0.0519)	0.1377 (0.0837)	-0.3928 (0.1619)	-0.0981 (0.0454)	0.0957 (0.0498)	-0.0634 (0.1065)
1984	0.6064	0.6343 (0.0758)	0.5382 (0.0703)	-1.2992 (0.0465)	0.4285 (0.1250)	0.6974 (0.0669)	0.4779 (0.0523)	0.2836 (0.0849)	-0.2150 (0.1618)	-0.0896 (0.0460)	0.1009 (0.0495)	-0.0534 (0.1042)
1985	0.6200	0.7128 (0.0740)	0.6018 (0.0698)	-1.2940 (0.0444)	0.2274 (0.1290)	0.6405 (0.0653)	0.4359 (0.0524)	0.1628 (0.0870)	-0.2095 (0.1675)	-0.0774 (0.0439)	0.1092 (0.0483)	-0.0761 (0.1019)
1986	0.5977	0.6179 (0.0755)	0.5252 (0.0708)	-1.2676 (0.0461)	0.3031 (0.1420)	0.6215 (0.0694)	0.3979 (0.0526)	0.2098 (0.0874)	-0.4271 (0.1595)	-0.1259 (0.0454)	0.1064 (0.0513)	-0.1817 (0.0998)

注：回帰係数
（標準誤差）

表8 私立短期大学進学の要因分析結果

年度	R² (調整済)	収容力	発生数	距離	送出地と北海道	送出地と東京	送出地と大阪	送出地と福岡	受入地と北海道	受入地と東京	受入地と大阪	受入地と福岡
1974	0.7183	0.9859 (0.0333)	0.6810 (0.0641)	-1.5619 (0.0365)	0.3992 (0.0839)	0.7449 (0.0435)	0.5331 (0.0359)	0.2368 (0.0576)	-0.3012 (0.1012)	-0.1790 (0.0443)	-0.0775 (0.0403)	0.0030 (0.0688)
1975	0.7102	0.9976 (0.0346)	0.7012 (0.0622)	-1.5456 (0.0358)	0.3770 (0.0823)	0.6988 (0.0418)	0.5056 (0.0354)	0.2509 (0.0563)	-0.0470 (0.0967)	-0.0813 (0.0431)	0.0526 (0.0398)	0.1442 (0.0652)
1976	0.7190	1.0043 (0.0359)	0.6780 (0.0611)	-1.6258 (0.0362)	0.4605 (0.0841)	0.7201 (0.0425)	0.5773 (0.0349)	0.2647 (0.0551)	-0.2589 (0.1051)	-0.1201 (0.0458)	-0.0006 (0.0428)	0.0616 (0.0718)
1977	0.7267	1.0169 (0.0332)	0.6950 (0.0593)	-1.6344 (0.0348)	0.4024 (0.0797)	0.6823 (0.0413)	0.5409 (0.0336)	0.2741 (0.0533)	-0.1860 (0.0955)	-0.1083 (0.0420)	0.0531 (0.0392)	0.0628 (0.0644)
1978	0.7207	0.9924 (0.0343)	0.6674 (0.0591)	-1.6320 (0.0354)	0.4009 (0.0781)	0.6265 (0.0408)	0.5185 (0.0345)	0.2355 (0.0531)	-0.2113 (0.0968)	-0.1041 (0.0432)	0.0737 (0.0396)	0.1033 (0.0646)
1979	0.7174	0.9851 (0.0357)	0.6439 (0.0590)	-1.6580 (0.0358)	0.3907 (0.0794)	0.6675 (0.0414)	0.5421 (0.0348)	0.2601 (0.0529)	-0.3286 (0.0994)	-0.1321 (0.0438)	0.0279 (0.0408)	0.0234 (0.0662)
1980	0.7262	0.9329 (0.0329)	0.7054 (0.0569)	-1.6619 (0.0349)	0.4412 (0.0791)	0.6744 (0.0403)	0.5659 (0.0341)	0.2594 (0.0521)	-0.3734 (0.0960)	-0.1305 (0.0426)	-0.0062 (0.0393)	0.0186 (0.0642)
1981	0.7346	0.9631 (0.0335)	0.6649 (0.0547)	-1.6710 (0.0341)	0.4819 (0.0776)	0.6373 (0.0402)	0.6247 (0.0330)	0.3061 (0.0511)	-0.2897 (0.0928)	-0.1396 (0.0411)	0.0300 (0.0386)	-0.0178 (0.0625)
1982	0.7357	0.9994 (0.0335)	0.6878 (0.0537)	-1.6494 (0.0336)	0.4528 (0.0761)	0.6698 (0.0397)	0.5849 (0.0328)	0.2847 (0.0505)	-0.0968 (0.0886)	-0.0539 (0.0395)	0.1036 (0.0371)	0.0936 (0.0597)
1983	0.7267	0.9650 (0.0340)	0.6975 (0.0555)	-1.6502 (0.0343)	0.4668 (0.0782)	0.6538 (0.0407)	0.5802 (0.0340)	0.2803 (0.0511)	-0.3047 (0.0937)	-0.0789 (0.0415)	0.0800 (0.0383)	0.0159 (0.0623)
1984	0.7034	0.9040 (0.0352)	0.6597 (0.0568)	-1.6316 (0.0358)	0.4964 (0.0835)	0.6078 (0.0432)	0.5377 (0.0358)	0.2675 (0.0541)	-0.3256 (0.0968)	-0.0946 (0.0431)	0.0512 (0.0393)	-0.0019 (0.0645)
1985	0.7160	0.9963 (0.0353)	0.6957 (0.0561)	-1.6466 (0.0360)	0.4762 (0.0803)	0.6001 (0.0425)	0.5653 (0.0351)	0.2601 (0.0537)	-0.3256 (0.0946)	-0.0303 (0.0438)	0.0888 (0.0399)	-0.0028 (0.0649)
1986	0.7215	0.9423 (0.0349)	0.6829 (0.0556)	-1.6899 (0.0352)	0.4256 (0.0825)	0.6119 (0.0427)	0.5795 (0.0353)	0.2770 (0.0530)	-0.2857 (0.0901)	-0.0858 (0.0415)	0.0784 (0.0382)	-0.0380 (0.0596)

注：回帰係数
（標準誤差）

きく、次いで収容力、発生数であることは、これまでの例と同じである。距離の説明力、収容力の説明力は大きくなる傾向にある。送出地との関係では、東京都と大阪府がほとんどの年度で有意であるが、年度による変動が大きい。国立短大の入学者数が多くないこと、国立短大のない県も多くあることにより、変動が激しいものと思われる。

受入地との関係では4年制大学の場合とは異なり、北海道との距離の係数が比較的大きい。しかし、標準誤差も大きいため、有意な年度は少ない。係数の符号から、また、指数関数の性質上、全体の平均と比較して、北海道やその近県の卒業生が地元の短大へいく傾向が強いことを表している。

表7は公立短大について、分析したものである。距離、収容力、発生数の順に説明力が強い。国立短大の場合と違うのは、送出地に関する変数の係数がいずれも高い値を示していることである。しかも、時系列的傾向としては、増加の方向にある。これは公立短大進学者がますます出身地近郊志向になったことを示している。受入地との関係でも、これまでの表と比較して、大きな絶対値を示している。大阪府以外の地域では係数の符号がマイナスであり、その高校所在地がその都市と近ければ、都市への移動が平均と比較して多いことを示すものである。

表8は私立短大についての分析である。距離の影響が強くなってきていることが明らかである。また、送出地との関係では、何れもその値が非常に高く、また大きくなる傾向がみられる。この大きさや傾向は公立短大以上であり、私立短大のローカル化現象をよく表している。受入地との関係では、符号は公立の場合とほぼ同様である。北海道だけが有意な値を示している。北海道近郊の者はますます北海道にとどまる傾向を表している。

(4) 進学できなかった者の分布

地方分散政策のひとつの大きな目的は、高等教育機会の均等化にある。均等化の指標として、各県の進学率の分散状況を指標として示すことができ、その一方法として、各県の進学者の割合がどの程度不均等に分布しているかを表すGINI係数を計算することができる。1973年から1986年にかけてGINI係数は非常に下がった。すなわち、進学率の都道府県格差がかなりの程度縮小された（牟田1987）。これは、ある面では地方分散政策の成果とみることができるものの、いかなる経過を経てこのような現象がもたらされたかを考えると、高い評価だけを与えることはできない。すなわち、進学率の低い地域の進学率を上げるというよ

表9　志願者と進学者に関する指標

都道府県	合格率 1986年 大学 %	短大 %	計 %	合格率 1975年 大学 %	短大 %	計 %	不合格者の都道府県分布 1986年 大学 %	短大 %	計 %	不合格者の都道府県分布 1975年 大学 %	短大 %	計 %
北海道	64.3	88.7	71.7	63.5	92.6	70.8	2.84	4.45	2.97	4.68	10.52	4.85
青森	66.8	95.2	73.2	67.6	102.7	74.7	0.62	0.29	0.59	0.91	−0.63	0.86
岩手	58.3	83.7	64.2	64.5	89.5	70.1	0.85	1.13	0.87	1.06	3.02	1.12
宮城	56.8	77.4	60.9	57.2	84.7	61.9	1.60	2.35	1.66	2.43	6.04	2.54
秋田	61.8	87.3	68.4	75.7	103.4	82.3	0.60	0.80	0.62	0.62	−0.92	0.58
山形	66.1	85.0	70.3	71.6	98.6	77.2	0.53	0.76	0.55	0.77	0.32	0.76
福島	64.2	94.4	71.9	65.8	96.6	73.0	1.00	0.61	0.97	1.70	1.69	1.70
茨城	57.9	88.1	64.8	61.7	95.4	69.8	1.97	1.89	1.97	1.96	2.47	1.98
栃木	69.1	94.2	75.2	70.6	97.3	76.9	0.92	0.63	0.90	1.18	1.10	1.18
群馬	56.4	91.4	64.7	54.8	92.9	62.9	1.55	1.08	1.51	2.29	3.25	2.31
埼玉	53.6	91.2	61.1	58.7	91.6	64.9	5.43	2.93	5.23	3.29	5.29	3.35
千葉	49.8	80.9	56.5	61.2	99.7	69.0	6.23	7.32	6.31	3.27	0.21	3.18
東京	53.3	82.0	58.9	59.9	96.5	65.7	17.03	18.25	17.13	17.52	12.28	17.36
神奈川	52.8	78.1	57.9	67.6	94.9	72.6	9.31	12.37	9.56	4.97	5.83	4.99
新潟	62.3	87.0	68.4	66.9	99.7	73.7	1.28	1.64	1.31	1.75	0.12	1.70
富山	71.4	88.9	76.0	78.0	96.0	82.2	0.58	0.94	0.61	0.58	1.06	0.60
石川	67.6	93.2	74.5	78.6	90.8	81.7	0.65	0.57	0.64	0.53	2.54	0.59
福井	74.6	89.6	79.0	71.4	97.3	78.0	0.32	0.63	0.35	0.58	0.63	0.58
山梨	60.8	85.8	67.6	71.3	102.5	78.5	0.66	1.03	0.69	0.69	−0.58	0.65
長野	57.4	90.6	67.2	62.8	96.3	70.6	1.58	1.65	1.58	2.29	2.30	2.29
岐阜	73.6	95.5	79.7	75.3	88.5	78.7	0.90	0.69	0.89	1.09	5.79	1.22
静岡	66.9	94.1	74.3	71.1	96.2	77.9	2.03	1.52	1.99	2.34	3.83	2.38
愛知	68.4	92.5	74.9	74.0	98.2	79.9	4.33	4.26	4.32	3.63	2.70	3.60
三重	71.7	99.6	78.8	72.4	99.9	78.7	0.80	0.05	0.74	1.02	0.03	1.00
滋賀	71.4	96.1	78.8	72.5	95.0	79.0	0.53	0.35	0.52	0.58	1.41	0.60
京都	55.9	92.2	64.7	59.7	97.9	68.1	2.79	1.78	2.71	3.00	1.43	2.95
大阪	53.1	88.6	61.9	63.1	99.5	70.4	10.89	9.91	10.81	8.71	0.95	8.49
兵庫	64.4	93.0	71.8	70.0	98.3	76.5	4.29	3.36	4.22	4.13	2.30	4.08
奈良	70.1	92.3	76.4	76.2	104.7	84.4	0.79	0.92	0.80	0.58	−1.55	0.52
和歌山	67.3	100.4	75.9	70.0	98.3	76.8	0.60	−0.03	0.55	0.83	0.49	0.82
鳥取	62.0	87.6	67.5	69.5	101.1	76.3	0.40	0.40	0.40	0.58	−0.20	0.55
島根	76.6	96.6	81.5	72.6	102.7	79.8	0.27	0.14	0.26	0.52	−0.54	0.49
岡山	74.2	94.6	79.1	79.3	97.1	83.8	0.93	0.70	0.91	0.97	1.55	0.98
広島	66.9	95.6	74.5	73.7	99.1	80.1	2.08	1.11	2.00	2.01	0.77	1.97
山口	66.1	94.8	74.3	67.3	94.0	73.8	0.98	0.68	0.95	1.48	2.91	1.52
徳島	77.1	98.2	82.5	76.2	104.8	82.8	0.30	0.09	0.29	0.50	−1.01	0.46
香川	72.7	100.7	79.6	79.0	102.2	83.9	0.51	−0.05	0.47	0.56	−0.52	0.53
愛媛	77.8	95.8	82.2	80.0	100.8	85.3	0.63	0.44	0.62	0.76	−0.35	0.73
高知	66.7	94.4	75.0	63.7	95.5	72.4	0.38	0.31	0.37	0.64	1.00	0.65
福岡	60.9	91.7	68.0	63.7	96.9	70.6	3.79	2.76	3.71	4.53	3.37	4.49
佐賀	64.4	86.4	70.5	63.9	99.4	73.0	0.49	0.81	0.51	0.85	0.17	0.83
長崎	70.4	96.3	77.4	62.6	94.2	70.5	0.80	0.41	0.76	1.44	2.50	1.47
熊本	59.3	85.8	66.2	65.3	92.0	71.9	1.30	1.78	1.33	1.63	4.11	1.70
大分	73.4	94.1	79.1	77.8	99.4	83.1	0.53	0.51	0.53	0.63	0.18	0.62
宮崎	69.5	95.0	77.1	70.1	96.8	77.3	0.51	0.35	0.50	0.71	0.94	0.71
鹿児島	69.4	96.1	77.9	73.0	99.4	80.2	0.85	0.57	0.82	1.17	0.34	1.15
沖縄	38.8	67.6	47.9	45.2	78.8	55.0	1.75	4.85	2.00	2.04	10.87	2.30
合計	59.9	88.9	66.9	66.1	96.4	72.8	100.00	100.00	100.00	100.00	100.00	100.00

りも、むしろ大都市の進学率を抑えることによって格差が是正されているのである。以下においてこれらの点についてより詳細に分析していく。

ここ数年、大学・短大進学率は停滞の状態にあるが、国民の大学・短大進学熱が下がったためではない。その原因は卒業生が増加したにもかかわらず収容力（定員＋定員超過数）が伸びていないことにあるのではないかと思われる。しかも、収容力の地域分布が問題ではなかろうかという点である。そこで、全体の定員を増加させずに、地方の定員を減少させ、都市部の定員を増加させたらどうであろうか、ということが考えられる。例えば、都道府県別の収容力の比率を1975年に固定していたらどのようなことが起きていたかをモデルを使って推計してみると以下のようになる。

全国の収容力は各年度一定して、1975年度の収容力の都道府県比率をそのまま他年度にもあてはめ、グラビティモデルを使って大学進学者についてシミュレーションしてみると、現実の進学者数とシミュレーション結果との差は1986年で2万人弱となる（牟田 1987）。同様の計算を1987年学校基本調査速報を用いて計算すると、約23,000人とさらに差が拡大する。この結果は、もし地方分散政策を採らずに、収容力分布を1975年と同じにしておいたならば、1987年度には23,000人ほど多く進学しただろうということを意味する。これはこの年の進学者の約5％にあたり、またこの年の専修学校の入学者の約8％にあたる数である。このことから同じ定員であっても、それをいかに配分するかによって大学・短大への進学状況が変化することがわかる。特に東京都などの大都市の定員を増加させた場合と地方の定員を増加させた場合とでは大きな差がでるのである。

1987年度の学校基本調査の速報によると、大学・短大への進学希望者のうち、進学できなかった者が34万人も出ており、収容力をより増加させるべきであるといったマスコミの論調もみられた。表9は1975年と1986年における、大学・短大志願者と進学者の様子を都道府県別に見たものである。全国を平均してみた合格率（志願者のうち進学した者の割合）は大学、短大とも1986年の方が1975年より低い。すなわち、1986年の方が進学しにくくなっている。

それではどの都道府県で進学が困難になったかといえば、1975年と比較して、関東・中部・近畿など地方分散政策によって定員が抑えられた地域で合格率が低くなっていることは明らかである。都道府県間の合格率の格差をレンジ（大きい値と小さい値の差）で見れば、最大値と最小値の差でも、上位5県の平均と下位5県の平均との差でも、全体の合格率が低い1986年の方がレンジが大きい、す

なわち、都道府県間の合格率格差が大きくなったことがわかる。たとえば、上位下位それぞれ5県の合格率の平均の差を見れば、1975年では大学、短大、両者の合計のそれぞれで22.8、17.9、19.8％であるのに対し、1986年ではそれぞれ23.7、21.6、23.0％と都道府県による合格率の差が拡大している。

　同じ表で不合格者（志願者数から進学者数を引いた値）が都道府県間にどの様に分布しているかも示してある。埼玉県、千葉県、東京都、神奈川県の1都3県の不合格者合計を計算すると、これだけで、1975年は大学、短大、両者の合計の29.1、23.6、28.9％をそれぞれ占めていたのに対し、1986年には38.0、40.9、38.2％もの割合をそれぞれ占めるようになっている。この首都圏に京都府、大阪府、兵庫県、愛知県を足し合わせれば、この差はもっと大きくなる。1975年には大学、短大、両者の合計のそれぞれ48.5、32.4、48.0％であったものが、1986年にはそれぞれ60.3、57.8、60.3％となっている。

　地方分散政策によって、大都市圏の高校卒業生は大学、短大に進学しにくくなったのである。しかも、進学需要の高い大都市圏の収容力が減少し、進学需要が相対的に低い地方の収容力が増加することによって、南関東、東海、近畿では欠員が減少したが、地方での欠員は増加している（地方定住圏高等教育問題研究委員会 1982, pp. 109-136；高等教育機関の地域別配置のあり方に関する調査研究委員会 1984, pp. 18-38）。地方の定員は相対的に増大しているが、十分には活用されていない。定員を割らないまでも、東京から地方へ移転した大学の中には学生の質の低下を嘆く声も聞こえる。

　たしかに、大学・短大の数だけを見れば、大都市に集中しているのは事実であるが、大都市の高校卒業生は実質的には進学機会に乏しいということができる。進学移動は自由に行えるとはいうものの、現実問題として、地方の進学機会を増やせば、大都市から地方への進学移動が増えたり、地方から都市部へ進学移動が減少して、間接的に都市部の進学を容易にするという具合にはいかないようである。新しく大学・短大を作ったり、収容力を拡大するには需要のあるところ、この場合は不合格者が大勢いるところをその新設目標地にするのが市場原理に適うことであり、それによって、合格率の格差も小さくなって行くはずである。現実に起きたことはこの逆で、政府のコントロールによって、市場メカニズムが働かないことにより、格差は拡大したものである。今後も地方分散政策が堅持されるならば、このような格差は、少なくとも18才人口がピークに達する1992年までは、ますます大きくなってくると思われる。

4 ― 考 察

　短期大学についてはその進学パターンに変化が幾分見られるものの、4年制大学進学については弾性値の大きい距離についても収容力についても大きな変化はみられない。ただ、私立大学については幾分か距離の説明力の低下がみられる。進学率の減少と共に自県残留率が増加してきたことも事実である。しかし、それは「地元志向」とよばれるような大学・短大入学者の距離に対する選好等が変化して、地元への進学が増えたというよりも、むしろ大学・短大の地方分散政策や私学助成政策等による収容力の地域分布の変化が直接、間接に進学移動の変化をもたらしたところが大きいと解釈される。収容力の弾性値は国公立大学、国立短大など、社会的評価が相対的に高い大学・短大で高い。

　大学・短大進学率は減少傾向にある。しかし、ひのえうま生まれが高校を卒業した1985年は収容力が相対的に増加したことにより、前年より進学率が増加したり、1986年度でも前年に比較して25道府県で進学率が上昇したように、決して国民の進学意欲が冷めているわけではない。卒業者が漸増するなかで、収容力が伸びていないところに原因がある。

　大学・短大の地方分散政策と私学助成政策により、収容力パターンが変化した。具体的には、相対的に進学需要の高い首都圏で収容力を減少させ、進学需要の低い地方で収容力を増加させた。そのため、大都市圏の進学率は減少し、地方の進学率が上昇し、進学率の均等化は進行した。高等教育機会の均等、進学率の地域間格差の是正は高等教育政策の一つのねらいであった。しかしその一方では、欠員が毎年増加し、それも収容力を増加させた地方ほど多い。一方で合格率の都道府県格差は大きくなった。

　地方分散政策の掛声にもかかわらず、地方において定員を確保することは困難である。収容力が上れば進学率が上昇するのは潜在需要があるからである。潜在需要がなければいくら収容力を上げても進学率は上昇しない。もっとも明確な大学・短大への潜在需要は進学を希望しながらも進学できなかった者である。これらの6割が関東、中部、関西圏に存在する。この現実を無視して理念的な地方分散政策をいつまでかかげることができるだろうか。

　地方分散政策は現在も踏襲されている。しかし、進学率の平等化と進学機会の平等化とは同じことではない。地方分散政策によって、進学機会が平等化したか

どうかには疑問が残る。大学・短大へ行きたくともいけない者が大都市圏で増加している。これをどうするのかという問題がでてきており、これに対して何らかの対策を講じなければならないのである。そこで収容力の増加が考えられるがその際に対象とすべき地域が重要な問題となる。

たとえば収容力1,000人の大学を新設するにしても、どの場所に造っても日本中から人が集まるかというと決してそうではない。特に、私立大学の場合には、志向の変化によって出身高校所在地に近いところでなければ進学移動をしないという傾向が一般にみられる。機会均等と進学希望者の進学実現とのいずれを重視するかは容易ならざる課題といえる。

高校卒業生の急増期を目前にして、どの県でも大学・短大誘致が盛んである。近年公私協力方式によって大学・短大が地方に設立されることも多くなったが、多くの場合開学時の資金・施設の補助であり、大学開設後の地域との連携はおろそかになりがちである（文部省 1986）。このような方法により地方での大学・短大立地は容易になったが、長期的に定員を確保できるかどうかは保証されていない。

これまで進学要求の実現と地域間格差の是正とはトレイド・オフの関係にあったし、今後もこの傾向が大きくかわる様子はない。以上のような観点に立ちいま一度従来の地方分散政策を見直してみる必要があるのではないだろうか。

[文献]

地方定住圏高等教育問題研究委員会 1982、『定住圏における高等教育の振興に関する調査報告書』国土庁地方振興局。
Fairweather, Malcom., 1980, *University Enrollment Patterns in England and the United States*, ERIC ED 194040.
市川昭午・牟田博光 1977、「Gravity Modelによる大学立地計画」『大学等高等教育機関の立地に関する調査報告書』国土庁大都市整備局。
国土庁大都市整備局 1975、『首都圏の大学』首都圏整備審議会計画部会資料。
国土庁計画・整備局 1987、『第4次全国総合開発計画』大蔵省印刷局　77-78頁。
高等教育機関の地域別配置のあり方に関する調査研究委員会 1984、『高等教育機関の地域別配置のあり方に関する調査報告書』国土庁大都市圏整備局。
高等教育懇談会 1976、『高等教育の計画的整備について』昭和50年度高等教育懇談会報告。
文部省、大学設置審議会大学設置計画分科会 1979、『高等教育の計画的整備について』。

文部省、大学設置審議会大学設置計画分科会 1984、『昭和61年度以降の高等教育の計画的整備について』。
文部省、高等教育局 1986、『大学の地方立地の在り方に関する調査報告書』。
牟田博光 1978、「大学立地と学生の地域間移動」市川昭午（編）『私立大学の社会的構造』国立教育研究所。
牟田博光 1979、「進学予測モデルによる大学立地・地域別配置目標分析」『大学等高等教育機関の立地に関する調査報告書』社会開発統計研究所。
牟田博光 1986、「大学・短大進学に伴う地域間移動の時系列分析」『広島大学大学教育研究センター大学論集』第16集　179-198頁。
牟田博光 1987、「大学・短大の地方分散政策に関する研究」『国立教育研究所研究集録』第14号　117-132頁。
Schmid, Calivin F.; Gosman, Charles S.; Nobbe, Charles E.; Patricelli, Theresa J.; and Steahr, Thomas E., 1968, *Migration of College and University Students in the United States*, University of Washington Press.
Schofer, J. S., 1975, "Determining Optimal College Locations", *Higher Education*, Vol. 4, pp. 227-232.

第3部
受験競争の問題

| 解説 | 教育拡大と受験競争の変容 |

中村 高康

　高等教育進学の問題は、戦後日本社会においては入学試験準備の問題であり、受験競争の問題でもある。おそらくこの第3部のカテゴリーに入る言説が社会的にはもっとも多いと思われるが、限られたスペースで網羅的に扱うことは困難である。一方で、研究に限定すると、受験競争を批判的に検討する教育学的研究、受験生の心身の負担を実証的に扱う体育学的・心理学的研究、受験生の意識・行動に関する社会学的研究において一定の蓄積があるが、いずれも散発的で必ずしも豊富な蓄積があるともいえない。ここでは研究的な内容のものに限定しつつ、社会的時代的状況を理解するのに必要と思われる論考を紹介したい。

1. エリート段階の受験競争

　日本において高等教育入学段階での受験競争が問題化したのは、戦後からというわけではない。天野（1983）や**竹内（1991）**『立志・苦学・出世』、竹内（1999）などの歴史的研究によれば、すでに旧制高等学校等の受験競争が明治末から大正時代にはかなり問題となっていた。戦後の受験競争が戦前のそれとは大きく異なる点は、高等教育の大衆化によって競争参加者の裾野が大きく広がっていったということである。しかし、それは戦後に入って一気に進行した事態ではない。戦後の前半期においてはまだ大学・短大進学率はエリート段階にとどまっていた一方で、この時期は大衆的受験競争へ向けての様々な小道具が出そろってくる準備期間でもあった。この時期に刊行された清水（1957）と**新堀（1955）**『大学進学の問題』の著書は、こうした時代状況を象徴する代表的な研究である。
　清水の研究は、世間がどのような問題に焦点をあてて議論をしていたのかを簡潔明瞭に示しており、とりわけ今日ではあたりまえとなっている浪人や予備校が大きな問題として取り上げられ、また逆に今日ではあまり聞かれない越境入学や裏口入学についても頁を割いて論じるなど、当時の雰囲気をよく伝えている好著といえる。しかし、大学の受験競争に特にテーマを絞って総合的にアプローチを試みている新堀の著作は、おそらくこの段階ではもっともまとまった形の受験競争論といえる。この研究では質的データから受験生の類型化を行っているほか、

量的なデータから教育機会の問題や浪人問題、女子の進学問題を検討するなど、当時の重要トピックがおおむね網羅される構成となっている。だがそれ以上に重要なのは、新堀がその第一章において大学進学問題を近代化や官僚制の特質といった社会的視点から理論化することを試みているという点である。このことは、受験競争の問題が社会問題としてだけでなく研究テーマとしても成り立ちうることを早い段階で示したものであり、本書ではこれをまず収録することとした。

　もっとも清水や新堀の議論は、一般的に「試験地獄」といわれていた問題を理論やデータによって跡づけている部分も多い。それに対して、京都大学教育学部（1958）のプロジェクトは、量的な調査研究を中心とした分析を行い、ある意味で意外性のある分析結果を提示している。その一節をなす**倉石他（1958）「入学試験競争に対する適応態勢」**の分析結果を一言で総括するならば、「言われているほど現状は試験地獄ではなく、受験生は現状適応的だ」というものである。けっして競争が生易しい時代でもなかったこの時期において受験競争が肯定的に見られていたという知見も見られた。同類の現象は新堀の受験生類型でも描かれていたが、それはこの時期がトロウのいうエリート段階であることと無関係ではないかもしれない。というのも、厳しい受験競争が人間形成上において忍耐力を付けるなどの面でプラスと考えるのは、エリート予備軍のメンタリティにおいてこそ成り立ちうる論理だからである。いずれにせよ、この京都大学グループの研究はのちに苅谷（2002）によって再び注目されるなど、資料的価値は高いと判断できるため、ここに収録することとした。

2.　大衆化と受験競争批判

　高等教育が大衆化段階に突入した1960年代半ば以降の時代には、そのようなメンタリティを必ずしも持ち合わせていない大量の受験生も大学の入り口に殺到した。そのことを前提として議論を見てみると、60年代に受験競争批判が一層目立つようになったのも頷ける。60年代半ばは進学率の急上昇だけではなくベビーブーム世代の到来という分母自体の巨大化もあったので、大衆化のインパクトは進学率の数値の上昇幅以上に大きかった。近年の受験言説研究ではやはりこの時代に大衆化による言説の変化を見出しているが（宮武 2003）、そうした時代的雰囲気は同時代の文献にも容易に見出すことができる。たとえば、『高校教育多様化と入試制の問題』（宮原監修・国民教育研究所編 1968）などの教育学的議論おいて大学入試政策への批判が強く出ていることや、日本の大学入試について「18歳のある一日に、どのような成績をとるかによって、彼の残りの人生は決ま

ってしまう」と指摘したOECD教育調査団の報告書の記述もその典型である（OECD教育調査団 1972）。また、人口動態の変化と受験競争批判から、高校入試で調査書重視政策がとられたのとほぼ同時期の1967年、大学では推薦入学制度が公認されたのも、そうした動きの一環といえる（中村 1996〈第4部〉）。のちの入試多様化と共通テスト（国公立大学共通一次試験）実施への流れの起点としてしばしば位置づけられる中央教育審議会の四六答申も、諮問されたのは1967年であり、中間報告が出されたのは1969年である。

　こうした時代的風潮となる中で70年代から80年代にかけては実に様々な大学入試・受験競争批判が展開されたのであり、ここでそれらを網羅的にまとめることは不可能なほどである。しかし、そうした受験競争批判言説の多さに比して受験競争の研究に充実した蓄積が生まれたのかといえば、必ずしもそうとはいえない。そうした中で日本教育心理学会（1974）と日本教育学会（1983）がまとまった形で大学入試に関する書籍を公刊したのは、きわめて象徴的な出来事であった。とりわけ、日本教育学会の『大学入学試験制度の教育学的研究』（1983）は1975年に学会内に設置された入試制度研究委員会による入試制度および受験実態の総合的研究である。当時の第一線の研究者の手による理論的・歴史的考察に加えて、海外の入試制度改革の動向も整理し、さらに高校3年生に対する4000名規模のアンケートと200名を超えるインタビューを実施している。本書に収録した大田論文は、その大規模調査の結果を踏まえての「総括と提案」であり、教育学会をあげての総合的調査の成果と、受験競争に対する当時の教育学的なまなざしを簡明に知ることができる資料といえる（大田 1983「総括と提案」）。

3. 受験競争の変容と現代

　1980年代後半から1990年代初頭にかけて、かつてのベビーブーム世代の2世たちが大挙して高等教育に押し寄せる時代を迎える。そこでの政策的対応は競争緩和のための臨時定員の増設であった。大衆化時代の到来とともに激しさを増しつつあった受験競争批判はこの時代はまだ十分健在であった。それは1991年の中央教育審議会答申に「受験競争激化の問題点」なる節が設けられていることにも表れている。

　しかし、この競争激化イメージのまだ強かった時代に「受験競争がやわらかくなった」と主張する研究が現れた。竹内（1991）である。80年代までの教育研究の諸議論の多くが能力主義や受験競争の激化を問題化する議論の系譜に位置していたのに対して、竹内はそれとは異なる変化の兆候を読み取る説を提示した。

竹内によれば、戦前以来一貫していた受験現象の特質は昭和40年代を境に変化したという。具体的には、希少性を駆動力とし努力と勤勉を金科玉条としていた重苦しい受験の世界が、豊かさを背景として戦略的ゲームのような軽い受験競争に変化したというのである。教育の拡大、偏差値の普及による柄相応競争の浸透、学歴の意味の低減といった社会的変化を背景としつつ受験生の心性に生じた変化を、竹内は「受験のポスト・モダン現象」として捉えようとしたのである。実は、この竹内の説は、競争激化イメージの残存する時代の中で、十分には咀嚼されてこなかったきらいがある。しかし、今日において大学全入といわれ、刻苦勉励の受験競争を経ずに大学に合格する受験生が多数に及んでいる現代から見ると、その時代認識は極めて先駆的なものであったと考えられるため、本書において収録することにした。

　実際問題として、従来とはまったく異なる大学受験の時代が到来しつつあることは、現代を生きる私たちの目から見ればかなり明らかな時代的傾向である。少子化と大学の増加は、明らかに大学入学の容易化をもたらした。それはつまるところ、かつては大学に関わりのなかった層の青年たちが大学に入学することを意味していた。かつて強調されていた高校間の格差に基づく進路意識形成（岩木・耳塚編 1983 など）は高校階層構造の下部においてあいまいとなり（樋田他 2000）、進学アスピレーションにも様々な変化が見出されることになる（中村 2002、片瀬 2005、片瀬・元治 2008）。進路多様校や専門高校においても、しばしば進学誘導気味の大学受験指導が見られ（望月 2007a、酒井編著 2007 など）、ここには、かつてとはかなり趣の異なる「受験」が見出される。苅谷は東京の「進路多様校」と呼ばれる中位から下位の高校生に対する調査結果から「特定の受験校を絞り込み、受験のための準備を着々と進める「受験生」の姿とはほど遠い」大学・短大進学者の存在を指摘した（苅谷 1997）。中村もまた、非進学校や専門高校では就職から四年制大学に志望変更するパターンがかなりの比重を占めることを示し、そこには多様化した入学者選抜方法に対する彼らの肯定的な意識が関わっている可能性を示している（中村 2006）。これらの研究では、主として普通科進路多様校や専門高校を中心とした進学の動きを扱っているが、ここでの動きが「受験競争」のイメージ全体をさらに変えていく可能性があり、今後も注視が必要な対象である。いずれにせよ、変容する受験競争を的確にとらえる視点を確保しておくことが求められている。

参考文献

東美絵 2004「受験不安と健康について—ソーシャル・サポートとの関連から」関西学院大学『臨床教育心理学研究』第30巻第1号、39-51

安達喜美子・原光広 2005「受験を間近に控えた高校生が置かれている社会的背景の分析とそこから生じる不安に関する一考察」『茨城大学教育学部紀要・教育科学』第54号、429-447

天野郁夫 1983『試験の社会史—近代日本の試験・教育・社会』東京大学出版会

天野郁夫 1986『試験と学歴—努力信仰を超えて』リクルート出版部

荒牧草平 2003「大学志願者の学習意欲と受験行動に対するカリキュラム編成タイプの効果」『大学入試センター研究紀要』32、39-55

池田由子・矢花芙美子 1982『大学浪人の心理と病理』金剛出版

石山脩平・小保内虎夫編 1956『大学入試方法の検討』中山書店

井上健治他 1975「大学受験と高校生活—1」『東京大学教育学部紀要』第15巻、103-129

井上健治他 1976「大学受験と高校生活—2」『東京大学教育学部紀要』第16巻、163-177

岩木秀夫・耳塚寛明編 1983『高校生—学校格差の中で』(『現代のエスプリ』第195号)至文堂

岩田弘三 1993「学部別にみた4年制大学への出願動向の年次変化に関する分析」『大学研究』第11号、筑波大学大学研究センター、117-175

岩田龍子 1981『学歴主義の発展構造』日本評論社

OECD教育調査団 1972（深代惇郎訳）『日本の教育政策』朝日新聞社（原書1971）

大久保敦 2009「専門高校および総合学科高校からの大学接続の現状—質問紙による全国調査の結果から」『大学教育』第7巻第1号、大阪市立大学大学教育研究センター、1-13

大田堯 1983「第Ⅱ部 第五章 総括と提案」日本教育学会入試制度研究委員会編『大学入試制度の教育学的研究』東京大学出版会、207-218

大谷奨 2006「「合格体験記」にみる高校生の受験戦略とスタイル—AO/推薦選抜をどのように捉えているのか」『大学入試研究ジャーナル』16号、国立大学入学者選抜研究連絡協議会、107-112

尾嶋史章編 2001『現代高校生の計量社会学』ミネルヴァ書房

学生問題研究所 1960『高校の進路指導と大学生活』(『学生問題研究所研究報告』第2冊)

片瀬一男 2005『夢の行方—高校生の教育・職業アスピレーションの変容』東北大学出版会

片瀬一男・元治恵子 2008「進路意識はどのように変容したのか」海野道郎・片瀬一男編『〈失われた時代〉の高校生の意識』有斐閣、93-118

苅谷剛彦 1997「大衆化時代の大学進学」『教育学研究』第64巻3号、73-82

苅谷剛彦 2002『教育改革の幻想』ちくま新書

苅谷剛彦他 1997「進路未決定の構造―高卒進路未決定者の析出メカニズムに関する実証的研究」『東京大学大学院教育学研究科紀要』第37巻、45-76

苅谷剛彦他 2001「ポスト選抜社会の進路分化と進路指導」『東京大学大学院教育学研究科紀要』第41巻、127-154

苅谷剛彦他 2002「大都市圏高校生の進路意識と行動」『東京大学大学院教育学研究科紀要』第42巻、33-63

京都大学教育学部 1958「特集 入学試験に関する綜合研究」『京都大学教育学部紀要』IV、91-267

熊倉伸宏 1997「日本型大学受験が精神健康に及ぼす影響―集中困難を中心とする情緒反応といわゆる大学受験文化との関連」『明治生命厚生事業団第3回健康文化研究助成論文集』

倉石精一他 1958「6. 入学試験競争に対する適応態勢」『京都大学教育学部紀要』IV、177-200

黒羽亮一・大石脩而 1965『進学作戦』日本経済新聞社

酒井朗編著 2007『進学支援の教育臨床社会学―商業高校におけるアクションリサーチ』勁草書房

佐久本稔・橋本公雄 1997「大学受験前後のストレス症状とその関連要因」『福岡女子大学人間環境学部紀要』第28巻、13-21

清水義弘 1957『試験』岩波書店

下山晴彦 1983a「高校生の人格発達状況と進路決定との関連性についての一研究」『教育心理学研究』第31巻第2号、157-162

下山晴彦 1983b「高校生の人格発達と進路決定―テストバッテリーを用いての縦断的事例研究」『東京大学教育学部紀要』第22巻、211-222

下山晴彦 1984「ある高校の進路決定過程の縦断的研究」『教育心理学研究』第32巻第3号、43-48

新堀通也 1955「第一章 進学問題の背景」『大学進学の問題』光風出版、1-16

新堀通也 1956「大学進学の問題概観」『教育社会学研究』第10集、6-16

竹内洋 1991「第六章 受験のポスト・モダン」『立志・苦学・出世―受験生の社会史』講談社現代新書、167-196、204-205

竹内洋 1995『日本のメリトクラシー』東京大学出版会

竹内洋 1999『学歴貴族の栄光と挫折』(『日本の近代』12) 中央公論新社

田中千穂子 2000『受験ストレス』大月書店

塚田守 1999『浪人生のソシオロジー——一年の予備校生活』大学教育出版
津野愛「大学受験期における生徒のストレスとソーシャル・サポート」『人間研究』第33巻、日本女子大学、33-41
寺下榮他「受験生の出願行動に関する調査」『大学入試研究ジャーナル』17号、国立大学入学者選抜研究連絡協議会、149-154
ドーア、R. P. 1990（松居弘道訳）『学歴社会—新しい文明病』岩波書店（原書 1976）
中畝菜穂子他 2003「進学校における大学受験に関する意識と学内成績及び性別との関係」『進路指導研究（日本進路指導学会研究紀要）』第 21 巻第 2 号、11-22
中根千枝 1967「受験地獄の背景とその分析」『別冊潮』5、152-160
中村高康 1996「推薦入学制度の公認とマス選抜の成立」『教育社会学研究』第 59 集、145-165
中村高康 1998「受験体制としての『調査書重視』—入学者選抜にみる教育システムの変容」古賀正義編『〈子ども問題〉からみた学校世界—生徒・教師関係のいまを読み解く』教育出版、28-46
中村高康 2002「教育アスピレーションの加熱・冷却」中村高康他編『学歴・選抜・学校の比較社会学—教育から見た日本と韓国』東洋館出版社、73-89
中村高康 2006「専門高校からの大学進学—アスピレーションの推移の分析から」『大阪大学大学院人間科学研究科紀要』第 32 巻、127-144
中山信夫 1982「大学受験生の実態と意識—受験浪人の意識調査を中心に（資料）」『阪南論集 人文・自然科学編』17巻4号（『阪南論集 社会科学編』合併号）143-157
中山信夫 1983「大学受験生の現実認識—浪人中の予備校生を中心に（資料）」『阪南論集 人文・自然科学編』18巻3号、41-56
中山信夫 1985「大学受験生の不安の構造—CAS よりみた不安を中心に」『阪南論集 人文・自然科学編』21巻2号、19-29
西丸良一 2006「大学受験における浪人の効果—計量分析を用いて」『仏大社会学』第 31 巻、佛教大学社会学研究会、14-23
西村貴之 2006「思わぬワンランクアップとしての大学進学」乾彰夫編『18歳の今を生き抜く—高卒1年目の選択』青木書店、179-204
日本教育学会入試制度研究委員会編 1983『大学入試制度の教育学的研究』東京大学出版会
日本教育心理学会編 1974『大学入試を考える』金子書房
橋爪貞雄 1976『学歴偏重とその功罪』黎明書房
橋本明博 1997「大学受験に対する学歴固執傾向の分析」『学校教育学会誌』2、北海道教育大学、111-118
樋田大二郎他 2000『高校生文化と進路形成の変容』学事出版
渕上克義 1984a「進学希望の意思決定過程に関する研究」『教育心理学研究』第 32 巻第

1号、59-63

渕上克義 1984b「大学進学決定におよぼす要因ならびにその人的影響源に関する研究」『教育心理学研究』第32巻第3号、228-232

松井三雄他 1961「受験生活の学徒の心身に及ぼす影響およびその対策に関する体育学的研究 第2報（共同研究報告1）」（『体育学研究』6(1) 321-325

松本寿吉他「受験生活の体力におよぼす影響―昭和43年度九州大学入学生の体力診断テスト結果から」『九州大学体育学研究』4(2)、23-31

宮武実知子 2003「『受験地獄』の黙示録―朝日新聞『声』欄に見る教育『十五年戦争』」佐藤卓己編『戦後世論のメディア社会学』柏書房、193-219

宮原誠一監修・国民教育研究所編 1968『高校教育多様化と入試制の問題』労働旬報社

村松喬 1965『進学のあらし』（『教育の森』1）毎日新聞社

望月由紀 2001「高等学校における「進路指導の空洞化」に関する一考察―「生き方指導」「受験指導」への取り組みに着目して」『日本教育経営学会紀要』第43巻、79-91

望月由紀 2002「進学大衆化時代における受験生の質的変化に関する一考察―予備校生の受験に対する態度・意識および進路選択を通して」『人間発達研究』25、お茶の水女子大学人間発達研究会、33-41

望月由紀 2007a『進路形成に対する「在り方生き方指導」の功罪』東信堂

望月由紀 2007b「高校生の「入学校選択」に対する他者の影響」『キャリアデザイン研究』第3号、日本キャリアデザイン学会、133-142

望月由紀 2008「高校生の進学アスピレーションに対する特別選抜入試拡大の影響―高校階層に着目して」『キャリア教育研究』第26巻第2号、49-56

元吉忠寛 2000「大学受験の合格可能性の認知と意思決定―高校生データによる探索的研究」『名古屋大学大学院教育発達科学研究科紀要・心理発達科学』第47巻、421-428

森口兼二 1956「入学試験の現況とその社会学的分析」『教育社会学研究』第10集、17-36

山崎篤・前田重治 1989「大学受験生の志望校選択行動に関する臨床心理学的研究」『九州大学教育学部紀要・教育心理学部門』第34巻第2号、225-231

山村健・天野郁夫編 1980『青年期の進路選択』有斐閣

山村賢明 1989「現代日本の家族と教育―受験体制の社会学に向けて」『教育社会学研究』第44集、5-27

ローレン、T. P. 1988（友田泰正訳）『日本の高校―成功と代償』サイマル出版会（原書1983）

1 進学問題の背景

新堀 通也

1 ―進学問題の意味

　自分の一生の運命はこの入学試験で決まるのだと思いつめすべてを投げうって受験勉強をする青年、自分さえ入れればと青い顔をして徹夜する青年、その我が子を悲痛な思いで見守っている両親、教え子を希望通りの大学へ進ませてやりたいと思う教師。年々増える浪人。一方では大学に行きたくても試験を受けられない青年。こうした進学の問題は高校生自身の体位や精神に大きな影響を与えると共に、高校教育にゆがみを与えているであろうことは容易に推測出来る。進学問題は狭い意味での教育問題、特に高校及び高校生にとって最大の問題の一つであることは疑いない。だが教育問題は常に社会問題であるということを別にしても、何故にそれほど高校生、又その親は進学を人生の重大事と考えるのであるか、何故一部の大学に進学希望者が殺到するのか、進学は一体それほど血眼になる価値があるのか、というような問題になってくると、それは最早やこの問題の現象面だけを見ていたのでは解釈できなくなってくる。それは単なる高校の問題ではなくて、社会の問題である。高校側の単なる進学指導や受験準備教育や高校生・両親への口先だけのお説教や、又は試験問題の検討や大学収容人員の増加などでは解決できない問題である。高校教育の理想的なあり方を抽象的に論じても、高校生に進学を希望せざるを得なくさせているのは社会なのだから、進学問題の解決―少くとも解釈は、社会問題としてこの問題を眺めることによってのみ、可能である。それだけではない。こうした進学という関門を通過することによってのみ知識階級の大部分を占める大学卒業生が生れるとすれば、そして進学によってある程度決定されてくるかれら将来の知識階級が如何なるパースナリティーの持主となるかを考えてみれば、進学問題はかれら自身の将来に連なる問題であるだけでなく、日本の将来に連なる社会問題であることが理解されよう。こ

出典：新堀通也著『大学進学の問題』光風出版、1955年、［第一章］1-16頁

うして進学問題は社会問題と見ることによってのみ、その原因と意味との解釈が可能であるといわねばならぬ。進学は一般に社会にとって如何なる役割を果たすものであるか、又入学試験という自由競争は一般に如何なる心理を生み出すものであるか、進学がものをいうのは如何なる社会であるか——われわれはこうした問題を取扱った後、結局官僚制社会が進学によって得られる能力ではなく、むしろそれによって得られる資格を問題にするという結論に到達する。そして我が国は歴史的にこうした社会に入ることを以て最も輝かしい出世と考えさせるような伝統をもっているが故に、進学がこれほど大きな関心事となったのだと解釈する。以下、この線に沿って論を進めて行くことにしたい。

2 —進学の社会心理

進学の機能　　何故に大学への進学希望者がこれほど多く、これほど熱烈であるのか。この問に答えるためには、当然進学がもたらす結果、進学がもっている機能を明らかにしなくてはならぬ。進学を希望させるのは、そうした進学の結果・機能をかれらが意識しているからに他ならぬ。ここでは先ず進学の機能と大学の機能とが決して同一ではないことに注意する必要があろう。つまり進学欲とは大学自体がもっている機能（その最大なものは研究と教授とである）に参加することへの願望ではなくて、むしろ大学卒業というレッテルに対して社会が与えるものへの願望なのであり、進学の機能は大学が左右し得るものではなく、社会が左右するものなのである。だから進学欲とは大学入学又は在学への願望というよりは、大学卒業への願望というほうが正しい。多額の学資、心身をすりへらす受験勉強、不安と焦燥の数年間を償って余りあるものが、進学の結果として得られることが分っていればこそ、あれだけの進学希望者が生まれるのである。進学の結果として社会があるものを与えるということ、それが進学の機能なのである。

　進学の社会的機能の中、最大のものは進学によって個人が経済力、地位、声望などを獲得して社会のより好ましい階層に編入される資格を得るということである。即ち個人の側からいえば社会的に上昇すること（所謂成功、出世）がそれによって実現可能な希望となることができるのであり、社会の側からいえば社会の上層の階層にふさわしい能力や資質をもった人間を選抜し、その階層が自己の後継者を得ることになるのである。だから進学の機会としての入学試験は形式から

いえば選抜試験だが、内容からいえば資格試験である。大学に選抜されるというのは、ある種の社会に出る資格を与えられるということである。こうして進学は個人にとっては社会的上昇の手段であると共に、社会にとっては社会淘汰の手段である。進学希望者は入学試験によって、社会的に上昇するエレベーターに乗れるか否かをふるい分けられるのである。こうした社会的上昇とその反対の社会的下降とを含めた現象、即ち個人が社会の階層・地位などを上下する過程を社会学では（垂直的）社会移動と呼んでいる。文化の量、質が貧弱で単純な社会であれば、社会は成員の能力をそれほど吟味せずとも、その文化をかれらに担わせることができ、従って個人の能力を最大限に発揮させ、適材を適所におき、埋れた能力を発掘しないでも存続することができる。従ってこのような社会では個人には社会を上下する機会は殆んど与えられず、個人は自己の如何ともなし難いもの、例えば家柄、性、年令などによってその所属する階層を決定されている。社会移動の行われないこうした社会は静的で運動のない社会、自由と平等のない社会、閉ざされた社会である。これに対して文化の量、質が増大し、社会が複雑になれば、当然この文化を担い得る優秀な個人がそれだけ必要となってくる。だから、従来低き生れの故に埋れたままになっていた個人を発掘したり、個人の潜在能力を最大限に発揮させることが社会に要求される。個人はその生れに拘らず能力と努力とによって社会的に上昇する機会を与えられ、社会移動のための社会のエレベーターが生れるのである。従ってこのような社会では社会階層が理論的にいって万人に開かれており、機会の平等を建前とする。成員はこの社会移動に対する自由な競争を行うための平等な機会を与えられる。自由競争に勝利を占めることによって個人は社会的に上昇するわけだが、社会からいえばそれは個人に最大の能力を発揮させ、適材を適所において、文化を存続・発展させ、文化の担い手を選抜し養成していることになる。そして自由競争を行わしめるためには、競争能力を平等に養うことが必要である。こうして自由と平等とはこうした社会のスローガンになってくる。具体的には職業選択の自由と教育の機会均等がそれである。進学の社会的機能とはこうした社会移動への手段となることに他ならぬ。進学も一方では自由競争によって青少年を能力に応じてふるい分け選抜し、社会のある階層の将来の構成員を編成すると共に、他方ではその機会を万人に開放することによってかれらの社会的上昇の可能性への信仰を事実によって裏付けるのである。

　こうして社会移動は成員の能力を最大限に利用することを余儀なくされた社会

にとっては必然的な現象である。この現象は我が国の如く近代化への過程が歴史的に他の欧米先進国に比べて遅れ、それだけ益々その遅れを取り戻すために国民の能力の利用が強く要求される社会にとっても当てはまる。たとえ国家のためとか家のためとかいう仮装的な弁明はあったにしても、立身出世主義によって国民の功名心、成功欲を刺戟し、それによって所謂人材を発掘しようという努力が明治以来行われてきた。だから自由競争のみを建前とする社会体制の弊害は今日十分に認識されているとはいえ、社会移動という過程までも否定することは、その社会の近代化を妨げることであるといわねばならぬ。問題はむしろ社会移動の必然性と長所とを承認しつつ、それを単に自由競争だけに基いてなすことの可否、特に我が国にあっては後に述べるように、社会移動のための梯子が殆んど進学だけに限られている事実なのである。

　進学が社会移動の手段となるということは逆にいえば社会が進学によって個人の活動を統制しているということである。進学のもつ社会移動、又は社会淘汰という機能は社会が進学した者、即ち大学卒業生に対して与えるものを中心にしているが、進学は進学した後の個人に対してこうした働きをもっていると同時に、進学する前の個人、即ち進学希望者に対してこの統制的な働きをもっている。この統制的機能は一般に試験や競争がもっている大きな働きであって、これによって社会は個人にその最大の能力を発揮させようとするだけでなく、自己の最大の能力を発揮しようとする個人を作るのである。いい換えれば競争によって得られた結果、業績が社会に対してなす貢献を社会は期待するばかりでなく、将来かかる貢献をなし得る能力や態度を個人に期待するのである。このことは特に競争の結果の内容自体は社会にとって何等プラスするところがないことが自明な場合、著しい。その代表的な例が入学試験や学校の試験である。こうした進学のもつ統制的、教育的機能は常識的に多くの人々によって強調されている。人生とは食うか食われるかの戦いだ、この生存競争に立ち向うためには若い中に鍛えておかねばならぬ。入学試験はそのために最もよい機会である。一度や二度失敗してもあくまで勝利を目指して頑張る気魂を入学試験は養ってくれた。わき目もふらずに努力すれば人間も出来上ってくるのだ——苦しみに耐えることを最高の道徳だとする禁欲主義、万事に人間修行、修養的意味を認めようとする習慣に慣れた「先輩」はこのように教える。「先輩」の言はある程度正しい。入学試験が知識を整理し記憶し応用する能力を養うことは勿論、自分だけを頼りにして一つの目標に向って努力しようとする戦闘的な意志や態度を「鍛える」ことは誰れの目にも明

らかである。だが、ここでも問題は知的能力を淘冶する手段は進学を目標にすること以外にはないかということ、又戦闘的な意志や態度以外のものをも現代社会は要求してはいないかということでなくてはならぬ。

自由競争の特質　進学はこうして社会移動のための手段であり、その手段を得るための機会が入学試験である。従って入学試験は開かれた社会の根本的特色の一つである自由競争の一つの形式であると考えられる。だから入学試験の特色を知るには自由競争のそれを知ることが近道である。一般に社会移動のための自由競争の特質は次の如くである。

(1)形式的であること。社会移動を許容し奨励する社会とは開かれた社会であり、各階層の成員の移動の激しい動的な社会である。だからここでは相互に熟知し合わない成員の評価は主観的な又は内面的なものではなく、外に現われたもの、即ち外面的・形式的・客観的なものによって行う他ない。のみならず単に社会の規模が大となり機能が分化し組織化された場合には相互の内面的理解に基く評価は不可能であるし、且つ人間の才能の合理的利用のためには評価基準も合理的・客観的・計量可能なものでなくてはならぬ。そして近代の民主主義、人格尊重の理念はこうした客観的な評価を以て公平な評価と考えたのである。こうして自由競争の判定は、競争者の外面的・形式的な結果によって当事者の主観に関係なく社会が行うのである。たとえ如何に能力をもっていようとも、競争に於いてその能力を現わすことが出来なければ、社会がかれに敗北を宣言するも、又競争の結果が客観的に計量出来ない場合、学歴・職歴・年令などの形式的基準によって競争者間に序列をつけるのもそのためだ。その上かかる評価に応じて社会が個人に与える報酬も亦、外面的なものであり、その中、最大のものは金、地位、名の三つである。だから社会移動の結果は主としてこの三つの標準に基いて社会一般から承認されているのである。

(2)結果的であること。上に述べた如く客観的・形式的なものによって競争の結果たる勝敗、序列が判定されるとすれば、それは何人の目にも明らかな否定できない既成事実でなくてはならないのだから、ここでは過程や動機によってではなく結果によって、潜在しているものによってではなく顕在しているものによって評価が行われていることになる。だからひとは結果に出て来ないものには努力や願望の対象を見出さないし、又成功のためには如何なる手段も敢て辞さない。

(3)部分的であること。これも亦上のことから明らかである。社会は前に見たように単に大きくなると共に、又は機能的に分化し組織化されると共に、成員相互

の全体的理解は困難になるが、更に各人は専門の分業化された仕事にたずさわるのだから、人間を全体的に評価することは益々困難となり、かれは生活の目標を人格全体の完成とか内面的幸福に求めず、部分的な活動領域で客観的結果を得ることに求めるようになる。

(4)相対的であること。競争の結果はただ相対的にのみ比較されて勝敗や序列が決定される。そのために比較可能な、即ち客観的に計量可能な評価基準が必要だったが、これを競争者の側からみればこうした量的な基準には無限の段階が存在しているから、ひとは無限の社会的上昇を希望することができる。従って競争は競争を生み、成功は一層の野心をわき立たせ、ひとは不断に自己と他人、現在と未来を比較し、安定・満足を知らない。

(5)困難であること。自由競争は必然的に勝者、成功者と共に敗者、失敗者を生む。而もその結果は相対的にのみ比較されるのだから、前者の数は後者の数より少ないばかりでなく、完全な絶対的な勝利はあり得ない。従って論理的にいって社会移動は困難だが、この困難さは社会階層が上に行けば行くほど大きい。それには数多くの理由が数えられるであろうが、上の階層に上昇するには数多くの競争を経なくてはならず、それだけ多くの訓練と能力を要求するということ、上の階層ほどその収容人員が相対的に少なく、従って地位の階層と能力の階層とは平行せず如何に能力のある者が如何に努力しても地位があいてなければ上昇は不可能であるということ、上の階層ほど準備的な訓練と特殊な能力を必要とするから階層間の移動がそれだけ困難となるということなどは、最大の原因に数えられよう。そして競争に勝利を収めるのが困難であれば、競争はそれだけ激烈となるのは当然である。この社会移動のための競争の激化は数的に志望者が成功者より多ければ多いほど顕著であることは勿論、時間的にも現代のように社会変化の速度が早く、競争が絶えず行われている場合には増大する。ある競争に打勝っても又次の競争が控えているし、今日の勝者は明日の敗者となる。

自由競争の心理 以上の如き一般的考察から、社会移動を目指しての自由競争が競争者を如何なる心理状態におとし入れるかは興味ある問題である。自由競争の心理にも積極的なものと消極的なものとが表裏一体をなしているから、その長短を対照させつつ簡単に結論だけを箇条書きにしてみよう。

(1)競争に参加するのは個人の自由意志によるわけであって、それはかれが競争に勝って社会的上昇をしようという願望を抱いたからに他ならぬ。社会移動の機会のない社会では個人は自分の将来が固定し予見出来るため無気力と怠惰と諦観

に陥っているが、社会移動の機会を与えられると努力の価値、生活の意味を知り、自分の将来に無限の可能性を信ずることができる。ここから将来への野心、希望、生活の目標、努力の中心が生れると共に、閉ざされた社会では移動のできない地域社会や職業集団や社会的身分の外に出なかった眼をより広い領域に向けさせるし、現実に対する批判力も高まってくる。個人主義、理想主義、未来主義、戦闘的人生観、関心領域の拡大などが、こうして自由競争によって培われるのである。だがこうした長所の反面、競争は外面的な結果によって判定されるし、又他人との間に行われるから、「他人はどうなってもよい。自分さえ勝てば」「動機や過程は問うところではない。結果さえよければ」というような利己主義的、結果論的心理を引起す。又競争は幾つもの段階を経て行われるが、一つの段階の競争に参加している場合、それに努力を集中すればするほど、それ以外の目標は目に入らず、従って競争に勝つということは手段であるにも拘らず、目的と混同されて了う。こうして絶対的、内面的な幸福、人間性を忘れて、野心の奴隷となりさがり、仕事や活動自体に喜びを見出すことができなくなる。

(2)競争に勝つという目標に到るためには、周到な作戦計画が必要であり、綿密な手段を発見せねばならぬ。到底勝つ見込みのない競争に参加することは時間と労力の浪費だと考えられる。だからそこでは自分の能力と競争の要求する能力との比較だけでなく、自分の能力と他の競争相手の能力との比較が要求され、将来への予想と自他の比較の能力や態度が競争によって養われる。自己反省、他我の発見は競争の結果を見ることによってだけではなく、競争前に既に行われるのである。こうした合理性、計画性と共に、一度競争に参加しようと決意したなら、精神の不断の緊張、自信、不撓不屈の努力が勝利にとって必要である。だが反面、この合理性、計画性はあくまで競争に勝つため、他人を負かすためのものであり、それだけひとは打算的、功利主義的な計算をしていることになるし、発見された他我とは自我の競争すべき敵としての他我であり部分的な競争能力に於いて発見された他我である。自他の間に何等の連体感、全体的理解はない。絶えざる競争心、敵意、嫉妬、軽蔑、羨望、傲慢、劣等感、優越感、孤独感、不安感がそこにつきまとう。殊に計画的・合理的に手段を考量して而も競争に敗れた場合、社会は競争の機会だけは平等に与え、又勝者には手厚い待遇をするけれども、敗者には殆んど何の慰めも保護も加えないから、勝者や社会に対する敗者の反感、又は絶望感はそれだけ大きくなる傾向がある。

(3)競争、特に競争試験は大部分、それへの準備期間に比して極めて短期間に、

瞬間的にさえ行われる。その瞬間に貯えられた「実力」が果して発揮出来るか否かは疑問である。競争に「運」はつきものである。如何に綿密な計画性に富んだ人間と雖も、この「運」まで見通すことはできぬ。即ち競争は「水もの」であり、その結果は完全には予見できぬ。計算された勝利もあくまで可能性に過ぎぬ。而もこの予見できない可能的な勝利を目指して競争者は万全の対策を講じておかねばならぬ。競争における勝利は競争への参加なしには成立しない。だから可能的な勝利に向って競争への参加は決断力なしには行われ得ない。決断力に富むということは競争社会の要求する徳である。あの合理的な計算も決断力なくては無に帰して了う。そして又勝利を収めるためには予期しない状況に遭遇しても沈着冷静、臨機応変に処理することだけでなく、凡ゆる機会を捉えてこれを勝利への転機として利用することが必要だ。いい換えれば現在の状況を勝利への機会として最大限に利用するという柔軟な適応能力、機会主義的態度、更には進んで将来に積極的に成功への機会を作り出したり、将来の機会を予見してそれを他の誰よりも早く利用しようとする投機的態度さえが必要である。だが将来の不確実性を余りに強調すれば、やがては将来に対する不可知論、懐疑主義、絶望感が生れ、現在の確実な快楽を享楽しておこうという享楽主義、快楽主義が起るし、努力や合理的計画を無視して将来の「運」にのみ頼ろうとする賭の心理も起ってくる。そして他人と比較しなくては自己を知り得ず、目的と手段とを取り違え、競争を自己ではなく他人のみが判定するという事情から、競争参加者に自己を喪失した「他人まかせ」の非自主的態度が生まれることも屡々である。

　(4)更に競争が部分的に行われるということから、競争参加者がある一つの小さい目標だけを念頭におき、その領域の競争能力を高めることだけに努力するという結果が起ることも自然である。そこから競争が近代社会の特色たる分業に適した個人、専門的な技術や知識や能力をもった個人を生むという長所と同時に、この専門化は部分的な人間、精神的な不具者を生むということもいわれ得る。そして全体的調和的な人間でなく部分的な片よった人間が連帯性のない利己主義的な人間になり勝ちなことは多くの事実や理論によって十分に認められている。自由競争が与える関心の広さはあくまで競争参加の前のものであって、一度び競争に参加すれば勝利の他は何一つ目に入ってこなくなるのである。

　以上が自由競争が個人に与える心理的影響の収支決算表である。こうした心理は多かれ少なかれ進学という自由競争に参加する青少年にも共通に認められるのである。進学がもつ教育的、統制的機能を強調する「先輩」もこの決算表を見れば

受験生の現在の「苦しい試錬」を単純に肯定するわけには行かなくなるだろう。だが問題はここまでは単なる序の口に過ぎぬ。以上のような心理は競争の種類によってかなりなニュアンスの相違を見せるのである。進学は人生という競争の最初の難関と考えられているが、何故に進学がある種類の生活にとってそれほど重要な意味をもっているのか。逆にいえば如何なる生活を目指す者が進学をそれほど人生の重大事と考えるのであるか。その心理を解明するには、そこに行われる競争の種類を標準として生活を分析することが必要となる。

競争の種類 　前に述べたように自由競争の勝敗は外面的な結果を社会（他人）が比較して判定する。勝利（成功）の指標が外面的結果にあるだけでなく、その判定の基準も外面的結果にある。従って競争者は勝利の証拠としてのかかる外面的結果を得ることを目指し、そこから手段と目的との混同、成功した私と私の成功との分離が起ってくる。競争者は勝利の指標として如何なる外面的結果を求め、又如何なる社会（他人）がこれを判定するかということを考えざるを得なくなる。勝利の指標は競争の種類によって異るし、その判定者も競争の種類によって異るから、如何なる結果を目指し、如何なる人間を喜ばすことに努力するか――いい換えれば競争参加者の生活、努力の目標、中心、延いてはそのパースナリティーが競争の種類によって決定されることになる。

　自由競争における勝利の過程を図式化すれば「能力―業績―承認―報酬」という公式でこれを示すことができる。即ち如何に優れた能力であっても、それが客観的に何らかの結果、即ち業績を生まなければ、この能力は未だ社会的な財産とはならず従って社会から承認されない。だが同時に業績は必ずしもすべて社会から承認されるとは限らない。如何に優れた業績であっても社会がそれを必要としなければ、社会はその業績を、更にはそれを生み出した能力に商品価値を見出さず、従ってそれを採用して報酬を与えない。今日の自由競争における勝利、成功とはこの第四段階の報酬を獲得することを意味している。相互の相対的な競争がない場合にはひとは第一段階、又はせいぜい第二段階の成功を目指すにとどまっていた。ひとは世間の承認とは無関係に自己の能力を充実させること（例えば神の世界に入り得る能力、名人気質、職人気質的な仕事に没入し得る能力）、又は業績自体の創造に喜びを見出すこと（例えば芸術家、学者、宗教家、教育者等）ができた。だが、現在の如き自由競争の社会においては、ひとは市場経済の法則に支配されているから、業績を社会が承認しない限り、それを生み出した能力を働かせること、又はそれを一層高めることは不可能である。何故なら自由競争に

おいては唯一の資本は能力であるから、能力を他にしては生活を維持する手段はなく、生活が維持できなければ能力を発揮することもできないからである。そこでひとは自己、むしろ自己の能力を社会に売りつけねばならず、そのためには自己の業績を社会に承認させねばならぬことになる。社会がそれを承認すれば必然的に社会は報酬を与えるのであって、その報酬が高ければ高いほど成功は大きいといわれるのである。だから報酬なき成功はなく、成功の指標はこの報酬である。ところでこの指標は外面的なものであると共に、段階づけの可能な、即ち比較や測定の可能な量的なものであった。こうした指標の中、最大のものは金であり地位であり名である。これら三つの何れかを伴わない成功はなく、何れかに裏付けられない社会的権力、社会的権威はない。大抵の場合、三つは相互に随伴し合っているが、なお競争の領域によって何れが成功の指標として最大の意味をもっているかという類型的な変差が存在する。即ち競争の種類によって競争参加者は金、地位、名の中、何れを目指して努力するかを決定されるのである。

　生活の目標によってパースナリティーが変ってくるということは多くの学者によって注意されているが、マンハイムが指摘したようにその目標によって生活（特に職業を離れて生活はあり得ないから職業）を分類するということは極めて重要である。そのとき生活は予測可能なものとそうでないものとに分類される。例えば一流大学を首席で卒業して官庁に入るとすれば、大きな失敗のない限り課長から部長に、更に局長になれる。大体何年位経てば自分がどの程度出世し得るかは、この場合予測可能である。これに対してかれが卒業してから個人で商売を始めるとか、作家生活で身を立てるとかいう場合を考えてみよう。首席卒業という肩書は殆んど何の役にも立たず、中学を出ただけの者に負けるかも知れぬ。一度巨万の富を得、文名が挙ったとしても、翌日は没落し忘れられて了うかも知れぬ。即ちこの場合は、たとえ最大の計算をしてさえ、なおその生活は時の流れ、「運」、不慮の事故、気ままな民衆といった非合理的な・計算や予測を超えたものによって規定されている。予測可能な社会においては客観的・合理的・形式的なものが最大の発言権をもつ。封建的な社会体制では予測可能性が最大限に支配しているが、現代社会においても官吏、大会社の社員、大工場の労働者、軍人、教師などの職業は学歴、職歴、勤務年数、性別などの合理的・形式的なものによってその一生が「公平に、客観的に」決定されている。こうした場合の成功とは大きな安定した組織の中で上の地位に昇進することである。この組織の中に入り込めばその後は自然に「うなぎ上りに」「ところ天式に」昇進するのである。だか

らこうした職業領域に入ろうとする者は、昇進の資格になるような形式を身につけること、その組織の中に入り込むことに最大の関心を抱くようになる。いい換えれば成功への競争は出発点における競争、資格を得るか否か、組織に入り込むか否かの競争になる傾向がある。一度び資格を得て組織の中に入り込めば分業を特長とし一定の法規や慣習や上司が支配するこの社会は柔軟な能動的な能力を余り必要としない。だから先の公式でいえば業績（例えば学歴や職歴）を承認させて社会がそれに報酬（即ち地位）を与えることに成功は存するので、業績の前にある能力は成功が生れれば問題ではなくなる。大学を出れば、あとはその能力を利用することも伸ばすことも必要でなくなるというようなことが起ってくる。大学を出たという業績はその後の努力なくしても、それにふさわしい能力を常に所有していることの証拠と見做される。その上、この業績を承認し地位を与える判定者は上司である。上の者が下の者を引張り上げるのである。こうした形式的な社会――これをここでは官僚制社会と名付けておく――に住む人間が冷やかな形式・規則・資格・慣習などに縛られ、又地位に最大の関心を抱くこと、上にへつらい下にきびしい態度をもつこと、所属する組織の保持に支柱を見出す保守的な人間になることは当然の傾向といえよう。

　この官僚制社会に対して自由経済的社会においては判定者は上におらず下にいる。組織ではなく大衆である。官僚制社会では如何に現在無能であっても、又如何に大衆の要求を離れてその支持を失っても、その地位は組織によって保護されているが、自由経済的社会では市場経済の法則によって一度び大衆の要求から離れてその支持を失うなら忽ちにして転落する。ここでは学歴や職歴などの形式的な資格や過去の業績はものをいわない。絶えず業績より能力が、過去より現在が吟味されるのである。金が成功の指標となるような職業と並んで名がそれになるような職業もこの種類に属する。商人、政治家、芸能家、ジャーナリストなどがその具体的な例である。時流におもねる無節操な態度、機会主義的・投機的心理が強い反面、柔軟な適応性、即戦即決・臨機応変的な決断力、不断の努力というような生活態度がかれらの特色となる。

　こうして自由競争の心理といってもそこには競争の種類によっておのずから違った色彩が生れてくるのであって、以上述べたことから我が国で進学がこれほど重大視されているその社会的事情も自然に予想されてくるだろう。進学が生む形式的な資格が社会に出てからの成功にものをいうのは、あの官僚制社会である。進学が就職運動の一部と考えられるのは、進学希望者又はそれをすすめる者が官

僚制社会に入ること自体を成功と考えているからである。官僚制社会における地位が大多数の国民にとって最も高い地位と見られているからである。だから大学で学問することではなく、又社会に出てから必要な知識技術を習得することではなく、大学の門をくぐり大学の門を出ることが問題となるのである。大学に進学するということは官僚制社会に編入される資格を得たことだから、親は我が子の「出世」「名誉」を見て喜ぶのである。学歴のない親が官僚制社会で如何に惨めな目を見たかを体験していればこそ、親は食わずにでも子供にそれをくり返して貰いたくないと思うのである。進学は親にとっても当人にとっても、一種の投資であり、出世のいと口であり、名誉である。それによって官僚制社会という日本最高の社会、「名誉ある」特権階級に入る可能性を与えられるのである。何故に官僚制社会が最高の社会と考えられ、地位が最大の名誉とされ、大学が特権階級への入口とされるのであるか。それを明らかにするには節を改めて我が国の社会組織及び大学制度の発達に照らしながら進学の現象を歴史的に眺めることが必要であろう。

——〔後略〕——

2 総括と提案

大田 堯

入試制度研究委員会の4年間にわたる研究（入試制度の教育学的研究）の結果を総括し、入試制度の改革の方向を提案すると、大要以下述べることになろう。

1 ——進路選択の実態と問題

第Ⅱ部第二章〜第四章で報告してきた研究をもっとも特色づけているのは、1976年から78年にかけて行われた高校3年生を対象とする進路選択をめぐる意識調査である。それは200名をこえる青年を対象とするインテンシヴなインタビュー調査とほぼ4000通に達するアンケート調査によるもので、これによって、日本の青年の人生選択の意識の実態に迫ろうというものであった。そこで、この調査結果を中心として、歴史研究部門や諸外国との比較研究（第Ⅲ部参照）の結果も一応視野に入れながら、研究の総括と、それにもとづく若干の提案を試みたいと考える。

まず調査によって、ほぼ次のことが明らかとなった。

1　日本の青少年たちは、15歳を節目として、中学校での学業成績によって、人生選択の方向が、制度的に大きく枠づけられる。進学か就職か、普通高校か職業高校か、全日制か定時制か、普通高校の中でも、どういう社会的階位（主としていわゆる「有名校」への進学率などによる社会的評価）にある高校かによって、青年たちの将来への展望が、心理的にも、また客観的な事実としても、大きく方向づけられる。この枠、たとえば普通高校と職業高校との間の枠はますます硬化していく傾向にあり、とくに国公立共通一次試験が行われるようになって、職業高校からの国公立大学への進学は、きわめてむずかしくなっている。

2　18歳高校3年の段階での進学・就職にあたっての選択動機としては、「興

出典：日本教育学会入試制度研究委員会編『大学入試制度の教育学的研究』東京大学出版会、1983年、［第Ⅱ部 第五章］207-218頁

味・関心」によるというのが強い要因になっており、その選択は自主的判断によるものだという解答が高率を占めている。しかし、インタビュー調査などでこの点をいっそうたち入って、いろいろききとってみると、それぞれの生徒が自分の個性とそれを将来生かしていく社会的部署とをつなげたうえでの切実な願いとしての興味・関心、自主判断とは思われないケースが多い。むしろ、中学から高校へと、学業成績によって輪切りにされた結果や、その後の高校での在学成績、実力テストなどの結果をふまえて、それを外的な与件として計算に入れ、それを自らの興味・関心に組み込んでしまっている傾向のほうが強いと判断される。インタビューからの感触からすれば、生徒たちは、高校3年ころになると、ほぼ自分の人格の全体をある特色において、その輪廓をとらえはじめてくる。いわゆる「得意・不得意」も自覚してくる徴候がある。しかし進学すべき学校の選択、進学か就職かの選択には、あたかも、そうした自分についての自覚とややはなれた文脈で、つまり学業成績の結果などで将来をきめるかたむきがある。

　3　そうした人生選択にあたっての、外的与件としての学業成績の中でも、中・高校を通じて、英語と数学の成績が大きな影響力をもっていることがわかった。たしかに英語や数学も重要な文化であることは事実だが、人生選択がそれらによってとくに大きな影響をうけるということには、多くの疑問が残る。人生はそれほど単純なものではないはずである。むしろ、若ものたちに対して、わざわざ差をつけ易い選択枠（ものさし）を課して、ふるいにかけて選別しているというかたむきは否定できない。問題なのは、そういう選別を合理化するための工夫が、「どう生きるか」を中心とする他の重要な人生選択要因を考慮の外におく結果になるということである。

　4　とくに高校3年間の生活は、すでに進学時以来偏差値によって枠づけられた中でいとなまれる。たとえば、職業高校のばあいは、そこに入ったことで、通常将来の進路はかなり限定され、選択の余地はせばめられる。また普通高校のばあいは、進学のための競い合いの学習を強いられる場合が多い。そういう生活状況と関係が深いと思われるが、すべての高校の学校種別を通じて、高校生活への不満度は非常に高い。これはインタビュー調査でも裏づけられることである。高校生活の中での楽しみは、ほとんど「友人との交流」に限定され、それも比較的表面的な交流の傾きが強く、逆に生徒自治会などへの不満が高い。職業高校では、とにかくなんとか卒業するまではという意識があり、学習自体には意欲を失った若ものたちのたまり場のようなことになりがちで、それはまた非行のめばえ

を育てることにもなる。

　5　こうした欲求不満の原因は、一人ひとりの青少年のもつ実に多様な人生選択の可能性が、すでに小学校段階から中学校を経るうちに、ぬ・き・ん・で・た・偏差値枠によって整理され、高校3年のところでは、もっとも決定的にといってもよいほどに、いろいろな個性は捨象して、枠づけられてしまうからであろう。実際一人ひとりが「どう生きるか」というような問題は、この枠づけには邪魔ものあつかいをされていると判断してよいであろう。

　たとえば小学校4年のときの算数のつまずき、中学1年2学期あたりからの英語の失敗などが、格別に枠づけに大きな影響力をもっている。

　6　自分の性格・個性についてのある程度の認識と、それをもとにして、自分を将来どういう社会分野に位置づけるかという展望をふくんで、どう生きるかを正面から問い続けるというすじみちが、外部的ともいえる偏差値による枠づけによって撹乱されて、ゆがめられていく傾向がある。すなわち〝自分の人生をどう生きるか〟という問いは一度棚上げして、受験に必要な学業成績を向上させることで、有利な大学への進学を第一義とするという傾向が普通高校などに強くみられる。そのこととかかわって、わたくしたちの調査では、高校3年生の段階でも、一般に人生選択への視野がせまく、普通科のばあいは抽象的で漠然としており、職業科のばあい、せまくて現実的になっているという結果が出ている。ある意味で抽象的なのは、この世代の特質なのだが、切実な問いを含んだものともいえないようにみえる。将来人生を生きる方向として、いわゆる「マイ・ホーム主義」「好きな人と結婚して楽しい家庭をつくること」といった「生き方」が多く選ばれているが、それが普通高校から職業高校に移るにつれて、より強い傾向となってあらわれている。職業高校のばあい、胸中に夢は育っていても、選びなおしのきかない枠組みの中に入って、断念せざるをえない境位にあるとだんだんわかってきて、一番安全な自己防衛の城として、楽しいわが家に期待をつなぐことになるのかも知れない。

　7　以上の事実は、わずか数教科の学業成績にもとづいて、格差づけられた学校からなる硬直した教育階位制度の壁が、入試制度を媒介にして、日本の青少年の人生選択のまえに立ちはだかっているということを示している。これは早くから学校制度を発達させてきた欧米諸国にくらべても、まったく異常な風景である。そればかりでなく、「教育が人格の完成をめざ」すと法に規定している教育基本法体制のもとにありながら、入試制度が、どう生きるかの問いに裏づけられ

た豊かな人生選択をゆがめ、その視野をせまくし、青年が自分自身と社会とをみとおす機会を、かえって奪っているということである。

　要するに、今日の教育制度の一環としての入試制度は、青年たちの人生への目的意識的選択、真の〝やる気〟を奪うことで、本来の教育制度の趣旨からすれば、ほとんど自己撞着におちいっていることを示している。

2——入試改革の原理と方策

　既述した調査結果からみて、それによって青年の発達に障害がもたらされている以上、教育制度としての現在の入試制度は、破産宣告を受けているに等しい。しかもその根は、歴史的・社会的にきわめて深い。すなわち、その遠因は日本近代化のために必要な人材養成、その社会的分配の役割まで果たしてきた学校教育の長い歴史をさかのぼることができる。われわれの今回の調査によっても、学歴の高い父母をもつ子どもたちは、偏差値の高い高校に進学し、偏差値の低い高校ほど父母の学歴が低い。この驚くべき対応はどう理解すべきであろうか。それは親の高い学歴が高い学力として子に遺伝されるという単純なものではなく、おそらく、より複雑な生理的・心理的・社会的要因の輻湊によるもので、明治以来の学歴社会が定着していて、それによって出来上がっている社会的差別の一種の内面化とみるべきかも知れない。このような事態を深刻にうけとめると、入試制度はもはや「改善」というより、原理転換をこそせまられていると、わたくしたちは考える。これを克服するのには、国公立共通一次試験のような選抜方法の「改善」では、おそらく不可能であろう。

　1　さしあたり、わたくしたちは、青年の人生選択を保障するという視点からの入試改革の研究自体が、この国ではほとんどなされていなかったという事実を指摘しなくてはならない。すなわち、どうしたら一人ひとりの青少年が自分の個性とそれを生かす将来の社会的部署とをにらんで、それに備えた学校なり職場なりを選択する能力をつけるか、そういう能力の形成をはげますかという教育的観点に立った入試制度の研究は、ほとんどこれまでみることができなかった。むしろ、人材選抜の「公平」原理に立つ選抜方法、入試方法の改善をめざす研究が、これを圧倒していた。国公立大学共通一次試験の実施にあたっても、難問・奇問をなくするとか、第二次試験で各大学の個性をといった改善意図は示されはしたが、現在の日本の青少年の人生選択の実態を洗い出し、入試の果たしている問題

的な役割の分析などの本格的調査研究を欠き、改善のフィロソフィーも明らかにされたとは言い難い。国公立大学共通一次試験の実施に先立つ膨大な調査報告書は、全国一斉に実施が可能かどうかの試行をただ追認したものにすぎないといってもよい。

わたくしたちの調査によっても明らかになったわが国の青少年の人生選択の実態を深刻にうけとめると、この重要な入試制度の本質的な研究が、わたくしたちの要請する観点を含んで、公的機関（国家機関ではない）で継続実施されることを強く提案する。そのために

① とりあえず、現在の入試センターを、国・公・私立大学の公的な共同利用研究機関として、共通一次試験はこのまま継続すべきか、中断して出なおすべきかという問題自体を含む、入試制度の研究機関に改めること（研究機関化）。

② 各県ないし地域ブロックごとに地域入試研究センター（後述する地域の進路選択助言機構に付設）をおき、地域での多様な改革、実験を推進する。

③ 中央および各地域研究センターの運営を、大学入試に関係ある各種大学の代表、入試に必要な専門家および行政の代表等からなる協議機関とし、高校を中心とする教員団体と密接な連絡のもとに協議運営する。

2 次に、わたくしたちのいう入試制度改革のための原理転換の意味について説明する。そのために一応の改革モデルを提示するが、これは一つの案にすぎず、あくまで転換原理の意味の理解を求めるためのものである。つまり同じ原理から多様な試みがなされることが、むしろのぞましい。わたくしたちは、後にも述べるとおり、何年何月から全国一斉にというような改革の仕方は、教育のようなデリケートな事態への制度的対応としては望ましくないと考える。多様な実験の中からの慎重な一般化がのぞましい。

（1） わたくしたちは、15歳から18歳ないし20歳の青年期が、多くの青年たちにとって、選抜入試の準備のために消費されている現実は、青年たちの人間として発達する権利を侵犯していると考える。少なくともわずか数教科の成績による人生選択枠の若ものへの「おしつけ」は、その個性的発達をゆがめ、人間として豊かに発達する権利の実現を妨げていると考える。この年齢段階では、青年たちは自分たちの個性・能力とそれを生かす社会的分野とを自らの内面から選択する力量をつけていくことを、保障するような教育を享受する権利がある。わたくしたちのインタビュー調査からも、この年齢になると、このきびしい受験のため

の教育体制の中にあっても、おぼろげながら自分という存在についての輪郭をつかみはじめていることがわかる。そうであればあるだけ、青年たちは、いっそう厳密に自己をみつめ、将来の社会的部署に一般的見通しを得る人生選択能力をきびしくきたえることが、高校での教育の明確な任務の一つでなければならぬはずである。そうでなくても、現代社会は、単に職業選択一つをとってみても、それらは若ものたちから実に見えにくい状態になっている。それにもかかわらず、人生選択にかかわる高等学校での指導は、とくに普通高校のばあい、ほとんど点数と序列による「進学校」への分配指導に限られており、本質的な人生選択指導は、必ずしも意図的に行われているとはいえない。

　わたくしたちは、このような大学入試準備のための高校教育の実態にかえて、逆に青年たちの人生選択能力を豊かにすることを第一の目的とする高校教育の本来の在り方の中に、入試制度が吸収、解消され、少なくとも、それに従属させられるような転換を求める。これに対して、いまの高校教育は、入試の在り方にほとんど完全に従属しており、この関係は当然のことながら、逆転されなくてはならない。そのためには、選抜入試の方法のあれこれをさがし求める従来の発想から離れて、青年の人生選択を助ける高校の教育課程の在り方、それを助ける新しい教育機構を創り出すことをめざして、その方向での現状の改善・改革を期待したい。

　(2)　こうした原理転換に立ったうえでのことだが、高校生活は3年ないし5年の弾力性のある期間としたい。じっくりと、将来の選択とのかかわりで、学科を選択し、大学の専門学科や専門職業につく試行的な準備期間として、青年たちがゆとりをもって準備をする時期としたいからである。また人によって早く見通しのつくものとそうでないものがあり、また選択分野にしても早くから見当のつけ易いものと、そうでないものとがある。なにも画一に3年間ときびしく限定づける必要はない。今日でも実に多くの若ものが浪人生活をおくり、学校は彼らを早く見放して、あとは予備校などの受験産業にゆだねてしまっているかたむきが強い。

　高校の教育課程は、世界市民として、また国民としての共通の基礎教養を修得する部分と、いろいろな将来の社会的諸分野を予想した多種類の学科目とから成るものとする。後者は高校在学中の青年の一人ひとりの選択によって、たとえばある大学の学部学科の要求する学科を学び、累積加算制（つまり一年一度の試験によらず高校在学中に、必要な学科目についての資格試験をうけて、累積的に修

得する）によって、入学資格の獲得を重ねていくような仕組みとする。
　現在の普通高校、職業高校の種別は廃止し、総合制をとる。
　(3)　右の選択による学習科目のほかに、社会のいろいろな分野での現場学習（実習）を含み、それらが若ものたちが自らの能力をたしかめる場面として、教育課程の一部となるように用意されることがのぞましい。選択は、選びなおしのきくような制度上の配慮が必要である。つまり袋小路の選択は、固定した多様化におわる。
　(4)　15歳〜20歳の青年期教育を保障するために、右に述べてきた高校教育の組織、教育課程の改革が必要であるが、こうした学校教育の改革と並行して、青年たちの人生選択が円滑に行われるのを助ける教育機構が、中央および全国のいくつかの地域毎につくり出されることが、どうしても必要である。それは、高校教育を中心としながらも、これを助けるための社会的ネット・ワーク、社会の総がかり体制をつくり出すことが必要である。それを、かりに青年の進路選択助言機構と名づけることにする。
　(5)　進路選択助言機構というのは、中央と地域（たとえば北海道、東北、関東ブロックなど）とにおかれ、個々の大学や高校とは独立した公的機関で、各高校の生徒たちが大学やその他の職業専門分野に進んでいくのに必要な資格認定を行う機関である。イギリスにある公的な試験委員会（examination board）に近いものである。ここでは各大学や社会の職業分野の要求を考慮して、生徒たちが高校でそれらの大学や各職業専門分野に進入していくのに必要な資格をみたす学科内容要綱（シラバス）をつくり、生徒が高校在学中に、その資格獲得にみあう学習を行い、この機関の行う試験による資格認定を在学中に逐次受けていくのに必要な一切の業務を行う。同時に、この機関は、高校在学中若ものたちが、実社会のいろいろな分野の現場に出むいて自分の能力をためしてみる実地学習を組織する仕事も行うようにする。この目的を果たすためには、地域内の各種の企業（会社事務、工場労務、デパートなど）、各種公共機関の現場などを組織して、地域全体で青年の人生選択を助けるセンターが必要で、それがこの進路選択助言機構の重要な機能の一つとして位置づけられる。
　(6)　各地域ブロックごとの進路指導助言機構のセンターは、大きな研究所、といってもたとえば国民教育研究所程度のものが考えられよう。少なくとも20名以上の専門家（主要な教科目、教育評価、職業指導、キャリア・ガイダンスの専門家を含む）と、数十名を下らない事務局員を必要としよう。既述した地域の入

試制度研究センターも、この機構の有機的一部となる。

（7）高校に示される学習要綱（シラバス）、および資格試験問題の作成、採点、それに先に述べた高校生の実地学習指導には、センターにいる専任の専門家を中心に、地域の大学や高校、その他地域の専門家との協力によって、学習要綱（シラバス）作成委員会、資格試験の問題作成委員会、採点・評価の委員会、実習指導委員会がつくられてこれにあたる。事務局はこれらの業務を助ける。

（8）中央の全国規模のセンターは、各地域のセンターによって資格認定をうけ、希望の大学や職場に入っていくことをめざす若ものたちを、調整していく仕事にあたる。おそらく依然として、たとえば有名校への希望者は集中するだろうから、何種類かの希望を若ものたちから出させたうえ、資格試験の結果や内申書類を参照して調整することになろう。現在の大学入試センターは入試制度の共同研究機関であるとともに、将来はこうした全国的な規模での青年の進路選択指導機構に発展させる。

こうした青年の人生選択を助ける教育的機構が、いわば学校の外側にできることで、この機構との密接な協力関係のもとで学校はかえって本来の教育活動に専念できよう。そのうえ、この新しい教育機構は、行政からは独立し、かつ個々の学校の教育の要求をふまえたうえでの青年教育のための地域のカリキュラム・センターの役目を果たすことにもなろう。

（9）以上のほかに、現在の学校段階を、順序を踏んで、小・中・高・大学と上へ上へと青年たちがのぼっていくルートを、相対的に無力化していくために、いわゆるバイ・パスをいろいろつくり出すことが必要であろう。各種社会人、障害者、外国人、海外在住の子弟など多様な入学の窓口を用意するほか、通信教育、放送教育によって大学卒業と同等のものとみとめる多様な認定方式を工夫することも考えられよう。このバイ・パスづくりとかかわって、一発勝負の選抜入試方式の支配をゆるめるために、多様な推せん入学の方式を試みてみることが必要であろう。目下の選抜入試制度の支配する現実の中にあって、将来のあるべき入試制度（一応こういう言い方を残してみてのことだが）の創造につながると思われる実験は、おそらく各種推せん制度の試みであろう。それは単に内申書によるという意味の推せんではなく、若ものの個性と彼をとりまく家庭環境その他の事情に応じて、丁寧にその若ものの可能性を判断し、できるだけ正しい選択を助けるという方向での工夫が大切である。ただ従来の推せん入試のやり方を繰り返してみるということではけっしてない。

(10) 高校教育が若ものの人生選択能力をきたえることを中心に、教育課程をはじめとする教育改革が進められるのに並行して、大学の側がこれをゆがめずに受け入れることがなければ、入試改革はおぼつかない。大学はできるだけ、その大学の個性にもっともふさわしい若ものを、いろいろな方法で受け入れるような工夫をしなくてはならない。それには小・中・高・大という学校階梯にあまりとらわれず、生涯を通じて、知的探求の興味関心を充足する人生のよりみちとしての大学としての開かれた個性をつくり出すことが必要である。大学は高等学校にすぐ接していて、そこから進入学してくるものという固定観念を打破することが必要である。

(11) 大学は、普通教育の中の最高学府である高校で、ある一定方向の人生選択能力をきたえられ、その結果選ばれる専門教育の場である。そういう意味で、それぞれの大学は、どういう専門領域で若ものたちの期待に応じているかで特色をもっている。

そのほかに個性というものがあるはずだ。各大学はその個性をますます明らかに自覚しながら、その個性にみあった意図のある学生を集めることに、もっと積極的な努力をすべきだし、それ以上に自らの個性をいよいよみがき上げる努力をしなくてはならない。それには、大学で行われている学問、教育の質そのものに個性がなくてはならない。そういう方向での努力が、日本のように帝国大学（国家によってつくられた官学）モデルを中心に、格差あって個性を欠く大学を改革していくことの内実だと思う。大学の個性が回復されることなしに、入試の改革はありえない。何故なら、格差あって個性の少ない大学の現場では、当然ステイタスの高い大学に若ものは集中し、選抜による画一的な入試の存在はさけられないからだ。

(12) 大学の個性回復は、大学人自身の努力によって行われなくてはならないのは当然だが、文教政策による促進が必要である。文教政策のうえでの大学の格差解消、つまり個性創出は、大学の規模や設備、それに伴う予算配分を公平にするという機械的平等ではなく、それぞれの大学の個性を浮き上がらせるのを助けるようなものでなくてはならず、そういう判断は行政官僚の手で行われるはずはない。各種大学の代表からなる独立した大学財政委員会が行わなくてはならない。こうした大学の格差の克服、個性の創出は、現在の入試制度を克服していくための前提として、強調しておく必要がある。

(13) 以上、これまでの選抜原理にかわる選択原理に立った入試制度改革の構想

を提示してきた。どのような社会状況の中でも、選抜と選択とが、つまり社会的必要にもとづく人材要求と、個人の側の人生選択とが完全に調和するということは期待できまい。したがって、選択原理に立つとはいっても、社会的選抜との緊張はさけられそうもない。常に両者の間に緊張が存在するものと考えるべきであろう。それにしても、今日の選抜本位の入学試験制度は、選びながら発達する人間発達の原理をあまりにもないがしろにしている。

　その点、現状にあって、選択原理をふまえた改革構想は積極的な意味をもっていると考えられる。この改革の原理にもとづいて、一貫性をもった改革の年次計画を立てて、改革の実現をはかることが必要である。少なくとも、10年計画あるいはそれ以上の改革日程を、一貫した原理によって立てることがのぞまれる。

　その間、計画の進行過程を通じて、各地域ブロックで創意ある実験が行われることが必要で、それらの成果が、ある段階で全国規模で実施に移されるというやり方が、入試改革を含む教育改革にはのぞましい。新しい試みが、ある年月日から突然全国に実施されるというような改革方式は、教育改革にはなじまない。

⑭　入試改革は、当面の社会的要求に従属させられた「教育」組織の中から、青年の人間的発達のすじみちを救い出そうという仕事であって、現代社会の人間疎外克服の試みの一環というべきである。したがって、それが安易に実現されるとは考えにくい。それだけに、上からの権力による改革構想のおしつけという形をとるのではなく、人びとの人間回復の願いを結びつけながらの、一つの文明改造の運動の中で実を結ぶようなものと考えるべきであろう。

3 入学試験競争に対する適応態勢

倉石 精一

1 ─ 問 題

　わが国における大学入試制度は固有の社会的事情と相俟って、試験地獄と称される入学難の現象を招来し多くの識者を憂慮させている。しかしこの困難を打開するには、思いつきや、簡単な行政措置で解決できるものではなく、その関連するところは実に多方面にわたって居り悪循環を断ち切るのは容易ではない。この事情は前の各章にのべられているが本章においては大学入試に当面している青年達がこのためにどのような影響をうけ、またこの事態にどのように適応しようとしているかを考察したい。

　現在の大学入試は高校以下の諸学校に直接間接の影響を及ぼして居り、教育計画も入試中心に偏向しがちだと憂えられているが、当面の受験者たちの生活にはどのような弊害が生じているのであろうか。調査をするまでもなく、多くの有為の青年が単に入学を待つために足ぶみしていることが社会の損失であることは明白である。年年入学者中の浪人率が高くなっていることは有能者が足ぶみさせられていることを意味する。この現状に対し受験生たちはこれをどのように感じまたどのように行動しているであろうか。

　現行の入試の方法は、資格試験のような印象を与えながら実は単に入学序列をきめるだけの手段でしかない。入試問題はそれぞれ相当に吟味されたものであっても、個々の問題解答の成否が入学資格の基準になるのではなく、また一学科のある限度の得点が合否の基準になるのでもなくて、総点が序列をきめるだけである。その総点も何点以上が資格があるときめるものではなく、定員の線で打切るのが慣例となっている。入試成績と進学後の学習成績との相関はあまり高くないので、入学試験は教育診断の意味で適性者を選抜するための資格試験としては充

出典：下程勇吉・正木正・倉石精一・梅本堯夫・高瀬常男・田中昌人・笠尾雅美・安原宏著「6. 入学試験競争に対する適応態勢」『京都大学教育学部紀要』Ⅳ、1958年、177-180頁（3.1の前まで）、185-195頁（3.2～4まで）

分な根拠をもっていない。

　このような試験ではあるが、この競争における成功・失敗は合格・不合格の喜び悲しみをこえて、不当な優越感・劣等感にまで発展しがちであるのは、精神衛生の上でも望ましいことではない。このような入試のあり方について受験生達はどのように考えているのであろうか。

　これらがわれわれの分担した当面の問題であるが、以下これに対する調査の概要を報告する。

2 ―調査計画

　以上に述べた問題点にもとづいて、われわれが追究しようとするところは、受験を目指して日夜勉学につとめる青少年の生活感情や入試に対する態度および意見にかかわるものである。このような心理学的次元に深い結びつきをもつ事態を、より精確に把握するためには、個々の青少年と面接するインターヴュー・メソッドが理論的に最も適切な方法とされるであろう。しかし、この方法は多大の時間と労力を要するものであって、われわれがおかれた現実の制約の下ではとうてい採用できない方法であるし、また調査の第一段階におけるわれわれのねらいは質問紙法で十分達成されると判断されるのである。かくて、調査方法としては現実的に最も妥当な方法であるとして質問紙法を採用することにした。

　調査の対象は、受験に対する適応態勢という点からは最も深刻であり、現行の入試制度が何らかの弊害や問題を提起しているならば最も顕著に現れているであろうと予想される大学受験生を採りあげることにする。すなわち、過去において入試に失敗した経験をもち現在なお進学の望みを捨てていない予備校生徒、それにはじめて大学入試に臨もうとする高校在学生の2群である。この大学受験生を主な対象として、他に受験生を子弟にもつ父兄および既に入試の難関を突破した大学生をも調査対象に加える。受験生をかかえる父兄は入試に対して局外者ではあり得ず何らかの形で入試に対処する適応態勢をとらざるを得ないであろうし、既に受験生活を終えた大学生は予備校生や高校生とは違って受験準備時代の全体について語ることのできる立場にあるのである。この2群を対象にすることはわれわれの調査意図に対して有益なデータを齎すであろうと考えられるのである。

　このような調査計画の大綱にもとづいて具体的には以下のような手続きがとられた。

予備校生・高校生に対する質問紙は同一形式のものとし、彼等がどのような生活条件の下でどのような生活状態にあるかという「受験生活の実態」を問うことに重点をおいた。特に、精神衛生的な見地から身体的、心理的症状を尋ねる21項目を設け、これが一つのクラスターとして〝受験神経症〟とでも名づけられる傾向を捉えられるようにした。この受験生活の実態の他には、彼等がいつ頃からどのような刺激で大学受験を決意したか、志望校をどのようにして選んだか等という「入試に対処する態度」、受験準備時代を人生経験としてどう評価しているか等という「受験に関連する意見」、彼等が現行の入試制度をどうみているか、そして改善するとすればどう改めてほしいかという「現行入試制度に対する改善意見」を明らかにしようとした。これらの他に、回答内容を分析して把えるための手掛りとして回答者の条件、すなわち保護者の学歴、兄弟数などを求めることにした。

大学生と父兄に対する質問紙はそれぞれ別個に作成したが、予備校生・高校生に対する質問紙と共通の項目をできるだけ採用して相互に比較しやすいように配慮した。大学生に対しては彼等が過した受験生活の実態、父兄に対しては入試に関する意見を問うことに重点をおいた。

回答形式はどの質問紙でも特殊な項目以外は多肢選択法を採り、最もよく該当するもの一つを選ばせた。

紙数の都合で各質問紙の記載は省き（質問内容および選択肢は結果のところで判るように配慮してある）ここには質問内容の分類と項目数を表1に示しておく。

なお、各対象についての質問紙はその構成がそれぞれ異なるので、結果の表示もそれぞれ分けて行うことにする。爾後の各表において、（その1）とあるは予備校生および高校生の群、（その2）は大学生群、（その3）は父兄群をそれぞれ示していることを、予め申し添えておく。

表1 質問内容の分類と項目数

質問内容の分類 \ 対象	予備校生・高校生	大学生	父兄
I 入試に対処する態度	9	5	5
II 受験生活の実態	36	10	—
III 受験に関連する意見	5	4	4
IV 現行入試制度の改善意見	3	—	3
V 入試に関する自由記述	—	1	1
VI 記入者の条件	4	1	6
計	57	21	19

つぎに調査対象の選定であるが、予備校生・高校生については大都会の代表校若干を選べば十分であろうと判断した。問題点に述べたような現行入試制度の弊害があるものならば、それは大都会において特に強く現われていると考えられるのであって、その強く現われている程度こそわれわれが問題としなければならぬ事態であるからである。大学生については入試の競争率がかなり高く、そして入学者の出身校がかなり広範囲に互っているような大学を選ぶことにした。父兄については、調査の主眼が入試制度改革の参考意見を求めることにあるから、受験生をもつ父兄の意見として偏らない結果を得るためにはその子弟の通学する高校の性格が公立、私立、大都会、中都市などと多様である方が望ましいであろう。

　このような基準に従って、表2に示したような対象が選定されたのであるが、厳密なサンプリングによったものではなく便宜的なものがかなり含まれている。しかし、質問事項と回答者との性格から考えて厳密なサンプリングによる場合にも結果に大きい差は出ないであろうと予想されるし、実際にも集計された各校別

表2　調査対象、調査実施手続および調査実施期日

対象別	調査実施校	人数 男	女	計	調査実施手続	調査実施期日
予備校生	近　畿（京都市）	150	7	157	研究員のインストラクションによる一斉記入	1956年1月～2月
	平　安（京都市）	115	8	123		
	京　都（京都市）	126	10	136		
	計	391	25	416		
高校生	洛北高　2年生（京都市・公立）	101	34	135	研究員のインストラクションによる一斉記入	1956年1月～2月
	洛北高　3年生（京都市・公立）	170	44	214		
	鴨沂高　3年生（京都市・公立）	49	12	61		
	計	320	90	410		
大学生	東北大学　1年生（仙台市・国立）			153	調査実施を依頼、先方の教官のインストラクションによる一斉記入	1956年1月～3月
	東北大学　2年生（仙台市・国立）			133		
	広島大学　1年生（広島市・国立）			316		
	広島大学　2年生（広島市・国立）			277		
	京都大学　1年生（京都市・国立）	768	31	799	研究員のインストラクションによる一斉記入	
	京都大学　2年生（京都市・国立）	557	25	582		
	計			2260		
父兄	洛陽高（京都市・公立）	25	5	30	学校当局に受験生全部の父兄をチェックして貰い質問紙を郵送した502名に発送した回収率は50.8％であったが記入不全のものを除いて集計の対象とされたのが49.3％であった	1957年2月～3月
	堀川高（京都市・公立）	30	18	48		
	洛東高（京都市・公立）	13	12	25		
	紫野高（京都市・公立）	45	9	54		
	立命館高（京都市・私立）	53	8	61		
	綾部高（京都府下・公立）	28	2	30		
	計	194	54	248		

の結果は各項目とも殆んど全く同じ傾向を示していたのであって、今回の調査結果の適用は必ずしも狭い範囲に限定しなければならぬことはないであろうと考える。

調査実施の手続きと実施期日は表2に示したとおりである。実施期日は入試が迫り受験生の緊張が最も高まっていると思われる時期をねらったものである。

3 ―結果の考察

前節にのべたように我々の調査は入試の難関を控えている高校生、予備校生、この難関を突破して大学入学を果した大学生および受験日を間近にした子弟をもつ父兄に対して行われた。調査結果の詳述はかえって理解を妨害することになるので、まず質問項目の共通なものについて各群の比較対照を明かにしながら概括的な考察を進め次に独自の問題点に論及したい。

―― 〔3.1. 略〕 ――

3.2. 受験生活の実態

当初にのべたように、極めて激烈な入学試験競争を経なければ、大学に進学することが出来ないというわが国では、当然受験生の生活が歪んだものになっているのではないかと想像される。世上では受験時代の生活の諸相が断片的に報道されている。曰く四当五落、これは選挙の軍資金800万以上なければ当選できないとした八当七落をもじったもので、睡眠を4時間にして頑張るものは合格、5時間もねむる奴は不合格だぞという意味である。また勉強時間等も常識を外れる時間数が伝えられて居り、従って娯楽の時間等はとるいとまもなく、正しく灰色の人生といわれている。神経症のごとき精神衛生上の問題も、特に受験生活に結付けられて居り、時には自殺等の事例等を報ぜられている。

われわれの調査ではこの生活に深くメスを入れて掘下げる前に、ひろく受験生全般の生活の基礎的な条件について資料を求めようとした。以下、数表に従ってのべてみる。

予備校の調査対象は京都市内の有名予備校3校であるが、表13に示されるように、自宅よりの通学者よりも下宿からの通学者がやや多くなっている。厳格に小学区制を実施している高校生の比率と比較すると予備校生の半数は地方出身の

表13 あなたが現在住んでいるところは自宅ですか　下宿ですか
（その1）

対象＼選択肢	自宅	下宿	無記入	計
予備校生	184 (44.2)	218 (52.4)	14 (3.4)	416
高校生	378 (92.2)	23 (5.6)	9 (2.2)	410
合計	562 (68.0)	241 (29.2)	23 (2.8)	826

ものと推定される。

勉強時間

　予備校生の授業時間は高校生と同じ4～5時間を中心にして前後に拡りをもっている（表14、表15）。これに加えて家庭（下宿）における勉強時間を考えると勉強時間の合計が12～13時間に及ぶものが少くないことが推定される。

表14　あなたは一日に何時間くらい授業をうけますか
（その1）

対象＼階級	0～1時	2～3時	4～5時	6～7時	無記入	計
予備校生	34 (8.2)	78 (18.7)	169 (40.6)	99 (23.8)	36 (8.7)	416
高校生	0 (0.0)	0 (0.0)	410 (100.0)	0 (0.0)	0 (0.0)	410
合計	34 (4.1)	78 (9.4)	579 (70.2)	99 (11.9)	36 (4.4)	826

表15　あなたの家庭における勉強時間は一日に何時間くらいですか
（その1）

対象＼階級	1～2時間	3～4時間	5～6時間	7～8時間	9～10時間	11時間～	無記入	計
予備校生	7 (1.7)	56 (13.4)	118 (28.3)	124 (29.8)	56 (13.4)	34 (8.2)	21 (5.0)	416
高校生	36 (8.8)	74 (18.0)	76 (18.5)	57 (13.9)	43 (10.5)	30 (7.3)	94 (22.9)	410
合計	43 (5.2)	130 (15.7)	194 (23.5)	181 (21.9)	99 (12.0)	64 (7.7)	115 (13.9)	826

参考書

　以上の長時間にわたって、それぞれ受験科目について勉強しているのであるが、参考書は各科目毎に何冊くらい使用しているだろうか。表16をみると、平均3冊というのが予備校・高校共に最多頻数をしめている。これに対して合格者群である大学生グループでの最多頻数は、2冊になっていて、前者との差異が見られる。この資料だけから断定はできないが、あるいは受験勉強において余り多

表16 おのおのの受験科目について参考書は平均何冊くらい使用していますか
(その1)

対象\選択肢	教科書だけ	1冊	2冊	3冊	4冊以上	無記入	計
予備校生	7 (1.7)	45 (10.8)	148 (35.6)	186 (44.7)	19 (4.5)	11 (2.6)	416
高校生	23 (5.6)	12 (2.9)	66 (16.1)	223 (54.4)	44 (10.7)	42 (10.2)	410
合計	30 (3.6)	57 (6.9)	214 (25.9)	409 (49.5)	63 (7.6)	53 (6.4)	826

(その2)

大学生	69 (3.0)	650 (28.7)	998 (44.1)	373 (16.5)	162 (7.2)	8 (0.4)	2260

くの参考書を買いこむのは、かえって能率を阻害するもので、その限度は2冊くらいであることを意味しているのかも知れない。

日課

予備校生高校生を通じて日課をきめて大体実行しているものが平均4割であるが、予備校生の方がやや多いもののようである(表17)。

表17 あなたは日課を決めていますか
(その1)

対象\選択肢	決めていない	決めていて、大体実行している	決めているが守れない	無記入	計
予備校生	98 (23.6)	188 (45.2)	114 (27.4)	16 (3.8)	416
高校生	127 (30.9)	155 (37.8)	117 (28.5)	11 (2.7)	410
合計	225 (27.2)	343 (41.5)	231 (27.9)	27 (3.3)	826

この日課のうちで睡眠時間について充分であるか不足しているかを、本人の主観によって判断させて見ると、予備校生の約6割、高校生の7割以上が充分と答えている。この両者に若干の差はみられるが、前述の4当5落は、受験生の全般についていえることではないことがわかる(表18)。

なお就寝時および起床時の調査では、就寝時は午前0時半、起床時は午前8時が最多頻数をしめていて、それぞれ±4時間のひろがりをもっているが、平均睡眠時間は高

表18 あなたの睡眠時間は充分ですか 不足していますか
(その1)

対象\選択肢	充分	不足	無記入	計
予備校生	247 (59.4)	155 (37.3)	14 (3.4)	416
高校生	314 (76.7)	80 (19.5)	16 (3.9)	410
合計	561 (67.9)	235 (28.4)	30 (3.6)	826

校生で7時間50分、予備校生で6時間40分となっている。相当長期にわたって行われる受験準備は、生理的限界を越えてはなり立たないことが知られるであろう。受験準備中の特定の短い期間には、世上伝えられるような無理な勉強も行われることがあっても、一般的には必要程度の睡眠はとっていると推察される（表19、表20、表21）。

表19 就寝時刻
（その1）

時刻 対象	10時まで	10時	11時	12時	1時	2時	3時	4時	4時以後	無記入	計
予備校生	9 (2.2)	4 (1.0)	22 (5.3)	54 (13.0)	109 (26.2)	104 (25.0)	68 (16.3)	28 (6.7)	6 (1.4)	12 (2.9)	416
高校生	20 (4.9)	5 (1.2)	32 (7.8)	71 (17.3)	113 (27.6)	63 (15.4)	46 (11.2)	21 (5.1)	16 (3.9)	23 (5.6)	410
合計	29 (3.5)	9 (1.1)	54 (6.5)	125 (15.1)	222 (26.9)	167 (20.2)	114 (13.8)	49 (5.9)	22 (2.7)	35 (4.2)	826

表20 起床時刻
（その1）

時刻 対象	5時まで	5時	6時	7時	8時	9時	10時	11時	11時以後	無記入	計
予備校生	1 (0.2)	7 (1.7)	13 (3.1)	45 (10.8)	162 (38.9)	142 (34.1)	18 (4.3)	12 (2.9)	4 (1.0)	12 (2.9)	416
高校生	5 (1.2)	7 (1.7)	5 (1.2)	19 (4.6)	114 (27.8)	146 (35.6)	41 (10.0)	32 (7.8)	18 (4.4)	23 (5.6)	410
合計	6 (0.7)	14 (1.7)	18 (2.2)	64 (7.7)	276 (33.4)	288 (34.8)	59 (7.1)	44 (5.3)	22 (2.7)	35 (4.2)	826

表21 平均睡眠時間
（その1）

時刻 対象	平均就寝時刻	平均起床時刻	平均睡眠時間
予備校生	1時10分	7時50分	6時間40分
高校生	12時40分	8時30分	7時間50分
全	1時0分	8時10分	7時間10分

受験準備時代の心の支え

受験準備時代（予備校生・高校生にとっては現在であり大学生では過去の追想）に一番心の支えになっているものを、5個の選択肢によって選ばせた結果は表22である。予備校生高校生を通じての平均値と大学生のそれとは、極めて類

似し、入学への一途の希望と未来への夢という、表現は異るが、彼等自身の強い意欲に支えられていると答えられている。約15％が家族・友人・先輩の励ましや必尽しが、心の支えであると答えている。予備校生と高校生とを比較すると選択肢の選び方に相当の相違があり、高校生では心の支えは未来への夢という漠然とした形をとることが多いのに反し、予備校生では切実に入学という一途の希望に集中してくる。これは落第を体験して、追いつめられた気持になるものの多いのを意味しているのであろう。なおここでも留意すべきは高校教師の指導・助言があまり彼等の心の支えになっていないのは6.3.1.〔省略〕でのべた進学への意志決定に、教師の影響の少ないことと併せて高校における教師生徒の人間関係に考慮する余地があるように思われる。

表22　現在（受験準備時代に）一番あなたの心の支えになっている
　　　（なった）ものは何ですか

(その1)

対象 \ 選択肢	入学という一途の希望	家族・友人先輩の励ましや心尽し	先生の指導と助言	未来への夢	宗教的信仰	その他	無記入	計
予備校生	188(45.2)	59(14.2)	4(0.9)	139(33.4)	3(0.7)	15(3.6)	8(1.9)	416
高校生	85(20.7)	83(20.2)	4(0.9)	173(42.2)	13(3.2)	21(5.1)	31(7.5)	410
合計	273(33.0)	142(17.2)	8(0.9)	312(37.8)	16(1.9)	36(4.3)	39(4.7)	826

(その2)

対象								
大学生	849(37.6)	344(15.2)	58(2.6)	873(38.6)	32(1.4)		104(4.6)	2260

精神衛生

表23は大学生について受験準備が原因と思われる病気を経験した比率を示しているが、重症4％、軽い病気17％で格別多いとは思われない。また神経衰弱についても、重症が2.7％でむしろ少い比率と考えられる。軽度の神経衰弱というのは、自己判定として果してどの程度のことを意味しているかは明かでないが、

表23　受験準備時代またはその後にあなたは受験準備が原因と思われる病気になりましたか

(その2)

対象 \ 選択肢	重い病気になった	軽い病気になった	病気にならなかった	無記入	計
大学生	91 (4.0)	388 (17.2)	1765 (78.1)	16 (0.7)	2260

表24 受験準備時代にあなたは神経衰弱になったことがありますか
(その2)

対象＼選択肢	重いのになった	軽いのになった	そんなことはなかった	無記入	計
大学生	61 (2.7)	580 (25.7)	1597 (70.7)	22 (1.0)	2260

表25 神経衰弱になったことのある人はその原因は何だと自分では思っていますか
(その2)

対象＼選択肢	過度の勉強	自信がなくなった	競争の重圧感	嫌いな科目を勉強せねばならず好きなことが出来ない	無記入	計
大学生	97 (15.1)	203 (31.7)	183 (28.5)	133 (20.7)	25 (3.9)	641

一般にこの種の症状は、過大に報告されがちなものであるので、専門家が診て重症とするものは含まれてないと考えられる。従って、軽い神経衰弱と自己判定をするのは、多くは神経質症状の若干を経験したという程度にとどまるのであろう（表24）。ともあれ重症・軽症を含めて自覚症状を経験した641名に、神経衰弱の原因と思わるものを選択させて見た結果は表25である。この選択肢は専門的にいって原因ではなく症状であるようなものも含まれているが、自信喪失と競争の重圧感を指摘するものが多かった。

　大学生の追想を通じて、受験時代に3割程が神経症傾向を経験しているが、これは合格者群についてである。現在受験準備中の予備校生および高校生に対し、21項目からなるテストを実施して見た結果は、附録6.5.〔省略〕において詳細にのべることにする。

3.3. 受験に関する意見

　受験準備時代は人間全体としての成長にとって、どのように影響すると思うかという質問項目に対し、プラスになる、プラスにもマイナスにもなる、マイナスになるの3カテゴリーを選択肢とした反応は表26のごとくである。父兄と大学生は現在その生活を行っている当事者でないので、幾分客観的な態度で判断していると思われるが、この両者の回答は極めて類似している。すなわち約半数がプラスにもマイナスにもなると答え、残りがプラスとマイナスに分れるが、約10％がマイナス、その3倍強がプラスと答えている。これと比較して高校生の回答を見るとマイナスになると答えるものがやや多くなって居り、予備校生はプラス

表26　受験準備時代は人間全体としての成長にとってどのように影響すると思いますか

(その1)

対象＼選択肢	プラスになる	プラスにもマイナスにも	マイナスになる	無記入	計
予備校生	201(48.3)	168(40.4)	38(9.1)	9(2.1)	416
高校生	143(34.9)	191(46.6)	67(16.3)	9(2.2)	410
合計	344(41.6)	359(43.4)	105(12.7)	18(2.2)	826

(その2)

対象	プラスになる	プラスにもマイナスにも	マイナスになる	無記入	計
大学生	779(34.4)	1218(53.9)	237(10.5)	26(1.2)	2260

(その3)

対象	プラスになる	プラスにもマイナスにも	マイナスになる	無記入	計
父兄	91(36.7)	126(50.8)	28(11.3)	3(1.2)	248

になると答えるものが半数を占め、マイナスになると答えるものの5倍強に当っている。

　いわゆる灰色の生活を送っているその当事者である予備校生がもっとも多くこの生活が人生のプラスであると考え、まだ失敗の経験を持たない高校生にマイナスであるとの答えが多いのは、注目すべき現象であろう。プラスであると考えるからこそ、敢て予備校生活を行っているのだという解釈もあろうが、また当面している苦しい生活をプラスになるのだとして合理化する心理であるとも解される。

　ともあれわれわれが問題視している入学難に備えた歪んだ生活のあり方も、当事者およびその父兄およびかって当事者であった大学生の全般の僅か1割前後を除いては、止むを得ない事情として是認しているのではないかと想像される。交通難や物資の入手難に耐えると同じ意味でわが国民の順応性の一面として指摘しておきたい。

　さてプラスあるいはマイナスと考えるかは、表27および表28に示される。父兄の場合は単一のカテゴリーを選ばせ、他は2以上を選んでいる場合もあるので直接の比較は出来ないが、当事者たちは忍耐力という性格形成をプラスの筆頭にあげ、親達は自主的に勉強することを覚えるという生活指導上の利点をあげている。

　マイナスと答えたものの理由は、生活がさびしいという主観面、身体的健康面、視野を狭めるという教養面、利己的になり非社交的になるという社会性の面を意味する4つのカテゴリーに、ほぼ均等に配分される。僅かな差異をみると大

表27 受験準備時代が人間成長にとってプラスになると考える人はどんな点でそう思いますか

(その1)

対象＼選択肢	忍耐力ができる	学習した教科全体の見通しをうる	勤勉な習慣をうる	自主的に勉強することを覚える	その他	計
予備校生	129(42.9) 〔64.2〕	22(7.3) 〔10.9〕	56(18.6) 〔27.9〕	60(19.9) 〔29.9〕	34(11.3) 〔16.9〕	301/201人
高校生	122(42.7) 〔85.3〕	28(9.8) 〔19.6〕	41(14.3) 〔28.7〕	76(26.6) 〔53.1〕	19(6.6) 〔13.3〕	286/143人
合計	251(42.8) 〔73.0〕	50(8.5) 〔14.5〕	97(16.5) 〔28.2〕	136(23.2) 〔39.5〕	53(9.0) 〔15.4〕	587/344人

(その2)

対象	忍耐力	見通し	勤勉	自主的	その他	計
大学生	546(36.5) 〔70.1〕	331(22.1) 〔42.5〕	127(8.5) 〔16.3〕	409(27.4) 〔52.5〕	82(5.5) 〔10.5〕	1495/779人

(その3)

対象	忍耐力	見通し	勤勉	自主的	その他	計
父兄	18(20.4)	20(21.5)	12(12.9)	39(42.9)	2(2.2)	91/91人

( )は回答総数に対する%、〔 〕は応答者数に対する%

表28 受験準備時代が人間成長にとってマイナスになると考える人はどんな点でそう思いますか

(その1)

対象＼選択肢	生活が寂しく落着かない	体を弱くする	馬車馬のように勉強するため視野を狭める	利己的になり他人とのつきあいが悪くなる	その他	計
予備校生	28(22.4) 〔73.7〕	28(22.4) 〔73.7〕	27(21.6) 〔71.1〕	30(24.0) 〔78.9〕	12(9.6) 〔31.6〕	125/38人
高校生	47(24.9) 〔70.1〕	37(19.6) 〔55.2〕	38(20.1) 〔56.7〕	58(30.7) 〔86.6〕	9(4.8) 〔13.4〕	189/67人
合計	75(23.9) 〔71.4〕	65(20.7) 〔61.9〕	65(20.7) 〔61.9〕	88(28.0) 〔83.8〕	21(6.7) 〔20.0〕	314/105人

(その2)

対象	生活	体	視野	利己的	その他	計
大学生	156(28.9) 〔65.8〕	115(21.3) 〔48.5〕	116(21.5) 〔48.9〕	110(20.4) 〔46.4〕	43(8.0) 〔18.1〕	540/237人

(その3)

対象＼選択肢	生活が冷たく可哀そうだ	体を弱くする	視野が狭くなる	利己的になり他人とのつきあいが悪くなる	その他	無記入	計
父兄	5(17.9)	6(21.4)	5(17.9)	5(17.9)	1(3.6)	6(21.4)	28

( )は回答総数に対する%、〔 〕は応答者数に対する%

表29 学歴と実力とについてどう思われますか
（その3）

対象＼選択肢	学歴が絶対にものをいう	実力も大切だが学歴の方がより大切だ	学歴も大切だが実力の方がより大切だ	実力が絶対にものをいう	無記入	計
父兄	9(3.6)	47(18.9)	152(61.3)	27(10.9)	13(5.2)	248

学生が回想して生活の寂しさをやや強調し、高校生が利己的になり交際が悪くなるのに幾分偏よる傾向があるが、統計的には有意ではない。

大学進学に際し特定校に志願者が殺到するのは、7. 入学競争の社会的条件〔省略〕で分析されるような多くの理由が考えられるが、よい大学に入らねばならぬとする傾向と、父兄に問うた学歴と実力の軽重について、表29について検討して見よう。学歴が絶対にものをいう、実力が絶対にものをいうという一辺倒の考え方は少数であって、特に前者は数えるに足りない。折衷的意見では、実力の方をより大切とするものがその反対の約3倍で、全体の過半数をしめている。この良識は先にのべた子弟の第一志望校決定の際に就職の好条件と考えてきめたという回答が僅か11％であることと符合する。すなわち日本の現状では、特定の優秀校の学歴をもっているものがより多く出世している実状は知っているが、それが直に特定の優秀校でなければうだつが上らないという極端な考え方が、大勢を支配しているとは思われない。一方受験生がいろいろの理由、特に就職を考えてなどといって、特定校への入学を切望するのは、むしろ表面的の理由であり、実際は彼等仲間の間に醸成されている雰囲気に支配され有名校にひしめくというのが、最もふさわしい表現ではなかろうか。これに対して親達は子供が希望するからその選択を承認し、教師はほとんどこれに関与していないのが実状のように思われる。

3.4. 現行入試制度の改善意見

もしわが国の現在の試験地獄が何等かの弊害を伴うものであるとしたら、それを改善して弊害の除去につとめねばならぬ。われわれの研究はこの目標への手段として、現状分析を行っている段階にある。

現行の入試制度の根本的改革は、目下の段階では机上論であって、将来、教育制度全般との関連のもとに最も合理的な方法が樹立され、而してそれが与論の支持を受けてはじめて実行可能になる。われわれのささやかな調査結果を通じて言

表30　現在の入学試験の方法についてあなたはどんなに考えていますか
（その1）

対象＼選択肢	公正な選抜方法だと思う	大体公正な選抜方法だと思う	余り公正な選抜方法とはいえないと思う	全く不公平なものだと思う	分らない	無記入	計
予備校生	49(11.7)	195(46.9)	107(25.7)	15(3.6)	35(8.4)	15(3.6)	416
高校生	64(15.6)	180(43.9)	85(20.7)	22(5.4)	43(10.5)	16(3.9)	410
合計	113(13.7)	375(45.4)	192(23.2)	37(4.5)	78(9.4)	31(3.7)	826

（その2）

大学生	438(19.4)	1277(56.5)	311(13.8)	68(3.0)	124(5.5)	42(1.8)	2260

えることは、当事者および父兄の大部分が現状止むを得ないという態度で、この制度に適応しようとしているように思われる（表30）。というのは現行制度の弊害は当事者たちには単に難しさ苦しさという体験として現われるだけであって、専門家や有識者が憂えている諸点、つまり、(1)国家の将来を荷うべき多数の青年が、自ら狭く限定してしまった特定校への入学を阻まれたということだけで、長いときには、数年間も入試合格のみを目的とする浪人生活を送っていることの無駄、(2)折角多くの大学をつくりながら、特定校のみに志願者が殺到し、従来の官学偏重や、学閥意識の傾向との悪循環をたち切れないでいること、(3)またこの制度が当事者である青年たちに好ましからぬ考え方を強い、人生観や世界観の形成に悪影響を齎すということ等は、それが日常生活の当然の事実としてそれには順応し、知らず知らずのうちに個々人の人格形成に参与しているのであるから当事者たちに自覚されないのは当然であろう。この点に関しては、世界各国におけるこの問題の実状を紹介し、またわが国における歴史的因果をも綿密に考察させることによって、与論を啓蒙する努力が必要と思われる。

　根本的改革案は入試全廃と考えるが、これは現段階では机上論に過ぎない。そこで仮に実行するとして、教育行政機関もしくは学校当局の手で容易に実施しうる程度の改善案に対し、当事者および父兄がどのような反応を示すかを考察してみたい。選択肢として選んだ改善案の骨子は、大局的に見れば小細工な策に過ぎないが、それぞれ限定された意味をもっている。この意味を明らかにしながら、受験生ならびに父兄のそれに対する反応を考察しよう。

志望校の選択について

　表31にあげた改善案のうち、(1)国立大学の試験を同一日に行って並願を許さ

表31 もし入学試験制度を改善するとしたら それぞれどのように変えるのがよいと思われますか（志望校の選択について）

(その1)

対象＼選択肢	現行のままがよい	国立大学の試験を同一日に行って一校しか志願できないようにする	国立大学は共通試験を行って少くとも第3志望までを認めるようにする	わからない	無記入	計
予備校生	125(30.0)	61(14.7)	170(40.9)	47(11.3)	13(3.1)	416
高校生	107(26.1)	60(14.6)	129(31.4)	79(19.3)	35(8.5)	410
合計	232(28.1)	121(14.6)	299(36.2)	126(15.2)	48(5.8)	826

(その3)

| 父兄 | 69(27.8) | 40(16.1) | 111(44.7) | 24(9.7) | 4(1.6) | 248 |

ないというのは、自分の能力に合わせて一発必中主義で選択させること、そのような志願者が一流校の落武者のために席を奪われないようにする、これがひいては学校差を小さくしてゆくものであり、大学入学後の学生の勉学態度をよくするだろうという仮定を含んでいる。これに対して、(2)国立大学は共通試験を行うというのは上位から順に希望校に配置するという意味で、適性検査の思想を含んでいる。国立大学で勉学するにふさわしい何名かを、定員全般の範囲で上位から選択するという合理性をもつ一面、大学の学校差が今より更に拡大されるおそれがある。しかし、調査にあたって、われわれはこれらの項目のもつ意味内容については被調査者に伝えずに、ただ志願の仕方という形式的な面だけを具体的に教示した。

調査の結果は表31に示した。それによると、どの被験者層でも約3割が現行の一次・二次の方法を支持している。わからないという反応は予備校生および父兄では約1割、まだ受験の経験のない高校生では2割である。改善意見のうち一発必中方式をよしとするものが15％内外であるのに、共通試験で第3志望までを認める方式は、前者の2〜3倍に及んでいる。質問項目間の内部相関を調べてみると、前者を指摘するものは理科系志願者に多く、後者を指摘するものには文科系志願者に多かった。また父母の学歴の低いものが前者を、高いものが後者を選ぶ傾向も見られた。

試験科目について

試験科目の増減について四つの方法が考えられる。(1)は試験科目を減らして基礎科目だけにすることである。この方法のねらいは、受験勉強の負担を軽くする

表32 もし入学試験制度を改善するとしたら それぞれどのように変えるのが よいと思われますか（試験科目について）

(その1)

対象 \ 選択肢	現行のままがよい	科目をへらして基礎的な学科だけにする	科目をふやして高校の全科目について行う	現在の科目のほかに進学適性検査を加える	進学適性検査だけにする	わからない	無記入	計
予備校生	187(44.9)	121(29.1)	35(8.4)	32(7.7)	11(2.6)	20(4.8)	10(2.4)	416
高 校 生	146(35.6)	150(36.6)	24(5.8)	15(3.6)	15(3.6)	38(9.3)	22(5.3)	410
合 計	333(40.3)	271(32.8)	59(7.1)	47(5.7)	26(3.1)	58(7.0)	32(3.9)	826

(その3)

| 父 兄 | 71(28.6) | 90(36.3) | 26(10.5) | 27(10.9) | 8(3.2) | 18(7.3) | 8(3.2) | 248 |

ことを主眼とし、文科系志願者の理数科を免除するなどであるが、近来の一般教養の考えと矛盾するものがある。(2)は科目をふやして高校の全科目について行うことである。これらのねらいは、入試対策のために高校の教育課程が乱されるのを防ぎ、平素の勉強を充実される効果があり、受験生の能力を巾広いものにする効果は考えられるが、いきおい受験勉強の過重負担となることも予想される。(3)は3年前まで実施されていた進適と学力考査の併用である。これは、かって、高校間の地域差学校差を多少なりともカバーしていたものである。(4)は進学適性検査だけにすることである。これのねらいは説明を要しないであろう。

　表32は試験科目についての反応を示す。予備校生は現在の科目を支持し、父兄は科目をへらすことを希望している。その他の方法については、少人数しか反応していない。

選抜の方法について

　表33にあげられた、いくつかの改善案の意味は、一つの重要な仮定を背景としている。この研究で採用した調査方法では究明することが困難であるが、日常接する事例を通じて、入学試験の合否が事実を超えて受験者に深刻な影響を与えているのではないかと憂慮される。すなわち入試失敗の経験が何等かの形で根深く作用し、一種の卑屈さを形成しているのではなかろうか。

　現在の大学の入学試験は資格試験ではなく選抜試験である。入試結果の処理は各科目の点数の合計点をもって序列を決定し、合格者と不合格者の間に文字通り一線をもって割する作業で了っている。この一線は正に天国と地獄の境目になるのであるが、この一線を挟んでいる受験者の間に果してどのような差があるであ

表33 もし入学試験制度を改善するとしたら それぞれどのように変えるのがよいと思われますか（選抜の方法について）

(その1)

対象 \ 選択肢	現行のままがよい	試験の結果一定水準以上を仮合格者としその中から定員だけを抽選によって入学させる	入学定員の半分或は三分の一を現行どおりに採り残りは一定水準以上の学力をもつ多数から抽選で入学させる	高校の内申だけで詮衡する	わからない	無記入	計
予備校生	260(62.5)	49(11.8)	30(7.2)	3(0.7)	51(12.2)	23(5.5)	416
高校生	225(54.9)	41(10.0)	32(7.8)	9(2.2)	73(17.8)	30(7.3)	410
合計	485(58.7)	90(10.9)	62(7.5)	12(1.4)	124(15.0)	53(6.4)	826

(その3)

| 父兄 | 155(62.5) | 24(9.7) | 34(13.7) | 10(4.0) | 17(6.9) | 8(3.2) | 248 |

ろうか。多くの場合は、1000点満点に対する1、2点の差に過ぎない。そして点数の分布を考慮すると、末尾の合格者群とそれにつづくより多くの不合格者群との間には、学力の優劣を意味する点差があるとは信じられないのである。然るに、一線上に浮び上った合格者は、不当の優越感を抱き、一方、約束とはいいながら、一線で遮断された不合格者群は、単に合格できなかったという苦痛のみならず、不必要な劣等感を抱くようになる。この事情は一般には正当に認識されてはおらず、一点でも差は差であると信じられている。優秀な受験者の集中する大学では、定員以上の合格者を定めて、後は定員分だけ抽選しても格別合格者の質が悪くなるとは考えられない。そして落第のかわりに合格抽選もれということで、不合格者の精神衛生もよくなろうというのが、ここで選択肢に選ばれた改善案の主旨である。すべての被調査者層を通じて、これらの試案は受容されておらず、それぞれ1割内外の賛成者があるだけで、過半数は現行の競争試験を望んでいる（表33）。

4―結 語

以上、われわれの調査結果のうち、入試に対処する態度、受験生活の実態、受験に関連する意見、および現行入試制度に対する改善意見等について概括的に報告し、受験生活中の受験神経症傾向については、6.5.に附録〔省略〕として詳しく報告する。

この報告中で取上げた問題を簡単に要約すると、以下のようになる。

　(1)多くの受験生および父兄は、われわれが指摘しようとする入試の弊害については、さほど大きな抵抗を示さず、大体において現状やむをえないことと観念し、あるいは当然のことと是認している傾向が見られる。われわれは、この状況がむしろ憂慮すべきことではないかと思っている。

　(2)受験生の進学しようとする理由と、親の進学させようとする理由を比較すると、そこに多少の差が見られる。子は就職条件その他の理屈で説明しようとし、親は子供が希望するからとするのが多いのは、現在の日本の親子関係の一端を現わしているのではなかろうか。

　(3)進学問題に関する教師の影響力が、ほとんどみられないのは、生徒指導の欠陥として指摘されよう。

　(4)水準の高い大学においても、合格者のうちその大学へ入ったことの満足感をもたない学生が20％以上もあることは問題であろう。多くの大学についていうと、適材適所主義的な安定感が学生の意識の上に著しくかけていることが予想されるが、現行の入試制度が然らしめていると考えられる。

　(5)受験生ことに浪人の生活は、望ましい青年の生活の型と異った生活であることはいうまでもないが、一般に誇張して伝えられている程の無理な生活は、僅少であると思われる。生理的限界を超す過少な睡眠や、常識をこえた長い勉強時間等は、結局、能率を低め競争から落伍する方へ導くからであろう。

　(6)浪人と高校生を比較すると、その間にいくつかの相違点があげられるが、浪人において、より切迫した状態が認められる。たとえば、受験時代の心の支えとして指摘するものの中で、高校生では未来への夢という漠然とした表現をより多く選択し、予備校生で入学という一途の希望という切実な表現をより多く選択している。また神経質傾向の訴えも浪人に多くみられる。

　(7)受験準備時代が人間全体としての成長にとって、プラスであるかマイナスであるかについての意見は全体としてはプラスにもマイナスにもなるとの折衷的意見が多いが、はっきりプラスであると答えるものは、マイナスであると答えるものよりはるかに多い。ことに予備校生において著しい。プラスの理由として忍耐力という性格形成をとりあげ、親達は自主的な勉強という生活指導上の利点をあげている。マイナスの理由として、生活がさびしい、不健康、視野を狭める、非社交的という四つのカテゴリーに答えが分散している。

　(8)学歴と実力の軽重に関する父兄の意見は、学歴が絶対にものをいう、実力が

絶対にものをいうとする一辺倒の考え方は少数であって、とくに前者は数えるに足りない。折衷的意見のうち実力の方をより大切とするものが、その反対の約3倍で全体の過半数をしめている。この良識は志望校決定動機に関する回答とも符合する。この点から特定校集中の傾向を助長するのは親の意見ではなく、生徒自身の中にあるものとみるべきであろう。

(9)現行の入試制度については、概して順応的であり、国立大学の志願方法に関して改正を希望しているものが多いが、試験科目・選抜方法等に関しては、むしろ現行のものを公平として存続を希望している。

——〔後略〕——

4 受験のポスト・モダン

竹内 洋

昭和40年代までの受験のモダン

　明治30年代後半から登場した受験現象は、現在の受験と同じようにみえる。しかし同一年齢人口における高等教育進学率（高等学校、専門学校・実業専門学校、高等師範学校など）は大正9年で男子2.3％（女子0.12％）、昭和15年でも男子5.4％（女子0.6％）にすぎない。今は大学進学率だけとっても37％（平成元年）である。高校進学率は94％に達している。ほとんど全員が受験の世界を経験している。では違いは、受験が社会のなかのごく一握りの人々の世界だったことと、今のようにほとんどすべての青少年の世界になったという量的差異だけだろうか。

　しかし差異は量だけにとどまらない。質的な大きな差異をともなっている。この質的な差異を受験のモダンと受験のポスト・モダンと呼ぶことにする。受験のモダンは「硬い」受験競争の時代を、受験のポスト・モダンは「柔らかな」受験競争の時代をいう。

　受験のモダンは第四章でふれた久米正雄の小説『受験生の手記』にみられるような世界である。そこでは今の若い世代が『受験生の手記』を読むと、受験競争に対するあまりにもきまじめな意味付与に奇異な感想さえ抱くかもしれない、とも述べた。こういう受験のモダンは昭和40年代まで続いた。受験現象の断絶は戦前と戦後にあるのではない。昭和40年代以前とそれ以後にある。第五章までにみたような戦前の受験現象が昔話のように響いてくるのは戦後になってからではない。昭和40年代以後からのことにすぎない。

　もちろん戦後、学校体系が6・3・3・4制に統一され、新制大学が誕生するという大きな変化があった。これにともなって決定的な選抜試験は中等学校から高等学校・専門学校の間ではなく、高等学校から新制大学にかけての大学入試にな

出典：竹内洋著『立志・苦学・出世―受験生の社会史』講談社、1991年、[第六章] 167-196頁、204-205頁

った。さらにアメリカの影響によって大学入試に知能検査に似た進学適性検査が導入されたり、穴埋め問題や〇×式、多肢項目選択問題などの「客観式」テストが導入されたりした。しかし第四章で少しふれたように、受験をとりまく社会的コンテキストや受験の世界は戦後のある時期までは戦前とほとんど変わらないものだった。努力と精神主義を強調する受験雑誌の体験記や指導スタイルもほとんど相同である。

戦後（昭和33年）のある合格体験記の結びはつぎのようなものである。「入試だけでなく、すべて『やれば出来る』という事であり、『努力する者は必ず救われる』という言葉を忘れないで『忍耐と努力』をして下さい」[1]。これは努力と勤勉を金科玉条とした戦前の合格体験記とまったく同形な言説パターンである。

受験生活を「灰色」という色で指示することはすでに戦前にみられたことだが、戦後も昭和30年代まではよく使われていた。灰色は努力・忍耐を旨とする受験的生活世界を指示する枕詞だった。受験生活は灰色でなければならなかったのである。すでに第四章で述べたように、参考書にしても戦前のベストセラーがほぼそのまま使われていた。

断絶の兆しは昭和40年代からはじまる。「蛍雪時代」が大判になり、カラーやグラビアを取り入れ、従来の黒っぽい受験雑誌のイメージを破ったのは、昭和42年4月号である。デル単（『試験にでる英単語』）が登場したのも同じ昭和42年である。その後、続々とカラフルな参考書があらわれ、戦前産の参考書にとってかわりはじめる。受験生活を灰色によって指示しなくなったあたりから、受験のポスト・モダンがはじまる。むろんその間には受験の大衆化が生じたということも無視できない。大学進学率の高度成長は昭和40年代からである。しかしもっと重要なのは、昭和40年代から受験が位置する社会的文脈が大きく変化しはじめたことである。

目標の脱神秘化

受験のモダンは希少性の時代の社会的文脈で展開された「マジな」受験競争である。「マジな」受験競争というのは将来の生活を賭けた競争の謂である。受験の成功によって得られる立身出世が神秘化されている時代の競争である。あるいは受験戦争で生きのこらないと大変だ、という没落の恐怖をともなった競争であった。

――〔写真 「蛍雪時代」昭和42年4月号　略〕――

　希少性の時代においては達成によって得られる報酬（地位や金銭）がきらきらとしたものだった。したがって、目標（学歴立身）を内面化しながらも達成がかなわない故の「不満」の時代でもあった。第五章で述べた「高等小学校現象」がこれである。

　しかるに豊かな社会は、達成ののちに得られる報酬そのものが事前に脱神秘化されてしまう「不興」の時代である。豊かな時代になると達成（立身出世）によって得られる報酬の満足の魅力が大きく後退する。かつては欲望満足延期によって生みだされることになっていた快楽は今や達成以前に手にいれることも可能である。社会人として特別の成功をしなくとも一流レストランでフランス料理を食べる贅沢は味わえるということだ。達成の結果としての金銭や地位もその衒示効果を大幅に喪失する。アメリカの社会学者サイモンとギャノンは、前者の「不満」の時代を「希少性のアノミー」、後者の「不興」の時代を「豊かさのアノミー」の時代と呼んで区別している。(2)

　今や大衆感覚そのもので目標の脱神秘化がおこなわれている。藤岡和賀夫もいう。今では安価な時計を身につけていても高級腕時計をしている人に羨望を感じない。劣等感ももたない。高級時計をしている人が「イモ、スノッブ」に見られたりもする。「こうした腕時計をめぐる価値の『逸脱現象』『飛び越し現象』は、単なる多様化と片づけるには手に余る、価値の『非整列化』の反映」だ、と。藤岡のいう価値の非整列化とは、「目標」（地位・金・所有物）そのものの脱神秘化に他ならない。(3)

　豊かな社会ではドラマ化された成功目標がなくなるだけではない。失敗もドラマチックではない。有名な学校を出ることによって将来得られる報酬がぴかぴかした目標になるというわけではない。また学歴が乏しいと生活するのに困るというものでもない。豊かな社会とは人を前向きに駆りたてるドラマチックな成功という人参も、後ろから駆りたてるドラマチックな失敗という鞭もない社会である。受験競争もこういう背後の刺激者の喪失という文脈の中に組み込まれている。

投資の拒否

　受験現象を大きく変容させる希少性の時代と豊かな時代を、野心の加熱と冷却

という視角からさらに読んでみよう。

　近代社会は一方で野心を掻きたて（加熱）ながら、他方で諦めさせる（冷却）過程を作動させてきた。しかし加熱と冷却はディレンマである。野心を高めることに社会が成功すればするほど、のちの局面で野心を冷却させることは困難になるからだ。逆に野心を鎮静させることに社会が成功すればするほど野心を加熱させることは困難になる。だから加熱と冷却はディレンマではあるが、それを蒸気機関のボイラーと凝縮器の温度差のように差異のポテンシャルとして利用し、エネルギーを吹きださせることが近代社会の活力の源泉だった。

　伝統的価値（「オラたちの子に教育はいらない」）に生きる一部の労働者・農民階級だけがこのような近代の罠（加熱と冷却）から外れていた。蒸気機関モデルに沿いながら加熱させられのちに野心を冷却するのがクール・アウトであるときに、蒸気機関モデルそのものにのっていかないのはオプト・アウト（投資の拒否）である。

　しかしすでに述べたように、豊かな社会ではこういう「投資の拒否」（報酬へのしらけ）は新中間層まで巻き込みはじめている。「熱源」と「冷却」装置の落差を利用したシステムの運営が自明のことではなくなってきたのである。これが豊かさのアノミー（無規範）である。希少性のアノミーとは根本的に異なっている。希少性のアノミーはあの高等小学校現象のように目標（学歴立身）を内面化しながら、手段（学資）がないことによる苛立ちである。それに対し豊かさのアノミーはもはや目標そのものが人を駆り立てる大きな魅力たりえないのだ。

　ポスト・モダン社会は「諦めきれない」というよりも「のらない」社会である。欲望をつぎつぎと高める人間イメージは破産し、所有と達成の経験についてはるかに冷ややかな態度の時代だからである。

　受験現象の近代は、加熱がやすやすと成功した文脈で展開された。受験競争の成功によって得られる報酬の神秘化、あるいは受験で生きのこらないと人生に落伍するという没落の不安によっていた。

　近代日本において後者の没落の不安がかなり大きかったことは、戦前の所謂成功読本をみるとよくわかる。それは、成功のことを書くよりも、どうやって失敗を避けるか。世の中で失敗したら大変なことだということを言っているにしかすぎない場合が少なくない。たとえば、『成功針路　大正青年と努力』（桂醇、岡本増進堂、大正6年）という成功読本の構成はつぎのようなものである。緒論　失敗の意義、第一編　失敗の原因、失敗と境遇、失敗と機会、第２編　失敗の動

機、失敗と誘惑、失敗と健闘……と続く。「成功針路」という題名にもかかわらず、内容は成功よりもいかにして失敗を避けるかについて書かれてある。成功読本の体裁をとりながらも内容的には失敗回避読本である。

試験の秘儀性が剥がれるとき

　努力や忍耐の受験的生活世界は、このような希少性の時代においてリアリティをもち、かつ倫理たりえた。事実、努力・勤勉・忍耐などの近代日本の自己鍛練のエートスは、元禄・享保期の商品経済の急激な展開による零落の危機(「長者ニ三代ナシ」)の時代にサバイバル倫理として誕生したものである。
　ところが豊かな社会のアノミーのなかでは努力と勤勉という近代日本人のエートスは、価値ではなくなりはじめる。努力奮闘の倫理を支持した社会構造が大きく変化したからである。近ごろの有名大学生は、受験でほとんど勉強しなかったことをひけらかそうとするのはこの故である。かつての受験生が過度に努力物語を強調したとすれば、今の学歴エリートは努力しなかったことを過度に強調しようとする。学歴は単に「選択的保証」にすぎないと、自らの才能や出自のよさ(おぼっちゃま・おじょうさま)を気取りたいというのが当世風である。
　こうして受験から努力や勤勉の強迫観念が取り払われることによって試験の秘儀性が剥離されはじめたことが受験のポスト・モダン現象である。
　試験はいってしまえば暗号解読競争である。試験で良い成績をとる者は適確な暗号解読表をもっているからである。生徒や受験生は練習問題などに取り組むなかで時間をかけながら自然にこの種の暗号解読表を体得する。暗号解読表は言語化、マニュアル化しにくい勘やコツとして身体化される。しかし言語化、マニュアル化がまったく不可能というわけではない。公教育の教師は「学問に王道なし」とむしろ意図的に言語化、マニュアル化を避ける。もちろん教師はときとするとそうした「王道」を吐露することはあるが、あくまで非公式であり暗示的である。試験を暗号解読ゲームとして相対化することは教育の神話を破壊し、教師をして単なるマニュアルのインストラクターにしてしまうからである。こうして試験に必要な深層ルールの明示化は公教育では避けられる。その意味で評価の対象となること自体について実は教師は生徒に何も教えない。
　この種の隠蔽によって試験と教育が神秘化され、教師の尊厳が保持され教師・生徒の上下関係が維持されるというのが教育システムの仕掛けである。試験という言葉はラテン語にはなかった。中世の大学の誕生とともにあらわれる。試験は

教育が学校という形で制度化されるにおよんで登場した。試験が学校システムの重要な儀式であり要である所以である。

　もちろん生徒は学校のなかで日常的に試験に晒されることによって自成的に対応戦略の知恵を獲得する。試験ではどうやってその問題を解くかの過程は問題にしない。結果よければすべてよしである。生徒がこのことに気がつくのにそう時間はかからない。小学生でも符号の選択であれば同じ符号が三回以上連続することはめったにないなどのことを正答を得る手掛かりにする。このように、正答に至る過程は問題にしないでとにかく正答すればよいという態度が「正答主義」（ライト・アンサーリズム）[5]である。

　試験や評価があるところはどこでもこの種の正答主義がでてくる。しかし正答主義は防衛的かつ消極的戦略でしかない。教師自身がこの種の戦略に手をかすことはないからである。公教育の教師と違って、予備校や受験雑誌こそがこの種の隠蔽の利害からもっとも遠いところにある。否、暴くことにかれらの利害がかかっている。ところが戦前から予備校や受験雑誌はあったが、かつては努力と勤勉の神話が作動していたから、受験生も受験雑誌も「受験準備といふ特殊の術」はない[6]という呪縛から逃れられなかった。受験を徹底した暗号表の習得とみる視点が貫徹できなかった。

　たしかに戦前においても1日12時間以上の勉強に懐疑的な言葉に出会う。大正6年のある合格記はいう。「受験記を読んで見ると、1日平均12時間位勉強したといふ人がよくあるが、特別に脳が丈夫で身体の壮健なのが自慢の人はいざ知らず、さうでない人がうつかり真似でもすると大変なことになる」[7]と。かれは8時間の勉強で合格可能だ、という。しかし8時間の「精神の集中」は漫然たる15時間に「優らぬまでも劣らない」として正当化される。「精神の集中」は、「受験は要領」と異なって、あくまで努力奮闘価値の枠内の語彙である。

受験産業は教育とアカデミズムの秘密を暴く

　いま予備校などの受験産業がおこなっているのは、試験が隠蔽する罠を明るみに出すことである。受験を単なる努力の積み重ねとみるよりも適確なストラテジーの行使とみる視点である。受験は要領とする意識がこれである。努力の神話が崩壊した時代においてはじめて試験の呪縛性＝絶対化から解き放たれる。受験産業は一斉に受験「戦略」にシフトした。

　受験生にとって予備校がおもしろいのは、予備校には目標があるからとか教師

が熱心だからというようなことではない。そこでは徹底的に試験が相対化され、暗号の位置におかれるからである。予備校は入試を秘儀的な儀式の位置から暗号解読ゲームに変換してしまう場だからである。試験の秘儀性が剥奪されることは、学校＝教育システムの存立構造の秘密のカラクリを知ってしまうことである。それはアカデミズムの秘密——真理の探究というよりも、それ自体特有のルールにもとづいた知的ゲーム——をも知ってしまうことになる。この種の知ってしまう爽快さ（深刻真面目受験劇の相対化）がいま予備校が面白いの背景にあるはずである。

『国語入試問題必勝法』（清水義範、講談社、1987年）という面白い小説はこのような文脈で読むことができる。この小説は今日の暗号解読としての受験を象徴している。ストーリーは国語が不得意な生徒のために家庭教師がさまざまなルールをあみだすことから成り立っている。ただそれだけのストーリーである。だがこの小説が推理小説のように面白いのは、試験を神聖な位置から引きずり落とし暗号解読ゲームとして扱っているからである。

たとえば、本文の内容と合致しているものを選べというときにはつぎのようなストラテジーが呈示される。大、小、展、外の法則がこれである。「大」というのは本文に書かれているよりも内容を拡大したものである。これは本文に書かれてある以外のものまで含んでいるから間違いである。「小」は本文には書かれているがそれは部分的なことにすぎないものである。これも間違い。「展」というのは、本文の論旨をもう一歩展開したものである。これはひっかかりやすいが、本文には書いてないのだからこれも誤りである。こうして誤りを削除し残ったものから正解を選べということになる。このような法則がつぎつぎと繰りだされる。なかでも面白いのは何字でまとめよという問題の対処法を書いているくだりである。

内容を30字でまとめよなどというのはそもそもムチャな話である。30字でいえるなら原作者が30字でいっているはずだからといってその戦略をつぎのようにいう。私が「要約」するよりも小説自体の言葉そのものが面白いのでそのまま引用しよう。

　　三十字で言えることなら原作者が三十字で言っているはずじゃないか。それじゃあ言えないからもっと長く書いているんだ。つまりこういう問題は、私の家は駅を降りて右へ出てその街道を道なりに三分ほど歩きますと角に時計屋が

ありますから、そこで左へ曲がってそのまま進んで、銀行を越したところにあるタバコ屋の向かい側の生け垣の家です、という文章を、私の家は駅から歩いていける距離のところにあります、とまとめさせるようないいかげんなものなんだ。(同書、52頁)

『国語入試問題必勝法』は試験が脱神秘化され、受験が「地獄」や「刻苦勉励」ではなく、「ゲーム」や「要領」になっている様子を示していて興味深い。『受験生の手記』から『国語入試問題必勝法』の受験小説の変化のなかに、受験をめぐるモダンとポスト・モダンの長期波動の歴史が刻印されている。

　大学側からする入試選抜方法の改革がいつも受験産業に負けてしまうのは、予備校などの受験産業は入試を徹底した戦略ゲームと考えるのに対し、大学側は教育的意義や人間形成などの教育的言説を入試という排除ゲームに持ち込むからである。そのぶん大学側は戦略的思考ができなくなる。たとえばそれはこういうことになる。

　大学側は独創性などを評価するために必要という名目で論文試験を実施した。しかし受験産業はこれも受験競争ゲームのあらたなルールとして読み変えてしまい、ディコードする。かくて予備校教師の小論文対策はつぎのようになる。小論文は共通一次試験以後受験生が「画一化」してしまったことに対する反動として登場したものである。このことを忘れてはいけない。だから小論文でよい答案を書くにはひねりが必要である。与えられた課題への作文内容は、意図的にひねるという演技性が必要なことが強調される。受験生にも既存の科目で若干不足する得点を補う一発逆転として論文試験がねらい目と教えられる。受験が人間形成や努力倫理などの教育的言説や道徳的言説とセットになっているときに重い深刻劇になる。受験産業は受験からこの種の教育的言説や道徳的言説を放逐することによって軽やかなゲーム性（受験は要領）に変換したのである。

クール・ダウン＝柄相応主義

　つぎに第二の受験のポスト・モダン現象を考えるために、戦前（昭和4年）の受験生の相談の手紙を紹介しよう。高校選抜方法に中学校の成績を加味するという案がでたころである。相談者の中学校（富山中学校）での成績は3年が40番代、4年が50番代。中学校の成績が「よくなかった」。そこでつぎのような相談となる。

前にも申上げたやうに、義兄の世話になる事ですからどうしても一高を受けなくてはならないのです。中学の成績の悪いのは入学試験を受けるつもりがなかつた為めで、試験には優秀なる成績を収め得ると自信してゐます。それでも一高では入学試験の成績が如何に最優秀でも中学校の成績が悪ければ入学する可能性がないでせうか。一つ記者の隔意なき御意見を承りたう御座います。[9]

　中学校の成績がこの程度でも第一高等学校を受験したいということ自体いまでは考えられないはずである。
　しかし、この相談者のように自分の学力とかけ離れた学校にでも受験するというのはついこの間まではかなり一般的傾向であった。そのことを第一高等学校や戦後の東京大学の入試競争倍率にみることができる。図6-1をみよう。戦前（大正・昭和時代）の第一高等学校の競争率は9～10倍前後である。このような高倍率は戦後の東京大学の競争率にも引き継がれている。競争率が下がるのは昭和30年代からである。とくに共通一次試験導入（昭和54年）後、競争率がかなり下がっていることがあらためて確認できる。
　入試困難な第一高等学校や東京大学の競争率が昭和30年以前にはかなり高倍率であったことは受験生の間に合格可能性がひろく認知されていなかったことのなによりの証拠である。逆に競争率の低下は受験生が合格可能性を熟知しており、自分の手の届く範囲に目標を設定していることになる。
　戦前から昭和30年代半ばころまでは、受験生が自分の位置を知らない時代だったのが、しだいに自分の位置を知るようになり、受験以前に自分で「予期的」選抜をおこなってしまう時代になったことを意味する。つまり受験の磁場がひたすら野心を加熱するよりも野心を縮小することにむかったのである。
　こういう野心の縮小をクール・ダウンと呼ぶことができる。クール・アウト（冷却）は学歴価値にこだわらなくなってしまうことである。それら対し、クール・ダウン（縮小）は学歴価値へのこだわりそのものは持続するが、なにがなんでも東大というのではない。自分の手の届く範囲で最善の学校を志望するということである。クール・ダウンは「柄相応主義」のことである。

予期的選抜の時代
　こういう転換がおきたのは豊かな社会のアノミーだけによるのではない。受験

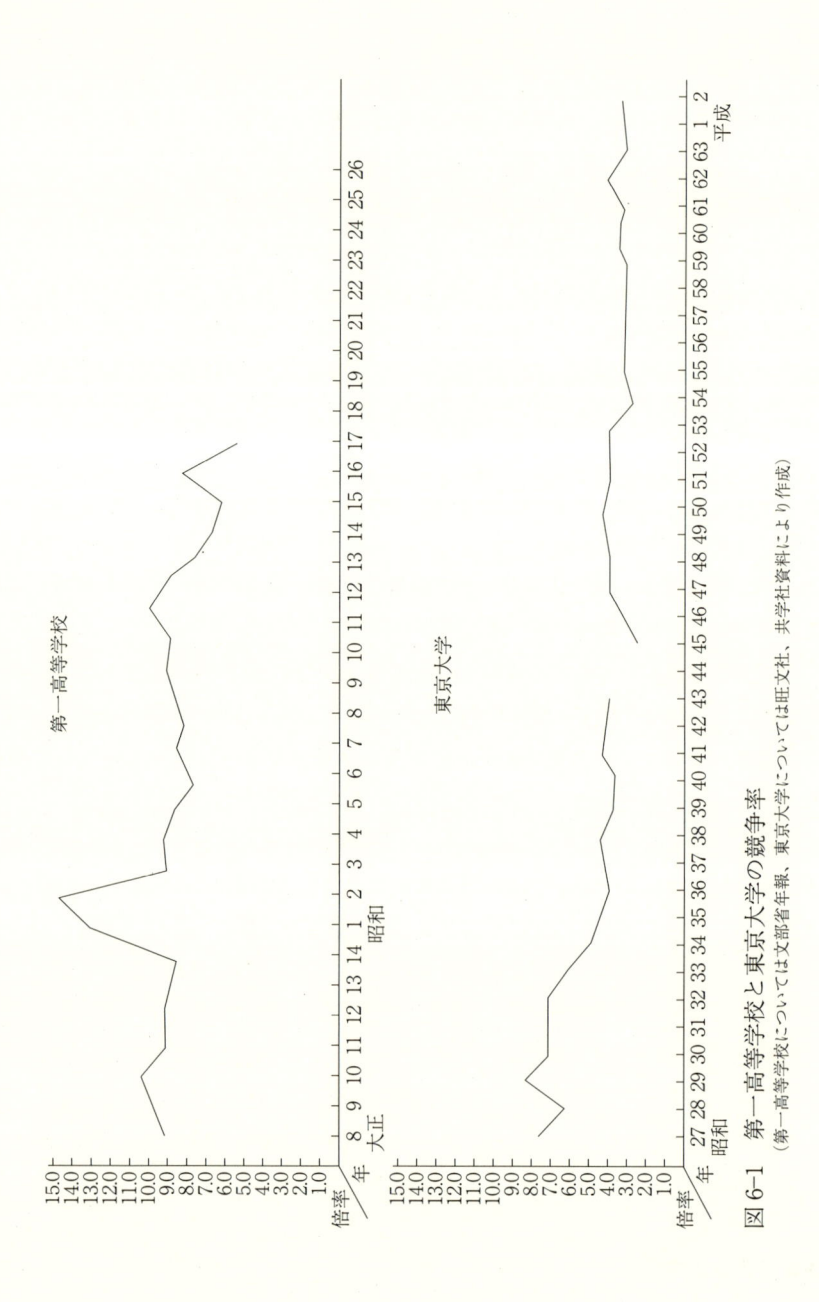

図 6-1 第一高等学校と東京大学の競争率
(第一高等学校については文部省年報、東京大学については旺文社、共学社資料により作成)

206——第3部 受験競争の問題

の磁場に全国的な模擬試験による偏差値が導入されたからである。偏差値という統計用語が合格可能生を測定する尺度として受験の世界に登場するのは、昭和30年代前半のことである。偏差値は該当者の相対的位置を示す統計用語である。30年代後半になると、偏差値は大学入試の模擬試験のなかでも頻繁に使われるようになる。しかし偏差値が大学の尺度としてしかもほとんどすべての大学を網羅するかたちで普及したのは、昭和54年の共通一次試験の開幕からである。しかもいまや高校段階以前に中学校あるいは小学校から自分の位置を知るさまざまな試験に晒されている。入学試験以前に合格するか不合格になるかがわかってしまう「事前」選抜や「予期的」自己選抜の時代になったのである。だから、今であればさきに示した富山中学生のような相談事はありえないだろう。

　たしかに戦前にも受験雑誌は学校別難易度を掲載していた。高等学校が共通試験のときはそれぞれの高校の最低得点の掲載もしていた。しかし採点は高校ごとにおこなわれたのだから、厳密な比較はできない。さらに高等学校と専門学校などとの比較の手立てはなかった。高校が単独選抜のときは入試問題も異なっているのだから高校間の難易度比較さえ不可能である。したがって、戦前の受験雑誌の難易度情報は競争倍率を知らせ、それに若干の解説をつけるといったものだった。

　しかしこのような難易度情報はあまり効果はなかった。受験雑誌の難易度情報が大まかすぎるということだけではない。受験生の側に全国的模擬試験のようなものがない時代には、受験雑誌にいくら難易度情報があっても自分の位置を正確に知る手立てがなかったからである。

　難易度情報は一方的情報にとどまった。難易度情報はクール・ダウン（柄相応主義）はもたらさなかった。結果的に、受験雑誌情報はひたすら加熱をしただけである。

　第三章でみたように、欧文社の創立によって昭和10年代から通信添削の時代になった。このころ、いまや受験雑誌の時代から通信添削の時代になったといわれたりした。しかし通信添削は自宅で回答するのだから、その結果（点数）によって自分の位置を知る手立てにはならない。その意味で、偏差値つまり合格可能性を伝達する模擬試験はクール・ダウン促進媒体であるが、受験雑誌あるいは通信添削は加熱促進媒体だった。

　ただし、模擬試験自体は予備校の誕生とともに古く戦前にも存在した。大正時代の初期には、予備校主催の模擬試験には学外からの参加もかなりあった。1000

人程度の規模の模擬試験がおこなわれ、順位も記載されていた。しかしこの程度の人数では合格可能性の判定材料としては弱い。だから戦前の模擬試験は合格可能性を知るということよりも、試験度胸をつけるという意味のほうがはるかに大きかった。模擬試験の機能が戦前と昭和30年代以後（偏差値の告知）とでは大きく異なっている。

　昭和40年代を境に、受験という磁場の主要装置が加熱媒体（受験雑誌）からクール・ダウン媒体（偏差値を告知する模擬試験）に変化したのである。

　このクール・ダウンは一面からみれば野心の縮小であるが、自分の学力相当の範囲を想定しながらもその範囲で相対的上位ランクの学校を目指すという点に着目すれば、加熱でもある。ひたすらな加熱が受験のモダンだとすれば、ほどほど加熱つまり柄相応競争が受験のポスト・モダンである。大きな目標もないかわりに大きな挫折もないのである。

学歴だけでは不十分

　受験のポスト・モダンの第三番目は、学歴の意味の変容である。従来は人々の視線は出身階級よりもしばしば学歴にむかったが、いまや視線はしだいに学歴以外の出身階級そのものにむかっている。そのぶんアイデンティティの基礎要因としての学歴のウェイトは低下している。

　その点で象徴的なのが近年の㊎㊓現象である。㊎と㊓で日本社会を切ってみせた『金魂巻』にはつぎのような二人の若い医者がでてくる。一人は地方の学校の教師㊓の息子。受験勉強の勝利者で医学部にすすみ勉強の「くせ」がぬけずに研究医を経て、地方の医学部の講師になっている。㊓の医者である。もう一人は親も親戚も医者という一族の息子で今は父の病院の副院長である。そこでは、前者の㊓の医者が徹底的にマンガ化され、貶められている。㊎と㊓による同じような対比が女性アナウンサー、学者、弁護士などさまざまな職業についてなされている。学歴以外の生まれや育ちによる立ち居振る舞いや品位への視線が台頭してきている。

　林真理子がエッセイで描く「オボッチャマ」というのもこのような中流大衆的視線の象徴である。また、田中康夫も難易度だけでは測れない大学序列を描いている。偏差値が多少高くとも地方の公立高校出身者が多い女子大学はダサクて、東京のミッション系の私立女子高出身者でかためた女子大がオシャレな大学というわけである。

こういうまなざしは、二つのことによって生じた。ひとつは、わが国の追いつき型の近代化過程が完了したからである。近代化の途上においては「高級な」文化は自成的なものではなかった。高級文化のほとんどは西欧文化だったから、正統なる文化は階級の外部つまり学校にあった。かくて地方の貧しい階級出身の者でも、その人が高学歴コースを踏めば、高級な文化人風になっていった。クラシック音楽にしても、文学にしても、日本の高級文化の大半は外国からの借りものであり学校こそがその伝播装置だったからである。文化としての階級が学校によって形成されるぶんだけ、学歴が文化階級化されたわけである。日本人が、学歴の経済効果は少なくとも学歴にこだわった理由のかなりは、ここ（学歴の文化階級化）にある。

　しかし近代化過程を完了したということは、高級文化がいまや家庭に蓄積されたということである。いいかえれば、文化としての階級がわが国にも定着しはじめたということである。

　もうひとつは、それが幻想であっても一億中流（プチブル）への「上昇」が生じたことによって、まなざしがブルジョワ（上流階級）の世界に伸びたことである。ブルジョワの生活スタイルや趣味の「よさ」を鑑別できる位置（プチブル）に人々は成り上がったのである。こうして人々のまなざしは学歴によって形成される態度や文化にとどまらず、育ちのよさや物腰など家庭で形成される部分に敏感になってきた。他者の認識において出身階級がしだいに台頭しているわけである。

　いまやカッコいいのは有名大学卒業だけのレッテルではない。有名大卒＋㊎のときに彼ないし彼女はエリート階級として承認される。逆にいえば、偏差値がそれほど高くなくとも㊎の子弟があつまる大学が人気を持ちはじめているのも、従来の学歴一辺倒の社会の変容を呈示している。だから、学歴だけにことさらこだわる高学歴＋㊂は野暮な代物になりはじめている。

学歴は弱い資本

　近年の日本社会のこのような学歴資本と経済資本のズレへの着目現象は、フランスの社会学者ブルデューの論説と非常に近いところにきている。

　ブルデューは、教育システムを知識人や教師、芸術家などの知識と能力しかない者たちの恨みの晴らし場所ととらえている。上層階級の世界は、学歴資本だけではどうにもならず、経済資本とコネや知人などの社会関係資本とが必要であ

る。『金魂巻』が描く㊀㋕、また田中康夫描くところの偏差値以外の「オシャレ」な大学の序列がブルデューの理論（学歴＝弱い貨幣説）と近いといったのはこの謂である。

　たしかにブルデューは学歴を通じての階級の再生産をいう。しかし学歴をオールマイティ・カードに位置づけているわけではない。学歴が強い貨幣になるか弱い貨幣になるかは、分節化された労働市場に依存している。学歴が強い資本になるのは、教育システムに近い領域に限定される。教育システムの勝利者（知識と能力しかない者）は領域Aにおいてもっとも利点を与えられる。しかし領域B（上層階級の世界）への接近は、経済資本と社会関係資本がなければ参入できにくいし、参入してもそこでの成功はおぼつかない。ここでは経済資本と社会関係資本（コネや知り合いのネットワーク）によって壁がはりめぐらされている。

　　学歴＝資格と地位との関係コード化が厳密であればあるほど、労働市場が売り手に与える価値は教育資本に左右されるようになる。逆に学歴＝資格の定義と地位のそれとが、……あいまいであればそれだけ、虚勢を張る戦略が通じる余地が大きくなる。教育資本に対してこの場合にはたとえば（コネや「流儀」や生まれなどの）社会資本が高い収益率をあげうるのである。[14]

　領域Aは学歴と地位との関係のコード化が厳密である労働市場であり、領域Bは両者の関係が曖昧になる労働市場である。領域Aでは教育資本が、領域Bでは社会関係資本が高い収益率をあげる。
　文化資本（知識・教養・趣味・感性など）の保持者はブルジョワジーよりもしばしば貧しい教師などの階級フラクションである。かれらは文化資本⊕経済資本⊖階級である。商業経営者は文化資本⊖経済資本⊕階級である。このズレ（文化資本≠経済資本）こそ支配戦略の要なのだ。経済資本の担い手と文化資本の担い手がズレるからこそ教育システムの相対的自律性（能力主義）の信憑性を獲得することができる。そして知識と能力しかない者に捨扶持（領域A）をあたえる教育システムの認証権力の自律性（実は従属性）にトータルな支配の再生産の秘密がある。というのがブルデューの階級再生産論についての私の読みである。
　かくてブルデューはいう。医師や法曹のような自由専門職が高学歴を必要とするという事実によってつぎの事実が隠蔽されてはならない。これらの専門職のもっとも高い地位（病院長、裁判長）へのアクセスは、経済界のトップエリート集

団にまさるとも劣らないかたちで経済資本と社会資本に依存している。この事実はこれら専門職の相続率がきわめて高いことによって示される。病院長というような王朝が存在する医療専門職のエリートにおいてはとくにそうである。[15]

ハビトゥスの現在

このような読みは㊎㋪やオボッチャマ、オジョウサマ現象などによって近年の日本にもきわめて説得性をもってきた。学歴は「選択的保証」にすぎないとおぼっちゃま（おじょうさま）風を気取りたいというのが当世風である、と述べた所以である。

こうして、豊かな社会のなかでは学歴エリートはそれだけでは威信を保ちえなくなってきた。日本人の学歴へのこだわりがなくならないにしても、学歴という一元尺度にもとづいた文化威信が崩壊しはじめているのは否めない。こうした尺度の複数化に着目して従来の一元的学歴社会との読み変え表はつぎのようになる。これが日本における学歴の意味の現在である。

したがってこれまでのような嫉妬や羨望、ルサンチマンのこもったような学歴社会論というのはますます衰退していくことは確かであろうし、このような変化の兆しは今の柔らかな受験現象を規定しているはずだ。

戦前		現在	ハビトゥス
旧制第一高等学校・東京帝国大学生タイプ	→	高＋㊎	教養人
旧制官立専門学校生タイプ	→	高＋㋪	専門技術者
旧制私立大学生タイプ	→	中＋㊎	疑似ブルジョワ

受験現象のゆくえ

現在は表面的にみると小さな偏差値でかつてよりもはるかに微細な差異競争をしているが、（Ⅰ）努力から戦略へ、（Ⅱ）ひたすらな加熱から柄相応競争へ、（Ⅲ）学歴の意味の低減によって、はるかに冷ややかな競争になった。受験のモダンが「硬い」受験競争だったとすれば、受験のポスト・モダンは「柔らかな」受験競争である。

しかしそうはいっても現在の受験競争の刺激言説のかなりは、「イイ高校、イイ大学、一流企業」というような希少性時代の枠組みで編成されている。しかし「いい大学へいかなければ将来は大変だ」というこの種の刺激言説を受験生が素直には信じられないというところに現代の受験競争の揺らぎがあるだろう。その

揺らぎの根源は、豊かな社会における受験競争を希少性の神話で刺激しようとするからである。(16)

したがって、ダサイ受験生というのはいま述べたような希少性時代の刺激言説にリアリティを感じてしまい、硬い受験競争を前提にして受験勉強に励んでいる者である。クライ受験生というのは硬い受験競争という古いリアリティを生きている点ではダサイ受験生と同じなのだが、受験勉強へののりがもうひとつというタイプである。これらはいずれも受験世界の旧人類である。受験世界の新人類である「あかるい」受験生は、柔らかな受験競争というニュー・リアリティに生きながらも、受験勉強への「ノリ」がある者である。かれらこそ受験のポスト・モダン世代である。

受験市場も大きな構造変化をみせている。受験市場の国際化と市場の逼迫化である。近年海外の大学への留学がしだいにふえている。アメリカへの学生ビザ発行件数は3万にも達している。むろんこのうちには日本の大学を卒業後アメリカの大学に留学する者などが含まれているから、日本の大学受験市場のどのくらいの者が海外に流出しているかの正確な数字はわからない。しかし大学受験市場が国際化しはじめたことは確実である。海外からの留学生もふえている。大学入学もボーダーレスになってきている。あらゆる完成は揺らぎのはじまりである。受験市場の国内化（鎖国化）を前提にした偏差値受験体制も例外ではない。さらに、1993年から18歳人口の減少がはじまる。本章に述べた受験のポスト・モダン現象と並んでこうした受験市場の構造変化によって、受験現象はますます変容していくだろう。

本書では具体的な入試改革の提言をおこなっていない。それはひとつには受験の心性史に狙いがあったからであるが、それ以上に今われわれが考えなければならないのは、入試改革のアイディア競争などではない、と確信するからである。この種の改革アイディア競争は明治以来の入試改革論議に満ち満ちている。しかしそこでは入試という制度を根本的に見直そうという思考はなかったのである。周辺アイディア競争にすぎない。そうなったのは入試制度の大きな改革はアカデミズムや教育システムの諸特権を脅かすことを無意識裡に、しかし充分に知っていたからである。あるいは、民衆は入試という制度が絶えざる緊張と不安をもたらそうとも権力や威信などのチャンネルだということを充分に知っていたからである。大学人、教育官僚、教師と民衆との客観的共謀が成立していたからである。

したがっていまやアイディア競争じみた入試改革論議をするのではなく、入試

という儀礼にそれぞれの界がどのような利害を賭けているのか、また界の間にどのような客観的共謀が成立しているのか、これを明るみにだすことではないかとおもっている。

[注]

(1) 『受験』洛陽社、1958年、68頁。
(2) W. Simon & Gagnon, J. H. The Anomie of Affluence: A Post-Mertonian Conception, *American Journal of Sociology*, Vol. 82, No. 2, 1976.
(3) 藤岡和賀夫「さよなら戦後 第三回『神器』なき闘い」『ボイス』1986年8月号、203頁。
(4) 安丸良夫『日本の近代化と民衆思想』青木書店、1974年。
(5) J. Holt, *How Children fail,* Pengun, 969.
(6) 『中学世界』第18巻6号、大正4年、110頁。
(7) 「一高受験記」同誌、第20巻9号、大正6年、150頁。
(8) 田村秀行『田村の小論文講義Ⅰ』代々木ライブラリー、1990年、17頁。
(9) 「高校選抜方法決定」『考へ方』第12巻12号、昭和4年、3頁。
(10) T. Kariya & J. E. Rosenbaum, Self-selection in Japanese Junior High School: A Longitudinal Study of Students' Educational Plans, *Sociology of Education,* Vol. 60, No. 3, 1987.
(11) 「一高受験記」、前掲誌、151頁。
(12) 渡辺和博とタラコプロダクション『金魂巻』主婦の友社、1984年。
(13) 田中康夫『大学受験講座』角川文庫、1989年。
(14) ピエール・ブルデュー／リュク・ボルタンスキー「教育システムと経済」（森 重雄訳）『現代思想』1985年11月号、66頁。
(15) P. Bourdieu, Cultural Reproduction and Social Production, in J. Karabel & Halsey A. H. (eds.) *Power and Ideology,* Oxford Universtiy Press, 1977, p. 511.
(16) 学歴の経済的効用が低下するときに学歴社会論が台頭するパラドクスについては、竹内洋「物語としての学歴社会論」『経営者』1989年7月号。

第4部
入学者選抜制度

| 解説 | 戦後日本における大学入学者選抜の特質とその変容 |

中村 高康

　大学入学者選抜制度は、戦後日本社会において非常に注目度の高いトピックであったこともあり、相対的に研究の蓄積が豊富である。ここではまずその大学入学者選抜制度研究の概要を確認したうえで、選抜方法の妥当性に関する研究と戦後入学者選抜制度の変容に関する研究を中心に紹介する。

1. 基礎研究としての比較・歴史研究

　戦後日本の大学入学者選抜制度の研究は、大別して①海外の制度研究、②日本の入試に関する歴史研究、③選抜方法の妥当性に関する実践的・心理学的研究、④戦後の大学入学者選抜の変容と社会に関する研究、⑤その他の個別選抜制度に関する研究の5つの系統に分けることができる。戦後日本の議論をカバーするという編集方針からここでは、③と④を中心に取り扱うが、基礎研究として重要な位置づけを持つ比較研究と歴史研究については、はじめに概略を若干紹介しておきたい。

　日本の入試制度改善のヒントを得たいという心理は戦後社会を通じて一貫して存在していたこともあって、海外事情紹介レベルのものまで含めれば入学者選抜制度の比較教育学的議論は膨大な数になる。代表的な研究としては、中島編著（1986）を挙げておきたい。ここで解説されている入試制度はすでに多くの国で変更されていると推察されるが、世界23カ国もの大学入試制度を概観できる研究書は現時点でもこれしかない。そのほか複数の外国を扱ったものとしては、日本教育学会の『教育学研究』の特集（1975）、日本比較教育学会の『日本比較教育学会紀要』の特集（1980）、日本教育学会入試制度研究委員会編（1983）、近年のものでは藤井他編著（2002）、荒井・橋本編著（2005）などがある。なお、個別の国単位の研究についてはここでは触れないが、大膳（2006）のレビュー論文で近年の多くの文献が紹介されている。

　歴史研究については、比較研究ほど文献は多くないがやはり一定の蓄積がある。戦前を含む時代に関する代表的な文献としては、まず包括的かつ先駆的な研究として増田他（1961）を挙げることができるが、関（1978）、吉田（1979；

1981)、天野（1983）、佐々木（1984）などからもある程度通史的観点を得ることができる。他にも深谷（1975）などにも戦前の旧制高校などの入学者選抜についてまとまった記述がある。また個別の選抜制度を扱ったものとしては、所澤（1989；1990）や佐々木の一連の研究（1983；1985；1986；2000）なども挙げることができる。こうした戦前を中心とする入学者選抜制度史を概観してみると、実に多くの試みが行われ、また挫折してきたのかということが理解できる。

2. 選抜方法の妥当性研究

第二次大戦後の日本社会において、大学入学者選抜制度のあり方に大きな影響を及ぼしたのは、いうまでもなくアメリカである。GHQの付属機関CIE（民間情報教育局）により、受験者の過去・現在・未来の学力を測るものとして、調査書・学力検査・進学適性検査を等価値の選抜資料とすべきだとする〈エドミストンの原則〉（木村・倉元 2006）が理念として採用され、これと戦前以来の学力検査偏重の風土との葛藤・調整の過程に戦後の大学入学者選抜史の基本的構図があるとみることができる。

戦後この原則にしたがってまず導入されたのが進学適性検査（1947-1954）であった。これはアメリカにおける適性テストであったSAT（Scholastic Aptitude Test）をモデルとしていたが、これがもともと知能検査に淵源を持つテストであったこともあり、心理学者の手による進学適性検査のデータに関する研究が1950年代には注目されるようになった。進学適性検査については政府による正規の報告書も刊行されており（文部省 1947-1956）、石山・小保内編（1956）も早い時期に追跡的な研究を発表しているが、特に注目されたのは、この新しい制度が大学入学後の成績に対してどの程度の予測力を持つのかを検討する予測妥当性研究であった。その代表的な研究としては、西堀ら国立教育研究所グループの一連の研究を挙げることができる（西堀他 1956；1958；1960）。これらの研究では進学適性検査の予測妥当性に関しては必ずしも肯定的な結論が得られていないが、その後の入試研究の定型的パターンを作ったものとして特筆される。進学適性検査廃止後に導入された能研テスト（1963-1968）においても、やはり公式の報告書のほかに妥当性の研究が残されており（能力開発研究所 1968）、また江上（1967）は、この時期までの一連の妥当性研究の知見の総括的な整理を行っている。

今日に至るまで個別大学レベルの検討結果も含めると、この妥当性研究は膨大な蓄積があるが、戦後大学入学者選抜史の観点から見ると、一連の研究は当初の

適性検査の妥当性とは異なる部分でたいへん大きな影響を残していたといえる。それは進学適性検査や能研テストとともに分析された高校調査書の予測妥当性の研究である。これも現在に至るまで無数の研究があるが、時代的に政策的インパクトを持ったのは、さきほどと同じ国立教育研究所の西堀らの別の研究である(**西堀・松下 1963「大学入学試験に関する研究」**)。その結論の要点は、「高校調査書の成績は、入試成績よりも大学在学中の成績と相関が高い」とするものであった。この結論の科学的根拠自体は木村によって疑義が唱えられているが(木村 2007)、1960年代半ばは調査書を選抜資料に活用しようとする動きが出始める時期であり、推薦入学制度推進への論拠として(中村 1996)、また中央教育審議会答申(四六答申)では学力試験以外の選抜方法の利用を促す論拠として利用されることになった。〈エドミストンの原則〉のうち、未来を測るはずの適性検査は定着せず、現在を測る学力検査は批判され続けてきたが、過去を測る調査書については利用が大幅に拡大したのが現代の状況であり、したがって、西堀らの研究はそうした現代的趨勢を支えるロジックの一つを提供した大学入学者選抜研究としてとらえることが可能である。本書では、現代の選抜制度多様化の一つの契機となったこの研究の歴史的意味を考慮し、ここに収録することにした。

なお、教育心理学の観点からの研究動向については、肥田野(1990)のレビュー論文がある。また、妥当性研究の歴史的経緯も踏まえた議論としては、荒井(1993)が非常によく整理されている。

3. 戦後の大学入学者選抜制度の変容と社会

大学入学者選抜制度が制度である以上、そこには政策担当者の意図が反映されるものである。しかしながら、それですべてが決まってしまうものではないことは、大学入学者選抜の歴史自体が証明している。戦前の入試改革が「リボルビング・ドア・ポリシー(回転ドア政策)」(竹内 1988)などといわれるほど同じような改革を繰り返してきたこと、戦後も進学適性検査や能研テスト、共通一次試験の失敗を繰り返してきたことなどを見ても、政策当局の理想通りに話が進まないのは明らかである。制度は時には社会規範を反映し、時には社会変動の波に飲み込まれつつ動いていく。そうした見方に立てば、大学入学者選抜制度は社会学の対象となる。こうした社会との関連の分析は、新堀(1955)、日本教育社会学会編(1956)、清水(1957)、原(1963)などをはじめとして、多くの教育社会学者によって進められてきた。とりわけ、天野の一連の著作は、歴史社会学的・比較社会学的視点から教育システム全体の中で大学入学者選抜制度を見通す視点を

与えるものとなっている（天野 1981a；1981b；1992；1996）。

　天野の議論（1996）にもあるように、戦後大学入学者選抜をめぐっては二つの点で改革の努力がなされてきた。一つは入学試験そのものの改革であり、もう一つは選抜方法の多様化である。前者の代表は、さきほども触れた進学適性検査や能研テスト、共通一次試験、大学入試センター試験といった統一試験制度の改革である。このテーマの社会学的研究の例としては、進学適性検査を廃止の経緯から日本社会における「努力主義」の規範を読み込んだ腰越の研究（1993）や、統一試験制度の変遷を整理検討する中で教育の量的拡大との関連性について指摘した黒羽の研究（1985）などを挙げることができる。しかし、一方で選抜方法多様化については 1990 年代に入るまで日本では学力検査が中心と認識されてきたため、これと社会との関連を問う研究については十分な蓄積がなかった。そうした中で推薦入学制度が 1960 年代から拡大していることに着目し、高等教育大衆化と選抜方法多様化の関連を「マス選抜」として指摘した**中村（1996）「推薦入学制度の公認とマス選抜の成立」**は、早い時期に入試多様化に関する一つの社会的視点を提示したものと考え、本書に収録している。中村のその後の実証研究からも、選抜方法多様化は「マス」の部分でより普及する傾向が示されており（中村 1997）、また近年の全国調査による実証研究でも同様の結果が得られるなど（山村 2009）、高等教育の構造との関連が強く示唆されている。

　最後に、戦後大学入学者選抜制度の変容を理解するうえで重要な研究として、木村の一連の研究を挙げておきたい。先ほども触れたように、高校調査書の大学成績予測力の高さを示した西掘・松下の研究（1963）や中央教育審議会で参照された能力開発研究所のデータでは相関係数の扱いが統計学的に見て問題があったが、それにもかかわらず「総合的かつ多面的な評価」が一人歩きした、と木村は指摘した（木村 2007）。さらに木村は、木村・倉元（2006）の議論をベースとしつつ、高校の学習到達度を公平に測る手段として共通一次試験が受け入れられたことから、これを〈エドミストンの原則〉とは異なる「日本型大学入学者選抜の原則」への転換と捉え、公平性のような日本型原則を踏まえた政策提言が現実的であることを示唆している（**木村 2008「共通第 1 次試験・センター試験の制度的妥当性の問題」**）。いずれも重要な指摘が含まれているが、本書では、一連の研究のエッセンスが集約された 2008 年の論考を収録することにした。

　これらの制度変更の戦後史的研究は、現代の入学者選抜の社会的歴史的基盤を明らかにしており、今後のさらなる探究が期待される。

参考文献

天城勲編 1981『大学の入口と出口』(『大学から高等教育へ』5) サイマル出版会
天野郁夫 1981a「入学政策の課題と現状」『高等教育研究紀要』第1号、9-29
天野郁夫 1981b「世界にひろがる受験競争」天城勲編『大学の入口と出口』サイマル出版会、1-31
天野郁夫 1983『試験の社会史──近代日本の試験・教育・社会』東京大学出版会
天野郁夫 1992「大学入学者選抜論」『IDE 現代の高等教育』No.338、5-12
天野郁夫 1996「入学者選抜の現実」天野郁夫『日本の教育システム──構造と変動』東京大学出版会、89-108
荒井克弘 1993「大学入学者選抜に関する研究の回顧と展望」『大学論集』第22集、広島大学大学教育研究センター、57-79
荒井克弘・橋本昭彦編著 2005『高校と大学の接続──入試選抜から教育接続へ』玉川大学出版部
池田輝政・中島直忠 1984「国公立大学における入試教科・科目の変化とその特徴──昭和53年度と昭和54年度を比較して」『大学入試センター紀要』No.9、1-34
石山脩平・小保内虎夫編 1956『大学入試方法の検討』中山書店
岩田弘三 1991「アメリカにおける大学入学者選抜方法多様化の歴史的背景」『大学研究』第7号、筑波大学大学研究センター、111-128
岩田弘三他 1995「私立大学における入試科目の推移に関する分析」清水留三郎(研究代表者)『大学入試制度と受験競争激化の社会的・経済的・文化的要因に関する総合的研究』(平成6年度科学研究費補助金研究成果報告書) 3-49
江上芳郎 1967「わが国における追跡調査の研究(資料 追跡調査に関する文献要旨)」『能力開発研究所紀要』Ⅰ、87-136
河合文化教育研究所／Z会／河合塾編 1997『隣国ではどんな入試が行われているか 日・中・韓大学入試統一試験比較分析レポート』河合出版
河野銀子・岩田弘三 1995「大検利用者の大学進学状況に関する考察」『大学研究』第13号、筑波大学研究センター、45-49
木村拓也 2007「大学入学者選抜と『総合的かつ多面的な評価』──46答申で示された科学的根拠の再検討」『教育社会学研究』第80集、165-185
木村拓也 2008「共通第1次試験・センター試験の制度的妥当性の問題」独立行政法人日本学術振興会人文・社会科学振興プロジェクト 研究領域Ⅰ-2 「日本の教育シス

テム」研究グループ『平成19年度国内セミナー 米国流測定文化の日本的受容の問題—日本の教育文化・テスト文化に応じた教育政策の立案に向けて（報告書）』85-96

木村拓也・倉元直樹 2006「戦後大学入学者選抜における原理原則の変遷—『大学入学者選抜実施要項』「第1項選抜方法」の変遷を中心に」『大学入試研究ジャーナル』第16号、187-195

倉元直樹 2000「大学入試における共通試験の方法論的研究—教科科目複合型総合試験の構造」『行動計量学』27、81-92

黒羽亮一 1985「大学入学者選抜における統一試験の役割に関する歴史的考察」『大学論集』第14集、広島大学大学教育研究センター、55-71

黒羽亮一 1993「統一試験の変遷を中心にみた大学入試政策」『戦後大学政策の展開』玉川大学出版部、125-154

腰越滋 1993「進学適性検査の廃止と日本人の階層組織化の規範—適性か努力か」『教育社会学研究』第52集、178-207

坂元昂（研究代表者）1999『大学入試高得点者の人材評価と育成条件に関する比較研究—共通一次試験と進学適性検査』（文部科学省科学研究費補助金研究成果報告書）

佐々木享 1983「官立実業専門学校の入学試験制度の歴史—盛岡高等農林学校の例を中心に」『名古屋大学教育学部紀要・教育学科』第30巻、223-303

佐々木享 1984『大学入試制度』大月書店

佐々木享 1985「東京高等工業学校の入学者選抜制度の歴史」『名古屋大学教育学部紀要・教育学科』第32巻、213-229

佐々木享 1986「大阪高等工業学校の入学者選抜制度の歴史」名古屋大学教育学部技術教育学研究室『技術教育学研究』3、49-76

佐々木享 2000「山口高等商業学校の入学者選抜制度の歴史」『愛知大学文学論叢』122、194-180

清水義弘 1957『試験』岩波書店

新堀通也 1955『大学進学の問題—教育社会学的考察』光風出版

関正夫 1978「戦前期における中等・高等教育の構造と入学者選抜」『大学論集』第6集、広島大学大学教育研究センター、135-173

大膳司 2006「高大接続に関する研究の展開」『大学論集』第36集、広島大学高等教育研究開発センター、127-148

大膳司 2007a「戦後日本における大学入試の変遷に関する研究(1)—臨時教育審議会（1984～1987年）以降を中心として」『大学論集』第38集、広島大学高等教育研究開発センター、337-351

大膳司 2007b「大学入試の課題と展望—Enrollment Managementの視点から」『21世紀型高等教育システム構築と質的保証—FD・SD・教育班の報告——第2部：高校・大学教育、社会の接続』（『COE研究シリーズ』26）広島大学高等教育研究開発

センター、119-130
竹内洋 1988『選抜社会―試験・昇進をめぐる〈加熱〉と〈冷却〉』リクルート出版
田村鐘次郎・松下康夫 1969「大学入学試験に関する研究(V)―高校卒業におけるいわゆる学校差についての検討(第三報)」『国立教育研究所紀要』第65集、1-53
続有恒 1963「大学入学試験に関する検討(1)」『名古屋大学教育学部紀要』第10号、287-307
続有恒 1964「大学入学試験に関する検討(2)」『名古屋大学教育学部紀要・教育心理学科』第11号、193-216
続有恒 1965「大学入学試験に関する検討(3)」『名古屋大学教育学部紀要・教育心理学科』第12号、51-62
続有恒 1967「大学入学試験に関する検討(4)」『名古屋大学教育学部紀要・教育心理学科』第13号、107-118
所澤潤 1989「東京帝国大学入学選抜における、翌年度入学の「先入権」の制度―明治三十(一八九七)年の導入から大正六(一九一七)年の廃止まで」『東京大学史紀要』第7号、東京大学史史料室、21-44
所澤潤 1990「大正十一(一九二二)年における大学入学者選抜の統一化」『東京大学史紀要』第8号、東京大学史史料室、35-80
中島直忠 1982「大学入学試験における推薦入学者及び一般入学者に関する事例研究」『大学入試センター研究紀要』No.2、3-27
中島直忠編著 1986『世界の大学入試』時事通信社
中島直忠編著 1999『戦前・戦後高等教育機関の英語入試問題の分析』(『高等教育研究叢書』58) 広島大学大学教育研究センター
中村高康 1996「推薦入学制度の公認とマス選抜の成立―公平信仰社会における大学入試多様化の位置づけをめぐって」『教育社会学研究』第59集、145-165
中村高康 1997「大学大衆化時代における入学者選抜に関する実証的研究―選抜方法多様化の社会学的分析」『東京大学大学院教育学研究科紀要』第37巻、77-89
中村高康 2008「大学入学者選抜の変容―推薦入学・AO入試の拡大を中心として」『IDE 現代の高等教育』No.506、23-27
西堀道雄 1978「入試に関する教育心理学的諸問題―Ⅰ大学入試」『教育心理学年報』17、117-126
西堀道雄・松下康夫 1963「大学入学試験に関する研究(Ⅱ)―高校学業成績および大学入学試験成績と大学在学中の学業成績との関係」『国立教育研究所紀要』第37集、1-38
西堀道雄他 1956「進学適性検査の妥当性の研究」『国立教育研究所紀要』第7集Ⅰ、1-142
西堀道雄他 1958「大学進学適性検査の妥当性の研究―学科試験との比較」『国立教育研

究所紀要』第 7 集Ⅱ、1-132
西堀道雄他 1960「大学進学適性検査の妥当性の研究―学科試験との比較（Ⅲ）」『国立教育研究所紀要』第 20 集、1-146
西堀道雄他 1961「大学入学試験の研究（Ⅰ）―同一大学受験者の成績資料による研究」『国立教育研究所紀要』第 25 集、1-57
日本教育学会編 1975「特集　入学試験制度」『教育学研究』第 42 巻第 4 号
日本教育学会入試制度研究委員会編 1983『大学入試制度の教育学的研究』東京大学出版会
日本教育社会学会編 1956「特集　入学試験をめぐる諸問題」『教育社会学研究』第 10 集
日本教育心理学会編 1974『大学入試を考える』金子書房
日本比較教育学会編 1980「シンポジウム　大学入学者選抜制度の課題と展望」『日本比較教育学会紀要』第 6 号、28-51
能力開発研究所 1968『能研テストの妥当性に関する研究―追跡調査資料Ⅰ』
原喜美 1963「日本における大学入試の社会的背景」『教育学研究』第 30 巻第 2 号、19-24
肥田野直 1990「わが国の大学入試研究」『教育心理学年報』29、130-141
深谷昌志 1975「エリート形成と入試制度」『教育学研究』第 42 巻第 4 号、9-18
藤井光昭他編著 2002『大学入試における総合試験の国際比較―我が国の入試改善に向けて』多賀出版
増田幸一 1958『入学試験―過去から現在まで』（『IDE 教育資料』第 7 集）民主教育協会
増田幸一他 1961『入学試験制度史研究』東洋館出版社
松下康夫他 1964「大学入学試験の研究（Ⅲ）―高校学業におけるいわゆる学校差についての検討（第一報）」『国立教育研究所紀要』第 41 集、1-54
松下康夫他 1966「大学入学試験の研究（Ⅳ）―高校学業におけるいわゆる学校差についての検討（第二報）」『国立教育研究所紀要』第 48 集、1-52
村田鈴子 1991「公立大学におけるユニバーサリズムとローカリズムの葛藤と調和―推薦入試制度を中心に」『日本教育行政学会年報』17、178-195
文部省大学学術局 1947～1956『進学適性検査報告』
山村滋 2009「多様な入学者選抜方法の実態分析」山村滋他『学生の学習状況からみる高大接続問題』大学入試センター研究開発部
吉田辰雄 1979「入学者選抜の理論的考察（2）―高等教育段階について」『東洋大学文学部紀要』第 33 集（教育学科・教職課程編Ⅴ）43-61
吉田辰雄 1981「入学者選抜の理論的考察（3）―高等教育段階について」『東洋大学文学部紀要』第 35 集（教育学科・教職課程編Ⅶ）1-28
吉田辰雄編著 1998『21 世紀に向けた入試改革の動向―どうする入試改革』文化書房博文社

1 大学入学試験に関する研究
―高校学業成績および大学入学試験成績と大学在学中の学業成績との関係

西堀 道雄・松下 康夫

1 ―まえがき

　現在、わが国の大学の多くは入学試験として行なういわゆる学力試験の成績だけによって入学者を選抜している。しかしながら、この種のいわば一回勝負のような競争試験の妥当性や信頼性に限界があることはいうまでもないし、このような選抜のやりかたが受験のための「つめ込み教育」を招来していること、ならびに、かなり有能な者でも浪人を経験しなければならないような不合理な事態をひきおこしていることは、周知のとおりである。そして、このような欠点を補うものとして、たとえば進学適性検査的な検査を併用してはどうかとか、高等学校長から提出される調査書を活用してはどうかなどという提案がなされ始めている。

　ところで、われわれも、進学適性検査や高等学校時代の調査書を選抜資料として用いることは、選抜をより合理的に行なうために有効であろうとかねてから考えており、これまでの研究においても、知的能力を検出する機能では大学進学適性検査のほうが入学試験よりもむしろ優れた面があることなどを見出してきた[1]。そして現在では、大学進学適性検査と入学試験のほかに高等学校からの調査書をも検討の対象に加えて、これらが大学入学者選抜のための資料としてどのような役割を持ち得るものかについての検討を進めているが、ここでは、その中で「高校時代の学業成績と大学入学試験とではそのどちらのほうが大学に入ってからの学業成績との関係が深いか」についてその実態を調べた結果を主として述べ、また、これに関連して高等学校時代の学業成績の安定性や各教科の成績相互の間の関係などの「高等学校時代の学業成績の性格」のいくつかの側面についても述べて、大学入学試験に関係のあるかたがたの参考に供する。

　もちろん、大学進学適性検査は現在は行なわれていないし、調査書について

出典:『国立教育研究所紀要』第37集、1963年、［大学入学試験に関する研究（Ⅱ）］1-15頁、26-27頁

も、「高等学校から受験生についての正確な申告を得られる保証がない」とか、「高等学校の学校差を比較調整することがむつかしい」などの理由をあげて活用していない大学が多い。

しかしながら、大学進学適性検査にせよ、また高等学校時代の調査書にせよ、その在来のものだけについてみてもこれが何らかの意味で入学試験よりも選抜資料としての価値が高いという事実があるならば、それらを一層改良して価値を高めるようにし、また、それらの活用上の困難さについてはなんとかそれを解決する方法を考えて、これらを用いるようにするのが最も望ましいことであろう。

2 ─ 基礎資料の収集

高等学校時代の学業成績や大学入学試験成績が大学に入ってからの学業成績とどの程度の関係があるのかについて調べた研究はこれまでにもいくつかあるが、(2)それらの多くのものはある特定の大学についてだけのものであったり、また、ある特定の高等学校からの進学者についてだけのものであったりして、かなり特殊的なものである。これに対して、われわれは広く全国的に多数の調査対象を求めて、多くの大学、高等学校の間においてみられる共通の傾向について検討することとした。

2.1. 収集の経過

上記の目的のために、大学進学率が高い高等学校のできるだけ数多くについて検討を行なうこととし、次の手順で基礎資料を収集した。

1. まず、東京都を除いた全国の45の道府県教育委員会教育長に、各管下の高等学校のうちで昭和28年、29年の頃に同一の国立大学を受験した者の数が極めて多かった高等学校をそれぞれ10校程度選び出すように依頼した。

その結果、すべての道府県教育委員会教育長から回答があり、全国で総数318の高等学校がこの種の高等学校としてあげられた。

2. そこで、これら318の高等学校について、それぞれの国立大学への受験者数、合格者数を比較検討した結果、その中で一年度に一つの国立大学への受験者数が40名以上あった高等学校を調査対象の第1次候補とすることにし、これに該当する171の高等学校に、昭和28年、29年におけるそれぞれの国立大学への新卒、浪人別の受験者数、合格者数の詳細を問合わせた。

2.1 表の(I)
調査対象となった高等学校の地方別実数

地　方　別	高 等 学 校 数
北　海　道	0
東　　北	12
関　　東	3
中　　部	17
近　　畿	7
中　　国	11
四　　国	3
九　　州	8
計	61

2.1 表の(II)
調査対象となった大学の地方別実数

地　方　別	大　学　数
北　海　道	0
東　　北	4
関　　東	1
中　　部	5
近　　畿	3
中　　国	4
四　　国	1
九　　州	3
計	21

これに対して、ほとんど全部の高等学校から回答があったので、この回答の内容について検討した結果、水害や火災その他の事由で成績資料が保存されていない高等学校や、新卒受験者数が比較的に少ないなどの事由で資料としての価値が低いと判断された高等学校などを除き、総数 80 の高等学校を調査対象高等学校とすることに決定した。

3. 次に、これらの高等学校と関係のあるそれぞれの国立大学において、昭和28年、29年におけるこれら各高等学校からの受験者名と、その大学進学適性検査成績および入学試験成績、さらに入学者については大学在学中4か年間の学業成績の提供を受けた。そして、各高等学校へはこれらの国立大学への受験者名（卒業者名）を知らせて、その者の高等学校における「学習の記録」を提供してもらった。しかし、協力が不可能であると通知して来た大学、高等学校もいくつかあったので、実際に成績資料を収集できたのは総数 61 の高等学校とこれに関係のある 21 の国立大学であった。

これらの高等学校、大学の所在地方別の実数は 2.1 表の(I)および(II)に示したが、これらの表にあるように、調査対象高等学校および大学は北海道を除く全国[6]に分布している。

このように全国的に成績資料を収集することができたのは各高等学校、各大学および各道府県の教育委員会教育長の御協力によるものであって、関係のあったかたがたにここに深く謝意を表する。

2.2. 収集した成績資料の整理

以上の手続によって収集した各種の成績は、次のようなやり方で得点化して用

いた。

1. 大学在学中の学業成績

大学在学中の学業成績は、一般教育科目での成績と専門教育科目での成績とにわけられる。

そこで、一般教育科目については、人文科学、社会科学、自然科学の3科学系でその学生が単位をとったすべての科目の得点の平均点を以て、その学生の「一般教育課程成績」とした。

専門教育科目については、その学部（学科）の必修専門科目においてその学生が単位をとったすべての科目の得点の平均点を以て、その学生の「専門教育課程成績」とした。

なお、評価が「優」「良」「可」でなされている場合には、便宜的にこれらに100、80、60の得点を与えて用いた。

この場合、大学在学中の学業成績を得点化する方法としては、たとえば各科目の成績に単位数に応じた重みをつける方法や、各科目の成績をまず標準得点に換算した後にそれらを加算する方法なども考えられるが、われわれがこれまでに検討した結果によると、全般的な傾向をみようとする場合には、このように手間をかけて得点化しても成績をなまのまま用いた場合と大差ない結果が得られる。そこで、ここでは上記のようになまの得点をそのまま平均する方法を用いた。

2. 大学入学試験成績

入学試験（学力試験）の各科目の合計得点をそのまま「入学試験成績」とした。

3. 大学進学適性検査成績

各年度の大学進学適性検査の各人のなまの得点をそのまま「大学進学適性検査成績」とした。

4. 高等学校在学中の学業成績

学籍簿に記入されている「学習の記録」の点数を用いることとした。そして、はじめに高等学校の1、2、3、の各学年ごとに、国語、社会、数学、理科、外国語の5教科についての5段階法による評点の平均点を各人について算出し、これ

を「学年成績」とした。ここではこれを高Ⅰ、高Ⅱ、高Ⅲと略記することが多い。

次に各人の3か学年分の「学年成績」の平均点を算出してこれを「高校学業成績」とした。

この場合、学籍簿に記載されてある各教科の評点が、高等学校での学業成績としてどの程度まであてになるものであるかについては種々議論もあることと思う。たとえば、高等学校時代の学業成績を正確に把握するためには、妥当性の高い学力検査を実施してその成績を用いるべきだとの考え方もあろうし、なんらかの方法による高校教師の評価を用いるべきだとの考え方もあろう。しかし、この研究では、現在公式に記録保存され、また、各人の成績であるとして公式に報告される学業成績がどの程度に大学での学業成績と関係があるのかの実態をまずとらえる目的で、学籍簿にある成績をそのまま用いた。

なお、当時の学籍簿においては、各教科は更に3つないし5つの目標にわけられそれぞれ5段階法によって評価されている。この研究では、これらの目標別の評点の平均点をその教科の得点とした。また、国語（甲）と国語（乙）の目標別評点はまとめて平均して国語の得点とし、漢文は受講している生徒数が一般に少ないのでその成績は用いないことにした。

5. その他

高等学校からは模擬試験の成績、高等学校への入学試験成績、その他の標準検査の記録なども記録が保存されている限りで提供してもらった。また、ある大学への受験者については高等学校時代の学業成績だけでなく、中学校時代の学業成績をも収集した。そして、これらの成績資料についても検討を進めているが、ここでは触れないことにする。なお、一部の学校から学校名を明記して発表することはしないようにとの希望があったので、ここでは大学名、高等学校名はすべて符号化して示した。

3 — 高等学校時代の学業成績と大学入学試験成績とではそのどちらのほうが大学での学業成績との関係が深いか

3.1. 成績間の相関関係について

この項では、「高校学業成績」と「入学試験成績」とでは、そのどちらのほう

が大学での「一般教育課程成績」や「専門教育課程成績」との相関関係が高い傾向があったかについて調べた結果を述べる。

3.1.1. 検討の方法

一つの高等学校から一つの大学学部（学科）へ新卒で入学した者の群をそれぞれ一つの群としてまとめ、この群ごとに成績間の相関係数（ピアソンのr）を算出した。

ここで新卒入学者群だけを検討の対象として浪人入学者群を除外したのは、われわれのこれまでの研究における経験から言って、たとえ同一高等学校出身者であっても新卒入学者群と浪人入学者群とを互に同質の群であると見なすことには危険があると考えたからである。なお、新卒入学者であっても高等学校や大学で留年したり転退学した者は、条件を整一にするために検討の対象から除外した。

ところで、今回の調査の対象となった高等学校の中には、一つの大学に1か年度に40名あるいはそれ以上もの新卒入学者がある高等学校も少なくないが、これを学部（学科）別にすると、一つの高等学校から一つの学部（学科）への新卒入学者数はいずれもそれほどに多いものではない。ここでは人数のあまりに少ない群は除外して、人数が13名以上であった群だけについて成績間の相関係数を算出した。

この13名以上の群であることという条件に該当したのは3.1表の(I)および(II)

3.1 表の(I)

(28年新卒入学、32年卒業者)

国立大学	学部・学科	高等学校	人数	一般課程 高校成績	一般課程 入学試験	専門課程 高校成績	専門課程 入学試験
AB	工	SDF	17	.52	.42	—	—
		SDS	20	.67	.43	—	—
YG	工	YZK	18	.65	.64	—	—
OY	法文・法	OYA	24	.49	.37	.20	.16
		OYS	13	.36	.42	.67	.70
		KSS	16	.51	.54	.69	.56
KM	法文・法	SSK	13	.55	.00	.56	− .04
IG	文理・経	MTF	26	.71	.41	.52	.40
TY	文理・経	TY	21	.10	.20	− .07	.03
KG	経済	TMF	18	.48	.40	.41	− .06
		TM	22	.35	.40	.34	.40
NS	経済・経	NSH	14	.36	.16	.16	− .16
NS	経済・商	NSH	13	.53	.30	.11	− .37

3.1 表の(II)

(29年新卒入学、33年卒業者)

国立大学	学部・学科	高等学校	人数	一般課程		専門課程	
				高校成績	入学試験	高校成績	入学試験
AB	工	SDF	22	.55	.57	—	—
		SDS	13	.72	.62	—	—
YG	工	YGH	17	.40	.25	—	—
		YZK	15	.21	−.07	—	—
IG	工	MTF	27	.55	.43	—	—
KZ	法文・法	NS	16	.51	.50	.23	.40
OY	法文・法	OYA	14	.76	.35	.53	.64
		OYS	13	.76	.35	.54	.15
		KSS	13	.85	.80	.64	.50
IG	文理・経	MTF	30	.26	.47	.42	.41
TY	経済	TY	14	−.01	.35	.38	.45
		TYC	14	.79	.39	.46	.18
KG	経済	TMF	13	.41	−.43	.36	.25

に示したとおり、昭和28年入学者については13の高等学校、昭和29年入学者についても同じく13の高等学校である。

3.1.2. 検討の結果

1. 3.1表の(I)および(II)には、「高校学業成績」「入学試験成績」と大学での「一般教育課程成績」「専門教育課程成績」との相関係数を各群ごとに示した。たとえば、SDF高校を昭和28年に卒業して新卒で直ちにAB大学工学部に入学した者の群についてみると、「高校学業成績」と「一般教育課程成績」との相関係数は0.52であり、「入学試験成績」と「一般教育課程成績」との相関係数は0.42である。

このようにして、この3.1表の(I)および(II)を概観すると、「一般教育課程成績」と「専門教育課程成績」とのいずれについてみても、また昭和28年と29年のいずれの年の入学者についてみても、大学在学中の学業成績との相関は「高校学業成績」のほうが「入学試験成績」よりも一般に高いという傾向があるようである。

そこで、この傾向を確かめるために次の3.2表には3.1表の(I)および(II)において「一般教育課程成績」、「専門教育課程成績」との相関係数が「高校学業成績」のほうが「入学試験成績」よりも高かった群の数と、その逆に「入学試験成績」のほうが「高校学業成績」よりも高かった群の数をまとめて示した。

3.2 表

	28年新卒入学者		29年新卒入学者	
	一般課程	専門課程	一般課程	専門課程
「高校成績」との相関のほうが「入学試験」との相関よりも高かった群の数	9	7	10	5
「入学試験」との相関のほうが「高校成績」との相関よりも高かった群の数	4	3	3	3

　この3.2表をみると、たとえば昭和28年入学者の場合は「一般教育課程成績」との相関が「高校学業成績」のほうが「入学試験成績」よりも高かった群の数は9であり、その逆に「入学試験成績」のほうが高かった群の数は4であって、「一般教育課程成績」との相関は「高校学業成績」のほうが「入学試験成績」よりも高いことが多い。次に、その他の場合についてみても、「一般教育課程成績」と「専門教育課程成績」とを通じて、また、昭和28年、29年の両年度の入学者の場合を通じて、すべて「高校学業成績」のほうが「入学試験成績」よりも高いことが多い。

　2.　なお、一般的な傾向を見るための一つの参考として、次の3.3表には3.1表の(I)および(II)における相関係数の分布および中央値を示した。

　この3.3表をみると、「高校学業成績」「入学試験成績」のいずれもが「専門教育課程成績」よりは「一般教育課程成績」とのほうに比較的に高い相関を示している。そして、それぞれの相関係数の中央値によってみると、「一般教育課程成績」との相関は昭和28年、29年のいずれの年度の入学者についても、「高校学

3.3 表

相関係数	28年新卒入学者				29年新卒入学者			
	一般課程		専門課程		一般課程		専門課程	
	高校成績	入学試験	高校成績	入学試験	高校成績	入学試験	高校成績	入学試験
.8 以上					1	1		
.7 〃	1		1		4			
.6 〃	2	1	2			1	1	1
.5 〃	4	1	2	1	3	2	2	1
.4 〃	2	6	1	2	2	2	2	3
.3 〃	3	2	1			3	2	
.29 以下	1	3	4	6	3	4	1	3
中央値	.51	.40	.38	.10	.55	.39	.44	.40

業成績」は 0.5 程度であり「入学試験成績」は 0.4 程度である。「高校学業成績」と「専門教育課程成績」との相関は昭和 28 年、29 年のいずれの年度の入学者についても 0.4 程度である。「入学試験成績」と「専門教育課程成績」との相関は昭和 28 年入学者の場合と昭和 29 年入学者の場合との間に動揺が大きいが、そのいずれの年度においても「高校学業成績」と「専門教育課程成績」との相関よりは低い相関を示している。

　すなわち、相関係数の分布についてみても、大学在学中の学業成績との相関は「高校学業成績」のほうが「入学試験成績」よりも高いという傾向があるようである。

　3.　ただしこの場合に、大多数の大学はほとんど「入学試験成績」だけによって入学者を選抜しているのであるから、入学者群の「入学試験成績」の得点分布は次の図の A のような分布型であろうし、また、その「高校学業成績」の分布は図の B のような分布型であろう。そこで、受験者全員についてではなく、入学者群だけについて大学在学中の学業成績との相関係数を算出すると、「入学試験成績」との相関のほうが「高校学業成績」との相関よりも低いという傾向が、実際の関係以上に強調されて出るのではないかとの疑問を持つかたもあるかと考えられる。

　しかし、少なくとも今回ように一つの高校出身者の群を一単位としてみた限りでは、成績の分布型にそれほどの著るしい差異はなかったが、一応この疑問に答えるために次のような検討を行なった。

　すなわち、これらの各大学学部（学科）が各高等学校ごとに「高校学業成績」だけによって入学者を決定したと仮定して、その場合の入学者について「高校学業成績」、「入学試験成績」と「一般教育課程成績」、「専門教育課程成績」との間にどのような相関関係がみられるかを調べてみることにした。その手続を次の図によって説明するならば、図中の楕円がある一つの高等学校からの新卒受験

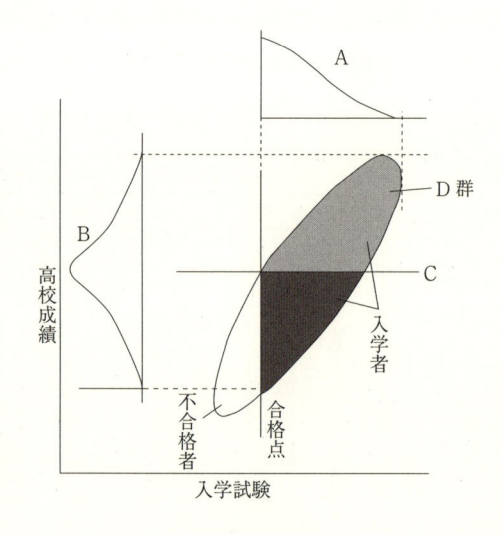

3.4 表

(28年新卒入学者)

国立大学	学部・学科	高等学校	人数	一般課程		専門課程	
				高校成績	入学試験	高校成績	入学試験
AB	工	SDF	10	.30	− .05	—	—
		SDS	18	.60	.33	—	—
OY	法文・法	OYA	21	.41	.29	.07	− .04
IG	文理・経	MTF	19	.61	.40	.38	.34

(29年新卒入学者)

| OY | 法文・法 | OYA | 11 | .63 | .30 | .43 | .65 |

者群であるとして、この中で「高校学業成績」が不合格者の中の最高位者以上であった者、つまりこの図のC線の上の部分 (D群) に属する者だけが合格者であると仮定し、このD群について成績間の相関係数を算出して3.4表に示した。

この場合も人数があまり少なくては相関係数を算出する意味がないから、C線以上に10名以上が入った場合だけについて算出した。

さて、この3.4表では事例数が少なくなっていることはやむをえないが、この表にある相関係数をさきの3.1表の(I)および(II)にあるそれぞれに該当する相関係数と比較対照しながらみると、相関係数は全般にさきの場合よりも減少する傾向を示しているが、「高校学業成績」のほうが「入学試験成績」よりも高い相関が

3.5 表の(I)

(28年新卒入学、32年卒業者)

大学	学部・学科	高等学校	人数	一般課程			専門課程		
				高I	高II	高III	高I	高II	高III
AB	工	SDF	17	.51	.51	.24	—	—	—
		SDS	20	.52	.66	.61	—	—	—
YG	工	YZK	18	.42	.49	.76	—	—	—
OY	法文・法	OYA	24	.33	.34	.57	.02	.11	.45
		OYS	13	.23	.26	.45	.52	.69	.57
		KSS	16	.04	.45	.57	.24	.63	.68
KM	法文・法	SSK	13	.41	.60	.46	.55	.56	.60
IG	文理・経	MTF	26	.64	.71	.63	.42	.46	.53
TY	文理・経	TY	21	.00	.16	.12	.03	− .10	.00
KG	経済	TMF	18	.45	.24	.27	.25	.11	.35
		TM	22	.72	.75	.22	.18	.21	.10
NS	経済・経	NSH	14	.21	.38	.45	− .02	.01	.12
NS	経済・商	NSH	13	.39	.56	.67	− .03	.07	− .02
中央値				.41	.49	.46	.21	.16	.40

3.5 表の(II)

(29年新卒入学、33年卒業者)

大学	学部・学科	高等学校	人数	一般課程			専門課程		
				高I	高II	高III	高I	高II	高III
AB	工	SDF	22	.38	.24	.46	—	—	—
		SDS	13	.68	.46	.59	—	—	—
YG	工	YGH	17	.30	.32	.61	—	—	—
		YZK	15	.24	.09	.38	—	—	—
IG	工	MTF	27	.40	.54	.42	—	—	—
KZ	法文・法	NS	16	.28	.42	.48	.10	.45	.31
OY	法文・法	OYS	14	.57	.64	.68	.52	.45	.54
		OYS	13	.73	.69	.72	.48	.57	.49
		KSS	13	.56	.70	.81	.58	.79	.58
IG	文理・経	MTF	30	.22	.14	.30	.31	.33	.55
TY	経済	TY	14	-.27	.20	.02	.12	.35	.40
		TYC	14	.92	.72	.68	.65	.30	.39
KG	経済	TMF	13	.33	.47	.23	.34	.33	.20
中央値				.38	.46	.48	.41	.40	.45

あるという傾向には変わりがない。

4. 次に、高等学校における「学年成績」と大学在学中の学業成績との関係を調べた。

3.5表の(I)および(II)では、3.1表の(I)および(II)で示した各群について、「一般教育課程成績」、「専門教育課程成績」と高等学校での「学年成績」(高I、高II、高III)[10]との相関係数を示した。また、これらの表の各欄の一番下にはそれぞれの相関係数の中央値を示した。

この3.5表の(I)および(II)をみると、どの「学年成績」も「専門教育課程成績」よりは「一般教育課程成績」のほうに比較的高い相関を示しており、中央値によってみるとどの「学年成績」も「一般教育課程成績」との相関は0.4〜0.5程度であり、「専門教育課程成績」との相関は昭和28年入学者群の場合と昭和29年入学者群の場合とでいくらか差があるが、0.4ないしはそれよりもやや低い程度の相関を示している。

なお、ここにみたところでは一般に「学年成績」よりも、この「学年成績」を総合した「高校学業成績」のほうが大学学業成績との相関が高いという傾向があるようである。

5. さて、以上に述べてきたことを通覧すると、ここでの検討の対象となった大学学部（学科）は工学部、法（法文）学部、経済学部だけに限られているし、

これらの学部でも一つの高等学校からの入学者数は検討のための資料として十分に多いとはいえないという制約はあるが、ここで調べた限りでは大学在学中の学業成績との相関は「入学試験成績」よりも「高校学業成績」のほうが一般に高いという傾向が示された。

これは同一の高等学校出身者についてみる限りでは、大学でよい成績をあげる者を選抜するための選考資料としては、大学で行なっている「入学試験成績」よりもむしろ高等学校時代の学業成績のほうが意味がある場合が多いことを示しており、「入学試験成績」だけによって選抜している現状には大いに改善の余地があると考えられる。

3.2. 新卒入学者の成績と浪人入学者の成績の比較

われわれはこれまでの研究において、同一大学学部（学科）への入学者群を新卒入学者群と浪人入学者群とにわけると、「入学試験成績」では浪人入学者群のほうが新卒入学者群よりも優れていることが多いが、「大学進学適性検査成績」ではその逆に新卒入学者群のほうが優れていることが多く、また、「一般教育課程成績」や「専門教育課程成績」でも新卒入学者群のほうが優れていることが多いという事実を示し、これによれば「大学進学適性検査」のほうが「入学試験」よりも大学学業への適性をよりよく検出しうる性質をもっていると考えられることを述べた。[11]

ここでは、このたび収集した資料においても上記のような成績間の関係が同じように認められるかどうかを調べ、更にこれらの成績間の関係と「高校学業成績」との関係についても調べた。[12]

3.2.1. 検討の方法

昭和28年あるいは29年に、ある一つの高等学校からある一つの大学学部（学科）へ入学した者の群を更に、新卒入学者群と浪人入学者群との二つの群にわけ[13]、「高校学業成績」「入学試験成績」「一般教育課程成績」および「専門教育課程成績」についてこの両群の成績を比較した。

なお、ここではそれぞれの年度ごとに、同一学部（学科）への新卒入学者と浪人入学者の数がいずれも3名以上あった高等学校だけを選び出して検討の対象とすることとし、また高等学校や大学で留年したり転退学した者はあらかじめ検討の対象から除外した。

3.6 表の(I)

(28 年入学者)

国立大学	学部・学科	高校	新・浪	人数	高I	高II	高III	高校成績	進適	入学試験	一般課程	専門課程
AB	経済	SDF	新	7	3.64	4.08	4.26	3.99	55.1	154.9	97.9	80.1
			浪	3	3.48	3.88	3.84	3.73	48.7	153.7	71.0	75.0
		SDS	新	6	3.96	3.80	4.14	3.97	53.7	165.2	75.3	75.5
			浪	4	3.76	3.54	3.66	3.65	51.0	154.5	75.0	78.9
AB	法	SDF	新	7	4.62	4.72	4.72	4.69	58.3	176.5	80.5	78.4
			浪	4	3.34	3.66	3.64	3.55	50.0	160.0	74.5	74.3
		SDS	新	6	4.14	4.04	4.62	4.27	51.0	155.0	78.0	77.3
			浪	3	4.30	4.12	4.28	4.23	48.0	170.0	79.5	77.3
AB	工	SDF	新	17	3.66	3.94	4.22	3.94	58.0	154.4	74.0	—
			浪	6	3.26	3.04	3.12	3.14	54.7	148.3	72.2	—
		SDS	新	20	3.86	3.98	4.38	4.07	51.4	168.7	75.5	—
			浪	11	3.50	3.36	3.74	3.53	51.1	158.8	74.9	—
OY	法文・法	OYA	新	24	3.36	3.28	4.46	3.37	37.6	243.0	73.8	74.4
			浪	9	3.00	3.26	2.88	3.05	41.3	243.4	73.6	75.8
		OYS	新	12	3.46	3.50	3.98	3.65	46.3	264.3	76.7	75.8
			浪	4	3.48	3.42	3.40	3.43	44.5	243.8	73.5	80.0
KG	経済	TM	新	24	3.98	4.12	4.20	4.10	47.2	294.9	86.7	89.2
			浪	4	3.32	3.44	3.52	3.43	42.5	289.5	84.4	81.9
NS	経済・経	NSN	新	7	3.96	4.14	4.24	4.11	50.6	337.4	71.6	77.5
			浪	3	3.46	3.26	3.12	3.28	42.0	346.7	73.2	74.8
KM	法文・法	SSK	新	13	3.78	3.74	3.84	3.79	44.2	275.6	73.3	77.0
			浪	3	3.22	3.16	3.62	3.33	36.0	277.7	70.9	73.0

3.2.2. 検討の結果

1. 3.6 表の(I)および(II)には、上記の基準で選び出した各高等学校から各大学学部（学科）への新卒入学者群と浪人入学者群とについて（イ）高I（ロ）高II（ハ）高III（ニ）「高校学業成績」（ホ）「大学進学適性検査成績」（ヘ）「入学試験成績」（ト）「一般教育課程成績」（チ）「専門教育課程成績」の各成績ごとに、各群の平均点を示した。[14]

3.6 表の(I)について、たとえば昭和 28 年に AB 大学経済学部に入学した SDF 高等学校出身者についてみると、高等学校時代の学業成績では高I、高II、高IIIのいずれにおいても新卒入学者群のほうが浪人入学者群よりも成績が優れている（平均点が高い）。また、「大学進学適性検査成績」「入学試験成績」においても、「一般教育課程成績」「専門教育課程成績」においても、新卒入学者群のほうが成績が優れている。すなわち、この場合はここでみたすべての成績において新卒入

3.6 表の(Ⅱ)

(29年入学者)

国立大学	学部・学科	高校	新・浪	人数	高Ⅰ	高Ⅱ	高Ⅲ	高校成績	進適	入学試験	一般課程	専門課程
AB	経済	SDF	新	5	3.98	4.06	4.50	4.18	58.4	183.0	80.6	80.1
			浪	4	3.46	3.96	3.98	3.80	49.5	182.0	76.0	78.0
		SDS	新	6	3.74	4.12	4.38	4.08	53.7	180.0	76.3	79.5
			浪	6	3.56	3.56	4.12	3.75	47.0	185.0	74.3	79.4
AB	工	SDF	新	23	4.08	4.08	4.42	4.19	55.9	184.4	76.3	—
			浪	6	3.54	3.64	3.92	3.70	56.3	171.3	76.0	—
		SDS	新	14	3.98	4.32	4.34	4.21	57.0	178.0	76.2	—
			浪	7	3.68	3.78	4.10	3.85	48.1	178.7	76.0	—
		AT	新	3	3.62	3.92	4.08	3.87	45.3	179.7	78.8	—
			浪	4	3.68	3.70	3.72	3.70	56.5	185.3	75.7	—
OY	法文・法	OYS	新	12	3.36	3.44	3.66	3.49	36.0	275.5	76.8	76.4
			浪	6	3.26	3.34	3.82	3.47	47.3	280.4	77.1	75.6
KG	経済	TM	新	10	3.98	3.76	4.10	3.95	40.4	275.4	87.3	91.3
			浪	6	3.20	3.46	3.68	3.45	38.7	278.5	81.1	85.0
		TMF	新	12	3.82	3.66	4.02	3.83	42.3	268.3	86.5	87.9
			浪	5	3.28	3.54	3.44	3.42	43.2	276.0	83.1	84.6
		MG	新	10	4.06	3.88	3.94	3.96	47.8	265.2	90.0	94.8
			浪	3	3.68	3.60	3.20	3.49	40.0	285.7	80.7	92.5
NS	経済・経	NSH	新	6	4.00	3.74	3.96	3.90	42.3	321.8	72.4	78.0
			浪	4	3.20	3.50	3.34	3.35	46.5	328.5	70.8	74.9

学者群のほうが浪人入学者群よりも優れていたわけである。

　このようにして、この3.6表の(Ⅰ)および(Ⅱ)を概観すると、一般に「高校学業成績」では新卒入学者群のほうが浪人入学者群よりも優れており、「大学進学適性検査成績」や「一般教育課程成績」「専門教育課程成績」でも新卒入学者群のほうが浪人入学者群よりも優れているが、ただ「入学試験成績」だけはその逆に、浪人入学者群のほうが新卒入学者群よりも優れている場合が多いようである。

　2.　そこで、この傾向について見やすくするために、3.6表に示した各種類の成績ごとに、新卒入学者群のほうが浪人入学者群よりも成績が優れていた事例数と、その逆に浪人入学者群のほうが新卒入学者群よりも成績が優れていた事例数とをまとめて示したのが3.7表である。[15]

　さて、3.7表についてみると、まずAB大学の昭和28年入学者の場合は、すべての種類の成績において新卒入学者群のほうが浪人入学者群よりも優れているという傾向があったことが明らかである。次に、同大学への昭和29年入学者およびその他の大学への入学者の場合についてみると、高Ⅰ、高Ⅱ、高Ⅲならびに

3.7 表

		昭和28年入学者								昭和29年入学者							
		高I	高II	高III	高校成績	進適	入学試験	一般課程	専門課程	高I	高II	高III	高校成績	進適	入学試験	一般課程	専門課程
AB大学だけの場合	新卒群の方がすぐれている事例数	5	5	6	6	5	5	—		4	5	5	5	3	2	5	—
	浪人群の方がすぐれている事例数	1	1	0	0	0	1	1	—	1	0	0	0	2	3	0	—
その他の大学の場合	新卒群の方がすぐれている事例数	4	5	5	5	4	2	4	3	5	5	4	5	2	0	4	5
	浪人群の方がすぐれている事例数	1	0	0	0	1	3	1	2	0	0	1	0	3	5	1	0

「高校学業成績」および大学での「一般教育課程成績」「専門教育課程成績」では、新卒入学者群のほうが浪人入学者群よりも優れている事例数が、その逆である事例数よりも明らかに多く、「大学進学適性検査成績」においても新卒入学者群のほうが優れている事例数が多いのであるが、ただ「入学試験成績」だけはその逆に、浪人入学者群のほうが新卒入学者群よりも優れている事例数が多い。

すなわち、このことは、「高校学業成績」「大学進学適性検査成績」「入学試験成績」の三者を比較すると、「高校学業成績」と「大学進学適性検査成績」とは大学学業と比較的よく対応しているのに対して、「入学試験成績」は受験勉強の成果だけを示す付焼刃的な性格が強いことを示していると考えられる。そして、このことは少なくとも新卒受験者と浪人受験者とを一緒にして同じ学力試験によって入学者を選抜することは、将来大学において優れた学業成績を示す者を公正に選抜するという意味において、必ずしも妥当な方法ではないことを示しているといえよう。

3. なお、3.7表においては、大学への浪人入学者群が高Iにおいてすでに新卒入学者群に劣るという傾向を示していることも注目される。すなわち、このことは両群間の成績の差異が高等学校時代の早期においてすでにあったことを示しており、(16)この差異は大学での学業成績においても引続いて示されている。

また、ここには示さなかったが、浪人入学者には大学に入ってから非常に優れた学業成績を示す者はまれであるようであるが、収集した資料について検討して

みると、浪人入学者には高Ⅰにおいてすでに、成績の非常に優れた者（たとえば高Ⅰの成績が4.5点以上の者）はほとんどいない。[17]

4. さて、ここで検討の対象となった各高等学校別の新卒入学者や浪人入学者の数は、検討資料として十分に多いとは決していえない。しかしながら、ここにみた「進学適性検査」や「入学試験」などにおける傾向は、われわれがすでにより多くの人数の資料を用いて行なった検討の結果とよく一致しているのであって、ここに述べてきた諸傾向はかなり一般的に存在する傾向であると考えられる。

そして、以上の事実は高等学校卒業の間際だけでなく、かなり早期の成績において大学学業への適性があらわれていることを示しているし、また、大学入学者選抜の観点からすれば、現在のように受験勉強の成果を示す「入学試験成績」だけによって選抜するのでなく、より早期からの高等学校時代における記録の累積をも十分に活用すべきであることを示していると考えられる。

——〔3.3. 略〕——

3.4. まとめ

この章においてこれまでに見出したことの要点をまとめて述べる。

1. 諸成績間の相関関係について調べた結果では、大学在学中の学業成績との相関は「入学試験成績」よりも「高校学業成績」のほうが高いことが多かった。そして、この「高校学業成績」のほうが相関が高いという傾向は、特定の大学の場合だけでなく、一般的に認められた。現在は、多くの大学が高等学校からの調査書をほとんど用いずに「入学試験成績」によって入学者を選抜しているが、この結果をみると、大学で優れた学業成績を示す者を選抜するためには高等学校時代の学業成績などをもっと活用すべきであると考えられる。

2. 大学入学者を新卒入学者群と浪人入学者群とにわけて、両群の成績を比較してみると、ほとんどすべての事例において、浪人入学者群は「高校学業成績」において、すでに新卒入学者群に劣っていた。そして、この劣るという傾向は高等学校第1学年の学業成績においてすでに明らかであって、このことは大学受験の直前ではなくて、かなり早期から両群の優劣の差があったことを示している。ところが、「入学試験」では浪人入学者群は新卒入学者群よりも優れた成績を示すことが多かったが、大学在学中の学業成績では再び浪人入学者群が新卒入学者

群よりも劣ることが多かった。

このように浪人入学者群が「高校学業成績」と大学在学中の学業成績を通じて新卒入学者群に劣るにもかかわらず、「入学試験成績」だけは優るという傾向があったのは、浪人入学者群の「入学試験成績」に付焼刃的な性格が強いことを示していると考えられる。このように浪人受験者が新卒受験者よりも不当に有利であることを防ぐ意味でも、大学入学者選抜にあたって、高等学校時代の学業成績などをもっと活用すべきであると考えられる。

なお、「大学進学適性検査成績」では新卒入学者群が浪人入学者群よりも優れていることが多かったが、これはこの検査に付焼刃がききにくいことを示していると考えられる。

3. 3大学5学部における事例について具体的に検討してみた結果では、次の傾向が認められた。

(1) ある高等学校からの受験者群の中で、「高校学業成績」が特に優れていた者は高校新卒での「入学試験」でも優れた成績を示して合格し、大学在学中の学業でも優れた成績を示す傾向がある。

(2) ある高等学校からの受験者群の中で、「高校学業成績」が優れていたのに、たまたま高校新卒での「入学試験」で劣った成績をとったために不合格となった者で、1年間浪人して翌年に合格した者は、大学在学中の学業では優れた成績を示す傾向がある。

(3) ある高等学校からの受験者群の中で、「高校学業成績」が劣っていたのに、たまたま高校新卒年度での「入学試験」でよい成績をとったために合格した者は、大学在学中の学業では劣った成績を示す傾向がある。

(4) ある高等学校からの受験者群の中で、「高校学業成績」が劣っており、高校新卒での「入学試験」でも不合格となったが、1年間浪人して翌年に合格した者は、大学在学中の学業では劣った成績を示す傾向がある。

すなわち、これらの諸傾向は大学在学中の学業で優れた成績を示す者を選抜するための資料として、高等学校時代の学業成績に高い価値があることを示していると考えられる。

さて、ここで検討した結果によれば、高等学校時代の学業成績を大学入学者選抜のための資料としてもっと活用すべきであると考えられるが、実際問題としては、高等学校の相互の間の学校差をどのように扱ったらよいか、また高等学校か

ら正直な申告を得られる保証があり得るかなどの問題が残る。これらの問題については更に多くの角度からの研究が必要であるが、その中で学校差の問題については、それぞれの大学で過去の入学者の実績を調べ、その実状に応じた成績の用い方を工夫するなどすれば、ある程度の解決が可能である場合も多いように考えられる。

　なお、ここで調べた結果によれば、学校差は見かたによってはそれほどに大きくはないようである。たとえば、さきの「事例についての検討」の項では各学部ごとに2校ずつの高等学校について調べたのであるが、4.5点以上のきわめて優れた「高校学業成績」であった者は、どの高校出身者も、またどの学部入学者もすべて優れた大学学業成績を示している。また、3.5点以下の劣った「高校学業成績」であった者は、いずれも劣った大学学業成績を示している。このことは、選抜資料として高等学校時代の学業成績をかなり一般的に用いる方法もあり得ることを示しているように考えられる。

　また、たいていの学部には、その学部に多数の者が受験する高等学校がいくつかあるが、そのような高等学校からの受験者については「入学試験成績」と高等学校時代の学業成績とをつきあわせてみて、この両者があまりにくいちがっている場合には「入学試験成績」よりもむしろ高等学校時代の学業成績を重視したほうが優れた結果が得られることが多いようである。

　その他、それぞれの大学学部の実状に応じてその用い方はいろいろあるものと考えられるので、各大学で独自の方法を研究されることが望まれるが、この学校差の問題についてはわれわれも更に最近の成績資料を収集して検討を続けている。

　なお、このほかに、もしも大学入学者選抜資料として高等学校時代の学業成績を重視することになると、いわゆる「点取り虫」の風潮を助長して教育上のぞましくない結果があらわれるのではないかと心配される方もあろう。しかし、現在ではより少数の科目についての「入学試験」で、少しでもよい点をとろうとするための好ましくない型での「点取り虫」的勉強が盛んであるのが実状であって、これに反して上のような型で高校でのすべての科目について正当に勉強することは、むしろ好ましいことであるとも考えられる。いずれにしても、この種の問題については選抜方法だけの立場でなく、更に広い教育的立場から総合的に検討することが必要であろう。

[注]

(1) (イ) 西堀・清水・米沢・吉田「進学適性検査の妥当性の研究」国立教育研究所紀要第7集(I)、昭和31年1月。
 (ロ) 西堀・清水・渋谷「大学進学適性検査の妥当性の研究—学科試験との比較—」国立教育研究所紀要第7集(II)、昭和33年3月。
 (ハ) 西堀・渋谷「大学進学適性検査の妥当性の研究—学科試験との比較—(III)」国立教育研究所紀要第20集、昭和35年2月。
 (ニ) 西堀・松下・渋谷「大学入学試験に関する研究(I)—同一大学連続受験者の成績資料による研究—」国立教育研究所紀要第25集、昭和36年3月。
(2) 最近の研究には下記のものなどがある。
 (イ) 岡部弥太郎「大学の入学試験——一つの報告と問題の展望—」国際基督教大学学報 I ～ A、1961。
 (ロ) 額田粲「大学における入学試験のあり方」日本医事新報、昭和36年10月。
 (ハ) 中村幹雄ほか「大学入試に関する一考察（調査書の取扱について）」宮崎大学学芸学部紀要第13号、昭和37年2月。
 (ニ) 「大学の入学試験に関する研究」学生問題研究所研究報告第6冊、昭和37年9月。
(3) 従来の研究が東京にある大学、高等学校を対象としていることが多いのであえてこれを除いた。
(4) 大学進学適性検査との関係をも調べるために、進適実施の最終年度の頃を選ぶ必要があった。
(5) 公私立大学は検討の対象にいれなかった。
(6) 北海道は調査の都合で除外した。
(7) (イ) この項で述べる検討結果は、すでに国立教育研究所「資料 NO. 3」（1962年5月発行）によって中間的に発表した。
 (ロ) 更に新らしい年度の大学入学者におけるこれらの成績間の相関関係についても検討を続行中である。
 (ハ) 「大学進学適性検査成績」と「一般教育課程成績」「専門教育課程成績」との相関係数も算出してあるがここには示さなかった。それは「高校学業成績」「入学試験成績」「一般教育課程成績」および「専門教育課程成績」が、いずれも学業あるいは学力成績であるのに対して、大学進学適性検査だけは質を異にする検査であるから、「大学進学適性検査成績」とこれらの諸成績との相関係数を、これらの諸成績相互の相関係数と直接に比較してもここでは意味がないと考えられるからである。
(8) すでに述べたとおり高等学校名や大学名は符号で示してある。
(9) 工学部の場合は、専門課程に進むと少人数の数多くの学科にわかれてしまい、学科を異にする者の「専門教育課程成績」を相互に比較することは困難である。そこで、工学部入学者については「一般教育課程成績」だけについて相関係数を算出した。
(10) すでに述べたとおり、ここでいう「学年成績」とは各学年における国語、社会、数学、理科、外国語の教科当りの平均点をいう。
(11) 前掲の国立教育研究所紀要第20集参照。
(12) この項で述べる検討結果はすでに、国立教育研究所「資料 NO. 4」（1962年5月発行）によっても中間的に報告した。
(13) この浪人群は1年浪人、2年浪人およびそれ以上の年数の浪人を含んでいる。ただし、1年浪人がその中の大多数を占めていることはいうまでもない。

(14)　工学部入学者についてはここでも「専門教育課程」は省略した。
(15)　AB大学の場合は、専門教育課程についての事例数は少ないので、3.7表ではこの大学の「専門教育課程」の欄は記入しなかった。
(16)　大学での学業成績の優劣に対応するような優劣が、これよりもさらに早期の、たとえば中学校時代の学業成績などにおいてもすでにあらわれているかどうかについても現在検討を進めている。
(17)　浪人入学者には非常に優れた学業成績を示す者が少ないという傾向は、次頁の3.2～3.10図〔略〕においてもはっきりあらわれている。

2 共通第1次試験・センター試験の制度的妥当性の問題

木村 拓也

1 ―はじめに―共通第1次試験の導入経緯を改めて問いなおす意義

　本稿の目的は、共通第1次試験が如何なる政策判断のもとで導入にまで至ったのかを明らかにすることにある。そうした作業を通して、本稿で最終的に目指されるのは、導入経緯で交わされた議論から、そもそも、何のために大規模統一試験を大学入学者選抜として実施しようとしたのかという意義の再確認であり、そのことを敷衍した、現行のセンター試験の役割の再検討にある。このことによって、巷で交わされるセンター試験批判論議の適不適が峻別され、大学入学者選抜としての大規模統一試験を巡る論議に確固たる舞台を築くことにつながるであろう。

2 ―何を前提に議論すべきか？―大学入学者選抜に関する「ルール」の確認

　逆説的ではあるが、まず、本稿の「共通第1次試験・センター試験の制度的妥当性」というお題目が、制度論的に言えば、極めて「難題」と言わざるを得ない、という話から始めなければならない。そもそも、大規模統一試験である能研テストや共通第1次試験が導入された1960年代から70年代にかけては、日本はまさに大学進学率が上昇し、大学が劇的に「大衆化（マス）」していた頃でもある。そのことを踏まえれば、そもそも、共通第1次試験の成立自体が、高等教育の「大衆化（マス）」という教育における構造的な変化が必然的に要求した制度論的帰結と見なすこともできよう。

　実際に、この点については、東京工業大学教務課長（当時）であった斎藤寛次郎が1961（昭和36）年に興味深い発言を残している(1)。即ち、高等教育が「大衆（マス）

出典：独立行政法人日本学術振興会人文・社会科学振興プロジェクト研究領域I-2「日本の教育システム」研究グループ『平成19年度国内セミナー 米国流測定文化の日本的受容の問題――日本の教育文化・テスト文化に応じた教育政策の立案に向けて（報告書）』、2008年、85-96頁

化」を迎え、大量に押し寄せる受験生を前に、大学側では、まず入試の段階で、膨大な答案の「短期間の処理」が求められていた。その一方で、作題方法や答案処理方法など、テストを巡る「技術面の研究不足」が原因となり、そのしわ寄せが「大学教官の研究活動の障害」「実施に伴う関係職員の精神的負担」「実施関係費用が実に莫大」となって露呈しているというのだ。当時、斎藤の述べたことが正しければ、現実問題として、1960年前半までには、大学が個別に実施する大学入学者選抜が、当時、制度疲労を起こし、1大学で個別には到底処理しきれない問題となっていたことが窺える。更に、斎藤は「教育評価の原則としては、問題を作成することに長期間を要すれば、その結果は、短期間に正しい評価が行われるが、問題作成を短期間に行ったとすれば、正しい評価を行うのに長期間を必要とすると言われている。例えば、『〜について論ぜよ』という問題は簡単に作成できても、この結果を適切に処理するのは困難と言われている」という例を挙げ、長期にわたる専門的なテスト研究を基盤とした問題作成が、教科の専門家と共同して行われる必要性を主張している。先に述べた諸問題と併せた現実的な解決策が、テスト専門機関を擁して「全国一斉に試験を実施すると言うことではないだろうか」と言うのだ。その後、実際に、1963（昭和38）年1月に出された中央教育審議会答申『大学教育の改善について』の「(2)テストの研究、実施のための機関の設置」の項で「テストのための問題の研究、作成およびテストの実施のために、新たに専門の機関を設ける必要がある。この機関は、さしあたり財団法人とし、高等学校教育と大学教育との要請がじゅうぶん調整されるため、高等学校関係者と大学関係者を中心とし、その他学識経験者、文部省関係者を加えて組織運営されるものとする。また、この機関は、上述の目的を達成するため、テストの問題の研究作成および実施に必要な専門家を擁する実施部門をもつものとする」と謳われることとなり、日本初のテスト研究専門機関として財団法人能力開発研究所が設立され、能研テストの試行期間が始まったのは、こうして斎藤が述べた2年後の1963（昭和38）年3月のことであった。

　このように試験制度そのものが、大学定員と18歳人口の問題から、テスト評価技術、実施運営の在り方やその関係者の労苦に至るまで、様々な要素が複合的に絡みあった、微妙なバランスで成り立っている。だが、他方で、テストというものが人の一生の処遇を左右するものであるが故に、テスト政策においては、誤った処方箋をあてがうことほど、取り返しのつかないことはない。テスト政策での「失敗」は一国の教育制度の根底を覆すだけに、その実施と改革に際しては、

よほど慎重でなければならない類のものである。しばしば出される改革案を吟味するためにも、我々は、試験批判論議の適不適を峻別する良い指標を持たなければならないのではないだろうか。

では、次の箇条書きをご覧頂こう。これらはいつの時代の話だと思いますか？と聞かれれば、その答えに戸惑われるかもしれない。

a) ①受験準備教育の弊害を排除するための学力検査の廃止および調査書の重視と②客観性、公平性の確保という要請からの学力検査の重視

b) ①採点の客観的な公平を確保するための客観テストの導入と②客観テストが思考力、創造力の育成に適当でないという観点からの記述テストの強調

c) ①将来の学習能力を予測するための適性検査の実施と②適性検査についても受験準備が行われ、また、受験者や試験実施者の負担が過重であるなどの理由による廃止

d) ①学力検査では判らない「人物」を評価し、受験準備教育の弊害を排除するための口頭試問や面接の実施と客観性、公平性の確保という観点からのその廃止

e) 受験競争の激化を避けるための学区制や総合選抜制の実施と個人の学校選択希望の尊重のためのその廃止

上の箇条書きには、導入（実施）と廃止が織り成された項が5つ並んでいる。もし戸惑われるとしたら、調査書選抜か学力試験選抜か、客観式テストか記述式テストか、という対立軸、或いは、適性検査・口頭試問・面接を導入するか否か、また或いは、総合選抜制の導入など選抜方法以外のシステム変更など、入学者選抜改革において、一度はどこかで見聞きしたような方略が並んでいるからではないだろうか。実は、この文章は、中央教育審議会『今後における学校教育の総合的な拡充整備のための基本的施策について』（通称：「46答申」 {1971〔昭和46〕年6月11日付答申}、以後この呼称を使用）の中間報告であり、1969（昭和44）年6月30日に出された『わが国の教育発展の分析評価と今後の検討課題』と呼ばれる報告書に登場するものである。

a) ①（[中等教育] 昭和2年、15年、23年、42年）、②（[昭和4年、18年、31年]）

b) ①（[中等教育] 昭和23年）、②（昭和29年）

c) ①（[高等教育] 昭和25年）、②（昭和30年）

d) ①（［中等教育］昭和2年、38年、［高等教育］昭和2年、25年）、②（［中等教育］昭和23年、［高等教育］昭和22年）

e) ①（［中等教育］昭和17年、［高等教育］明治35年、大正6年）、②（［高等教育］明治41年、大正8年）

更に、上に記したその時期に注目すれば、導入（実施）と廃止が振り子のように幾度も繰り返されていることが分かる。そう、入学者選抜の改革案と呼ばれるものは、明治時代から何一つ目新しいものがない。驚くことに、入学者選抜の改革とは、既に明治時代から限られた手数のうちから選択された方略の導入（実施）と廃止が交互に繰り返されてきた歴史とも言える。つまり、調査書・適性検査・学力試験・面接・小論文・実技を組み合わせることは、何も、共通第1次試験やセンター試験が導入された後の二次試験やAO入試に始まった新しい手法でも何でもない。

となると、何故、選抜方法において同じような改革が繰り返されるのか、という素朴な疑問が沸いてくるであろう。ここに本稿で扱いたい、大学入学者選抜で前提とされてきた「ルール」が存在するというお話をさせて頂きたい。結論を「少し」先取りすれば、共通第1次試験は、そうした繰り返しを生んだ「ルール」を清算して、新たな「ルール」の基に成立した制度であった。「共通第1次試験・センター試験の制度的妥当性」という難題に対して、本稿では、そもそもその前提となっている大学入学者選抜の「ルール」の存在を、共通第1次試験やセンター試験を検証する舞台に登場させることで、及ばずながら、筆者に与えられた役目を全うさせて頂こうと思う。

3 ―「エドミストンの三原則」
―「過去」・「現在」・「未来」のパフォーマンスを「等しく」評価する入学者選抜

以下で論じる大学入学者選抜の「ルール」とは、『大学入学者選抜実施要項』に明記されたものが前提となっている。何故、そこに記載されたものが大学入学者選抜の「ルール」になるかと言えば、この『大学入学者選抜実施要項』が、毎年5月に、文部科学省高等教育局長名で、全国の国公私立大学長及び大学入試センター理事長宛に出される通知であるからに他ならない。冒頭に、「各大学におかれては、本実施要項を踏まえ、適切に入学者選抜を実施されるようお願いいたします」（平成19年度版）と書かれてあることで分かるように、各大学は、この

『実施要項』に沿った形で入学者選抜を行わなければならない。

そこに記された「基本方針」や「選抜方法」の項を通史的に調査した木村・倉元（2006a）によれば、戦後直後から46答申の直前までの大学入学者選抜制度において貫かれていた原理原則は、「過去」・「現在」・「未来」のパフォーマンスを等価値に総合して判定するという、「ルール」であった。

戦争終了直前の1944（昭和19）年度より大学入学者選抜が内申書と簡単な面接試問のみで行われていたことを連合国軍最高司令官総司令部（GHQ）が非民主的だと見なしたが故に、GHQの専門部局であった民間情報教育局（CIE）所属のエドミストン博士によって、①進学適性検査の成績（受験者の将来の傾向）、②最終三カ年の成績（受験生の過去の成績）、③学力検査の成績（受験生の現在の理解力）を等価値として扱うことが、最も公平な選抜であると提言されたのがことの始まりである。私は、後に出てくる日本型の三原則と比して、この「ルール」が米国輸入型であるというニュアンスが伝わるように、アメリカ人博士のお名前を拝借して、この「ルール」を「エドミストンの三原則」と呼ぶことにしている。この「ルール」は、1949（昭和24）年2月7日の「日本に於ける上級学校入学者の選抜方法」というエドミストン発の通達に記されるやいなや、同年10月に出された『昭和25年度新制大学及び旧制専門学校等への入学者選抜実施要綱』に、過去のパフォーマンスを表す調査書、現在のパフォーマンスを表す学力検査、未来のパフォーマンスを予測する進学適性検査の3点を「選抜方法」に盛り込む形で登場する。

1. 入学試験の結果は、筆答試験と身体検査及び出身学校から提出される**調査書**の各成績を総合して決定すること。
2. 筆答試験は**進学適性検査**と**学力検査**との両者を実施すること。［**ゴシック**は筆者による］

この突然輸入された「エドミストンの三原則」なるものに、日本社会は、表面上では穏やかな、だが、その反面とても頑なな拒否感を示すこととなる。そもそも、「エドミストンの三原則」からすれば、『実施要項』には、調査書・学力検査・適性検査が同列に並び、等価値である旨が記載されていなければおかしい。だが、実際は、1. に明記された「筆答試験」の説明として、2. に「進学適性検査」と「学力検査」が併記されたのであった。つまり、「占領軍の意図は、『学科

試験全体と同等に』というのであったのを、文部省及びわが国社会及び大学関係者の攻撃を怖れて、『学科試験の一科目と同等に』または『学科試験の合計点に加算するものとして』という意味にもとれる程度のものとした」と言われている。こうした傾向は特に旧制大学系の新制大学で強く、更に、調査書に関しては実質「参考資料」扱いに留まり、「調査書によって入学が左右される場合には、身体検査によるよりも決して多くなかった」と言われた。要は、「含みのある表現」にしては、学力検査一本で受験可能とする「抜け道」を用意したのである。

そもそも「受験勉強を必要としない」と宣伝されて開始された進学適性検査は、こうした「ルール」云々の前に、戦後直後でまともな受験勉強などままならないといった受験生を取り巻く劣悪な就学環境を前提にして受験生側には一時歓迎された経緯が確かにあった。だが、「受験勉強を必要としない」と宣伝されたにも関わらず、状況が整えば、受験勉強を「させて」しまう社会構造（その現れとして、図1〔略〕〔進適時〕の適性試験の予想問題集）は、そもそも州ごとにカリキュラムも違えば、一人一人の就学環境が余りにも極端に違い過ぎるが故に、そうした環境の差異があっても資質のあるものこそ合理的に選抜されるべきとするアメリカ教育界の前提条件ありきで生まれた「発想」—「エドミストンの三原則」—を良かれとはしなかった。ここに、同一カリキュラム・学習指導要領の下での就学環境が存在し、あとは本人の努力如何に全てが委ねられる選抜が最も合理的だとする日本と先のアメリカとのテストを巡る文化の違いが如実に表れている。

結局、1952（昭和27）年度とその翌年度では平均点が約8点も上がる事実などもあってか、1953（昭和28）年12月1日の全国高等学校協会より出された『大学進学適性検査を廃止されたき件（要望書）』の中では、「数度の事前練習によってその成績が顕著に向上する」と言われ、その事前練習が「二重の負担」との誹りを受けたこともあって、1954（昭和29）年4月3日に出された、大学学術局長通達『進学適性検査の措置について』（文大大第269号）により進適の全国一斉実施が中止となり、1955（昭和30）年度から進適の実施が各大学の裁量に任される形となったが、実質的な廃止となった。

こうして現場レベルでは「エドミストンの三原則」は一度破綻した。それどころか、そもそも現場レベルで受け容れられたとは、到底、言い難い状況ですらあった。が、一方で、実質的な廃止を、進適の実施を実際には進適の成績を参考資料として扱い、それまで殆ど合否得点に加味していなかった各大学の裁量に任す

というグレーな表現で言い表したがために、『大学入学者選抜実施要項』においても、その後、進学適性検査の記載は残されたままとなっていた。また、文部省が1958（昭和33）年に発表した『大学入学試験に関する調査』の中でも、「学力検査は、高等学校において学修した学力を試すもので、大学における高度の学修を受けるための前提である。調査書は高等学校における学業、身体の状況等の業績を記述するもので入学者決定の資料として大切なものとされている。進適は高等学校の学修に基づいた将来の能力即ち、新しい問題に遭遇して、これを解決する能力があるかどうかを試すものである」と述べられるなど、調査書・学力検査・適性検査を三本の柱とする「エドミストンの三原則」の名残は、その後も、入学者選抜改革の「発想」の中に続けて見受けられることとなる。

　こうした状況の中、1963（昭和38）年1月28日に中央教育審議会答申『大学教育の改善について』が提出されることになるが、この答申を契機に再び「エドミストンの三原則」の1つである進学適性検査は、能研テストの一部として復活する［ここでも予想問題集が登場［図2］〔略〕］。即ち、中央教育審議会答申では、「1. 大学入学者選抜制度の現状と問題点」として、「（ア）高等学校の調査書、進学適性検査あるいは面接を利用して選抜を行うことが困難または不可能であるため、入学者選抜は事実上ただ一回の学力筆答試験によっておこなわれ、主として集団選考基準によって合否を決するという結果になっている」ことを挙げ、浪人問題等で社会問題化していた受験戦争の緩和を、学力試験のみの選抜方法からの脱却に求めたのである。そこで、「3. 大学入学者選抜制度の改善方策」として、「(1)学習到達度と進学適性を活用する制度の確立」を掲げ、「高等教育をうけるにふさわしい適格者の選抜にあたっては、進学志望者の学力、資質については、高等学校における学習到達度と高等教育への進学適性の判定が基本的な条件である」とし、能研テストが「適性能力テスト［未来］＋学力検査［現在］」といった構成で開始されていくこととなった。中央教育審議会答申から能研テストへの展開は早く、財団法人能力開発研究所は、最終答申より前の1月16日に設立が認可され、2月4日に最初の理事会でその事業が開始されたが、1963（昭和38）年度から試行試験期間2年、実施期間4年で、実質参加校も僅か数校と伸び悩み、当時盛んであった学園紛争に反対闘争が結びついたこともあって、能力開発研究所は1969（昭和44）年3月31日をもって解散に追い込まれてしまう。

　ここで、この「エドミストンの三原則」という観点から大学入学者選抜制度を

眺めてみれば、能研テストにおける進学適性能力テストの復活が「未来」のパフォーマンス指標の重視であり、能研テストの失敗後、高校調査書の活用が盛んに叫ばれたことが「過去」のパフォーマンス指標の重視であるなど、この「三原則」の何れかに力点を置きかえるか、或いはその組み合わせのバリエーションがそのまま制度改革の目玉として取り上げられた過程であると見ることができる。試行期間を終えた能研テストの1965（昭和40）年度参加大学は僅か2大学という結果に終わり、受験戦争緩和といった大目標の達成が芳しくないことを悟った文部省にとって残された最後の一手は、「エドミストンの三原則」の「発想」に囚われている限り、調査書重視の入学者選抜改革しか残されておらず、この調査書重視の選抜を基本方針とする入学者選抜改革案が、最終的に共通第1次試験の実施に繋がっていくこととなる。

──〔図1、図2略〕──

4 ─「日本型大学入学者選抜の三原則」
─「適切な能力の判定」「公平性の確保」「下級学校への悪影響の排除」

実は、「エドミストンの三原則」に変わる新たな「ルール」は、進学適性検査の終了[7]のほぼ1年後の1954（昭和29）年11月15日に出された、中央教育審議会第6回答申『大学入学者選考及びこれに関連する事項についての答申』において既に一度出されている。即ち「大学入試の方法について、大学入学試験研究協議会の決議に基づき、文部省から大学その他の関係者に通達した昭和30年度入学者選抜実施要項（筆者注：1954［昭和29］年6月10日通達）は、だいたいにおいて適切なものとして、これを支持するとともに、下記の諸点に留意することが必要であると考える」として、その第1に挙げられた「A. 大学入学者選抜の基本方針として、大学教育を受ける**資質・能力のある者**を**公正**に**考査する**方針をたて、これに基づき実施し、極力**高等学校教育を撹乱せざるよう留意**すること」（ゴシックは筆者による）という「ルール」である。だが、この進学適性検査の廃止直後に提示された「ルール」が、先の「エドミストンの三原則」に取って代わり、その新しい「ルール」に則って試験制度が策定されるようになるまでには、まだしばらく時間がかかることとなる。

前節で述べたように、入学者選抜制度の策定に際する「発想」の中に、この時

点ではまだ、「エドミストンの三原則」が依然として色濃く残っていた。その根拠の1つは、例えば、進学適性検査の廃止後、国立教育研究所では、『大学進学適性検査の妥当性の研究(I)～(III)』((I)：1955［昭和30］年、(II)：1958［昭和33］年、(III)：1960［昭和35］年）と題した、進学適性検査の追跡研究を行い、進学適性検査と、学科試験及び入学後の学業成績との比較を行っていたことである。というのも、当時、廃止に追い込まれた主な原因の1つに挙げられていたのが、「進適の結果の科学的検討の不足」であった。公式にも、1966（昭和41）年3月の参議院文教委員会調査室作成『大学・高等学校の入学試験制度改善に関する調査資料』（資料第46号［通番第156号］）の中でも入学者選抜研究の不在に言が及び、「進適の成績は、大学の一般教育よりも、専門教育に深い関係をもつこと、浪人をして受験勉強をしても、進適の成績は上がらないこと、学科試験と進適の同点者では、新卒者の方が浪人よりも大学に入学後の成績がよいことが明らかにされている。今後は、能研テストとともに進適制度は、入学試験の改革に重要な参考資料を与えるものであると考えられる」と述べられている。とどのつまり、ここでの「科学的検討」（＝入学者選抜研究）に含意された「発想」とは、どの資料が或いはその組み合わせの如何が、大学入学後の成績と最も相関が高いかを問うことによって、入学者選抜に用いる成績資料を決定し、それによって制度が妥当であるか否かを判断するといった類のものであった。この当時、予測的妥当性の地平にしか、入学者選抜制度の策定の目線が向けられていなかったのである。

　もう1つは、当時の「現在」の理解力を測る学力試験の手詰まり感により、そして、「未来」の進学適性検査の失敗により、最後の一手となった「過去」の調査書選抜が殊更強調されたことである。1966（昭和41）年度には調査書重視を通達、1967（昭和42）年度から能研テスト結果の利用を謳い、同年より推薦入学制度が開始、1970（昭和45）年度からは調査書内容確認のための面接・小論文方式の採用、同年、学力選抜を課さない調査書のみの選抜方式が許可され、1971（昭和46）年度から調査書・学力検査・健康診断以外の「大学が適当と認める資料」による判定を認めていくことになる。

　この2つのロジックを組み合わしていくと、調査書成績が、大学入学後の成績を最も確からしく予測するという結果が入学者選抜研究によってもたらされることこそ肝要になってくる。実は、こうした結論の調査結果が示されたのが、1967（昭和42）年7月3日に諮問が行われ、4年もの長い議論を経て1971（昭和46）

年6月11日に上梓された46答申であった。

　まず、1969（昭和44）年6月30日の中間報告で示された図3より、次の解釈が得られた。[8]

（入学者選抜における能力判定資料の妥当性）図Ⅱ・B-10の能力開発研究所の研究や国立教育研究所その他の研究から、入学者選抜においてどのような資料を用いることが適当かについては、次のような結論が得られている。

(a) 大学の入試成績、高等学校の学業成績、能研の学力テストなどのなかで、単純使用の場合、大学入学後の学力の伸びをもっとも確からしく予測するのに

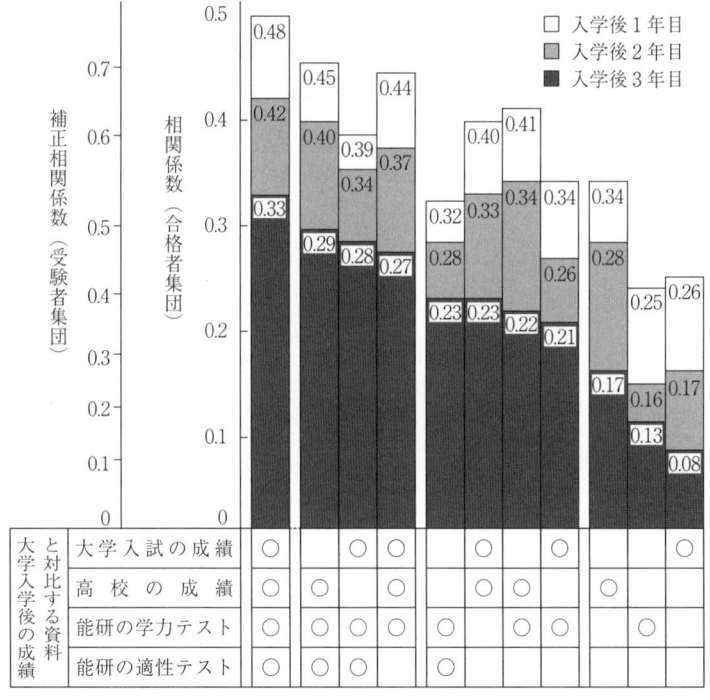

注 1　財団法人能力開発研究所が国立大学18学部（対象学生は昭和39年入学者約1,260人）の協力をえて行なった3年間の追跡調査の結果による。
　　2　この表には、各学部ごとの相関係数の分布の平均値を示す。(2以上の資料と対比する場合は、それらと大学入学後の成績との重相関係数を用いた。)
　　3　補正相関係数とは、入学競争率を考慮して合格者集団についての相関係数を受験者集団に引き直した場合の推定値である。

図3　各種成績資料と入学後の学業成績との相関関係
　　（中教審 1969：図Ⅱ・B − 10）

2 共通第1次試験・センター試験の制度的妥当性の問題──253

役立つのは、高等学校の学業成績である。
(b)大学入学後の学力の伸びを予測するには、1回限りのテストではきわめてふじゅうぶんであり、上記のような各種の判定資料を総合的に用いることによってはるかに確かな結果が得られる。

一方で、明治以降の入学者選抜制度の回顧もこの中間報告書で同時に行われており、ここに、進学適性検査の廃止後、『実施要項』に記載されていた、新たな「ルール」が3つの原則「公平性の確保」「適切な能力の判定」「下級学校への悪影響の排除」として、はっきりと明記されることとなった。

（入学者選抜制度の歴史的変遷）入学者選抜方法については、次に述べるようにこれまでにたびたび改革が行われてきたが、一定の発展の方向はなく、常に「**公平性の確保**」「**適切な能力の判定**」「**下級学校への悪影響の排除**」という原則のいずれに重きをおくべきかという試行錯誤の繰り返しであったということができる。（**ゴシック**は筆者による）

実は、上の文章中の「次にのべるように」の部分に書かれてあったのが、入学者選抜改革において同じ方略の導入（実施）と廃止が何度も繰り返されたことが示された、先の5つの箇条書きであった。つまり、新たな「ルール」は、明治期から幾度も繰り返された入学者選抜制度改革から帰納的に導き出された「ルール」なのである。ここに、私が、米国流「エドミストンの三原則」と対比して「日本型大学入学者選抜の三原則」とよぶ根拠がある。

この中間報告を踏まえた上で、46答申最終報告書の「13. 大学入学者選抜の改善の方向」の中で示された結論は、次の通りである。ここで、中間報告における「入学者選抜における能力判定資料の妥当性」の(a)と(b)が、そのまま(1)と(3)に対応していることが見て取れる。

(1)高等学校の学習成果を公正に表示する調査書を選抜の基礎資料とすること。
(2)広域的な共通テストを開発し、高等学校間の評価水準の格差を補正するための方法として利用すること。
(3)大学側が必要とする場合には、進学しようとする専門分野において、特に重視される特定の能力についてテストを行い、または論文テストや面接を行ってそれらの結果を総合的な判定に加えること。

このように、46答申の中間報告においては、大学入学者選抜における新旧2つの「ルール」が相克する場となった。だが、少し立ち止まって、(a)(1)及び(b)(3)の結果を精査してみたい。まず、(a)(1)の調査書選抜に関して言えば、そもそも、1965（昭和40）年2月1日の全国高等学校長協会『「後期中等教育の在り方」に関する意見書』や翌1966（昭和41）年1月24日の全国高等学校長協会全国理事会『大学進学制度改善に関する申し合わせ』などで相次いで表明されたように、大学入学者選抜における選抜率の高さに伴う難問奇問の続出から、調査書選抜を重視して欲しいといった、社会的要請という側面が強い改革気運の高まりであった。だが、46答申中間報告（1969［昭和44］年6月30日）と最終報告（1971［昭和46］年6月30日）の丁度間の年にあたる1970（昭和45）年6月16日に、東京大学入学制度調査委員会は『入学試験の改善に関する答申』の添付書類『審議経過報告書』の中で、先の中央教育審議会の結論(a)(1)を真っ向から否定する見解を発表したのである。

　　とくに、本学の場合、一部に伝えられる「入試の成績より高校の調査書成績の方が大学入学後の成績と相関度が高い」というデータはまだ十分に証明されるに至っておらず、また現在かりにこのようなデータが得られるとしても、「調査書重視」が実施される場合には事情が変化しないという保証はない。

　こうした東大の見解の背景には、大学入学者選抜の相関研究においては、選抜資料の性質云々の前に、統計的に必然とでもいうべき性質を考慮しなければならない、という入学者選抜研究者の「常識」が存在している。つまり、図4にあるように、そもそも、大学入学後の成績は、当たり前のことだが、入学者のものしか存在しない。このことから、選抜資料として合否の判定に用いられた入試成績と大学入学後の成績との相関係数は相対的に低く算出され、逆に、合否の判定に全く用いられなかった、例えば、調査書成績と大学入学後の成績との相関係数は相対的に高く算出される傾向がある。このことは、「選抜効果」の問題と呼ばれている。

　次に、(b)(3)については、図3の元となった数値そのものが、ノーマルな重相関係数であって、表1で再計算したように、自由度調整済み重相関係数（初出は1976年でありこの図3作成当時は知られていなかった）を算出したところ、(b)(3)と同種の結論を得ることができなかった。勿論、先の「選抜効果」の影響のた

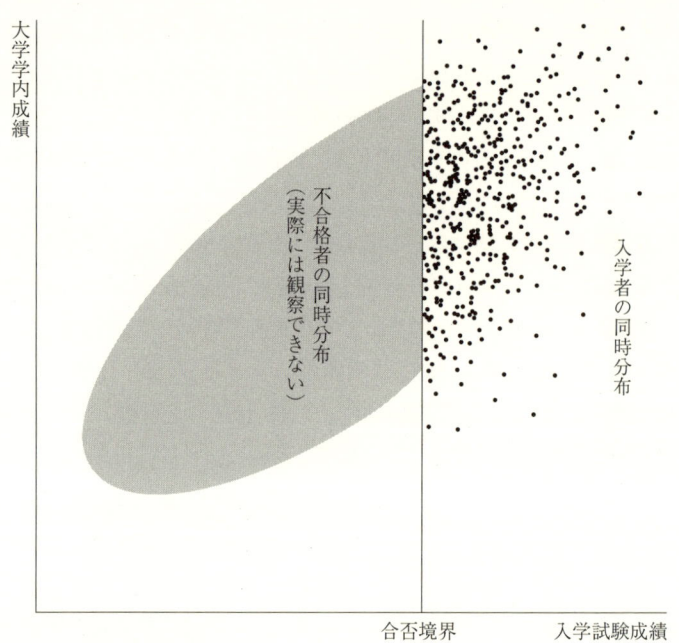

図4　選抜効果の例
（芝・南風原 1990、p.132）

めか、直接には合否に用いられていない調査書と能研学力テストの単相関が高いことから、表1の自由度調整済み重相関係数の値からとある結論を導き出すことは適切ではないのかもしれない。が、そもそも、重相関係数の最大値が、右（全選抜資料）から左（2ないしは3の選抜資料）に極端に移動していることにより、複数の資料を組み合わせることが大学入学後の成績をもっともよく予想するという結論が、単に重相関係数の値が独立変数の数を増やせば増やすほど必然的に上がるといった統計的性質の現れに過ぎず、これを、「大学入学後の学力の伸びを予測するには、1回限りのテストではきわめてふじゅうぶん」であって、入試成績、調査書、能研学力テストのような「各種の判定資料を総合的に用いることによってはるかに確かな結果が得られる」と言えば、明らかなデータの「誤読」となる。まして、(3)では、「または論文テストや面接を行ってそれらの結果を総合的な判定」となっているが、(b)での「総合」すると言及された「各種判定資料」の中では、そもそも、「論文テスト」や「面接」が登場していないのである。

　勿論、このデータを算出した能力開発研究所に在籍した研究者たちの間では、

図3の図化と結論(a)(1)及び(b)(3)に同意が為されていた訳ではなく、選抜効果や重相関係数の性質に対してきちんと言及している。また、先の東京大学入試制度調査委員会での議論の内容が、その後、入学者選抜を専門にする国立大学協会第二

表1 入学後成績を従属変数にしたときの各種成績資料の単相関係数・重相関係数・自由度調整済み相関係数（木村2007 表4）

大学 (学部)	N	単相関	単相関	単相関	単相関	単相関	重相関	重相関	重相関	重相関	重相関	重相関	重相関	重相関
A大学 (理工)	91	.275**	-.012	-.073	.233*	.021	.305*	.275*	.233	.305*	.291	.326*	.291	.326
	38	.457**	.280	.189	.021	-.066	.479*	.459*	.069	.479**	.500*	.516*	.501*	.516
C大学 (工)	41	.288	.222	-.047	.137	.169	.301	.292	.191	.304	.402	.429	.421	.439
	34	-.093	-.138	-.153	-.159	-.108	.162	-.167	.218	.227	.184	.218	.213	.255
D大学 (工)	139	.231**	-.022	.039	.303**	.315**	.317**	.373	.380	.396	.240*	.323**	.384**	.405**
	21	.195	.146	.090	.114	-.102	.198	.234	.140	.234	.221	.223	.136	.257
E大学 (工)	64	.269**	.064	.017	.255*	.396**	.303*	.423**	.399**	.424**	.273	.320	.451**	.455**
	21	-.206	.027	.129	.277	.175	.411	.331	.299	.461	.304	.457	.364	.497
F大学 (工)	53	.239	-.102	-.001	.119	.347*	.239	.364*	.351*	.374	.294	.297	.398	.403
	26	.384	-.023	.197	.298	.477*	.390	.520*	.480*	.520	.403	.444	.535*	.535
G大学 (工)	134	.153	-.022	-.073	.253**	.455**	.260**	.455**	.474**	.475**	.180	.283**	.456**	.476*
	38	.279	.026	.040	.080	.376**	.281	.396	.376	.400	.282	.285	.401	.404
J大学 (工)	70	.372**	.111	.131	.217	.536**	.398	.605**	.542**	.606**	.386*	.413*	.609**	.610**
	57	.093	-.028	-.217	.154	.543**	.154	.545**	.543**	.545**	.276	.308	.673**	.573**
J大学 (教小)	65	.267**	.075	-.051	.087	.231	.271	.300	.233	.305	.293	.293	.333	.333
	43	.386*	.194	-.196	.352**	.428**	.445*	.499**	.513**	.540**	.514**	.551**	.563**	.596**
K大学 (経)	62	.336**	.215	.138	.267**	.490**	.384**	.573**	.453**	.581**	.361*	.402*	.583**	.587**
	39	.270	.109	.263	.304	.493**	.350	.502**	.520**	.522**	.321**	.382	.513*	.531
							調整済	調整済	調整済	調整済	調整済	調整済	調整済	調整済
A大学 (理工)	91						.269	.234	.181	.234	.230	.205	.254	.232
	38						.428	.407	—	.402	.429	.421	.400	.389
C大学 (工)	41						.207	.193	—	.134	.306	.306	.293	.278
	34						—	—	—	—	—	—	—	—
D大学 (工)	139						.295	.356	.363	.372	.191	.279	.349	.364
	21						—	—	—	—	—	—	—	—
E大学 (工)	67						.252	.391	.365	.375	.175	.211	.390	.377
							.277	.103	—	.271	—	.105	—	—
F大学 (工)	53						.139	.313	.297	.295	.175	.111	.297	.271
	26						.280	.455	.404	.413	.220	.210	.388	.328
G大学 (工)	134						.231	.441	.461	.456	.293	.227	.428	.443
	38						.162	.330	.304	.100	—	—	.243	.180
J大学 (工)	70						.382	.597	.532	.594	.360	.381	.593	.590
	57						—	.507	.505	.485	—	—	.497	.473
J大学 (教小)	65						.209	.246	.154	.220	.202	.158	.227	.189
	43						.397	.460	.476	.487	.456	.480	.495	.518
K大学 (経)	62						.344	.553	.422	.551	.292	.321	.542	.535
	39						.272	.459	.479	.458	.162	.213	.420	.416
能研学力		○					○			○	○	○	○	○
適性Ⅰ			○					○		○		○	○	○
適性Ⅱ				○					○		○	○	○	○
入学試験					○						○	○		○
調査書						○							○	○

注）**p<.01、* p<.05、但し、同一の大学・学部・高等学校において、上段は1964（昭和39）年度入学者、
下段は、1965（昭和40）年度入学者
単相関：単相関係数、重相関：重相関係数、調整済：自由度調整済み重相関係数
— ：Nが小さく、自由度調整済み重決定係数が負の値になるため、自由度調整済み重相関係数が算出不可能
数字：単相関係数、重相関係数、自由度調整済み重相関係数をそれぞれにおける、同一年度同大学同学部での最高値

常置委員会で、東大側でデータ分析を担当した統計学を専門とする研究者から説明を受け、その後、東大の1次試験を範とした共通第1次試験構想が検討されている。そして、共通第1次試験の開始に伴って設立された国立大学入学者選抜研究連絡協議会の第1回目のプロジェクト研究において、こうした相関研究において「誤読」を行わないよう、各大学の入学者選抜担当者を集めてレクチャーを行い、皆にこの問題が周知されたのであった。

5 ―共通第1次試験導入の経緯―「日本型大学入学者選抜の三原則」の帰結として

次に(1)の調査書重視の選抜という大前提が崩れた後、「(2)広域的な共通テストを開発し、高等学校間の評価水準の格差を補正するための方法として利用すること。」は、どういう判断の元で、後の共通第1次試験の開始に繋がっていったのであろうか。議論の推移を確認していこう。まず、国立大学協会において入学者選抜制度を専門にする第2常置委員会が、1969（昭和44）年11月から翌年6月まで3回にわたり、当時高校課程の学力を測る共通テストの実施を主張していた、東京大学入試制度調査委員会と意見交換を行っている。その後、1970（昭和45）年7月から11月にかけて数回にわたって第2常置委員会が開かれ、全国立大学共通第1次試験についての基本的な意見交換と問題点の指摘が行われ、この会合を受けて、46答申の最終答申（6月1日発表）に先んじる1971（昭和46）年2月に出された国立大学協会の『會報』の中で、当時国立大学協会の副会長及び入試特別委員会委員長を務めた、第18代京都大学総長（1969［昭和44］年12月16日～1973［昭和48］年12月15日在任）の前田敏男は、調査書補正のための共通テスト構想が学校間補正としても個人間補正としても成り立ち得ない構想であると結論づけたのであった。

即ち、同じ学校の調査書得点を、共通テストの学校平均点によって補正しようとする場合、誰か一人でも低得点を取ってしまえば、その学校の平均点が下がってしまう。その平均点によって、調査書得点の相対的位置づけが決定されてしまうとすれば、最終の大学入学者選抜に利用される得点において、共通テスト一発勝負の意味合いを打ち消すことができず、結果、46答申の謳った「高校の学業成績の重視」という本来の目的からも外れてしまう。また同時に、こうした補正が成り立つためには、同一学校内の調査書の得点差が、共通テストでの得点差と

表2　各高校における能研学力テストと評定平均値との対応関係

高校の成績段階	能研学力テストの各高校平均点									
	A高校	B高校	C高校	D高校	E高校	F高校	G高校	H高校	I高校	J高校
4.51-5.0	64	64	64	63	63	62	62	61	—	59
4.01-4.5	62	59	58	62	58	58	58	60	60	57
3.51-4.0	59	56	57	60	59	55	54	57	57	55
3.01-3.5	55	59	54	58	55	—	52	53	51	54

備考）高校成績は、国語・社会・数学・理科・英語の評定の平均値を示し、能研学力テストの成績もそれらの教科の得点の平均値を示す。

1対1の関係で対応していることが条件として必要とされる。しかし、そのような状況を想定することは非現実的であり、結局各学校で個人格差の補正を施す何らかの変換が更に必要となる。しかし、仮に何かしらの曲線を当てはめて補正を行うとしても、先程の結論と同様、結局共通テストで何点とったのかということに依存する格好となるので、何れにせよ、必然的に、調査書重視にはなり得ない、と結論づけている。

ここに1つ興味深いデータがある。そもそも、46答申最終報告の「13. 大学入学者選抜制度の改善の方向」で示された「高等学校間の評価水準を補正するため」の共通テスト構想は、その実、1968（昭和43）年度で終了した、能研テストの構想を復活させるものでもあった事実はあまり知られていない。というのも、1967（昭和42）年5月30日に文部省から出された『大学入学者選抜資料に関する各種の判定資料の利用について』では、能研学力テストの各高校の平均点を、高校の成績段階別に例示した（表2）上で、こうした資料を参考に、「学校差を補正して、調査書を選抜の判定資料に利用しようとする場合には、各個人の高等学校の成績段階を、共通な能研テストによるその学校の平均点で置き換えるのも一つの方法であろう」と述べられている。だが、皮肉なことに、この能研学力テストの使用を調査書の補正で謳う際に示したデータの中に、例えば、B校とE校のように、共通テストの結果によっては、高校の評定平均値の下の方が、良い得点を取ってしまったグループが存在している。受験生が不利益を被る可能性が実際にデータの形で露呈したのである。

こうした議論を受けて、調査書得点の学校間格差も個人格差も補正しない代わりに、高校での学習成果を問う全国一斉試験で調査書成績を代用するといった現実的な選択で決着を付けたのが、所謂、共通第1次試験の開始であった。このことは、1972（昭和47）年9月14日に国立大学協会が出した『全国共通第1次試

験に関するまとめ』において、共通第１次試験を「高校における学習の達成の程度の評価」と位置づけていることに非常によく現れている。

　実は、こうした議論自体、日本人が明治期以降迚ってきた数々の入学者選抜における試行錯誤の繰り返しの中で育んできた「日本型大学入学者選抜の三原則」—「公平性の確保」「適切な能力の判定」「下級学校への悪影響の排除」—の表れと見ても良い。例えば、共通テストの議論が起こった際、大学基準協会内に設けられた大学入試制度改革研究委員会の中でも「大学入学者選抜制度の前提」として掲げられたのは、「公平性の原則」なのである。即ち、それは、「自分の責任において書いた答案の得点順によって合否が決まり、いささかの情実も入る余地がない」と考える公平感である。こうした事項が、日本のテスト文化に応じた入学者選抜を策定する際の最重要項目と考えられたことは、適性検査アレルギーとも言うべき対応を幾度と繰り返してきた日本のテスト文化の特徴がよく表れている。更に、選抜方法の選択や組み合わせパターンの根拠となっていた「エドミストンの三原則」—「過去」「現在」「未来」のパフォーマンスの評価—が、「日本型大学入学者選抜の三原則」の中では、制度策定への影響力を決定的に失い、選抜方法の１つの選択肢を提供したという程度の意味合いで「妥当な方法」の１原則の中に縮減された形で吸収されることとなった。そして、最後の重石として、「下級学校への悪影響の排除」に関する記述を効かせているというのが、新しい「ルール」の形であった。何にもまして、当時の問題と言えば、戦後に生まれたベビーブーム世代の大学進学が始まり、実質的な大学入学志願者と大学入学者定員の齟齬が生まれ、大学入学者選抜において激烈な競争を生み出していたことである。その結果、46答申自体の説明によれば、「特定の大学に希望者が集中し、能力の接近した者をしいて区別するための試験を行う」ために大学入学者選抜において難問奇問が頻出し、そうした特異な「選抜に合格することだけを目的とした特別な学習」が下級学校で盛んに行われていた。

　つまり、共通第１次試験とは、「日本型大学入学者選抜の三原則」によって導き出される問い、即ち、入学者選抜に関わるどの立場の人間が抱く「公平性」を如何に「確保」しているのか、何を「適切な能力」と定めて現実的に評価していくのか、そして、如何に「下級学校への悪影響」を防ぐのか、という問いの帰結によって成立した制度なのである。先に挙げた表２を見れば即座に分かるように、各学校の成績段階で上位のグループにあるものがそれより下位のグループの共通テストの点数より低いことが起きる可能性が十分にある。こうした「チーム

ワーク」の悪いグループにいた受験生は不利益を被るのであり、彼らの「公平性」は著しく「確保」されない。また、「高等学校の調査書」を補正することが技術的に困難であり、仮に行えたとしても、結局は、補正のために行った共通テストの成績に進学成績が大きく依存することになるので、「エドミストンの三原則」やその後の入学者選抜研究において重視された大学入学後の成績を如何に確からしく予測するという「発想」ではなく—予測的妥当性よる制度策定の失敗—、「高等学校の学習到達度」が「適切な能力」と判断されたのであり、それを判定するのは、前者を最もよく予測すると科学的に言われた調査書成績ではなく、「高等学校の学習到達度」を測る共通テストの成績で行うと現実的に判断されたのである。更に、1977（昭和52）年3月の国立大学協会入試改善調査委員会が『国立大学入試改善報告書』で述べたように、こうした共通テストが「高校教育を損なうような問題を避けることができ、その結果として、従来批判されてきたような不適当な問題やいわゆる難問奇問はなくなり、或いは、受験技術的な問題もなくなるであろう。つまり、大学入試が高等学校を予備校化するきらいがあるというそしりをまぬかれ得ることになると思われる」と「下級学校への悪影響」に対する効果が期待されたのである。

　こうした国立大学協会第二常置委員会での議論を受けて、早速、1973（昭和48）年4月からは、入試改善調査委員会が組織され、共通一次試験のプリテストにあたる国立大学入試改善調査研究が、1976（昭和51）年度まで行われた。実に3回にもわたる実地研究、及び、国立大学に対するアンケートによる意見集約、高等学校側からの意見聴取を経て、1977（昭和52）年5月には、大学入試センターが設置となり、1979（昭和54）年1月13・14日の両日を第一回目として共通一次試験が開始される運びとなった。「能研テストの失敗に懲りております。…私どもはこの轍を踏むつもりはないわけでございます」と発言したのは、共通第1次試験に向けた議論が行われていた当時、文部省大学入試改善会議小委員会主査の任にあった関口研日麿であった。実施を決定した中央教育審議会の答申（昭和38年1月28日）後、僅か、10ヶ月後（昭和38年11月16・17日）には開始された能研テストでの拙速さの反省を元に、当時慎重に議論と実地試験を重ね、大学入学者選抜における1つの重要な政策判断基準（＝「ルール」）の転換のもとに開始にまで至ったのが、「共通第1次試験」という大規模統一試験「制度」であった[9]。

6 ―おわりに―センター試験批判論議の適不適

　総括すれば、センター試験批判論議の適不適とは、現行「ルール」に対しての正確な理解の上に立った適切な批判となっているか、そして、現行「ルール」を批判する場合、新たな他の「ルール」でもっての代替がなされた議論になっているか。また、現行「ルール」（や或いは、制度そのもの）を批判する際には、それがいざ廃止となったときに失われるものと、新たな「ルール」の元で得られるものとの相殺が念頭に置かれた議論になっているか、を峻別することで了解可能となろう。試験制度改革が叫ばれるとき、我々が現実に手にする選択肢は、新たな「ルール」作り、もしくは、それが適わない場合には、現行「ルール」の視点から見た制度の総点検でしかない。現行センター試験が、どの立場の人間が抱く「公平性」を如何に「確保」し、何を「適切な能力」と定めて現実的に評価しており、如何に「下級学校への悪影響」を防いでいるのかという問いをどのように満たしているのであろうか。本稿での議論がその問いに答えるのに少しでもお役に立てれば幸いである。国立大学協会入試改善調査委員会が、「改善を検討する条件」の1つとして、「入学者の選抜方法の改善の検討にあたっては、理想論を終始することなく、現状を改善しつつ、本来の姿に近づけるための具体性をもったものでなくてはならないこと」と述べた意味は想像以上に重たい。既存「ルール」が何たるかを看過したとき、我々は、進学適性検査や能研テストと同じ轍をまた踏まされることになる。

[注]

(1) 斎藤寛次郎 1961：「大学入学試験の現状と問題」『大学資料』18号。
(2) 進学適性検査の廃止後の実施要項から冒頭に何の小見出しもなく記載されていたが、2006（平成18）年度から「基本方針」との小見出しが与えられた。
(3) 石山脩平・小保内虎夫 1956：『大学入試方法の検討』中山書店。
(4) このことは、当時進学適性検査の受験生であった教育学者の中野光氏が証言している。中野光（1990）「進学適性検査（進適）とは何であったか」『進学適性検査結果報告1巻（復刻版）』大空社、pp. 2-14。
(5) 実際の所は、大幅な検査の問題形式の変更（僅か8年で二度も行われた）も影響していると考えられる。
(6) 続有恒は、著書の中で、「やがて、国立大学協会（大学学長）のなかに、進学適性検査廃止の動きがでてきた。この運動の急先鋒は、数人の学長さんだったが、事情通からの情

報によると、この方々はほとんどが、ご自分のお子さんを、進学適性検査のために第一志望の大学へ入れることのできなかった方々であるとのことである」と証言している。続有恒　1964：『適性』中公新書．
(7)　最後の29年度の本検査が1953［昭和28］年11月10日に、追検査が同年12月10日に実施された。但し、1954（昭和29）年度は、前年度に比べ、1ヶ月早くに検査が実施された。ちなみに、1953（昭和28）年度は、本検査が1952（昭和27）年12月16日に実施、追検査が1953（昭和28）年1月27日に実施。1947（昭和22）年度は、官立学校の入試と同日に行われたため、1947（昭和22）年3月20日、3月31日、4月10日に実施された。1948（昭和23）年度は、官立学校との入試から切り離されて前もって行われることとなり、本試験が1948（昭和23）年2月10日、追検査が同年3月9日に行われた。昭和24年度は、本検査が1949（昭和24）年1月31日に、追検査が、同年2月28日に行われた。昭和25年度は、本検査が1950（昭和25）年1月31日、同年2月20日。1951（昭和26）年度が、本検査が1951（昭和26）年1月23日、1952（昭和27）年度は、本検査が1951（昭和26）年12月16日に実施された。
(8)　ここで前者の研究とは、1968・69（昭和43・44）年に能力開発研究所が上梓した『能研テストの妥当性の研究(I)・(II)』のデータから得られた結論を指し、後者の研究とは、1963（昭和38）年に出された。国立教育研究所『大学入学試験の研究(II)──高校学業成績及び大学入学試験と大学在学中の学業成績との関係』を指す。
(9)　そして、この「ルール」の転換にこそ、本章が最初に掲げた問い「何故、大学入学者選抜方法において見聞きしたことのある同じような方略の『改革』が繰り返されるのか？」という問いの答えが幾つか存在する。何れの選抜指標が、大学入学後の成績を最も確からしく予測するのか、といった予測的妥当性を妥当性基準とする「エドミストンの三原則」による制度策定の在り方は、第1に「過去」「現在」「未来」と人生の時間軸を網羅しており、その何れかを選抜指標の基本とする選抜試験に社会から一定のコンセンサスがあること、そして、第2に、その3つの選抜方法の内の何れか、或いは、それらの組み合わせの数だけ基本的な改革案の枠組みが存在すること、第3に、結局、「エドミストンの三原則」が孕む判断基準の価値観の中には、各種選抜資料と大学入学後成績の相関しか依るべきものがなく、例えば、論文テストや面接テストの妥当性が46答申では一切検討されていなかったにもかかわらず突然加えられたように、選抜資料・評価基準の複数化・多数化による社会的コストをマネイジメントするロジックが、制度策定の段階で全く内包されていないことにある。その象徴的なのは、独立変数の多寡を調整する自由度調整済み重相関係数が用いられなかった事が挙げられる。その「発想」が少しでもあったなら、「エドミストンの三原則」に対する固執は免れたのかもしれない。また、客観テストか記述テストかと議論も社会的コストのマネイジメントというロジックが内包されていないという点で同種の問題を抱えている。他方で、この「ルール」の転換の真骨頂は、「日本型大学入学者選抜の三原則」の中に、大規模統一試験制度の社会的コストのマネイジメントの発想が内在していることにある。「公平性」「適切な能力」を何と定めるのであれ、それが技術的にも統一試験としてのコスト的にも現実的でなければ機能しないというロジックを組むことが可能であるし、何より、「下級学校への悪影響の排除」は、高校の先生・当事者の受験生が困惑することをしない・やらせないということに尽きると言う意味で、そもそも社会的コストのマネイジメントする「発想」と言っても過言ではない。或いは、「より手間暇かけた評価基準が多元化され、選抜資料が多い選抜の方がその人物をよりよく評価できる」といった社会通念と、単に重回帰分析において、独立変数の数を増やせば増やすほど、つまり、選抜指標や評価指標を増やせば増やすほど、重相関係数の値がその限界値1に限りなく近づくといった統計上の必然的な性質とが見事なまでの偶然で一致は、共通第1次試験の開始時に既に「決着済み」であったこの種の議論を看過することで、臨時教育審議会

以降の「評価の多元化」路線を成り立たせるに至ったと言える(詳細は、木村 2007)。

[参考文献]

木村拓也 2005:「大学入学者選抜における調査書利用の問題―科学社会史的アプローチから」(独)日本学術振興会 人文・社会科学振興のためのプロジェクト、研究領域 I-2 日本の教育システム研究グループ(代表者:苅谷剛彦)、教育測定・評価サブグループ(代表者:荒井克弘)編『学力の評価とその評価技術を巡って』、pp. 15-33。

木村拓也・倉元直樹 2006a:「戦後大学入学者選抜における原理原則の変遷―『大学入学者選抜実施要項』「第1項選抜方法」の変遷を中心に」国立大学入学者選抜研究連絡協議会『大学入試研究ジャーナル』第 16 号、pp. 187-195。

木村拓也・倉元直樹 2006b:『戦後大学入学者選抜制度の変遷と東北大学 AO 入試』東北大学高等教育開発推進センター編『東北大学高等教育開発推進センター紀要』第 1 号、pp. 15-27。

木村拓也 2007:「大学入学者選抜と『総合的かつ多面的な評価』―46 答申で示された科学的根拠の再検討」日本教育社会学会編『教育社会学研究』第 80 号、pp. 165-186。

3 推薦入学制度の公認とマス選抜の成立
――公平信仰社会における大学入試多様化の位置づけをめぐって

中村 高康

1 ――はじめに

　近代社会は教育を通じての上昇移動を可能にする社会であり、教育における選抜はそうした移動の重要な分岐点となる。とりわけ日本においては、大学入学者選抜はそのもっとも重要なイベントである。

　この大学入学者選抜をめぐるこれまでの議論は、「十八歳のある一日に、どのような成績をとるかによって、彼の残りの人生は決まってしまう」（OECD教育調査団訳書 1972、90頁）といったイメージ、そしてそこから派生する「試験地獄」のステレオタイプ的イメージに支配されてきた。そして、そうした試験地獄を強力に支えているものとして位置づけられてきたのが、点数に基づく序列化が可能で客観的かつ公平とされる、学力一斉筆記試験[1]であった。実際、研究の領域においてもこうした見方は広範に浸透しており、その結果、学力一斉筆記試験以外の選抜方法は、公平信仰の強い日本社会には周縁的にしか受け入れられないものとして扱われ、もっぱら学力一斉筆記試験のほうに議論が集中してきた。

　しかしその一方で、現実の大学入学者選抜制度は著しい多様化が進行し、必ずしも「十八歳のある一日」に行なわれる学力一斉筆記試験で大学へ入学するものばかりだとはいえない状況にある。それどころか、現状をつぶさに観察すれば「わが国の選抜方式の『多様性』は、世界に冠たるものといってもいいすぎではない」（天野 1992、8頁）といえるほどまでに複雑化しているのである。

　そのように認識した場合、これまで支配的といわれてきた学力一斉筆記試験ではない選抜方法――とりわけその規模も大きい推薦入学制度――が、いつどのようにして受け入れられたのか、ということが問題として浮上してくる。残念ながら、これまでの推薦入学に関する社会学的研究は極めて少なく、この制度に言及したごく少数の文献も概略を述べるに止まっている。しかしながら、公平信仰が

出典：『教育社会学研究』第59集、東洋館出版社、1996年、145-165頁

強いとされる日本社会にあって、必ずしも公平とは言われてこなかった推薦入学制度が導入され普及した、というねじれた社会的事実こそ、日本の教育選抜の従来の視点を相対化し、その実態に肉薄するための最良のターゲットだと筆者は考える。

　こうした問題関心から、本稿では、大学入学者選抜における推薦入学制度が政策当局によってはじめて公認され、後の普及の決定的契機となった昭和40年代前半の時期に焦点を絞り、なぜ公平信仰の対象となりえなかった推薦入学制度が現代日本の教育選抜の場で公然と制度化されたのか、という問題を解いてみたい。そして、そうした作業を通じて、現代の大学入学者選抜が教育拡大に伴ってエリート選抜とマス選抜に二重化しつつある可能性を明らかにする。

2 ─ 大学入学者選抜研究と推薦入学制度の問題

(1) 推薦入学制度研究の欠如

　現在の多様な入学者選抜制度の中でも、とりわけ推薦入学制度[2]は重要な位置を占める。私大では入学者のおよそ3人に1人強が「推薦入学」という名称の制度を通過して大学に進学している。学力一斉筆記試験（一般入試）による入学者が依然として多いのは確かだが、推薦入学者はもはや無視することができないほど増加しているのである。図1および図2は、推薦入学制度の拡大状況を示したものであるが、この制度は、大学入学者選抜実施要項において推薦入学が公認された昭和42年度の前後をきっかけとして、ほぼ直線的に拡大していることが明らかである。

　ところが、これほどまでに量的に拡大した推薦入学制度を正面から論じた文献はあまり多くない。しかもそのほとんどは推薦制度を実施している大学自身による追跡調査の報告であり、荒井（1993）のレビューに即して言えば「妥当性研究」（入学者の高校時代の成績、選抜時の成績、入学後の成績などの相関を測定することによって当該選抜制度の妥当性を検討するもの）の系譜の論稿か、そうでなければ実態調査・報告である。つまり、推薦入学制度の社会学的意味を論じた研究は、その制度の実際上の拡がり具合に比べれば不思議なほど不在なのである[3]。

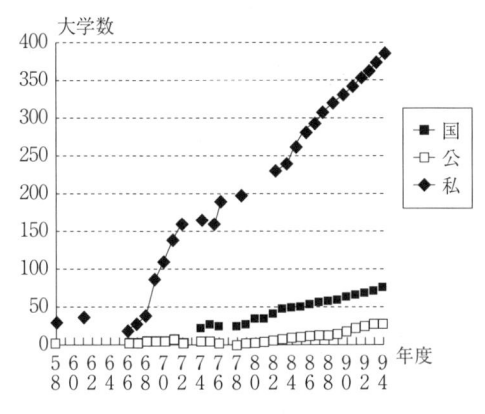

図1 推薦入学実施大学数の推移

※資料データ：『大学資料』、『文部時報』、『大学と学生』、大学入試室資料（以上文部省）、リクルート『大学入試実態調査』などより作成。ただし、58年は文部省『大学入学試験に関する調査』（1958）、61年は増田他『入学試験制度史研究』の記述を使用。グラフの切れている部分は、公表資料などにデータを見いだせない年度である。

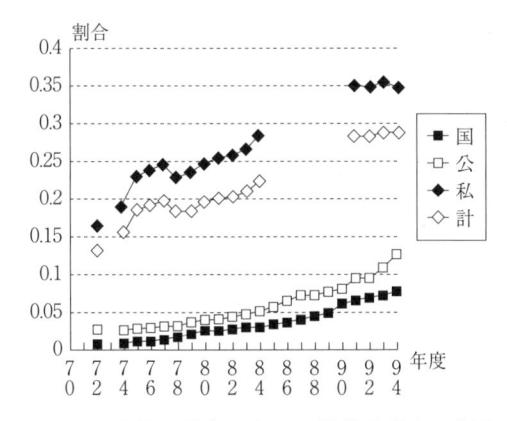

図2 大学入学者に占める推薦入学者の割合の推移

資料データ：『大学資料』、『文部時報』、『大学と学生』、大学入試室資料（以上文部省）、および佐々木享「推薦入学の増大と多様化」（『大学進学研究』70号）掲載データより作成。グラフの切れている部分は、公表資料などにデータを見いだせない年度である。

(2) 試験地獄社会観と公平信仰社会観

　こうした推薦入学制度研究の不足状況は、これまでの大学入学者選抜に関する教育社会学的研究が試験地獄社会観を前面に押し出し、もっぱらそうした試験地獄の原因としての学力一斉筆記試験に着目してきたことと関連がある。

　日本の教育選抜の最大の特徴として「激しい受験競争」があるという点では、

多くの教育社会学者の見解は一致している。しかし「激しい受験競争」とは何をさすのかという点については、これまで明確に提示されることはほとんどなかったといってよい。にもかかわらず、あたかも試験地獄が日本の教育を覆い尽くしているかのような問題設定から出発する論稿がこれまで頻繁に見受けられたのは、まさに教育社会学者が「圧倒的な現実として存在している『試験地獄』を自明の前提とし」（菊池 1992、90頁）てきたことの証である。

　もちろん、そのことによってこれまでの研究の意義を否定することはできない。しかし、この試験地獄の強調が大学入学者選抜制度に関わる社会学的分析にある種の傾向性を与えてしまっていることは否めない。それは入学者選抜制度の社会学を学力一斉筆記試験の社会学で代表させる傾向である。例えば、「受験体制の社会学」を提唱する山村は次のように述べている。

　「……日本の受験競争を特徴づけるもう一つの大きな特色は、その入試選抜の方法が、もっぱら教科についての学力試験に頼っている、という点である。もちろん、学力試験への偏重とその害悪が批判され、内申書・面接・作文などをも加味した選抜方法が行なわれることが戦前においても、今日においても推奨され、実際に実施されてもきたのである。しかしそれらの試みは長続きせず、いつの間にか姿を消したり、形骸化したりして、入学試験は実質的には依然として学力試験本位であり続けてきたのである」（山村 1984、109頁）。

　こうした「学力試験本位」という見方は、程度の差はあれ日本の大学入学者選抜制度に言及する他の社会学的研究にもおおむね共通する。そして日本において「学力試験」（＝学力一斉筆記試験）が中心に位置し、容易に改革しえない理由としてあげられてきたのが、日本における公平性への世論の圧力なのである（園田 1983、竹内 1987、1988、山村 1989、天野 1996 など）。その結果、日本のような公平信仰社会では「適性や面接という方法を導入することは、公平な評価の放棄」（園田 1983、57頁）と位置づけられることにもなる。

　もっとも筆者自身も、日本の大学入学者選抜の重要な特質が公平な学力一斉筆記試験にある、という見解に同意するのにやぶさかではない。折しも、日本の公平信仰や平等主義が現在の教育問題群と深く関わるという認識は、近年とみに増えつつあるように見える（久冨 1985、苅谷 1995、中内・長島他 1995 など）。しかしながら、公平信仰に支えられた学力一斉筆記試験ばかりに焦点を合わせるという研究状況は、すでに大学入学者の3割が通過している推薦入学制度を枠組みに積極的に取り込んでいくという作業を教育社会学者が怠ってきたことを意味

する。こうした問題を克服するためには、むしろ支配的な公平信仰に一見矛盾するかのような現象を積極的に取り上げ、両者を対峙させることにより、大学入学者選抜の多様化の位置づけについての説明を精緻化していくことが、早急に取り組むべき重要な課題であると考える。本稿の課題——公平信仰社会日本でなぜ推薦入学制度が公認されたのか——はまさにこうした問題意識に端を発するものなのである。

(3) マス選抜の立ち上がり—本研究の視点と方法—

　ある特定の選抜方法がなぜ受け入れられたのかという問題は、まさに選抜方法の正当性の問題である。これまで選抜方法の正当性に関する研究としては、ターナー（1960）の移動規範の研究が一大契機となり、ホッパー（訳書 1980）など多くの研究が生まれているが、日本においても山村（1976）、竹内（1991）、腰越（1993）らがこの問題を取り上げてきた。しかし、そもそもこれら一連の研究の出発点となったターナーの研究は、イギリスとアメリカのすべての生徒の選抜方法に当てはまるものというよりは、むしろエリートの選抜を述べたものである。ところで、日本の大学入学者選抜は決してエリートのみの選抜を行っているわけではない。教育全体の拡大が進行する中で高等教育も大衆化してきたのである。したがって、現代日本の大学入学者選抜の全体像を捉えるには、エリートの選抜への注目だけでは十分ではない。

　この教育拡大と入学者選抜の理念を結び付けた理論としては、すでにトロウ（訳書 1976）の研究が存在する。トロウによれば、高等教育のエリート段階（進学率15％まで）では学業成績や試験の結果などの能力主義的基準によって選抜されるが、マス段階（進学率15～50％）では能力主義的基準を採用しつつも、知的能力とは関係のない選抜基準も採用されるという。しかも、トロウは高等教育がマス段階に達した後も、エリート的高等教育機関は存続すると述べている。これがそのまま日本の大学入学者選抜に当てはまるわけではないが、少なくともエリート段階の選抜制度とマス段階になって登場した選抜制度が今日の日本において共存し、それぞれが異なる理念によって正当化されている可能性については留意しておく必要がある。本稿ではこのトロウの議論を応用し、高等教育のエリート段階において支配的で、かつエリートを念頭に置いた選抜を「エリート選抜」、高等教育の大衆化を含む教育拡大の圧力によって生み出され、かつ必ずしもエリートとはいえない学生を念頭に置いた選抜を「マス選抜」と区別して論じ

ることを提案したい[(4)]。そして、推薦入学制度の公認がちょうどトロウの言うマス段階に突入した時期に一致していること、そして高等教育の大衆化を支えた私立大学を中心にこの制度が普及していることを考慮すれば、本稿の課題は、今日のマス選抜の立ち上がりを明らかにする作業と位置づけうる。おそらくこうした「エリート選抜」「マス選抜」の区別は、大学入学者選抜の多様化を、単なる事実レベルの記述やアドホックな説明ではなく、教育拡大という構造的・歴史的要因との関連で捉えることを可能とするであろう。なお、本稿では最終章においてその可能性を示すに止まるが、さらにそのマス選抜を正当化する理念（マス選抜規範）を従来のエリート選抜を正当化する理念（エリート選抜規範）との対比において特定すれば、これまでの選抜規範研究にも一石を投じることになるだろう。

そこで以下の具体的分析においては、教育拡大の圧力が当時の推薦入学制度の公認にどの程度直接的な影響を与えていたのかを検討し、推薦入学制度をマス選抜の制度として位置づけうるかどうかをまず検証する。その上で、従来から指摘のあった公平信仰を乗り越えて、推薦入学制度がマス段階に入った途端になぜかくも迅速に公認されたかを具体的状況に即して検討する。そして、最後に推薦入学制度の推進論の理念を反対論の理念と対比して検討することにより選抜規範研究への応用可能性を示しつつ、〈エリート選抜とマス選抜〉という枠組みを用いることで、公平信仰社会においても推薦入学制度を含む入試多様化が適切に位置づけられうることを明らかにする。

なお、本稿はわずか30年あまり前の事象を扱うに過ぎず、歴史的アプローチとは言いがたいものがあるが、昭和30年代後半から昭和40年代前半の推薦入学制度に関する公的資料、雑誌記事、新聞報道等をできるかぎり収集して当時の状況を再構成する、という方法をとった。方法論的に問題はあるが、探索する資料を限定せず幅広くあたることにより、当時の状況はかなりの程度明らかにしうると考える[(5)]。特に、当時の推薦入学制度公認をめぐる全体的状況を明らかにするまとまった研究・記述がほとんどないことを考慮するならば、さしあたり現時点で入手しえた資料から推定しうる範囲の事実関係をもとに分析を進めることにも、十分その研究上の意義を認めることができるだろう。

3 ―推薦入学制度公認の社会的背景―教育拡大の圧力―

推薦入学制度がマス選抜の制度であるかどうかは、この制度が教育拡大を直接

の原因として生じたかどうかを見ることにより、より明確にすることができるだろう。というのも、トロウ理論によれば、あらゆる変化に先んじて量的拡大がおこり、それによって選抜の原理と過程が変化するとされているからである（Trow 訳書 1976）。なお、この量的拡大には、大学学生数の増加とともに中等教育の整備・拡大を含むアメリカのようなケースがあると指摘されていることも念頭に置いておこう。

推薦入学制度の公認については、佐々木（1990a）、黒羽（1992）などに若干記されているが、その発端は昭和41年度の大学入学者選抜実施要項に導入されたマルA推薦(6)から説明されるのが通例である(7)。このマルA推薦は昭和40年の「大学入学者選抜方法の改善に関する会議」において提起されたものが昭和41年度の実施要項に採用された。そして翌年の昭和42年度には、大学の自主的判断によって推薦入学を実施できることが正式に実施要項に盛り込まれたのである。しかし、この推薦入学制度の公認の背景については、学力検査偏重への批判から生まれたという指摘がなされる程度であった（吉田 1981、酒井 1992）。では、ここに教育拡大の要素は介在していたのだろうか。

推薦入学制度の公認にあたって、文部省は、一部の大学への志願者の集中によりもたらされる入学難、1回限りの学力検査による選抜の合理性への疑問、学力検査偏重による過度の受験準備教育の弊害、への批判があると述べている（文部省大学学術局大学課 1966）。これらの問題はいずれも「試験地獄」と漠然といわれてきたものと関わっている。確かに、当時の新聞報道などを見ると、試験地獄が推薦入学制度公認の直接的原因のように受け取れる。例えば、マルA推薦の導入や推薦入学制度の公認について当時の新聞は「大学の入試地獄緩和へ」（読売新聞朝刊、昭和40年5月30日）、「受験地獄改善に一歩」（朝日新聞朝刊、昭和41年12月14日）などと報じている。

しかしながら、試験地獄批判は近代社会へのテイクオフ以降、日本社会に常に存在した問題であり、推薦入学制度公認がなぜこの時期なのかという問題をほとんど説明しない。より社会科学的に説明するためには、当時の試験地獄がそれ以前より深刻な問題として語られなければならなかった社会的・時代的背景を探しだすことが、肝要である。

戦後日本においては教育拡大の趨勢はほぼ一貫したものであったが、実はこの時期は他の時期とは異なる深刻な局面を迎えていた。それは戦後ベビーブームによる18歳人口の激増である。文部省（1996）のデータによると、昭和39年の

140万人から昭和41年には249万人となり、それと歩調を合わせる形で、高等学校卒業者数もわずか2年の間に87万人から156万人へと倍増する時期だったのである。それは競争の規模の拡大を意味しており、この時期には、浪人問題は一層の深刻さを帯びて語られ、また受験生活のゆがみがセンセーショナルに報道された。当時の毎日新聞の社説では、大学側の受け入れ体制が進まなければ「当然例の『浪人』激増―社会問題といった声がわきあがってくる」と述べている（昭和40年1月22日、朝刊）。また「頭のヘンな大学生増える―入試地獄がひびいて」という記事は受験生活のゆがみを印象づける報道の最たるものであろう（昭和40年9月22日毎日新聞、朝刊）。さらに少し後の参議院文教委員会においても、高卒者急増問題と入試問題は同時に議論となっており（参議院事務局 1967）、また当時「大学入学者選抜方法の改善に関する会議」の委員だった永原は「入試制度改善の気運の高まりは、戦後ベビーブームの影響、大学進学率の向上などにより、いわゆる試験地獄が深刻化し、入試制度問題が社会問題化したところに始まった」と述べている（永原 1968）。このようにベビーブームによる高卒者の増大期の到来は、「試験地獄」批判と結び付いて、大学入学者選抜の改革の背景を成していたのである。そして当の推薦入学制度についても、試験地獄がベビーブームによって拍車をかけられ、この制度の公認に結びついている点を指摘する者もいた（尾崎 1965）。

　これらの状況は、教育拡大が選抜方法の問題に歴史の中で直接結びついてきたことを示しており、トロウの高等教育の発展段階理論に符合する。確かに、推薦入学制度の公認は教育拡大から直接演繹されるものではない。しかし、ベビーブームによる教育拡大は、試験地獄批判を媒介として、推薦入学制度の公認を背後から支えていたと見てよいだろう。その意味で、推薦入学制度はその立ち上がりにおいて教育拡大の圧力に後押しされた、マス選抜の制度として登場したと見ることができるのである。

4 ―推薦入学制度公認の直接的要因―なぜ推薦入学公認は実現したのか―

　以上のように、推薦入学制度公認の背景にはベビーブームによる教育拡大の圧力があった。推薦入学制度は高等教育の大衆化に関わって登場した、マス選抜の制度と位置づけうる。しかし、たとえ教育拡大の圧力があり、試験地獄批判がかつてより強まったとしても、それがすぐに推薦入学制度公認に帰結するわけでは

ない。なぜなら、日本の高等教育はこの時期やっと進学率という一点においてトロウの区分でいうエリート段階を脱したといえるに過ぎず、エリート選抜を支えてきた理念——とりわけ公平性への信仰——から当然抵抗を生むと予想されるからである。

では、このような状況の中で、なぜ推薦入学制度賛成派の意見がエリート選抜規範に基づく学力一斉筆記試験の公平性の主張を抑えて制度に取り入れられたのだろうか。

推薦入学制度の正当性をめぐる論点の軸は二つある。一つは受験競争への影響であり、もう一つは選抜方法としての妥当性の軸である。ここでは推薦入学推進派と反対派のそれぞれのおかれた具体的状況をこの二つの軸を意識しながら整理することで、その解答を引き出してみよう。

(1) 推薦入学制度賛成派の当時の状況

推薦入学制度の賛成派は、さまざまな資料から三つの主要なエージェントを特定しうる。それは文部省、高校長協会、そしてジャーナリズムである。

文部省は、先に述べたように、いわゆる試験地獄解消という大枠の中で推薦入学制度の正当性を主張していた。しかし、そうした主張とは別に、推薦入学制度の公認は文部省の他の政策と関連を持っていた。文部省にとって当時推薦入学制度以上に重要性を持っていたと思われる入試政策が、能研テストの普及であったことはほぼ間違いない。そして実は、この能研テスト政策と推薦入学制度との接点が二つ存在する。一つは試験地獄緩和策としての推薦入学制度の性格に関わる問題であり、もう一つは推薦入学制度の選抜方法としての妥当性に関わる問題である。

まず、その当時試行段階にあった能研テストを強力に進めようという文部省の意欲は、推薦入学制度促進の一要因を与えたと思われる。これまでにも指摘されてきたように、能研テストは当時のマンパワー政策とのつながりや文部省の拙速な運営によって大学団体、日教組など影響力を持つ多くの集団から批判の的となっていた（佐々木 1984、黒羽 1985、荒井 1993）。そして、これまで推薦入学制度に対して慎重な姿勢を取っていた文部省が、能研テストの正式実施と同じ時期に推薦入学制度を突然急浮上させたのである。そこには、手厳しい批判を受け、財政的にも行き詰まりを見せ始めた能研テストを再生させる手段として、推薦入学制度を導入しようとした気配さえ感じられる。例えば、まず、文部省の事業と

しては能研テストのほうが予算面や政策的伝統から見て重要と考えられるにも関わらず、文部省は当時の入試改革について推薦制度、能研テストの順に説明している（文部省大学学術局大学課 1966）。そして当時の入学者選抜実施要項から調査書には能研テスト記載欄が設けられている（参議院文教委員会調査室 1966）。また、文部省自身が、高校調査書の学校間格差の調整のために能研テストを活用するという説明までしている（文部省大臣官房調査課 1967）。当時の参議院文教委員会議事録をみると、筆者と同様に能研テストと推薦制度の結びつきについて疑問をもった議員からも質問がなされているのである（参議院事務局 1968）。いずれにせよ、能研テストが不振に陥ったことは、政策当局をして推薦制度を前面に押し出させることになったと推測されるのである。そして、能研テストとリンクされたのが他ならぬ推薦入学制度であった理由は、教育拡大による試験地獄への批判が強まっている当時、すでに政策当局は、試験地獄緩和策としての推薦入学制度が社会的に受け入れられると判断しえたためとも思われる。文部省の真意はともかく、推薦入学制度は、教育拡大→試験地獄という社会的背景の中で、能研テストと結びついて推し進められた側面があるのである。

　選抜制度としての妥当性については、文部省の政策を推薦入学制度公認へと向かわせた一つの状況として、一連の「妥当性研究」の成果をあげなければならない。この推薦公認期までに戦後実施された統一テストは進学適性検査と能研テストであるが、この両テストの資料から、国立教育研究所の心理学者を中心とする研究グループによっていわゆる「妥当性研究」が行なわれた。そして一連の妥当性研究の中には、大学入学後の成績と高校調査書の成績の相関が高いという結果が含まれていた（佐々木 1984）。これは調査書の利用を柱とする推薦入学制度にとっては強力な追い風であった。後に触れるように、この能研テストの調査結果は文部省を含む各集団の推薦入学に対する重要な判断基準として表明されたのであり、統一試験政策は結果として妥当性という軸における推薦入学制度の正当化イデオロギーを生んでいたのである。

　一方、こうした文部省の動きに足並みをそろえたのが、高校長協会である。高校長協会はかねてから「大学に提出する〝調査書〟を重視するよう要望」してきたが、その調査書の客観性や信頼性を高めるための共通の尺度として能研テストも積極的に支持してきた（全国高等学校長協会 1980）。当時の高校長協会の理念は、当然ながら高校教育の正常化といった視点を強調していた。すなわち、「現今のような、競争を原理とした排除試験ではなく、能力・適性を原理とした教育

的発達を目ざす選択でありたい」(全国高等学校長協会 1965) というものである。高校長協会にとっても「試験地獄」が最大の関心事であり、「試験地獄」が招来する高校の進学準備教育化や浪人問題などが問題視されたのである。もちろん、そうした言説の背後には、職業高校の地位向上のための進学促進や推薦実施[9]に伴う権限拡大・管理強化の意図もあったかもしれない。しかし、いずれにせよ試験地獄緩和という軸で注目されたものの一つが調査書であり、推薦入学制度だったのである。そして選抜方法としての妥当性という軸については、ここでもいわゆる妥当性研究の知見が協会の主張を裏付けるものとして用いられたのだった。[10]

そして、文部省や高校長協会の推薦入学制度の推進を強力に支えていたのが、ジャーナリズムであったと考えられる。三大新聞 (読売、朝日、毎日) はこの昭和 41 年度のマル A 推薦を「推薦入学制度」として報じ、いずれも社説で取り上げた。読売・朝日は試験地獄解消の一手段としておおむね肯定的にとらえており、毎日は原則として賛同しつつ慎重に進めようという論調である。また時事通信『内外教育版』(昭和 40 年 10 月 22 日) では、大学入試の推薦制を「明るい話題」ととらえ、各報道機関がおおむね好感をもって報道していたようすを伝えている。こうした好意的報道は、ジャーナリズムによって支持された最大の価値が「試験地獄解消」であって、従来から言われてきた手続上の公平性の問題は「妥当性研究」の調査結果等によってクリアされるものと見なされていたからである。[11]いずれにせよジャーナリズムが推薦入学制度に対する大きな批判勢力とならなかったことは推薦入学制度の立ち上がりにとってきわめて重要であった。

(2) 推薦入学制度反対派の当時の状況

当時の資料・文献から、推薦入学制度に反対していた個人や集団は、エリート選抜の公平性の規範にもっとも敏感に反応する有力国立大学、試験監督や進学指導を通じて選抜の手続きに直接関わる大学教員の一部や高校教員、そして少しでもエリート的な地位を目指して競争に直接参加している一般の個人や高校生、などである。あらかじめ予想されたことではあるが、これらの人々はもっぱら推薦入学制度の不公平性・主観性を批判し、受験競争への影響という軸で推薦入学制度を批判することはきわめて少なかった。

入試改革は有力国立大学で実施されないことが批判の対象となることが多い。そうした批判に先手を打つべく有力国立大学の意見表明がなされたものと見なせ

るのが、大学基準協会入試制度研究分科会の報告である（大学基準協会入試制度研究分科会 1965）。そこでは「内申書を現在以上に重視する場合にはいわゆる高等学校間の較差の問題、内申書作製をめぐる技術的な難点と弊害の生ずる可能性等について、慎重な検討を要する」とし、推薦入学制度の選抜方法としての妥当性に関して、かなり慎重な態度が表明されたのであった。大学基準協会は当時は有力国公私立大学70校からなっていたが、推薦に対する私学の反応を考えれば、これはあらかた有力国立大学の立場を多分に反映しているといえる。私大連盟は推薦制度や調査書についてなんら反応を示していなかったし、大学基準協会に所属する慶応大学はその年に大規模な推薦入学を導入することになるからである。そして後に、それを表明するかのように、東京大学の報告書が、調査書を重視した選抜に対して基準協会以上に強いトーンで疑問を提示したのである（東京大学入試制度調査委員会 1970）。ただし、有力国立大学にとっては、学力一斉筆記試験が全否定されるのでないかぎり政治的に強く働き掛ける必要はなく、こうした反対が推薦入学制度公認を押しつぶすには至らなかったと考えられる。

　直接選抜手続に関与する大学教員の中にも、かなり推薦入学制度を懸念する声があったことが感じられる。もっとも、大学教員の場合は「私はこの学力検査を否定しない。この方法こそは受験者全員を全く平等な立場においている」（新井 1968）といった意見がある一方で、推薦制を活用せよ（桑原 1966）という主張もあり、必ずしも推薦入学反対派が多数であったとはいえない。

　高校教員の場合は、推薦入学制度に対してかなり疑問をもつ者が多数であったと推測される。やや時期的にずれるが、私学教育研究所が昭和46年に都内の私立高校教員を対象に実施した調査では、調査書重視に対して明らかに反対である見解と明らかに賛成である見解の比は7：1だと報告している（私学教育研究所 1977）。調査手続や質問文の難点などのためそのまま実態を反映しているとは言えないが、かなりの高校教員が調査書や推薦制度に対して疑問を抱いていたことと思われる。また、国立大学協会の第二常置委員会（入学者選抜の担当部会）でも、高校の現場教師から反対の意見が出ていることが指摘されている（国立大学協会 1972）。しかし高校教員たちにとって推薦制度に対する疑問の提出手段は、基本的にこの時期はなかったといえる。なぜなら、彼らの政治的メディアともいえる教員組合は、文部省のもう一つの入試改革の目玉であった能研テストの批判に集中していたからである。こうして、多くの現場高校教員に抱かれた疑問は、推薦入学制度批判の行動へと結び付いていくことはなかった。

さらに、いわゆる一般の個人や高校生の意識にも、推薦入学制度は不信感をもって受けとめられていたようである。それを端的に示すものは、文部省が昭和40年に様々な社会的立場にある600名の公募教育モニターに対して行なった調査である。この調査結果によれば、推薦制度に対して反対するものと賛成するものとの比は2：1であり、反対者の多くは、推薦そのものに客観性の乏しさを指摘していたという（文部省 1965）。

「大学の入学試験はすべてのものに公平に実施することが望ましい」「情実問題も絡んできそうである」（教育モニターの意見、文部省 1965）、「推薦入学は敗北主義だ」「なんだか裏口入学みたい」（高校生の意見、『週刊読売』1967年11月17日号）といった意見に示されるように、まだこの時期は学力一斉筆記試験の公平性への信頼が、現在以上に強かったことがうかがえる。ところが、こうした風潮を推薦入学制度公認前に大きく伝えるマスメディアは当時ほとんどなく、むしろこの制度は試験地獄緩和策として好意的に報じられたのである。

(3) 推薦入学制度公認の具体的状況と教育拡大との関係

推薦入学制度の公認は、文部省の政策である。したがって、ある程度は文部省の意向で実現しうるものである。しかし、どんな制度も文部省の思惑通りに実現するというわけではないことは、まさにこれまでの日本の入学者選抜政策自体の歴史が雄弁に物語っている。推薦入学制度は、上に述べたような様々な具体的状況の中で反対勢力が強力に組織されなかったことが制度公認の重要な要因であるが、それは「試験地獄の解消」という大義名分を背負うことによって、実現可能になった側面がある。それは何よりもジャーナリズムの肯定的反応に端的に表れており、また教員組合が能研テストに集中できたのも、試験地獄解消策としての推薦入学制度には真正面から反対する必要性を感じなかったためと見ることもできる。しかし、この大義名分はいつでも通用するものではない。教育拡大が試験地獄に拍車をかけるという認識の成立したこの時期においてこそ、より説得力を持ちえたと考えられるのである。それに加えて、選抜方法の妥当性という軸でも、賛成派は従来の一発勝負の学力一斉筆記試験に対する反論（高校調査書は大学成績の予測精度が高い）を持ちあわせていた。受験競争への影響という軸では圧倒的に推薦入学制度賛成派に分があり、さらに選抜方法の妥当性の軸でも賛成派がかなりの善戦をしえたのである。その結果、推薦入学制度に対する反対者は決して少数派ではなかったにもかかわらず、推薦入学反対の世論は試験地獄批判

の前で「世論」として認知されなかったのである。

　なぜ公平信仰社会日本において推薦入学制度が公認されたのか、という本稿の提起した問題は、さしあたり以上のような解答を与えることができる。端的にいえば、推薦入学制度の公認は、教育拡大という社会的背景において、エリート選抜の論理（＝公平性の主張）が、大衆を受け入れなければならないマス選抜の論理（＝試験地獄緩和の主張）に戦後初めて大きく妥協した現象と考えられるのである。

5 ―今後の研究のために―〈エリート選抜とマス選抜〉の視点から―

　本稿では、これまで「なぜ公平信仰社会日本において推薦入学制度が公認されたのか」という問いに対する解答を与える試みを行ってきた。その結果、推薦入学制度は、ベビーブームによる高卒者急増という教育拡大の圧力を背景とする、マス選抜の制度であることが示された。そして、推薦制度公認前後の具体的状況を検討した結果によっても、推薦入学制度の不公平性を主張する多くの反対者が存在したにもかかわらず、教育拡大の圧力による試験地獄批判の高まりのために政策が実現したことが明らかとなった。すなわち、一方で公平な学力一斉筆記試験をエリート選抜で用いつつも、他方で高等教育のマス段階への突入とともに、マス選抜のための制度を部分的に受け入れる社会的環境が成立したのである。その意味で、日本社会の公平信仰といわれるものは、エリート選抜においてこそ一層適切に当てはまる表現なのである。

　こうした制度の立ち上がりの経緯から、推薦入学制度が、エリートではなくより幅広い層を念頭に置いたマス選抜の制度であると結論付けることで、その後の拡大も含めてなぜ幅広く受け入れられてきたのかを理解することができる[13]。というのも、推薦入学制度がマス選抜の制度であるならば、その公認後10年程度続く教育拡大で受け入れられた（必ずしもエリートではない）学生たちの選抜にはマス選抜の制度が普及していくと考えるのが、自然だからである。私学や大学ハイアラーキーの下位の大学ほど推薦入学制度が普及しているのは、この制度がマス選抜の制度としての性格を歴史的に担っていたためだと見ることもできよう。逆に、昭和40年代に入るまでをエリート選抜の時代と位置づければ、戦前に行なわれた調査書重視や無試験検定が定着せずに終わった理由も推測できる。高等教育の入学者選抜が主としてエリートの選抜を意味していた時代には、マス選抜

の制度はまだ受け入れられる素地がなかったと考えられるのである。また、近年の入試多様化も単に私学の経営戦略というアドホックな説明に止まらず、高等教育の大衆化に対応するための大衆向けの選抜制度の模索や普及の過程として位置づけることもできる。さらに、60年代後半の学生運動の時期にスポーツ推薦が廃止されたといわれる現象も、それらの大学が大学序列の比較的上位の、エリート選抜の理念に縛られた大学が多かった可能性もあることを考慮すれば、決してここでの議論と論理的に矛盾するものではないのである。

以上のように、〈エリート選抜とマス選抜〉の視点は、これまでの大学入学者選抜の歴史的経緯や現状を社会学的に再検討する手掛かりを提供してくれる。そこで最後に、〈エリート選抜とマス選抜〉の視点を選抜規範研究へ応用しうる可能性を検討し、本稿の提示した問題の広がりを示しておきたい。

仮に、本稿で示したように、日本の大学入学者選抜がエリート選抜とマス選抜に二重化しつつあるのであれば、その二つの選抜形態それぞれについてその選抜方法を支える規範も二重化しつつある可能性がある。これまでのように、日本社会全体を貫く単一の選抜規範を探求するのではなく、エリート選抜規範とマス選抜規範の二つを検討することにより、現象をより正確に描き出せる可能性があるのである。選抜方法を支える思想は「導入時に典型的にうかがい知れるのではないか」(岩田 1991) という指摘にならうならば、本稿で扱った推薦入学制度公認の時期における選抜規範のより詳細な検討も有効だろう。例えば、推薦入学制度はその政策的導入当時、現在ではほとんど用いられることのない論理によって、その正当性を主張された。それは、高校調査書は学力一斉筆記試験よりも大学入学後の成績を予測する、というものである。この主張は、選抜という行為の公平性に対する考え方において、エリート選抜に用いられてきた学力一斉筆記試験とは著しい対照をなす。すなわち、生徒を一度に集めて同じ条件・同じ時間で筆記試験を行わなくても、大学で優秀な成績をあげると予測される生徒を選抜すればよい、とする考え方である。あるいは、大学で優秀な成績をあげることができる能力のある生徒が、学力一斉筆記試験というわずか一時点のみの選抜で不合格になることこそ不公平だ、という考え方だと言ってもよい。過去の生活や成績に関係なく「一時点のみ」で選抜を行う学力一斉筆記試験を支持する規範は、竹内流にいえば「御破算主義」ということになろう (竹内 1991)。しかし、推薦入学制度は「御破算」どころか露骨に過去の記録を選抜に用いるやり方なのである。このように考えれば、竹内のいう「御破算型選抜規範」はすべての生徒に適用され

るものではなくエリート選抜において特に重視されるエリート選抜規範であり、マス選抜にはそれにみあったマス選抜規範が存在する可能性を指摘することができるのである。

　以上のような〈エリート選抜とマス選抜〉という視点の選抜規範研究への応用がどの程度有効であるのかという問題は今後の課題とせざるをえないが、このようにエリート選抜とマス選抜を対等に位置づけることは、大学入学者選抜の理解にとって有効と思われる。もちろん、本稿の考察はまだかなり粗削りな部分がおおい。しかし、少なくとも大学入学者選抜という研究領域においては、もはや「試験地獄」を前提とした学力一斉筆記試験のみの分析では現状を十分位置づけられなくなっていると思われる。そのような意味において、推薦入学制度を始めとする新たなマス選抜現象の社会学的分析が蓄積されることが重要だと思われる。

[注]
(1)　本稿では、これまで「入学試験」「学力試験」と呼ばれてきたものの性格をより明瞭に表現するために「学力一斉筆記試験」という言葉を用いる。これは、高校教科の学力のみを測るために、ある日に受験生を集めて一斉に、筆記試験を行う、という方法を意味している。なぜなら、「入学試験」は「推薦入試」を含めてしまう場合があり、また「学力試験」では口述試験やレポート・論文などの選抜方法が含まれかねないからである。
(2)　推薦入学制度は「入学定員の一部について、出身学校長の推薦に基づき、学力検査を免除し調査書を主な資料として判定する方法」(文部省高等教育局 1993、42頁)と規定されている。最近では、学力一斉筆記試験を課す「推薦入学」が問題となったが、本稿では、調査書を主な判定資料としているものは、学力一斉筆記試験を一部実施していても、推薦入学制度の一種と考えることにする。なぜなら、本稿では、主に学力一斉筆記試験だけで選抜を行う方法との対比において、推薦入学制度に注目しているからである。推薦入学制度自体の多様性・複雑性については稿を改めて論じたい。
(3)　もちろん、これまでの推薦入学制度に関する研究がまったくないわけではない。戦後の推薦入学制度の事実レベルの把握については、例えば中島(1983)、佐々木(1990a、1990b)、黒羽(1992)などの論稿が参考になるだろう。しかし社会学的分析視角という点では不十分さはぬぐえないものがある。武内他(1988)の調査は、近年では最もインテンシブなものであり、高校生の側から見た選抜制度への意識を中心に推薦入学の実情を概略的に報告している。ただし、調査報告の形式を取っていることもあり、これまでの入学者選抜の研究や理論に対する位置づけが不明である。この他にも社会調査の結果を用いて推薦入学制度に言及するものがいくつかあるが、これらはあまりに簡単な考察・分析にとどまっている。また村田は公立大学の推薦制度採用においてユニバーサリズムとローカリズムの理念の葛藤があることを示している(村田 1991)。しかし、これも公立大学という研究対象の制約のため、日本社会全体の大学入学者選抜に対する推薦入学の位置づけにまで

踏み込んでいるわけではない。以上、いずれも推薦入学制度の社会学的研究の不足状況を示している。

(4) トロウの研究は高等教育論ではきわめて重要視されている文献である。しかし、現代日本の大学入学者選抜を分析する際に応用されたことは黒羽（1985）など一部の例外を除いてほとんどなかったのではないか。荒井の大学入学者選抜研究のレビュー論文においても、「エリート選抜からマス選抜へ」という節においてトロウの枠組みは大きく取り上げられながら、その節では日本国内の研究はひとつも言及されていない（荒井 1993）。トロウ理論が応用されないのは「日本の高等教育は……エリート時代の選抜方式から抜け出ることができていない」（荒井 1993、75頁）という認識があり、エリートとマスの二つに分ける必要性を感じていないためだと思われる。本稿は荒井の指摘した「マス選抜」の概念を重視しつつ、推薦入学制度の分析によってこのような認識の修正を試みるつもりである。

(5) 本研究において参照した資料のうち、代表的な定期刊行物は以下のとおり。
『朝日新聞（縮刷版）』、『読売新聞（縮刷版）』、『毎日新聞（縮刷版）』、『時事通信内外教育版』、『日本教育新聞』（日本教育新聞社）、『大学基準協会会報』（大学基準協会）、『会報』（国立大学協会）、『私大連盟会報（大学時報）』（日本私立大学連盟）、『現代教育科学』（明治図書）、『進路指導』（日本職業指導協会）、『日本の教育』（日本教職員組合）、『教育評論』（日本教職員組合）、『大学資料』（文部省）、『文部時報』（文部省）、『蛍雪時代臨時増刊号』（旺文社）など。
その他参考文献にあげた資料などについては、『雑誌記事索引（人文・社会編）累積索引版』（国立国会図書館参考書誌部監修）、「大学入学者選抜制度に関する文献目録」（国立国会図書館『リファレンス』第15巻第3号）、『大学・学生問題文献目録1965〜1971』（喜多村和之編・民主教育協会）、『大宅壮一文庫雑誌記事索引総目録』などの文献目録から探索したもの、及び直接図書館において探索したものである。

(6) マルA推薦とは、従来の調査書がA〜Eの5段階評価であったのに対して、昭和41年度から「大学は、必要により、A段階に属する生徒のうち、とくに成績が優秀で、高等学校長が責任をもって推薦できる生徒は、Ⓐと標示するよう希望することができる」（参議院文教委員会調査室 1966、30頁）ようにしたものである。

(7) 過去の歴史的経緯も選択肢を準備する条件の一つであるが、戦前において今日の大学に対応するものとして、旧制高校や専門学校の入学試験制度をみると、現在の推薦入学制度のイメージに近いものがかなり見受けられる。最も早い例では、1890年代の高等中学校に見られる。これは、学区域内の尋常中学校卒業者について、学校長の推薦を基礎として学科試験の一部または全部を省略させていたものだったという。1910年には『高等学校大学予科入学試験無試験検定規定』によって、すでに旧制中学校の成績上位者が校長の推薦によって入学する方式は制度化されていた。さらに、官立の専門学校については、高等学校よりも積極的に無試験検定を採用していた。また戦前の私学の場合には、無試験の学校が圧倒的に多かったといわれる（増田 1961、佐々木 1984、天野 1983などを参照）。

(8) たしかに、文部省は調査書重視についてはかなり前から提案はしていた。というのも、調査書・統一試験・個別学力試験の三本立てが戦後の文部省の入試政策だからである（黒羽 1985）。しかし、調査書をもとに校長の推薦で無試験で入学させる推薦入学制度についてはかなり慎重であったと考えられる。例えば、昭和33年の文部省のこの制度に関する見解は「公正な入学者選抜の方法かどうか、一般入学者選抜の方法とこの特別選抜の方法との関連をどうするかというような検討すべき問題を含んでいるといわれている」と述べている（文部省大学学術局大学課 1958）。また、昭和41年度のマルA推薦の段階では文部省への届出が必要とされたことも、文部省の慎重さの現れと見なすことができ（佐々木 1990a）、さらに、マルA推薦は必ずしも無試験の選抜とは限らないことから「消極的な推

薦制」と見られることもあった（黒羽・大石 1965）。
(9) 職業高校から進学促進の手段として、推薦入学制度を求める声はかなり古くからある。雨宮（1956）の論稿によれば、数字はあげられていないが昭和29年度の全国400高校の調査ですでに職業料からの推薦入学制度に賛成者が多かったと指摘している。なお、1996年度から実施要項に取り入れられた専門高校の特別選抜枠は、こうした流れの中に位置づけることが出来る。
(10) 高校長協会では「"調査書"を重視するよう要望」してきたが、大学側が客観性と信頼性に乏しいとして取り上げなかったために「国立教育研究所の調査結果を証明資料として提出」したという（全国高等学校長協会 1980、805頁）。
(11) 例えば、読売新聞の社説では、推薦制度に伴う調査書の学校差の問題について、入試成績より内申書の方が大学での成績との相関が高いという国立教育研究所の調査結果に言及することでかわしている（読売新聞、昭和40年6月9日朝刊）。
(12) 私立大学連盟の機関誌である『大学時報』には、当時の推薦入学制度に対する私大連盟の態度表明は見いだせず、新聞や雑誌などのメディアを見ても、私学団体の反応は見られない。
(13) ここでマス選抜というとき、それは普遍的な内容を持つものではない。日本のマス選抜とそれを支える理念は、さしあたり日本的な特徴をもつと考えるのが相当である。ただし、そのように言うためには、高等教育がマス段階に達しているアメリカなどとの比較が必要となる。本稿では詳しく述べる余裕はないが、実際、アメリカの入学者選抜の歴史の中では、日本の推薦入学制度（指定校制度）によく似たサーティフィケートシステムという制度が早い時期に存在していたし（Wechsler 1977）、またマイノリティに対する特別な措置を講じる理念も、単なる平等主義だけではないものを含んでいるという（Carnegie Council 1977）。こうした外国の制度の成立・普及の過程を比較することは、今後の課題としたい。

［参考文献］

天野郁夫 1983、『試験の社会史』東京大学出版会。
――― 1992、「大学入学者選抜論」『IDE 現代の高等教育』1992年9月号、5-12頁。
――― 1996、『日本の教育システム』東京大学出版会。
雨宮吉政 1956、「大学入試制度について」『教育社会学研究』第10集、47-53頁。
新井 浩 1968、「入試雑感」『大学基準協会会報』第14号、7-14頁。
荒井克弘 1993、「大学入学者選抜に関する研究の回顧と展望」、広島大学大学教育研究センター『大学論集』第22集、57-79頁。
Carnegie Council on Policy Studies in Higher Education ed. 1977, *Selective Admissions in Higher Education,* Jossey Bass.
大学基準協会入試制度研究分科会 1965、「大学入学試験に関する中間報告」参議院文教委員会調査室『大学・高等学校の入学試験制度改善に関する調査資料』。
Hopper, E.I. 1968、「教育システムの類型学」、潮木守一・天野郁夫・藤田英典訳、カラベル・ハルゼー編『教育と社会変動（下）』東京大学出版会、1980。
岩田弘三 1991、「アメリカにおける大学入学者選抜方法多様化の歴史的背景」、筑波大学大学研究センター『大学研究』第7号、111-128頁。
苅谷剛彦 1995、『大衆教育社会のゆくえ』中央公論社。

菊池城司 1992、「学歴・階層・職業」『教育社会学研究』第50集、87-106頁。
桑原武夫 1966、「大学入試は改革できる―わたしは推薦制の活用を提案する―」『文芸春秋』昭和41年3月特別号、134-142頁。
国立大学協会 1972、『国立大学協会会報』第59号。
久冨善之 1985、『現代教育の社会過程分析』労働旬報社。
黒羽亮一 1985、「大学入学者選抜における統一試験の役割に関する歴史的考察」、広島大学大学教育研究センター『大学論集』第14集、55-71頁。
─── 1992、「推薦入学の光と陰」『IDE現代の高等教育』1992年9月号、47-53頁。
黒羽亮一・大石脩而 1965、『進学作戦』日本経済新聞社。
腰越滋 1993、「進学適性検査の廃止と日本人の階層組織化の規範」『教育社会学研究』第52集、178-207頁。
増田幸一・徳山正人・斉藤寛治郎 1961、『入学試験制度史研究』東洋館出版社。
文部省 1965、『昭和40年度第1回教育モニター報告の結果』。
文部省編 1996、『平成7年度我が国の文教施策』大蔵省印刷局。
文部省大学学術局大学課 1958、『大学入学試験に関する調査』。
─── 1966、「解説 昭和42年度大学入学者選抜について」『大学資料』No. 20、35-37頁。
文部省大臣官房調査課 1967、「大学入学者選抜における各種の判定資料の利用について」『大学資料』No. 24、40-44頁。
文部省高等教育局 1993、「平成6年度大学入学者選抜実施要項について（通知）」、文部省高等教育局『大学資料』No. 121・122、42-65頁。
村田鈴子 1991、「公立大学におけるユニバーサリズムとローカリズムの葛藤と調和―推薦入試制度を中心に―」『日本教育行政学会年報』17、178-195頁。
永原慶二 1968、「入試制度改善問題私見」『大学基準協会会報』第14号、43-50頁。
中島直忠 1983、「推薦入学の現状と問題点」、大学入試センター『大学入試フォーラム』No. 1、63-77頁。
中内敏夫・長島信弘他 1995、『社会規範』藤原書店。
日本教職員組合 1967、『日本の教育』第16集。
OECD教育調査団 1971、深代惇郎訳『日本の教育政策』朝日新聞社、1972。
尾崎盛光 1965、「推薦入学制は効果があるか」『平凡パンチ』1965年11月15日号。
酒井朗 1992、「大学の推薦入試を考える―現状と今後の見通し―」『月刊高校教育』1992年1月号、138-145頁。
佐々木享 1984、『大学入試制度』大月書店。
─── 1990a、「推薦入学制度の公認」『大学進学研究』No. 68、72-75頁。
─── 1990b、「推薦入学の増大と多様化」『大学進学研究』No. 68、56-61頁。
私学教育研究所 1977、『大学入学者選抜に関する調査研究』。
園田英弘 1983、「学歴社会―その日本的特質―」『教育社会学研究』第38集、50-58頁。
武内清・蒲生真紗雄・尾澤弘恒・大野道夫・三宅聖子 1988、『モノグラフ・高校生88 Vol. 25 推薦入学に対する高校生の意見』福武書店。
参議院文教委員会調査室 1966、『大学・高等学校の入学試験制度改善に関する調査資料』。
参議院事務局 1967、「第55回国会参議院文教委員会議録第9号」『参議院委員会議録

　　　　（マイクロフィルム版）』臨川書店、1994・1995。
―――― 1968、「第58回国会参議院文教委員会会議録第11号」『参議院委員会会議録（マイクロフィルム版）』臨川書店、1994・1995。
竹内洋 1987、「産業社会と選抜のジレンマ」京都大学入試検討委員会『大学入試改善に関する社会的要請の研究』78-104頁。
―――― 1988、『選抜社会』メディアファクトリー。
―――― 1991、「日本型選抜の探求―御破算型選抜規範―」『教育社会学研究』第49集、34-56頁。
東京大学入試制度調査委員会 1970、「審議経過報告書」、大学問題資料調査会『大学問題総資料集Ⅳ　入試制度および教育・研究』有信堂。
Trow, M. A. 1971、「高等教育の大衆化―量的発展と質的変容―」、天野郁夫・喜多村和之訳『高学歴社会の大学』東京大学出版会、1976。
Turner, R. H. 1960, "Sponsored and Contest Mobility and the School System", *American Sociological Review,* Vol. 25, No. 6, pp. 855-867.
Wechsler, H. S. 1977, *The Qualified Student: a history of selective college admission in America,* John Wiley & Sons.
山村賢明 1976、「日本における社会移動の様式と学校」、石戸谷哲夫編『変動する社会の教育』第一法規。
―――― 1984、「学歴社会論と受験体制」『青年心理』第46号、102-117頁。
―――― 1989、「現代日本の家族と教育―受験体制の社会学に向けて―」『教育社会学研究』第44集、5-27頁。
吉田辰雄 1981、「入学者選抜の理論的考察(3)―高等教育段階について―」『東洋大学文学部紀要』第35集、教育学科・教職課程編Ⅶ、1-28頁。
全国高等学校長協会 1965、「『後期中等教育の在り方』に関する意見書」、参議院文教委員会調査室『大学・高等学校の入学試験制度改善に関する調査資料』。
―――― 1980、『全国高等学校長協会三十年史』。

第5部
高校と大学の接続

| 解説 | ユニバーサル化の課題としての「高大接続」 |

中村 高康

　高等教育進学に関して現在もっとも議論が活発である問題領域は、おそらくこの「高校と大学の接続」であろう。1999年の中央教育審議会答申「初等中等教育と高等教育との接続の改善について」をきっかけとして、従来型の大学入試や選抜中心の議論から離れてすこし自由に高校と大学との関係を見直すという風潮が広がったともいわれている（荒井 2002）。もちろん、高大接続という問題設定自体は近年に始まったものではない。しかし、近年の高大接続の議論はかつてのその言葉の射程をはるかに超える広がりを持っている。その点を踏まえつつ、ここでは現代の高大接続問題の持つ意味を整理しておきたい。

1. 戦後の高大接続の議論

　高大接続の議論をすこし広く中等教育と高等教育の接続の問題と捉えるならば、戦前においても袋小路ともいわれた複線型学校教育体系の問題が存在していたし、さらにさかのぼれば近代化初期には大学と中等教育の教育内容的な乖離の問題も大きかった。

　こうした戦前の接続問題は戦後改革において解消された部分があったが、それでも新しい教育体系への適応と、戦前以来持ち越してきた受験競争の問題は、1950年代においてすでに新たな接続問題の議論を呼びこんでいた。日本教育学会ではシンポジウムにおいてこの問題を取り上げているが、そこでの議論にはカリキュラムの問題や入試・浪人問題だけではなく、新教育制度の中での高校教育の位置づけへの戸惑いも含まれていた（日本教育学会 1956）。牧野は「高等学校と大学との連絡の問題によせて」と題する論考の中で、今でいうところの高大接続問題が入試や教育内容の問題にとどまらず「さらに場合によってはその他の学校との関係ないしは全学校体系の問題にまで議論がひろがってくることがあり得る」という認識を示している点で先見的である（牧野 1956）。ただし、この論文の中ではそれ以上の体系的な考察はなく、個別的な政策提言にとどまっている。

　その後、散発的にはこのテーマに類する研究はなされていたようであるが（駒田他 1965、岩橋 1976、権藤・樋口 1977、中島・西 1977、関 1978、扇谷

1981、松井1981、佐々木1981など)、1980年代前半あたりまでは高大接続が研究上大きなトピックになることはあまりなかったといえる。そうした中で**佐々木享の『大学入試制度』(1984)** はこの時代において高校と大学の接続の問題を強く意識したまとまった研究としては貴重なものである。佐々木は別の論考において明確に競争の問題と接続の問題を分離しているが(佐々木 1983)、この点も踏まえると、まだ受験競争の問題が重要なトピックであったこの時期に競争よりも接続を軸にした研究が可能であったのは、多分に佐々木が技術・職業教育の専門研究者であったことが影響しているように思われる。確かに、職業系の高校から大学への進学は、従来から制度上接続が十分に企図されたものではなかったのであり、その視点から見ると大学入試の問題は接続問題に見えてくる。もちろんこの時点では今日の高等教育の急拡大に伴って見えてきた問題がカバーされているわけではないが、教育制度の設計問題として高大接続を考える代表的文献として、その冒頭部分を採録することにした。

2. 教育拡大と高大接続

佐々木の研究とほぼ同時代になるが、従来では必ずしも十分に前提とされなかった時代的論点から接続問題が議論されるようになる。代表的な研究は大学=高校間カリキュラム研究会編の『普遍化した後期中等教育と高等教育の関連性に関する研究―主として教育課程と入学選抜について』(1985) である。その基本的な認識は、専門学校を含む高等教育進学率が5割に達したことにより高大接続については選抜制度のみならず教育課程・教育内容にも重要な考慮を払わざるを得なくなりつつある、というものである。つまり、教育拡大という社会変動要因との関連で高大接続が現代的問題となりつつあるということがこの共同研究の共通認識であった。黒羽によれば、研究費の申請は1980年だとされており(黒羽1997)、かなり早い段階で高等教育の構造変動と高校教育の関係について問題設定がなされていたといえる。本書では、この研究の動機と概要を簡明に記している黒羽の論文を採用しているが(**黒羽 1985「研究の動機と概要」**)、この文献によれば、研究の直接的動機は、①高校教育課程改正(学習内容削減)、②共通一次試験の実施、③国際化である。①は現代のゆとり教育とその後の議論として、②はセンター試験の科目設定や生徒の受験科目選択の問題として、③は学生のグローバルな獲得競争という論点として、現代にも通じる問題意識を示していたといえる。報告書に収録されている各論文の内容も、国際比較・高校進路指導の実態調査・教科別の接続事例の研究など多角的な検討がなされている。なお、国立

教育研究所（1990）の報告も、同様に歴史・比較・調査などの多角的な視点から教育内容も含んだ接続問題について議論しているまとまった研究論集である。

このような教育内容・教育課程を含んだ高校と大学の関連を問う議論は、1990年代に入ると「リメディアル教育」という形で議論がなされるようになる。この点については第2巻でも取り上げられる予定であるためそちらを参照していただきたいが、一点だけ指摘しておくとすれば、その基本的な問題設定は、大学＝高校間カリキュラム研究会のものと同様に「中等教育と高等教育の量的拡大・大衆化の結果」（荒井・羽田 1996、1頁）というものであり、具体的な要因として大学入試制度の多様化・弾力化と高校教育の多様化が挙げられている（荒井編 1996）。つまり、教育の量的拡大という時代的現象からリメディアルという具体的接続問題が取り上げられているとみることができる。

3. 教育システム問題としての高大接続

現代における「高校と大学の接続」の問題は、以上に紹介した諸研究が登場した時代以上に、社会的注目度の高いものになっている。それは、少子化や進学率の急上昇などが明確にデータに現れたこと、多くの高校・大学関係者がその対応に実際に追われるようになっていること、さらに冒頭に指摘したような政策的動きがあったこと、などによって後押しされている面がある。こうして重大トピックに昇格した高大接続問題は、大学入学者選抜や高校カリキュラムと大学教育の整合性、あるいは入学資格上の制度的な接合性といった問題だけではなく、今後の教育システム全体の設計にまで及ぶ広範な議論を呼び起こしつつある。

現代の高大接続を議論する際には荒井の一連の研究は外すことができない（荒井 1998「高校と大学の接続」；1999；2000；2002など）。荒井は高大接続の問題を①完結教育と進学準備教育の競合の問題、②高校卒業基準と大学入学基準の乖離の問題、③大学進学のユニバーサル化の3つに類型化したうえで、現代の高大接続問題をユニバーサル化の課題として位置づける（荒井 2002）。従来の能力主義的選抜による高大関係に変化をもたらした最大の要因は18歳人口の減少である。その環境の中で政策的にも規制緩和が推奨され、高校教育の多様化と大学入試の多様化・軽量化が進行する。これが1990年代に入って学生の学力低下などの問題につながる。荒井自身が取り組んだリメディアル教育もこうした高大接続の変容の中に置き直されることになる。すなわち、「総じて高校と大学の接続に選抜から教育への転換がおきると予想される」（荒井 1998、194頁）のである。かつては上級学校に進学すればするほど選抜されてピラミッド状に積み上げられ

ていた教育システムが、現代では高校まではほぼ全員進学で大学・短大も5割の進学である。これを図示すれば長方形に近い形に変化している。おのずから選抜が基本原理とはなりえないという診断である（荒井 2002）。荒井の基本的視点は1993年のレビュー論文（荒井 1993）の時点ですでに胚胎されていたと思われるが、本書では高大接続を主題とする荒井の諸論文のうちでもっとも早い時期であり、また高等教育学会の紀要創刊号への寄稿という象徴的な意味もある1998年の論文を収録することとした。

　なお、こうした見立ては、このテーマの現時点での到達点を示していると思われる荒井・橋本編著『高校と大学の接続』（2005）でも踏襲されており、そのサブタイトルで「教育接続」という語が用いられていることにも現れている。すなわち、「長方形型の学校システムを志向しながら、できるだけ多くの人々が高等教育へ到達し、高等教育の達成を我がものとするにはどうしたらよいのか、それが今日の問題である」（荒井・橋本編 2005、11頁）。この問題は上に向かっては大学教育の転換につながり、下に向かっては高校までの教育の改革に連なってくるが、高等教育研究者がこの問題を議論するには、必ずしも専門とはいえない高校教育への理解が不可欠となる。基本的にはまず制度的な枠として学習指導要領との関連が問題となるが、これについては**岩田（2005）「日本における教育接続の戦後史」**が理科の学習指導要領と大学入試教科目の戦後を通じた変遷をまとめており、高大接続に関する基本的な流れが簡明に整理されていると考え、本書に収録している（なお、学習指導要領については岩田（2010）によってさらに近年までフォローされている）。さらに高校生の実態についても接続をテーマとした高等教育研究者の手による研究が蓄積されつつある。荒井編（2000）、山村・荒牧（2003）、山村他（2009）など、貴重なデータが積み上げられている。こうした蓄積のうえで、近年では「中等教育の再定義」という形で、教育システム問題としての教育接続という観点がさらに強調されている（今井編 2009）。

　今日では上で触れた以外にも高大接続に関連した論文は大量にあり、ここで網羅的に言及することは難しい。ただ一点だけ述べておく必要があると思われるのは、高大接続論があまりに普及しすぎた結果、様々なテーマに関して「高大接続」のタイトルが銘打たれており、議論にやや混乱をもたらしているようにも見受けられる点である。ある程度成果が出そろった段階で、こうした議論の交通整理が課題となってくるのかもしれない。

参考文献

荒井克弘 1993「大学入学者選抜に関する研究の回顧と展望」『大学論集』第 22 集、広島大学大学教育研究センター、57-79

荒井克弘 1998「高校と大学の接続―ユニバーサル化の課題」『高等教育研究』第 1 集、179-196

荒井克弘 1999「大学入学者選抜」『高等教育研究紀要』第 17 号、97-110

荒井克弘 2000「高校と大学との接続」『教育制度学研究』第 7 号、181-185

荒井克弘 2002「大学進学のユニバーサル化と高大接続」『東北大学大学教育研究センター年報』第 9 号、1-10

荒井克弘（研究代表者）2003『マス高等教育段階における新しい教育接続の研究―教育スタンダードと大学入試の国際比較分析』(文部科学省科学研究費補助金研究成果報告書)

荒井克弘・羽田貴史 1996「序章 大学のリメディアル教育」荒井克弘編『大学のリメディアル教育』(『高等教育研究叢書』第 42 号) 広島大学大学教育研究センター、1-7

荒井克弘編 1996『大学のリメディアル教育』(『高等教育研究叢書』第 42 号) 広島大学大学教育研究センター

荒井克弘編 2000『学生は高校で何を学んでくるか』大学入試センター研究開発部

荒井克弘・橋本昭彦編著 2005『高校と大学の接続―入試選抜から教育接続へ』玉川大学出版部

荒牧草平 2003「大学志願者の学習意欲と受験行動に対するカリキュラム編成タイプの効果」『大学入試センター研究紀要』No.32、39-55

荒牧草平・山村滋 2002「高校多様化政策のもとでの受験シフト―普通科からの大学進学者の履修実態・受験実態の分析」『大学入試研究ジャーナル』第 12 号、国立大学入学者選抜研究連絡協議会、101-107

石村雅雄 2000「高等学校と大学の接続に関する研究（その 3）―「学力」問題を手がかりとした中間総括」『京都大学高等教育研究』第 6 号、53-64

伊藤康児他 2008「高校-大学間における接続教育をめぐる諸概念の整理と事例研究」『名城大学総合研究所紀要』第 13 号、23-26

今井重孝編 2009『大学ユニバーサル化時代における中等教育の再定義―積み上げ型システムの転換』(日本学術振興会科学研究費補助金研究成果報告書)

岩田弘三 2005「第Ⅰ部 第 3 章 日本における教育接続の戦後史」荒井克弘・橋本昭彦編著『高校と大学の接続―入試選抜から教育接続へ』玉川大学出版部、83-104

岩田弘三 2010「学習指導要領の変遷と子ども」武内清編『子どもと学校』(『子どもと社会シリーズ』3) 学文社

岩橋文吉 1976「高等学校教育と大学教育の接続の最適化に関する調査研究―高校における実態と問題点：学校格差による類型別ケース・スタディ-1-」『九州大学教育学部紀要・教育学部門』21、15-32

扇谷尚 1981「高校・大学間の新しい連続的関係樹立を目指して」『一般教育学会誌』第3巻第2号、27-30

加澤恒雄 1997「大学における〝リメディアル教育〟論―高校・大学のアーティキュレーションの問題」『放送教育開発センター研究紀要』14、81-92

梶川裕司・巳波義典 1999「情報教育の高校・大学間の接続に関する一考察 (3)」『京都外国語大学研究論叢』54、211-220

梶川裕司・巳波義典 2001「情報教育の高校・大学間の接続に関する一考察 (4)」『京都外国語大学研究論叢』58、193-203

川下新次郎 2002「専門高校と大学との接続について―特に水産高校に注目して」『東京水産大学論集』第37号、43-49

工藤栄一郎 2003「高校-大学間における簿記会計接続教育の課題―商業高校出身者に対する調査から」『熊本学園商学論集』9(2)、133-149

黒羽亮一 1985「研究の動機と概要」大学＝高校間カリキュラム研究会編 (研究代表者肥田野直)『普遍化した後期中等教育と高等教育の関連性に関する研究』(トヨタ財団助成研究報告書) 1-6

黒羽亮一 1997「アーティキュレーション (接続) の研究」『ジャーナリストから見た戦後高校教育史』(『高校教育半世紀の検証』3) 学事出版、165-176

国立教育研究所 1990「中等後教育への接続関係の実態と動向―日本と諸外国における入学者決定方式、カリキュラム、進路指導」『国立教育研究所紀要』第117集、1-201

国立教育政策研究所 2008『高校と大学の教育接続―高校生の学びをいかにつなぐか』(平成20年度教育改革国際シンポジウム資料)

駒田錦一他 1965「高等学校と大学との関連に関する研究：その1―大学人の意識調査」『日本教育学会大会研究発表要項』24、115-117

権藤与志夫・樋口嘉一 1977「後期中等教育の多様化と高等教育への接続に関する研究―高校班」『九州大学教育学部紀要・教育学部門』22・23、17-53

佐々木享 1981「改訂学習指導要領と高校-大学の接続関係―大学入試に関連して」『一般教育学会誌』第3巻第2号、39-45

佐々木享 1983「戦後日本の大学入試制度の歴史」日本教育学会入試制度研究委員会編『大学入試制度の教育学的研究』東京大学出版会、35-57

佐々木享 1984「Ⅰ 学校制度のなかの大学入試」『大学入試制度』大月書店、15-23

佐々木享 1998「学校間の「接続関係」に関する覚え書き―近代日本の高等教育におけ

る入学者選抜制度史研究序説」『愛知大学文学論叢』116、273-290

佐々木亨 1999「新学制の最初の大学入学者選抜における高校-大学の接続関係について」『愛知大学短期大学部研究論集』22、37-61

佐藤浩章 2001「N県における工業高校と工業系大学・短期大学校とのアーティキュレーション」『生涯学習研究年報』8、北海道大学高等教育機能開発総合センター生涯学習計画研究部、139-199

佐藤広志 1996「高校教育と大学教育の接続」荒井克弘編『大学のリメディアル教育』(『高等教育研究叢書』第42号)、広島大学大学教育研究センター、35-60

白川友紀編 2006『中等教育の多様化に柔軟に対応できる高大接続のための新しい大学入試に関する実地研究』(文部科学省科学研究費補助金研究成果報告書)

神藤貴昭・石村雅雄 1999「高等学校と大学の接続に関する研究(その1)―学生の高等学校と大学における学業についての差異の認識の観点から」『京都大学高等教育研究』第5号、23-39

神藤貴昭・伊藤崇達 2000「高等学校と大学の接続に関する研究(その2)―大学の学業文化への参入と学習方略の変容」『京都大学高等教育研究』第6号、35-52

杉原敏彦 2007「高校と大学の接続―現状と課題」『21世紀型高等教育システム構築と質的保証―FD・SD・教育班の報告』(『COE研究シリーズ』第26号) 109-118

関正夫 1978「戦前期における中等・高等教育の構造と入学者選抜」『大学論集』第6集、広島大学大学教育研究センター、135-173

大学=高校間カリキュラム研究会編 1985 肥田野直(研究代表者)『普遍化した後期中等教育と高等教育の関連性に関する研究―主として教育課程と入学選抜について』(トヨタ財団助成研究報告書) 高等教育研究所

大膳司 2006「高大接続に関する研究の展開」『大学論集』第36集、広島大学高等教育研究開発センター、127-148

高井高盛 1992「科学教育・大学と高校の接続」『北里大学教養部紀要』26、123-136

田中均 2010「高大接続を志向する入試センターの機能と役割―推薦入試による入学者への指導と援助の方策」『大学入試研究ジャーナル』20、国立大学入学者選抜研究連絡協議会、117-122

中島直忠・西睦夫 1977「大学と高等学校の接続に関する事例調査研究―大学班」『九州大学教育学部紀要・教育学部門』22・23、55-72

中島直忠他 1978「高校と大学の接続に関する大学生の実態と意識」『日本教育学会大会研究発表要項』37、121-122

夏目達也 2003『高校と大学のアーティキュレーションに寄与する新しい大学入試についての実践的研究』(文部省科学研究費補助金研究成果報告書)

西睦夫 1978「高等学校と大学の接続に関する研究―推薦入学・試験入学の学生間の比較(児童学科編)」『中村学園研究紀要』11、73-83

西田昌司 2009「神戸女学院大学での体験型実習を利用した高大接続の試み」『神戸女学院大学論集』56(1)、115-126

日本教育学会 1956「日本教育学会第14回大会部会報告(二) 第一課題 高等学校と大学との教育的関連」『教育学研究』第23巻1号、46-60

濱名篤 2003「ユニバーサル化の進行と高大接続―2006年問題との関係」新潟大学『大学教育研究年報』8、185-209

濱中淳子他 2009「〈大学適応観〉の構造―高大接続対策の効果を探る」『大学入試研究ジャーナル』19、国立大学入学者選抜研究連絡協議会、115-120

肥田野直 1985「大学教育の専門分化と高校教育課程」『高等教育研究紀要』第5号、18-32

広島大学大学教育研究センター編 1997『大学教育と高校教育―その連続と断絶 第25回(1996年度)『研究員集会』の記録』広島大学大学教育研究センター

吹春俊隆他 2001「経済学における大学教育と高校教育の最適接続性の研究―高等学校教科書「政治・経済」の点検」広島大学『学部・附属学校共同研究紀要』30、81-88

星利美 2003「高校教育と大学教育との接続―高校での未履修科科目を持つ学生への指導について」『北里大学一般教育紀要』8、52-62

牧野巽 1956「高等学校と大学との連絡の問題によせて」『教育学研究』第23巻第6号、37-45

松井榮一 1981「新高等学校学習指導要領と大学入学者選抜における基本問題」『一般教育学会誌』第3巻第2号、31-38

松田岳士・長沼将一 2009「高・大接続教育におけるオンライン学習支援への取組―eラーニングを活用した推薦入学者への学習機会の提供」『リメディアル教育研究』4(1)、63-71

巳波義典・梶川裕司 1998「情報教育の高校・大学間の接続に関する一考察」『京都外国語大学研究論叢』50、302-312

巳波義典・梶川裕司 1999「情報教育の高校・大学間の接続に関する一考察(2)」『京都外国語大学研究論叢』52、213-227

民主教育協会編 1999「今月のテーマ 大学と高校のアーティキュレーション」『IDE 現代の高等教育』No. 408

山村滋 2006「小規模公立高校と大学教育の機会―教育課程の比較分析」『高等教育研究』第11集、185-205

山村滋 2010「高校と大学の接続問題と今後の課題―高校教育の現状および大学での必要な技能の分析を通じて」『教育学研究』第77巻第2号、157-170

山村滋・荒牧草平 2003「大学入学者の高校での科目履修と受験行動―普通科に関する実践的研究」日本カリキュラム学会『カリキュラム研究』12、1-14

山村滋他 2009『学生の学習状況からみる高大接続問題』大学入試センター研究開発部

吉原惠子 1998「異なる競争を生み出す入試システム―高校から大学への接続に見るジェンダー分化」『教育社会学研究』第62集、43-67

1 学校制度のなかの大学入試

佐々木 享

1 ——学校制度の接続関係と入試

　大学入試制度は、機能としては選抜制度であるが、教育制度としては、高校と大学とをうまく接続するという役割をもった制度である。

　一般的にいえば、現在の大学とその下級の教育機関である高校とは、入試制度に工夫をこらすだけではうまく接続しない。この場合と似たような問題は、戦前でいえば、旧制の高校・専門学校と、中学校・高等女学校・中等程度の実業学校などとのあいだにみられた。

　教育制度上もっともうまく接続していた例をさきにあげると、旧制高校と旧制大学との関係（あるいは旧制大学の予科と学部との関係）がそれである。旧制高校の前身であった東京大学予備門はもちろんのこと、教育制度が改編されてできた高等中学校やその後身である高等学校（ここでは、両者を一括して旧制高校という）は、その教育水準は卒業生が旧制大学に進学することを前提として設定されており、下級学校の教育水準に規定されていたわけではなかったし、その教育課程構成は何回か変ったが、いずれの場合も進学すべき大学の学部あるいは学部群ごとに構成されていた。さらに大学が帝国大学のみにかぎられていた時期についていえば、帝国大学の第1学年収容可能人員の総数はつねに高等学校の卒業生総数を上まわっていた。上の教育機関と下の教育機関とのこのような関係は、北海道帝大や京城帝大、東京商科大学、神戸商業大学、およびすべての私立大学のように予科をもっていた大学にはとくに顕著にみられた。帝国大学と旧制高校、旧制大学の学部とその予科のあいだにみられる学校体系上のこのような接続関係の特徴は、直接に「上から」つながる関係にあるということができる。図示すれば、

　　東京大学━━▶東京大学予備門

出典：佐々木享著『大学入試制度』大月書店、1984年、［Ⅰ］15-23頁

帝国大学──→高等学校
　　　大学──→大学予科

となる。この場合、時間の経過からいえば下の教育機関からさきにできるのは当然ではあるが、学校体系の性質からいえば、上の教育機関がその進学準備課程として下の教育機関をつくり出している関係にあるわけである。「上から」接続する関係にある、と言うゆえんである。

　右のような関係にある場合には、入試が実施されても、下級の教育機関の学科目のいくつかについて学科試験を行なうことは、下級教育機関にとっても上級教育機関にとっても、教育上の不つごうはなかった。

　旧制大学と旧制高校の接続関係が、実態面からみても万事うまくいっていたというわけではない。たとえば、1922（大正11）年以降に創設された官立医科大学では、当然に高等学校の理科卒業者を入学させていたが、理科卒業者で定員が満たない場合には、高等学校の文科出身者を入学させていた（その志望者数が定員を超えなければ無試験であった）。この場合、高校の文科は当然に文系学部進学を前提とした教育課程で授業をしていたから、文科出身者が医科大学に進学した場合には、進学できたというかぎりでは進学制度はうまく機能していたとはいうものの、学生にとっても大学にとっても不つごうは避けられなかった。ここから、入学後最初の半年間は、理科出身者には午後の授業がほとんどなく、午後は文科出身者への補習授業にあてるというような措置が必要になった（たとえば、『岡山大学医学部百年史』650ページ）。高校文科出身者を入れても定員に足りず、その他の学歴者を入学させた場合にも同様の問題が起こった。

　学校制度上の接続関係が直接に「下から」接続している典型的な例としては、今日の小学校と中学校との関係（旧学制下では、小学校尋常科と小学校高等科との関係）、中学校と高校との関係をあげることができる。「下から」接続している学校へは、中学校──→高校の場合のように例外が起こることはあるにしても、無選抜で進学させるのが本来の姿である。

　学校間の接続関係が「上から」接続しているのか「下から」接続しているのか、単純には割り切れない場合も少なくない。とくに明治以来わが国の学校制度は、小学校制度を単一化したうえで、中等学校を小学校高等科に並列させたり、小学校高等科から進学する学校をつくるなど、学校体系を複雑にしてきたので、接続関係も複雑になっている場合が多かった。戦後の高校と大学との接続関係も、一見単純にみえるが、実態は意外に複雑である。

実業専門学校のこらした工夫

　戦後の高校―大学の接続関係の特質を把握する手がかりを得るために、まず戦前の旧学制下の実業専門学校とその下級の学校との関係をとりあげてみる。

　実業専門学校の入学資格（実態は受験資格）としては、中学校卒業者と実業学校卒業者および専門学校入学者検定規程（いわゆる専検）による試験検定合格者の三つがあげられていた。入学者の実態は中学校卒業者がもっとも多く、実業学校卒業者がこれにつぎ、専検の試験検定合格者は例外的で通常1％前後であった。学校により、また時期によりことなるが、官立実業専門学校についてみれば、実業学校出身者は平均して、高等農業と高等商業は30％前後、高等工業では10％前後を占めていた。これが生徒の出身学校構成からみた実業専門学校と下級学校との接続関係ということになるが、このような接続関係を可能ならしめるために、実業専門学校は後述のように入試制度については多様な措置をとっていた。

　注目すべきことは、実業専門学校では、入学後、とくに第1学年の教育課程を、たとえば実業学校出身者には英語の時間を多くし、専門科目（高商でいえば簿記など）を少なくする、中学校出身者には専門科目の時間を多くするなど、生徒の出身学校に応じて変えている学校があったことである。これらの学校では、下級学校での学習のちがいを、入学制度の面だけでなく、ある意味では当然のことであるが、入学後の教育課程編成の面においても考慮していたわけである。実業専門学校は、全部の学校ではなかったにせよ、多くの学校が下級学校とのあいだに、今日からみると意外なほどに柔軟な接続関係をつくり出していたということができる。

　接続関係の柔軟さという点でいえば、帝国大学をふくむ旧制大学とその下級教育機関との関係もそうであった。帝国大学は、旧制高校卒業者を入学させることを本来のあり方としていたが、大学あるいは学部ごとにみると高卒者だけでは欠員を生ずることがあり、全体としてみると意外に多くのいわゆる傍系学歴者を入学させていたからである。（東京帝大では、1930年からは傍系入学者はほとんどいなくなってしまったが、同帝大でも、たとえば1921年には、1596名の入学者中256名、16％が傍系入学者で占められていた。学部によってことなるが大学全体としてみると、京都帝大では傍系入学者がゼロとなったことはなかったようである。）

以上のような諸例にくらべて下級学校との接続関係がきわめて硬直的だったのは、旧制高校であった。旧制高校は、中学校卒業（1919年からは中学校4年修了）を基本的な入学資格とし、例外的な道として専門学校入学者検定（専検）の試験検定合格者にも受験資格を認めていたが、1924年以後は実業学校卒業者などにも入学資格を与えた。しかし、旧制高校では、入試制度の面でも入学後の教育課程の面でも、実業学校出身者に格別の配慮をしたことはなく、実際にも中学校出身者以外のいわゆる傍系入学者はきわめてまれであった。

戦後の新しい高校教育と新制大学
　新制大学の入学資格は、後述するように教育の機会均等の趣旨にそって幅広く定められているが、その主体は高校卒業者である。共通第一次試験の志願者についてみれば、例年、99.5％以上が高卒者および高卒見込者（いわゆる現役）である。
　ところで高等学校には、授業時間帯や学習形態がことなる全日制、定時制および通信制の3種の課程がある。またそれぞれの課程には、主たる専攻により普通科、農業に関する学科、工業に関する学科、商業に関する学科などの学科が置かれている。実際には、工業に関する学科が機械科、電気科、電子科にわかれているように、こまかくわかれている。高校は、普通科と、農、工、商、水産、家庭、衛生看護科を一括した職業学科との二つに大別できるが（「その他」と一括できる学科があるが少数である）、このうち職業学科に在籍する者は、1970年頃まではおおむね40％前後であったが、近年では絶対数、比率ともに減少しておおむね30％程度である。
　高等学校は、高校教育としての共通性を確保するために、学科の種類に関係なくすべての高校生が履修しなければならない共通必修制の教科・科目をもうけ、さらに学科によっては履修しなくてもよい選択制の教科・科目をおいて、この両者から教育課程が構成されている。現行の教育課程の理科を例にとると、理科Ⅰは共通必修であるが、理科Ⅱ、物理、化学、生物、地学の5科目は選択制である。普通科とある種の職業学科では、理科Ⅰと、物理、化学、生物、地学の4科目中から3科目あるいは2科目を学ばせるが、別の職業学科では理科Ⅰ、理科Ⅱの2科目だけを学ばせるという方式もとられている。
　職業教育の専門科目は、高校教育としては選択制であるが、当該学科の生徒にとっては特定の専門科目は必修制ということになる。

こうした教育課程を学んだ高校生が大学入学を志願してくることになるので、大学入試は、高校には各種の学科があり、選択制が採用されているという、戦前には経験しなかった事態に対応しなくてはならない。後述するように、戦後の大学入試制度の歴史は、一面ではつねに右に述べた高校教育の特質への対応策の歴史でもあった。なかでも問題になるのは職業学科出身者への対応策であった。

詳細は後述するが、高校の学科制、選択制にたいする大学入試制度の配慮の仕方については、文部省の方針自体が一貫していなかったし、各大学の対応策もかならずしも文部省の方針に同調してはいなかった。この点についての結果だけをいえば、職業学科出身者への配慮に欠けることが多く、これが職業学科と大学との接続関係を悪くしてきたのであった。

共通第一次試験の導入に際して右の問題点が改めて自覚され、当初（1984年度入試まで）は、共通第一次試験の科目が、外国語を別として、職業学科をふくむ高校の必修科目の範囲内で設定されたことはよく知られている。また共通第一次試験制度導入の前後から、職業学科出身者についての推薦入学制度を導入する国立大学が一部に現われ始め、とくに1978年には豊橋、長岡の両技術科学大学が工業科出身者に広く門戸を開いたが、両技術科学大学を別にすると、試験制度の大勢に影響を与えるにはいたっていない。

大学入試センターの発表によって共通第一次試験出願者中の高校出身者（現役をふくむ）の出身学科別構成を見ると、例年、職業学科出身者は1％程度にすぎず、普通科出身者が97％程度になっている。残りは、理数科（1.7％前後）と「その他」の学科である。国公立大学に関するかぎり、高校職業学科と大学との接続関係は極度に悪くなっているわけである。

なお、近年の「学校基本調査」によると、当年度高卒者（いわゆる現役）の大学学部進学者中の職業学科出身者は1割以上にたっしている。進学先の国公私立別内訳はないが、共通第一次試験の実績と豊橋、長岡両技術科学大学の入学定員などからみて、職業学科から大学学部へ進学した者の進学先は、大部分が私立大学であると考えるほかはない。

2 ── 大学自治のもとでの入試制度

学校教育法には、第56条に大学入学資格者の範囲の定めがあるほかには、大学入学に関する事項の定めはない（高校、高等専門学校の場合には、第49条に、

入学に必要な事項は、監督庁が、これを定める、と規定されている)。同法第59条に、「大学には、重要な事項を審議するため、教授会を置かなければならない」という規定があり、また学校教育法施行規則第67条は、「学生の入学、退学、転学、留学、休学、進学の課程の修了及び卒業は、教授会の議を経て、学長が、これを定める」と規定している。大学入試に関する事項が大学自治のもとにおかれ、大学固有の機能の一部と解されている法的根拠は、これらの規定にある。旧制大学にあっても、大学入学に関する事項は大学自治のもとにあったと考えられる。しかし、旧制大学ではどのような場合に選抜を行なうか(とくに1919年以降は入学の優先順位)などごく基本的な事項を盛り込んでいる学則の制定・変更には、文部大臣の認可を要するとされていた(大学令第16条)。大学入学の定め方という点でみても、戦後は大学自治の範囲が拡張されたのである。

　しかし、だからと言って大学は入試の実施方法をまったく自由に定めることができるわけではなく、そこには一定の制約がある。その制約をいわば集成したものが、さきに大学入試の基本原則を記載しているとして紹介した『大学入学者選抜実施要項』である(以下たんに『実施要項』という)。各大学の学部は、国公私立大学ともに、文部省の『実施要項』のしめすところに準拠し、その範囲内でみずからの学部の選抜方法を定め、選抜を実施している。本書で大学入試制度というときは、戦後については、おおむねこの『実施要項』にしめされた大学入学者の選抜方法をさすが、まれにはこれにもとづいて(あるいはもとづかないで)実施されている入試自体の慣行化されている部分をさすこともある。

　大学入試のあり方、『実施要項』の内容が、時日の経過のなかで変更されてきたことはいうまでもない。

　ところで、入学者選抜方法を具体的に定める大学の自治権限と文部省が通知でしめす大学入学者選抜に関する『実施要項』の拘束性とのあいだには、微妙な問題がある。共通第一次試験制度に関しては、両者の関係はとくに問題になる。

2 研究の動機と概要

黒羽 亮一

1 ―学校段階間の接続

　最近、学校段階間の接続（articulation）という言葉がしきりに使われるようになった。たとえば、臨時教育審議会・審議経過概要・その2（1985年4月）には、「高等教育と中等教育の接続の問題」という見出しがあり、それにつづく本文には、「接続の諸問題、とりわけ大学入学者選抜の問題をとりあげたのは……」という表現になっている。この表現のように、接続の問題とは入学者選抜のことだけでなく、双方の教育課程の接続や相互乗り入れをふくむ広範な概念である。また入学者選抜方法も、いっせい学力検査によるばかりでなく、種々の方法の推薦入学や別枠入学もあわせて接続の問題として考えていくことが妥当である。

　学校間の関係をみると、小学校・中学校・高等学校の間では一応接続の努力が行なわれている。教育内容は文部省の定めた学習指導要領を基準にしており、それらの何回かの改正は、法律に基づいて設置されている教育課程審議会で審議され、三つの学校段階の改正が連動して行なわれている。これに対して大学、短大、高等専門学校、専修学校（専門課程）という高等教育諸機関には標準的な教育課程は存在しない。その間の接続は任意に考えられ、任意に実施されているとみてよい。

　戦前のように、中等教育進学者が少なく、高等教育進学者はさらに少ない状況下では、中等・高等教育の接続に格別政策的考慮を払わなくても、相互に教育課程は比較的よく見えていた。[1]戦後も30年代前半まではほぼそういう状態にあったといえよう。しかし、改めて述べるまでもなく、今日では同年齢層の9割以上が高校に進学し、その大半が卒業して行く。卒業者の4割は就職するが、5割は前記のいずれかの高等教育機関に進学して行く。高校は普通課程と職業課程に分

出典：大学＝高校間カリキュラム研究会編、研究代表者肥田野直『普遍化した後期中等教育と高等教育の関連性に関する研究』トヨタ財団助成研究報告書、1985年、[序] 1-6頁

かれているが、進学についてたてまえ上は両者は区別されているわけではない。普通高校にも進学校・非進学校という特性はあるが、それは特性の差であり、何種類かのコースが厳然と設けられて、それぞれ進路が確定されているわけではない。

　そこで、接続はもっぱら高等教育機関の側の選抜によって規制されがちである。選抜がもたらす教育のひずみというのはどこの国にも存在することだが、それがわが国ほど極端な国はないという状況である。

2 ─研究動機1──高校教育課程改正

　最近になって、この接続の問題を検討しようという気運が三つの事情により盛り上がってきた。

　第1は、1978年に行なわれた高校学習指導要領の改正である。

　この改正で、高校の卒業に必要な必修単位が85単位以上から80単位以上に減少した。あわせて高校必修科目の性格が、「高校において一般的・基礎的な学力を付与すべき科目として設定され、主として第2学年修了時までに履修すべきもの」とされていたのが、「中学校における教育との関連を密接にして、高校教育として必要とされる基礎的・基本的な内容を精選集約して構成された総合的・広領域的な科目として、主として低学年（1年次）において履修すべきもの」と変更された。つまり、中・高の接続の方が高・大の接続より優先されるようになったのである。

　同年齢層の9割以上が進学するようになったことにともなって、高校生の資質や志向はきわめて多様化し、その学習指導は年々困難化しつつある。それに対しては多様な教育課程が用意されるべきだが、従来の高校普通課程の教育は大学進学準備教育の方に相当に偏る傾向があったので、それを是正しようという意図に基づいた改革であり、高校教育の普遍化に即応した一つの合理的な選択であった。しかし、これにより、高校での学習量の大幅減少が予想され、このため新教育課程修了者に対する大学教育の改革も必要ではないかという見方も登場した。大学教育、特にその「入り口」の一般教育関係者による1979年の一般教育学会の設立はその顕著な動きである。

3 ——研究動機2——共通一次試験

　第2は、1979年からの国公立大学における共通一次試験の実施である。これが上記の高校学習指導要領改正とからまって、接続問題への関心を高めた。共通一次試験により、高校での一般的・基礎的学力の到達度を調べ、各大学はそれぞれの専門教育への適・不適を二次試験で調べるという大学入学者選抜についての基本的考え方は、文部省内に設けられている大学入試改善会議が、1971年に共通一次試験制度を建議したときに示したものである。その点についての関係者の同意の形成と準備に相当の時間がかかったが、国公立大学で79年から実施されて、今日に至っている。

　共通一次試験の出題範囲は、法規上、高校旧教育課程のほぼ半分を占める共通必修科目の範囲とされた。これは普遍化した高校教育と多様化した高等教育との接続の観点から比較的合理的なことで、これを定めた段階では、高校側の窓口である全国高校長協会と国立大学協会との間で、さして議論にもならないことであった。しかし、共通一次の実施後間もなく、新教育課程と共通一次試験の出題範囲という課題を背負わされることになった。新課程は1982年度高校入学者から実施されたので、1985年度共通一次は新課程により出題しなければならなくなる。このため検討は1982年前から行なわれ、5教科7科目の出題範囲を「共通必修科目プラスアルファ」とすることになった。

　これが大学に接続する高校新教育課程の標準ということになり、大学への接続に関しては共通必修科目という概念は、事実上、消滅した。また、この共通必修科目に、「現代社会」、「理科Ⅰ」という新科目が登場したことにより、大学側はその扱いに苦慮した。1985、86年度はこれも出題範囲とするが、87年度からは普通課程修了者の場合には出題範囲からはずすことにしている。しかし、職業課程修了者には依然出題範囲とされており、接続問題を複雑化させている。

　このような混乱は、文部省初中局の高校教育課程策定作業において、大学側ないし、同省大学局（現高等教育局）の意見を聴取しないという事情により惹起されたともいえる。このように接続の問題には、行政のかかわり方も大きい。

　なお、臨教審で「共通一次から共通テストへ」ということになった共通一次試験の不評の原因は、この5教科7科目問題にもあるが、それ以上に、共通一次試験実施を契機に行なわれた、国立大学1・2期校制の廃止、二次試験期日の一元化に大きく関係している。これにより、東大のような有名大学は別として、共通

一次試験の選抜試験としての様相が強まり、高校での準備学習に過度の重圧となったことである。

共通一次試験には私立大学は参加していないが、私立大学にも有名大学は相当数あり、多くの受験生はそれと国公立とを併願する。その私立の大半は 3 教科に特化した出題をするので、高校生の準備学習の性格は異なり、結果として負担をきわめて重いものにしている。また、共通一次試験の実施とともに、従来は 2 回あった国立大学の受験機会が 1 回になった。このため国立大学への出願はより慎重となり、またその序列化を生むことになった。受験生の自己採点を受験産業が集計・分析して、各大学・学部の合格可能圏を精緻に算出することになったためである。これも、接続の問題を考えるに際して無視できないことである。

4 ―研究動機 3――国際化

第 3 は接続の国際化と、接続問題の国際比較という視点である。

比較教育の立場からみると、初等教育や高等教育の国際比較に比べ、中等教育の国際比較には困難性が大きい。初等教育には読書算ないし 3R という基礎基本的知識の伝達、国民意識の形成といった共通比較項目があり、高等教育のうち大学には、国際共通性のある専門性とか、学問研究水準という比較視点が働きやすい。しかし、両者を結ぶ中等教育は各国の経済社会や文化の状況により多様に展開されているためである。

しかし、第二次大戦後、世界には international school が発達し、またわが国としても海外帰国者の高校、大学への進学問題が起こるようになった。各国の大学入学資格やインターナショナル・バカロレア（IB）取得を条件とする国内大学への入学もあり、それとともに、これらの教育課程や水準も比較的広く認知されるようになった。それを一つの尺度として、わが国の中等・高等教育の内容と程度を見直すとともに、SAT、ACT（米）、GCE（英）、バカロレア（仏）、アビトゥア（西独）などの諸制度も、海外帰国者に対しては入学の条件とすることになり、単なる参考例ではなくなりつつある。

全国約 500 の大学のうち、このような問題意識をもつ大学はまだわずかとしても、将来を展望した広いスタンスで接続問題を考えるならば、無視できないことである。あらゆる問題についていま指摘される国際化の視点にも即応することであろう。

5 ―高校教育課程の問題点

　本研究は参加者がそれぞれ異なった専門の立場であるため、統一的な研究手法は設けられなかった。研究会はしばしば開かれたが、研究方法を統一しようという努力も行なわれなかった。しかし、集まったそれぞれの報告をみると、高校教育課程、共通一次試験、国際化という三つの問題意識に、ほぼ均等に言及されたように思われる。そのことは本研究の各論を読まれれば容易に理解されようが、以下世話役の独断で、それぞれの報告の特質と、三つの問題意識との関連性を総括し、あわせて世話人個人として印象をつけ加えてみたい。

〈英語・数学・理科〉

　第1の高校教育課程との関連では、英語について羽鳥氏が以下のような指摘をされているのが注目される。

　①高校までに学習している語彙数が少ない。②一般の大学生は入学時の学力が最高で、以後年々低下する傾向がある。③共通一次試験の出題には、依然として和訳・文法中心の高校英語教育を矯正する良問が多い。

　高校までに学習する語彙数が少ないのは、1,000語ほどの習得しか要求していない中学校（前期中等教育）の英語教育に問題があるとされているが、そのことを各国のこの段階での外国語教育における習得語彙数との比較もまじえて論じている点に注目したい。

　また、共通一次試験ではヒアリングを課していないではないかなどの具体的評判のほか、その存廃まで議論されるようになっているが、じつは共通一次こそが、訳読でなく多読、概要把握を奨励する出題であり、また文法指導への傾斜を是正しようとしているものであるとする。しかし、その点が依然として多くの高校教員に理解されていないとしている。これらの指摘は専門家の間では常識なのだろうが、一般にはきわめて斬新である。

　数学については澤田氏がIBカリキュラムと高校教育課程の比較を行ない、またその問題を高校生に解かせている。このような教育課程の比較と実験もわが国ではあまり行なわれておらず、貴重な試みである。

　IBカリキュラムでは理科についても、昭和57（1982）年に筑波大学でIB主要理科会議が開かれ、その討議資料として筑波大学生、同大附属高校など高校生に対して行なった実験テストの結果とその分析、会議の概要が報告書として公表

されている。報告書によると、この会議では理科の各科目についてIBO関係者もまじえた討議が行なわれた。その結果、IBカリキュラムでは各科目ともわが国より実験をはるかに重視するなど大きな差があるが、概略、下記のような比較ができるようである。

　物理：①Hレベル（上級レベル）の必修5単元の内容から剛体部分をのぞいた部分が、わが国の物理と理科Ⅰの物理部分の合計に相当する。②Hレベルの選択8単元は大学の一般教育と同じ水準にある。③Sレベル（普通レベル）は日本の高校物理とほぼ同水準だが、原子物理学と熱学は日本より高く、力学は日本の方が高い。

　化学：①Hレベル45問中20問には日本で学習しない内容がふくまれている。②Sレベルでも30問中8問が同様の傾向にある。③Hレベル合格者は大学の一般教育の化学を免除することが妥当である。現にアメリカではそのように扱っている大学が多い。

　生物：①Sレベルと日本の生物の内容の9割が共通している。②Hレベルは日本の生物より水準が高く、アメリカのアドバンストレベルないし、大学一般教育に相当しているという。

〈大学側の工夫〉

　次に黒羽は異種の教育課程間の接続の問題を扱った。大学の教育課程は高校普通課程を前提に考えられている。入学者選抜に際して、職業課程出身者に対し、わずかながら代替科目を認めている大学もあるが、入学後の補習教育は行なわれていない。こういう全般的状況の中にあって、工業教育においてはごくわずかながら長岡・豊橋の両技術科学大学等でその方法が講じられていることを評価したものである。

　このような方法は商業教育でも可能ではないかと、いま全国商業高校長会は強く主張している。戦前の高等商業学校は中学校出身者と商業学校出身者をそれぞれ入学定員枠を設けて入学させていたが、入学後少なくも一学期間、前者には簿記や商業実務を、後者には数学と英語を正課として指導していた。このように、高等教育の側で、入学者選抜だけでなく教育課程上の工夫をして欲しいというのが同協会の主張で、今後の検討に値する課題である。

〈接続にならない入試(学力検査)〉

　第2の共通一次試験等の関連では、まず数県の高等学校の状況を調査・分析した天野・苅谷氏らの研究がある。全国の高校数は5,722校（1984年）で、大学入試センターの調査によると、このうち共通一次出願者の在学する高校は3,950校である。さらにこの3,950校は表1のような出願者数により層別されている。

　いうまでもなく共通一次出願者の多い高校は進学校である。進学校では格の高い私立大学への進学者も多い。国公立への入学者は10万人弱だが、その受験者36万人は、高校生のうち学力の高いグループとみてよい。高校入学者選抜における偏差値体制と、それに相当程度比例した進学実績により、各地の高校はおよそ4種類に層別され、それぞれ教育課程の編成も、指導方法も、教員と生徒の意識と姿勢も大きくちがっていることを実証したのがこの研究である。[5]

　肥田野氏の研究は、このようなわが国の進学体制と各国とを比較し、①高校生の進路選択が「入りたい大学」より「入れる大学」になりがちなこと、②大学の側の選抜基準も、その大学の専門性からの要求ではなく、高資質者の採用に傾斜している状況を示したものである。結論は目新しいものではないが、入学者選抜制度の改革による接続の合理化を考えるためには見逃せない指摘である。

　中島氏は、わが国の高校教育課程行政の30数年の変化を略述し、同時にこの間のアメリカの中等教育の基本理念の変遷を簡潔に紹介している。ごく大まかにいえば、わが国の高校教育課程行政は、6・3・3制発足直後は、高等教育との接続よりも市民完成教育に傾斜した牧歌的なものであった。しかし、昭和30年代初期の改革により、戦前の中学校に類似した高等教育との接続に特化したものとなった。それが昭和40年代の高校教育の普遍化により矛盾を生み、共通必修部分を大幅に削減し、選択科目により多様化を推進するようにした今回の改正に及んだものである。

　にもかかわらず、天野・苅谷調査によれば、多様化は依然として多層化となる傾向があり、これは大学側の入学者選抜方法の非個性に即応している。大学の個性化は、その卒業者の社会での受け入れ状況や大学の体質に根差していることで

表1　共通一次出願者数と高校数（1984年）

出願者数(人)	10人以下	11～50	51～100	101～150	151～200	201人以上
高校数(校)	1,682	843	437	216	185	587

あり、その是正は容易ではない。われわれの接続の研究は、可能ならば最終的には一つの政策提言を目指して出発したものであったが、調査・分析を行なえば行なうほどその困難性を感ずることになった。

　清水氏の報告は、19世紀以来のアメリカにおける中等・高等教育の接続の歴史的変遷と、最近の改革方向について網羅的に述べたものである。直接わが国の事情に触れるところは少ないが、この問題をできるだけ広い視野からとらえようと、変化が激しいというか、大胆に新しい考え方や方法をとり入れるアメリカ社会と中等・高等教育の関係についてとりまとめをすることは有益と思い、参加をいただいたものである。

6 ─政策提言の模索と臨教審第一次答申

　以上が本研究のねらいと、第1章以下の報告の骨子だが、研究の系統性が乏しかったことを繰り返して反省しなければならない。しかし、言い訳をすれば、高校と大学の接続という総合的な視点をふまえて、高校教育課程や共通一次試験のある側面を分析するという試みは、これまではあまり行なわれなかったのではなかろうか。この研究テーマについて、トヨタ財団に研究助成費を申請し、2年間にわたってそれが許されたのもこのためであると自覚し、またそのご好意に感謝している次第である。将来、このような視点に立った調査研究に、私たちは再び挑戦したいし、また各方面でもよりすぐれた研究が行なわれることを期待したい。

　2年間にわたる研究が一息ついた1984年夏、執筆のための最後の打ち合わせに研究参加者全員が集まったとき、政策提言というにはほど遠いが、次の点について合意が得られた。

①教育課程の接続についての常設の調査研究機関を設けること。
②高校の普通課程、職業課程の区分を接続の観点から再整理してみることと、それに応じた大学の教育課程、特に専門基礎教育や一般教育のあり方・内容について検討すること。
③共通一次試験の方法を大幅に改革して、相当数の私立大学の参加を図っていくこと。各種の推薦入学の方法も学力検査との関係を考慮しながら、よりいっそう合理的なものにしていくこと。

　いうまでもなく、共通一次試験の改革については、1985年6月国立大学協会

で決定した62年度入試からの改革、臨時教育審議会第一次答申による共通テスト（仮称）構想があり、政府（文部省）はそれを受けて、同年7月30日に国・公・私立大学と高校関係者、第三者が対等の場で参加する大学入試改革協議会を発足させている。別にこのような経過を予知していたわけではないが、われわれの研究はそれを期待するものでこそあれ、矛盾したものではなかった。

臨教審第一次答申の「大学入学者選抜制度の改革」では、「共通一次から共通テストへ」の項に主たる関心が集まっているが、大学入試センターの設置形態と機能の検討、各大学の入試担当機能の強化、進路指導の改善、国立大学受験機会の複数化、高校職業課程卒業生への配慮も同時に主張している。われわれの「教育課程の接続についての常設の調査研究機関」というのもこの一部分についての趣旨で、臨教審はこれらを総称して mediation という言葉を用い共通テストとともにその緊急性を主張している。しかし、この点についての関係者の関心はいまのところ稀薄とみなければならないのは残念なことである。

また、教育課程の接続についての継続的な調査研究を主張するのは今後の教科教育学への期待でもある。教科教育学はその研究者が大学院博士課程の設置を希望するほど、量的な裾野は拡大しつつある。しかし、その中心は初等教育であり、中等教育全般には若干拡大しつつあるが、羽鳥氏や澤田氏のような研究は乏しい。教科教育学がこのような方向で充実するならば、その学問分野としての社会の認知度も高まって行くことだろう。

[注]
(1) 戦前期において、最大限に教育が拡大していた1943年（昭和18）でも、大学、高等専門学校学生総数は約42万人で、現在の6分の1程度だった。また、中等教育機関在学者は1学年約30万人で、現在の高校生の5分の1程度だった。
(2) この教育課程改正構想が、1975年10月に教育課程審議会中間まとめとして発表されると、進学校などから、高校教育の水準低下とする強い反対が起こった。このため下限は従来の中学校の内容を入れて低下させるが、上限は従来のままとする方向で、最終的にはまとめられた教科が多かった。このため、高校教育課程は、教課審の当初の構想以上に多様化することになった。たとえば、理科系進学者向けの数学では、旧課程が数学Ⅰ（6単位）、数学ⅡB(5)、数学Ⅲ(5)、計16単位となっていたが、新課程は数学Ⅰ(4)、代数・幾何(3)、基礎解析(3)、微分積分(3)、確率・統計(3)、計16単位で、内容的にもそう変わっていない。ただ羽鳥氏も指摘するように英語の単語数はかなり減少した。

(3) 一般教育学会の扇谷尚会長は、「高校での履修の不ぞろいを修正するため、大学でプレイスメントテストなどに基づくカリキュラムガイダンスの必要性」を一般教育の新しい使命として、同学会誌4号(1981)で述べている。
(4) 「特集 国際バカロレア(IB)理科教育」『筑波フォーラム』20号、1983年。
(5) 高校の現状と大学進学の状況は下図のように整理することができる。

大学入学の状況
(59年度、学校基本調査)

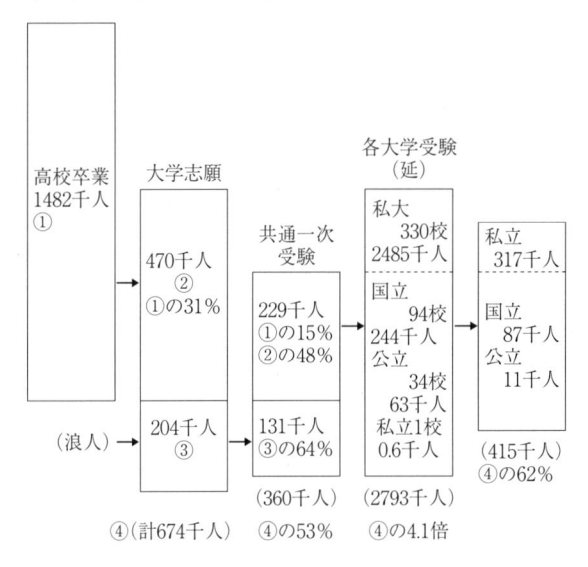

```
高校卒業     大学志願          共通一次        各大学受験         私立
1482千人                       受験           (延)            317千人
①                                                         
            470千人                         私大            国立
            ②            229千人          330校           87千人
            ①の31%        ①の15%         2485千人          公立
                         ②の48%                           11千人
                                         国立
(浪人)→      204千人       131千人         94校            (415千人)
            ③            ③の64%        244千人          ④の62%
                                         公立
                                         34校
                                         63千人
                                         私立1校
                                         0.6千人

            ④(計674千人)  (360千人)      (2793千人)
                         ④の53%         ④の4.1倍
```

2 研究の動機と概要──309

3 高校と大学の接続
―ユニバーサル化の課題

荒井 克弘

1 ―はじめに

　大学の入学者選抜は、進学者の増加にともなって「選抜試験」の妥当性・信頼性の向上から「高校と大学の接続」という制度的な広がりをもった問題へとしだいに変わってきた。志願者が少数だった時代には、大学が一方的に定めた基準で入学者選抜を行ったとしてもそれほど大きな騒ぎにならなかった。大学進学は社会的には限られた社会階層、集団の出来事であり、関係する中等学校も特定の進学準備校に限られていたからである。多数の大学が設置され進学者が増えてくると、特定のルート以外からも多くの志願者が集まり、大学は中等学校全般に対して大学進学への道筋を示し、また高校の教育実態に則して入学者選抜のルールを定めることが必要になる。大学進学者がさらに増え、さまざまな年齢層から大学へ進学する者が増えていけば、やがて高校と大学の接続という枠組み自体も無意味化する時代がやってこよう。

　日本では、大学の入学者選抜といえば、もっぱら受験戦争の過熱と選抜圧力の集中、高校以下の教育への影響が問題の中心であった。高校と大学の接続は主に教育課程の観点から論じられ、入学試験が高校の教育課程から逸脱しないよう監視することが行政の重要な役割でもあった。入学者選抜に関する影響力は圧倒的に大学の側に偏り、大学進学に関しては高校はひたすら大学進学者を供給する学校として定着し発展してきた。高校と大学の関係に最近変化が生じてきたのは、大学・短大等への進学者が年齢人口の半分に近づき、志願者の量的拡大が上限に近づいてきたからである。学生募集の競争は激しくなり、入学者選抜の方法も志願者にアピールするものでなければ学生を集めることは難しくなった。

　本論文では、まずトロウモデルに準拠して、高校と大学の接続という観点から最近20年の日本の入試改革を検討したい。具体的には共通1次試験と大学入試

出典:『高等教育研究』第1集、玉川大学出版部、1998年、179-196頁

センター試験の2つをとりあげる。よくも悪くも関係者の教育接続に対する考え方がそこに集約されていると考えるからである。第2に、視点を共通試験から高校と大学へ転じ、現在進行中の高校教育と入試の多様化をとりあげ、ユニバーサル化へ向かって、わが国が課題としなければならない問題が何であるかを論じてみたい。高校と大学の量的規模が拡大するにつれて、両者の境界がしだいに曖昧になると述べたのはC. Stockingである（Stocking 1984）。アメリカでは高校で大学レベルの授業を受ける生徒がいる一方、大学では高校レベルの補習をうける学生たちがいる。わが国もまたこの問題を避けて通れない時代に入ってきた。

2 ―高校教育段階と共通試験制度の適合性

(1) 教育接続の理念型

M. トロウは高等教育の量的な拡大が進むにつれて、大学の入学者選抜の原理がつぎのように変わると述べた（Trow 1973）。エリート段階では「能力主義による競争的選抜が主たる原理」であり、マス段階では「教育機会の均等化をめざすことがその原理」となる。さらに進学者が年齢人口の半分をこえるユニバーサル段階では「教育達成の均等化」が目標になる、と。表1はトロウの図式を中等教育、高等教育のそれぞれの量的発展にあてはめ、両者の関係を示したものである。論理的、歴史的にありえない組み合わせは斜線で閉じた。「エリート（中等教育）⇨エリート（高等教育）」から「マス（中等教育）⇨エリート（高等教

表1 中等教育と高等教育の接続（アメリカ）

	高等教育 中等教育	エリート段階 〜15%（就学率）	マス段階 15〜50%	ユニバーサル段階 50%〜
	エリート段階 〜15%（就学率）	家柄や才能 出自、能力主義		
1910	マス段階 15〜50%	学力・才能 能力主義		
1930	ユニバーサル段階 50%〜		制度化された資格 能力主義＋教育 機会の均等化	個人の選択意思 教育達成の均等化

（1940　　　1980s）

注）天野・喜多村（1976、194頁）から作成。
　各セルの上段に大学進学の要件、下段に学生の選抜原理を示した。

育)」への教育接続は生得的な地位により行われていた選抜が能力主義による選抜に変わっていった時代の変化である。アメリカでは19世紀終わりから20世紀前半までがこの時期に該当する。「ユニバーサル（中等教育）⇨マス（高等教育）」の教育接続は1940年代から70年代の時期にあたり、大学の新増設によって高等教育の収容力が増し、進学機会が劇的に広がった時代である。トロウはこれを「能力主義による選抜と教育機会の均等化原理が混在する」時代と述べた。

　わが国の高等教育の拡大はアメリカにおよそ25年遅れてスタートし、大学教育は1963年に進学率15％をこえてマス高等教育段階に入った。すでに進学率が47.3％に達した現在、ユニバーサル段階に突入するのは時間の問題と予想される。共通1次試験が国公立大学の入試に導入されたのは1979年、進学率37.4％、11年後に共通1次試験が廃止されてセンター試験が始まったのは1990年、進学率は36.3％のときであった。これらの入試改革を高等教育の発展段階からみたときにどのような意義がそこに認められるのか、トロウモデルをひとつの理念型としてその適合性を検討してみたい。

(2) 共通第1次学力試験制度の妥当性

　共通1次試験は、元来は国立大学の入試改革を主眼とした共通試験であり、公立大学は試験開始近くになってから急遽利用参加することに決まった。共通1次試験の目的は高校教育の基礎的、一般的な学習達成度を測ることであり、そのため、すべての受験生に5教科7科目の受験が課せられた。主要教科の必修科目を網羅した試験科目は受験シフトに偏りがちな高校教育の是正をめざし、同時に大学進学に必要な基礎学力のミニマム・チェックをめざすものでもあった。この1次試験とは別に、各大学では2次試験が実施され、専門に対する受験生の適性、能力をきめ細かく測り、これらの1次と2次試験の成績を総合して合否が判定されるのが本制度の仕組みであった。

　第1回の共通1次試験の出願者は34万人、ほぼ同数が2次試験を受験し、国公立大学を合わせて10万人が合格した。少ない数ではないが、18歳の年齢人口（156万人）に照らせば比率は6％、大学短大等の入学者（58万人）にしめる割合は17％にすぎない。国公立大学の受験者が大学志願者全体のなかで比較的上位の学力層をしめることを前提とすれば、共通1次試験の導入はいわば、受験エリート層のための入試改革だったということになる。他方、各大学の2次試験の多様化は期待されたようには進まなかった。学科試験以外の試験方法の蓄積が足

りなかったことが直接の理由にあげられるが、選抜性の高い大学群では論文や実技、面接など、主観的な評価の入りやすい試験は敬遠される傾向があった。多面的な評価を謳いながらも、2次試験が充分に展開しえなかったのは多様化よりも公平性の確保が判断として優先されたことを考慮しなければいけない。その結果、2次試験の大勢は学科試験によりしめられ、共通1次試験制度は学科試験中心の能力主義的な選抜制度であるというイメージが定着した。仮に利用大学が国公立大学でなく、それほど選抜性の高くない大学群であれば、高校教育の到達度試験に多様な2次試験を組み合わせるという制度はいまとは違ったイメージを誕生させていたかもしれない。

　同じマス高等教育段階に登場した共通試験でも、アメリカのACT（アメリカ大学テスト協会）の試験と共通1次試験とを比べるとその内容はだいぶ異なっている。ACTはカレッジボードに60年近く遅れて設立され、マス型大学の典型ともいえる州立大学とその志願者を主たる顧客にして利用を伸ばしていった。ACTの独自性は次の2点に集約される（荒井 1987）。第1は、選抜型ではなく診断型の試験の実施を目標にしたことである。英語、社会、数学、理科という教科別試験の形態を採り、それを36点のスケールに標準化して大学と学生に提供した。言語と数学の2領域で800点ずつのスケールをもつSAT（Scholastic Aptitude Test）と比べれば、目的の違いは明白である。第2は、大学と学生の双方に対する情報サービスの充実に重点をおいたことである。大学進学者が急増した1940〜50年代には情報不足による大学と学生のマッチング・トラブルが頻発した。つまり、新興の大学群と一般のハイスクールからの大学志願者との出会いをどのように用意するのか、それがACTの試験サービスの基本となった。ACTは時代の要請に応えることで利用大学、受験者を増やし、わずか10年間でSATの受験者数100万人に追いついた。

　アメリカに劣らず急速な高等教育の拡大を経験した日本で、ACTのような試験サービスが登場しなかったのはなぜだろうか。おそらく理由の第1にはテスト研究の遅れをあげなくてはならないだろう。ACTの創設者となったE. F. Lindquistははやくから学習診断テストに着目し、選抜とは違った観点からテストの利用を追求していた。第2に、日本の大学にとって受験生たちの背景情報を知ることはさほど難しいことではなかった。全国的に標準化された教育課程の下にある日本の高校は大学にとっても単純で見通しのよい学校だったはずである。それから第3に、受験産業の普及をあげておかなくてはならないだろう。学力情

報に偏ってはいるが、全国の大学を網羅した偏差値情報（入学難易度）が早くからマップ化され受験生の間に浸透していた。入学者選抜が学力選抜に限られている以上、それは学生たちにとってとりあえず過不足のない情報にみえたに違いない。そのおかげで深刻なマッチングトラブルに見舞われずに済んだ。しかし、それらのことが、結局のところ能力主義的な選抜体制を予想外に長引かせ、硬直的なものにしたと考えられる。

共通1次試験への反発は序列化、輪切り批判、つまり学力に偏った能力主義的な選抜への批判に集中した、共通1次試験の影響が国公立大学に限定されず、私立大学との並願受験を通じて全国の大学に及んでいったことも新たな火種となった。試験科目の過重負担、受験機会の少なさも共通1次試験離れを促進した。実際、国公立大学の志願者が伸び悩み、合格者の入学辞退者が1割近くに達するに及んで、国立大学は試験科目の削減と受験機会の複数化を決意せざるをえなくなり、1987年からその実施に踏み切った。試験科目は5教科7科目から5教科5科目（これ以下の利用も可）へ、受験機会の複数化はまず大学をグループ別にわける連続日程方式が採用された。しかし、これらの改善にもかかわらず、共通1次試験に対する序列化、輪切り批判は解消されることはなかった。

共通1次試験の失敗は、トロウモデルに則していえば、すでにマス高等教育段階に入っていたにもかかわらず、さらに徹底した能力主義的な選抜を導入しようとしたことにその原因が求められる。共通1次試験の構想自体は必ずしも〝能力主義選抜〟と言い切れるものではないが、結果的にそう受けとめられたことは否めない。共通1次試験がいま少し診断的な試験であるか、あるいは国公立大学を対象にした試験でなければ、事情は多少異なっていたかもしれない。しかし、日本のテスト研究の広がり、高等教育の構造などを考えれば、選択の余地は少なかったと考えざるをえない。

(3) 大学入試センター試験の妥当性

共通1次試験は1989年に第11回の試験を行ったあと廃止され、1990年から大学入試センター試験が発足した。実施の中心となる大学入試センターは国立大学の共同利用機関から国公私立大学のすべての共同利用機関へと設置形態を変えて存続することとなり、国立大学協会も「センター試験を共通第1次学力試験改善の延長上として受け止め」ることを了承した。実施体制への責任は間接的になるとしつつ、これまでの成果と経験を活かして協力することを表明したのであ

る（国立大学協会 1986)。外部からみる限り、共通1次試験からセンター試験への移行は円滑に進み、大きなトラブルもなかった。しかし、それは試験制度の原理的な変更が少なかったということではなかった。

　第1に、試験科目の利用はア・ラ・カルト方式となり、各大学はセンター試験を1教科1科目でも自由に利用できることになった。これにより共通1次試験が受験者に課していた5教科受験のしばりもなくなった。第2に、「高校教育の基礎的・一般的な学習の達成度を測る」という目的（共通1次試験）は「基礎的な学習の達成度を測る」（センター試験）に変えられ、問題作成等についても高校関係者の協力が強調されることになった。これらにより高校教育の到達度試験的な性格は一段と濃くなった。さらに第3として、1次試験と2次試験の組み合わせで判定するという仕組みも共通のものではなくなり、センター試験を第1段階の試験と考える必要もなくなった（大学入試改革協議会 1988)。

　しかし、何といっても最大の変更点は試験の利用を私立大学に広げ、国公私立のすべての大学が同じ資格で参加し利用できるようになったことであろう。その意味ではセンター試験は共通1次試験よりもはるかにマス高等教育段階にふさわしい改革だったといえる。1990年のスタート時に名乗りをあげた私立大学は16大学19学部、5年後の1994年度には73大学、1998年には180大学に達した。1999年には私立大学の半数217大学が予定されている[1]。このところ、私立大学のセンター試験への参加は毎年30大学のペースで増えており、出題内容への信頼の高さ、問題作成の負担軽減などがその主な動機と伝えられている。また、他方ではセンター試験受験者を私立大学の学生募集にぜひとも誘導したいという期待も強い。地方試験場を設けるかわりにセンター試験に参加するという計画もあるやに聞く。

　センター試験は共通の試験でありながら各大学が自由に利用し、個別性の高い試験を実施できるところに特色がある。利用できる試験科目数が多いほど大学も受験生も自由な利用が可能になるが、選択科目の増えた分だけ、科目間の難易差調整は難しいものとなる。現在も各科目の受験者は数百人から50数万人まで散らばり、しかも科目によっては毎年のようにその数が変わる。初出問題を使って入学試験を実施することは日本の伝統といってもよいが、その条件のもとで多数の科目から受験生に選択受験をさせることは困難が多く、事後的に完成度の高い調整をすることは不可能に近い。事後の得点調整によって新たな不公平さを生じる危険も大きいのである。

1997年の新課程入試からは理科、社会（地歴・公民）の科目に4単位のB科目と2単位のA科目の両方が加わって、同列で選択可能になった。これらの科目は授業時間数は違っても同じ得点スケールで扱われる。国語Ⅰ、国語Ⅰ・Ⅱ等の難易度の異なる科目も同様で、大学による格別の指定がなければ、科目の選択は受験生の試験場での判断に任される。センター試験が文字通り高校教育の到達度試験であれば、単位の多寡などに関係なく、受験した科目を採点し成績を出せばよいが、試験の成績をそのまま入学者選抜に使うとなると事情はだいぶ異なる。

　すでに述べたように、センター試験には2つの問題が根本にある。第1は試験の性格の曖昧さであり、高校教育の到達度試験であるのか入学試験であるのかが明瞭でない。入学試験に徹するのであれば4単位科目と2単位科目を同列にするべきではないし、教科科目の選択を現状でまったく自由にすることにも問題が残る。また到達度試験だからという名目でこれらの問題を放置するのであれば、高校教育とのさらに徹底した調整が必要であろう。第2の点は、センター試験の受験者数の増加である。共通1次試験の時代に30～35万人であった受験者数はいまや倍近い60万人に近づき、上位の大学は試験問題の識別力に疑問を持ちはじめている。科目数は増えたものの、英語や国語は50万人以上が、数学ⅠA、ⅡBは30数万人が受験している。1種類の試験でこれだけ多数の受験者をどのように測るのか、状況はますます難しい。

　センター試験をトロウの枠組みのなかに位置づけることは難しい。センター試験制度自体には教育接続に関する思想が込められていないせいでもある。序列化・輪切りの批判を回避し、共通1次試験の轍を踏まないことに重点がおかれたために、センター試験によって実現される教育接続はすべて個々の大学の判断に委ねられた。しかし、だからといってセンター試験が道具として万全というわけではない。ア・ラ・カルト方式を採用し科目選択を自由にするといいながら、科目間の出題の難易差を合理的に調整することも困難である。センター試験の改善として中央教育審議会が最近、複数回実施、試験成績の複数年利用などを提案しているが、これらの改善と本気で取り組むとすれば、センター試験の等化、標準化を抜きにしては考えられず、そうなれば、センター試験の制度を根本から見直すことが必要になろう。

3 ─ 高校と大学の環境変化

　日本の入学者選抜が大学進学者の増加にもかかわらず、長期にわたって能力主義選抜を続けてきた理由をここで一度整理しておきたい。理由は3つに大別できよう。第1は大学進学が個人の意思（個人需要）に支えられてきたという事実である。日本は、アメリカのように教育機会の均等化を社会政策として推し進めてきたというわけではない。国公立大学の収容力は少なく、日本の学生人口の8割近くが私立大学にしめられるという事実にも端的にこれをみることができる。第2は高校と大学の関係である。戦後の新制高校は大学に開かれた学校として戦前の中等学校を一本化して誕生し、その普通科が大学進学者の供給源となった。職業科と普通科の均衡は1960年代に崩れ、普通科への傾斜は明らかになったが、この普通科の拡大が大学進学者の増加を先導する役割をはたすことになった。つまり、日本ではマス進学準備教育の定着と普及が大した障害もなくスムーズに実現した。アメリカの中等教育（ハイスクール）が19世紀終わりから20世紀前半に市民の完成教育として発展し、それがさらにマス進学準備教育に転換しなければならなかった事情とはだいぶ異なっている。アメリカの入学制度の多様さに地方分権的な中等教育の複雑さ、多様さの反映をみることはそれほど難しいことではない。第3に、全国的に標準化した高校の教育課程の存在をあげておく必要があろう。すでに述べたことであるが、大学にとってみれば学科試験がつくり易く、また出題範囲を受験生に提示することも、選抜試験を実施することも容易であった。

　しかし、日本の受験体制を支えてきたこれらの条件が変わりはじめている。最も大きなインパクトは18歳人口の減少である。つねに入学定員をこえる志願者に恵まれてきた大学はここにきて、今までとはまったく違った局面に立たされている。学生募集は厳しくなり、高校と大学の関係にも大きな変化が生じた。急激な進学率の上昇による大学進学者の多様化は環境変化の原因ともなり結果ともなっている。志願倍率の高かった時代には受験生の負担を少々重くすることであっても、選抜の妥当性・信頼性を高めるためであれば、試験科目の増加も支持された。しかし、いまや上位のほんの少数の大学・学部にしかそれは許されない。入学者選抜の方法はまず志願者に受け入れられなくては話にならない。

(1) 高校教育の多様化と大学入試の多様化

　わが国の行政改革の流れは規制緩和である。その結果、高校教育も大学入試も多様化が歓迎されている。高校教育の多様化は1960年代に教育課程の消化しきれない生徒が増えたために、その取り組みがはじまった。その結果、1970年の学習指導要領から必修単位は68から47単位に減らされ選択科目が増えた。それに続く1978年の改訂ではさらに大胆な多様化が実施され、卒業単位数は85から80単位へ、必修単位は47から32単位へ縮小された。国・社・数・理の主要4教科はこのとき31から16単位に削減された。当時、この新課程の実施にあたって始まったばかりの共通1次試験への影響も心配されたが、国立大学協会は検討の結果、国公立大学志願者には直接的な影響はないと判断し、共通1次試験の出題範囲を新課程の必修科目に合わせて調整することはしなかった（荒井 1995）。つまり、この段階までの教育課程の多様化は進学者を主要な対象とするものではなかったといえる。しかし、1989年の改訂からは事情が変わった。文部省は新課程の切り換えにともなってセンター試験に2単位必修科目の導入を求め、新課程の必修科目はすべてセンター試験の出題科目に加えられることとなった。

　高校教育の多様化で懸念されるのは進学校の受験シフトである。日本の高校のように階層構造をもつ学校制度のもとでは、学校のしめる位置によって、実施された行政施策が意図とは違った展開を生じさせることがある。教育課程の多様化は元来、生徒の多様化に対応し、学力の基礎・基本の充実のために導入されたが、進学校において特定教科に偏った「受験シフト」に進むことが懸念された。わが国の場合、高校教育の受験シフトは以前から指摘されてきたところであるが、国公立大学の入試はかつては5教科型の試験が多く、それが受験シフトを抑えるような働きをしてきた。共通1次試験の5教科7科目受験なども教育課程の多様化に対して一種の補償的な効果をはたしていたといえなくはない。センター試験のア・ラ・カルト化は科目選択を自由にしただけにとどまらず、進学校の教育課程に存在した暗黙のしばりを奪ってしまったともいえる。

　一連の入試多様化の風潮のなかで、各大学は競争するように試験科目数の削減を進めている。1987年から93年までの私立大学の入試教科科目を選抜単位別に集計した結果によると、3教科主流（76.6％）であった私立大学の入試はこの間に2割方が2教科以下の入試へ移動し、3教科型は57.2％に減じた。3教科型を残した大学、学部のなかにも教科内の科目数を減じたところが多く、理科系の場合には物理、化学の2科目をどちらか1科目に、また数学と理科を選択にすると

ころもでている。(岩田他 1995)。国公立大学も例外ではない。共通試験だけをみても、1987年に共通1次試験の5教科7科目を5教科5科目へ削減し、1990年にはセンター試験のもとでア・ラ・カルト方式を採用した。1998年の利用状況（文部省 1997a）をみると、国立大学では5教科利用の学部は依然340学部（89.1％）に達するものの、その一方で3教科以下の大学も267学部（42.7％）にのぼり、学部よりも下位のレベルでの動きが激しいことが推察される。公立大学では5教科利用が59学部（46.8％）に対し3教科以下の利用は78学部（61.9％）に増え、3教科以下が数のうえでは優位に立った。

試験科目の削減ばかりでなく、特別選抜と呼ばれる学科試験以外の選抜方法も最近10年ほどの間に急増した。1998年のデータでは推薦入学による入学者が国公立、私立を合わせて15万6000人に達し、4年制大学入学者の4分の1をこえた。しかも、この数には私立大学の附属（系列）校推薦、帰国子女、社会人の特別推薦は含まれていないため、これらを加えれば、容易に数万人の増加が見込まれる。このほか、国公立大学の入試多様化については、一般選抜で小論文を課しているのは306学部（59.2％）、総合問題は64学部（12.4％）、面接が214学部（40.6％）、実技検査が78学部（15.1％）となる。外国語のリスニング試験も100学部（19.3％）で実施されており（文部省 1997a）、日本の入試が画一的だという指摘はもはやあたらなくなった。

多様な高校教育を受け、多様な入試を通過してきた学生たちを受け入れる大学のほうも学部教育の多様化に取り組んでいる。1991年に大学設置基準の大綱化が実施され、一般教育科目と専門科目の区分が撤廃された。50単位相当にのぼる教養的教育のしばりが解消されたことにより、124単位のうちの3分の1以上をしめる教養的教育の組み立ては各大学の必要性と判断に任されることになった。学部教育のありようはこの数年の間に多様にまた複雑になってきた。

杓子定規に考えると、多様な高校教育と多様な大学教育を結ぶことはいかにも困難な作業に思われるが、実際にはそれほど複雑なことではない。多様化の実態は「弾力化」の意味にほぼ等しく、高校と大学は「多様化」によっていかなる入試にも弾力的に対応できる制度的な備えができた。しかし、このことは却って、従来の教育的な歯止めを失わせ入試に振り回される部分を増大させたともいえるのである。

(2) 減少する高校の履修科目数

　高校教科書（普通科）の採択数の合計を高校の全生徒数で割ってみると、履修率の推定値を計算できる（表2）。国語Ⅰ、数学Ⅰなどの必修科目が100％をこえているのは生徒が購入する以外の用途が含まれているためである。現代文、数学Ⅱが90％を、英語Ⅰ、英語Ⅱは計算上100％をこえている。地歴では世界史のA科目とB科目を合わせて115％、公民は現代社会と倫理・政治経済の選択がおおよそ半々のことがわかる。地歴、公民に比べて、理科は科目数が多いため、化学ⅠBと生物ⅠBが70％前後であるほかは10％から30％台にとどまっている。[3]

　高校の理科関係者が1980年代の科目履修状況を調べた結果（鶴岡他 1996）によると、1983年頃の物理の履修率は41.3％であった。その後、漸減傾向をたどり1993年には33.3％に減った。1994年に新教育課程にかわったため、そのままの比較は困難になったが、上記の1996、97年のデータでみると物理ⅠBは32.8％、物理Ⅱは13.8％である。科目が細分化された分だけ生徒の履修も特化されたことがわかる。理科系志望者が主に選択する数学Ⅲ、数学Cの採択率はそれぞれ23.7％、22.0％であるから、物理Ⅱを履修する生徒は理科系志望者のおよそ6割程度であることがわかる。

　必要な科目を最小限の単位取得で済ませようとする風潮は選択科目のしわ寄せなのか、それとも卒業単位の枠の影響であるのか。高校の卒業単位数は1982年に85から80単位に縮小されたが、各学校の定める修得単位数はつい最近まであ

表2　教科書の採択率（1996・97年度）

〔国語〕		日本史B	54.7	数学B	49.7	地学ⅠA	10.0
国語Ⅰ	113.1％	地理A	35.8	数学C	22.0	地学ⅠB	11.8
国語Ⅱ	78.3	地理B	29.6			地学Ⅱ	1.2
国語表現	15.4			〔理科〕			
現代文	91.3	〔公民〕		総合理科	1.8％	〔英語〕	
現代語	5.9	現代社会	65.8	物理ⅠA	20.8	英語Ⅰ	113.2％
古典Ⅰ	51.5	倫理	46.2	物理ⅠB	32.8	英語Ⅱ	102.1
古典Ⅱ	36.9	政治経済	59.4	物理Ⅱ	13.8	oral A	58.4
古典講読	13.2			化学ⅠA	35.1	oral B	51.9
		〔数学〕		化学ⅠB	73.2	oral C	1.1
〔地歴〕		数学Ⅰ	112.5％	化学Ⅱ	20.0	reading	68.6
世界史A	55.1％	数学Ⅱ	96.4	生物ⅠA	26.2	writing	60.5
世界史B	60.3	数学Ⅲ	23.7	生物ⅠB	67.0		
日本史A	25.9	数学A	80.9	生物Ⅱ	16.8		

　注）教育課程の偏り、教科書の分冊形式などの事情を考え、1996年、97年の2カ年を集計した。なお、原資料は「内外教育」（時事通信社）によった。

まり変化がみられなかった。すなわち、96単位以上の高校が全日制普通科（公立）で4〜5割を、90単位以上が6割をしめていた。ところが、1994年を境に状況は一変し、新課程から卒業単位数を減らす高校が多く現れた。その結果、96単位以上が全体の2割に、90単位以上が4割に減り、公立高校の過半数が90単位以下となった。筆者らは昨年、約400校から教育課程表を集め、この変化を追跡調査した。集められた教育課程表では90単位以下の高校はきわめて少なく、単位数では1993年以前と顕著な差は認められなかった。教育委員会関係者はこの理由を履修単位数と修得単位数の差によるものと説明しているが、高校現場では両者の違いを意識して指導している例は少なく、実態を把握する難しさを痛感した。

学生たちが高校でどのような科目を履修し、またどのように受験準備をしているのか、筆者らのグループで1995年に大学の2年生を対象に調査したことがある（荒井編 1996）。表3はその調査の一部（国立大学9校）である。また比較のために1989年に国立教育研究所が行った類似の調査を脇に対照させてみた（手塚編 1990）。いずれも旧課程の卒業生である。対象大学も異なり専攻の束ねかたも異なるので比較にはだいぶ難があるが、以下のような結果となった。

1995年の調査では文科系の学生が履修している社会科の科目数は2.7科目、理科は3.4科目である。必修科目のほかに理科、社会ともに2科目程度を履修している様子がわかる。受験準備した科目は社会が1.5科目、理科1.3科目である。1989年の調査結果は多少のバラツキがみられるものの、2つの調査に大きな差異は認められなかった。他方、理科系の学生は1995年の調査で社会科を2.1〜2.3科目、理科を3.2〜3.3科目履修していた。受験準備科目は社会科が1.0〜1.1科

表3 高校での履修科目数（国公立大学の学生調査から）

調査年度	1995	1989		1995		1989
学部統計	人文・社会系	人文系	社会系	理学系	工学系	理工系
社会科履修科目	2.7	3.0	2.6	2.1	2.3	2.7
理 科履修科目	3.4	3.1	2.7	3.2	3.3	3.4
社会科受験準備科目	1.5	1.1	1.7	1.1	1.0	1.1
理 科受験準備科目	1.3	1.3	1.4	2.0	2.1	2.3

注）1995年のデータは荒井編（1996）から国立9大学の調査結果を、1989年のデータは手塚編（1990）の国公立15大学の調査から引用した。
　なお、両調査の形式の違いにより、社会科科目からは倫理・政治経済、理科科目からは理科Ⅱを除外して集計を行った。

目、理科 2.0 〜 2.1 科目である。理学系、工学系ともに傾向は一致しており、1989 年との比較では社会科の履修科目に 0.5 科目程度の減少がみられた。

受験準備科目に顕著な変化はみられなかったが、理科系に社会の履修科目数の減少がみられたのは注目される。理科系の履修科目は文科系に比べて、数学、理科で多く、履修科目を削減するとすれば、理科系の社会科を削るのが最も妥当な選択と考えられたからであろう。これらのデータは多様化だからといって理科、社会の科目履修が増えるわけではない。むしろ減るのだという事実を示唆している。

高校教育の多様化が進学校では受験シフトに転化するという懸念は否定できない。教育課程にみられる具体的な変化は主要科目の継続履修、増加単位の多さであり、演習の増加である。もちろん、それらの工夫は基礎・基本の徹底なのだと主張していささかも矛盾するところはない。しかし、優秀な生徒が集まり、より多くの科目履修が可能な進学校において履修科目の減少が進行するのは望ましいとはいえないだろう。高校教育の多様化・弾力化の浸透によって、受験シフトは受験準備だけにとどまらず、それ以前の科目履修段階に及ぶようになった。

(3) 新しい教育接続の模索

入試の多様化、軽量化によって学生の学力の多様化、不揃いが問題化するのにさほど時間はかからなかった。1990 年代に入ると教育困難学生が理工系で目立ちはじめ、補習授業（リメディアル教育）を開始する大学が増えた。1996 年に文部省が実施した調査によると、「高校での履修状況に配慮する」大学は 232 校（41％）、「既習組、未習組にわけた授業」を実施している大学が 74 校、「補習授業を実施している」大学が 52 校にのぼっている（文部省 1997c）。しかし、教育困難学生は必ずしも未習組からだけ出てくるわけではない。筆者らが行った調査では、たとえば高校で物理を履修し受験科目にも物理を選んだ学生の中から、また高校時代には物理が得意だったという学生の中からも教育困難学生は出てきた。

大学教員たちがリメディアル教育を実施してみてわかったのは高校段階での未習組の多さではなく、むしろ学生たちが学んだ高校教育と大学教育の乖離であった（荒井 1997、35 頁）。高校科目に遡って授業をしようとすれば、学生たちは受験勉強の世界にもどってしまう。高校科目の繰り返しがそのままでは大学科目の補習にならないことを痛感したはずである。英語や数学のように補習が比較的

うまくいっている科目もあるが、物理や化学になると必ずしもそうはいかない。教員たちの意識を調べた調査では、最近の学生が「高校レベルの知識・能力」に欠けていると思っている教員はそれほど多かったわけではない。むしろ「知的好奇心に乏しい」と感じている教員がはるかに多かったのである（佐藤 1995、90頁）。ここに科目単位では測れない学習要素の欠落がみえてくる。

　高校教育の評価を従来の科目区分の枠だけで考えていてよいかという疑問は日本だけのことではない。たとえば、アメリカのオレゴン州ではproficiency（習熟度）という概念に着目し、日常生活や仕事との関係を基本において教科教育の再検討をはじめた。(7) 従来の教科にあたる知識内容を contents（内容領域）、その知識が実効性をもつのに不可欠な能力を skills（技能）と呼び、内容領域（6領域）と技能領域（9領域）の組み合わせから 54 の proficiency 領域を定義した。内容領域は英語、社会科学、自然科学、数学、外国語、芸術の6領域、技能領域は読解力、作文力、コミュニケーション力、分析力、問題解決力、体系的思考力、科学技術力、チームワーク性、作業熟練度の9領域からなる。proficiencyの達成度はペーパー試験ではなく、生徒の作品、発表、レポート、面接などを通して評価される。高校の教員たちはそのために研修をうけ proficiency 評価の現場の専門家にならなければいけない。オレゴン州議会は 1991 年に改革法「21世紀の教育法」を定め、初中等教育（K-12）を通した改革に着手した。2001 年からは高校での proficiency 評価がオレゴン州立大学の入学者選抜で実際に利用されることになっている。

　科目の枠組みにとらわれない評価の仕組みはオーストラリア・クイーンズランド州の入学者選抜システムにもみることができる（Pitman 1995、山村 1996）。大学入学者選抜は高校の成績を総合点、専門点などに指標化したスコアによって決められるが、普通の高校で用意されている認定科目は 50 ほどあり、生徒は6科目を選択して履修する。8割の生徒の選択パターンは 31 種類に収まるといわれるが、クイーンズランド州全体では1万 2000 種類の科目履修パターンにもなる。高校での科目履修に大学が要求したい必修科目を優先しようとすれば、高校教育を強く束縛することになる。クイーンズランド州では科目横断的な5つの評価領域を設定し、科目単位ではなく評価領域に変換して個人の成績を表示し、選抜に利用することにした。5つの領域を簡潔に表現することは難しいが、①長文による表現、②短い文章によるコミュニケーション、③基礎的な数学、④複雑な問題を解くこと、⑤実際的なパフォーマンスと定義され、50 種類の認定科目は

すべて5つの領域のウエイトで示される。さらに、高校成績の学校間格差を調整するために、QCSと呼ばれる共通テスト（Queensland Core Skills Test）が実施され個人成績の標準化をするのに使われている。このテストは上記の5領域をさらに細かくした科目横断型の共通要素（50〜55種類）からつくられる。

これらの事例にみられるように、教科科目の枠組みにとらわれず、より本質的な知識・能力のレベルで高校と大学の接続を実現しようとしていることがわかる。

4 ── まとめ

大学進学がユニバーサル化に向かうにあたって、3つの変化を念頭においておく必要があろう。第1は高校と大学の接続にあたって、高校教育の比重が確実に増してくることである。大学に高校を合わせるのではなく、高校に大学を合わせることが必要になる。大学志願者たちが高校で何を学び、何を経験し、どのような知識・能力を身につけているかが具体的な入学者選抜を考える際の基本となる。第2に社会人学生、留学生を含めて大学進学者の多様性はさらに進むことが考えられる。志願者の年齢も広がり、その学習歴も多様で複雑になる。科目中心の入学基準が見直しを迫られることは避けられない。少子化が進み学生募集が厳しくなるからといって、入学水準を下げたり基準を曖昧にすれば、大学教育が背負う困難は目にみえている。新しい観点から入学基準を定め、それに基づいて選抜することが要請されてこよう。第3は、総じて、高校と大学の接続に選抜から教育への転換がおきると予想される。これまで選抜中心に考えられてきた日本の入試体制がいかに教育中心に転換できるか、それが試される時代となろう。

ユニバーサル化先進国のアメリカは、長年にわたって中等教育の改革に頭を悩まし、進学準備教育と完成教育のはざまでさまざまな軋轢と混乱を繰り返してきた。しかし、1990年代に入って、アメリカのいくつかの州はようやく新しいスタートを切った。州議会が教育改革法を定め、初等・中等教育の改革に着手するところが増えている。オレゴン州はその最も印象的な事例のひとつであり、この他にも同様な取り組みをしている州は1996年時点で7州ほどある。多少独断をまじえていえば、オレゴン州の取り組みは、proficiencyというキーワードを梃にして高校教育をマス進学準備教育からもう1度、市民の完成教育へ引き戻そうとしているかにみえる。改革のリーダーであるD. Conely氏自身がオレゴン州の

改革を説明する際に、職業教育のノウハウが革新の原点にあったと説明していることも示唆的である。中等教育を完成教育として充実させ、そのうえに高等教育を位置づける発想はもはやそう無謀な考えにはみえない。ユニバーサル化した高校教育はすでにその図式に馴染むものなのではないだろうか。そう考えると、ユニバーサル化する高等教育を支えるわが国の高校教育はいったい何を基本におくべきなのか、その本質が問われることになろう。

[注]
(1) 1998年までの利用大学数は『大学入試センター要覧（1997）』、1999年は大学入試センター内部資料。
(2) 各改訂時期の文部省『高等学校学習指導要領解説・総則編』及び文部省資料「高等学校における必修教科・科目の変遷」による。
(3) 1996年度の教科書採択状況は「内外教育」（時事通信社）の1995年12月8日、1996年1月26日、1997年度は1996年12月6日、1997年1月14日号による。2分冊の教科書があるため、表2では2ヵ年を合計して比率を求めた。集計にあたっては佐藤弘志氏（大学入試センター研究開発部）の協力を得た。
(4) 文部省資料「卒業に必要な修得単位数の状況」（公立高校を対象に1994年に行った調査）。
(5) 大学入試センター研究部では昨年、全国の高校から10％抽出で高校を選び、教育課程表の送付を依頼し、その分析を進めている。
(6) 手塚編（1990）は国公立大学15校、私立大学26校を対象、筆者らの調査（荒井編1996）は1995年に国立大学9校、私立大学7校を対象に実施したものである。表3に示した結果はこのうちから一部引用したものである。詳しくは金子（1996）の21-23頁を参照されたい。
(7) Conely（1995）、池田（1997）に簡潔に紹介されているが、詳しくはConely（1994）を参照されたい。

[参考文献]

荒井克弘 1987、「米国大学テスト協会（ACT）」『高等教育研究紀要』第7号、高等教育研究所、99-113頁。
荒井克弘 1995、「大学入試」国立大学協会編『文化学術立国をめざして』75-84頁。
荒井克弘編 1996、『大学のリメディアル教育』広島大学大学教育研究センター。
荒井克弘 1997、「新しい学生層とリメディアル教育」『大学ガイダンスセミナー報告書—平成8年度—』大学入試センター、26-39頁。
Conely, David T. 1994, *Proficiency-Based Admission Standards Study (PASS)* Oregon State Board of Higher Education.

Conely. David T. 1995、「オレゴン州の新しい大学入学基準 (PASS)」『21世紀に向けての大学入試』大学入試センター、101-112頁。

大学入試改革協議会 1988、「大学入試改革について（報告）」昭和63年2月15日。

大学入試センター 1997、『平成9年度、大学入試センター要覧』。

池田輝政 1997、「オレゴン州のチャレンジ―世紀の変わり目におけるK-16の教育改革―」『教育制度研究』第4号、227-234頁。

岩田弘三・清水留三郎・三浦真琴・丸山文裕 1995、「私立大学における入試科目の推移に関する分析」清水留三郎『大学入試制度と受験競争激化の社会的・経済的・文化的要因に関する総合的研究』大学入試センター、3-49頁。

金子勉 1996、「高校での科目履修の現状」前掲『大学のリメディアル教育』19-35頁。

国立大学協会 1986、「「新テスト」について」国立大学協会第79回総会資料、昭和61年11月12日。

文部省 1997a、「平成9年度国公立大学入学者選抜実施状況の概要」。

文部省 1997b、「平成10年度国公立大学入学者選抜の概要」。

文部省 1997c、「大学におけるカリキュラム等の改革状況について」。

Orgon State System of Higher Education. 1996, "PASS Project" (brochure).

Pitman, John A. 1995、「大学入学―意味ある選抜情報を可能にするカリキュラムとは―」『21世紀に向けての大学入試』大学入試センター、80-100頁。

佐藤弘志 1995、「教員からみた学生の授業理解度」前掲『大学のリメディアル教育』62-79頁。

Stocking, Carol. 1984, "The United States" in *The School and the University* ed. by B. R. Clark, UC Press, pp. 239-269.

手塚武彦編 1990、『大学生がとらえた中等教育と大学一般教養教育との関連性』国立教育研究所。

Trow, M. 1961、天野郁夫訳、「アメリカ中等教育の構造変動」J. カラベル／A. H. ハルゼー編、潮木守一・天野郁夫・藤田英典編訳『教育と社会変動下』東京大学出版会、1980。

Trow, M. 1971, 1973, 1975、天野郁夫・喜多村和之訳『高学歴社会の大学』東京大学出版会、1976。

鶴岡森昭・永田敏夫・細川敏幸・小野寺昭 1996、「大学・理科教育の危機―高校における理科離れの実状―」北海道大学高等教育機能開発センター『高等教育ジャーナル』第1号、105-115頁。

山村滋 1996、「オーストラリア・クイーンズランド州における大学入学者選抜制度―中等学校側の評価資料の利用システムに焦点を当てて―」研究紀要（大学入試センター）No. 25。

4　日本における教育接続の戦後史

岩田　弘三

第1節―繰り返される学力低下論争

　どの新聞でも年末になると、その年に起こった事件の総括・回顧を行う記事が掲載される。ここで、「この1年を顧みて」という欄のなかで、ある年に取り上げられた「教育」についての総括回顧記事から紹介してみよう。それは、「新学制いばらの道　学力低下と予算不足」という見出しのもとに、掲載された記事の一部である（なお、以下の引用については、現代語字体・かな遣いに直してある）。

　「教育についての問題の中で最も注意をひいているのは学力低下の問題だろう。中学生にもなってやさしい字も書けない、簡単な計算もできない、と言うのでは親たちも首をひねらざるを得なくなる。ひいては社会科というものがどうも怪しいと考えられ、いわゆる新教育一般に対しても懐疑的になって来ている。そしてそれが単なる通俗の見解ではなく、教育者仲間でも、例えば新教育の先端のようにいわれたコア・カリキュラムへの批判が起こっている。……要するにいろいろの面で新学制新教育は再検討の時期に到達した」。

　これが、いつの時期に出された記事であるかは、後に明らかにすることにして、話を現在に移そう。2002年からは小中学校で、2003年からは高等学校で、新しい学習指導要領が施行されることになった。そして、この学習指導要領の一つの目玉として、児童中心主義・生活体験学習をもとにした「総合的な学習の時間」の導入が決定された。これと、学校週休完全2日制の実施とをあわせて、学力低下の問題が大きな議論を巻きおこしたことは、多くの人が知る事実である。だから、先に引用した記事が、近年の新聞から取ってきたものだとするならば、そこにはなんの目新しさもないといえる。しかし、この記事は、もちろん最近の

出典：荒井克弘・橋本昭彦編『高校と大学の接続―入試選抜から教育接続へ』玉川大学出版部、2005年、[第Ⅰ部　第3章] 83-104頁

ものではない。それは、記事のなかに、たとえば「新学制」とか「新教育」とかいう言葉が出てくることからも、容易に察知できるはずである。種を明かせば、これは、1949年12月4日の朝日新聞の朝刊に、掲載された記事の一部なのである。

この記事によると、1949年時点での学力低下問題は、「一つの見方からすれば問題は教師という一点に凝縮されるとも言える。いわゆる新教育は間違いなくいいねらいを持っているのだが、量質ともに不十分な教師の手にかかっては悪い面だけしか出て来ない」、とされる。しかし、それはあくまで「一つの見方」にすぎず、新教育、つまり児童中心主義・生活体験学習が、それを教える教師人材の問題を越え、根本的に基礎学力低下をもたらしているとの批判があったことは、後に詳述するとおりである。こうしてみると、児童中心主義・生活体験学習を標榜する学習指導要領のもとでの、基礎学力低下問題を、日本は過去に一度経験していたことになる。

現在の学力低下問題が、高校段階までにどの程度の学力・知識を身につけた学生を、大学が受け入れているかという、初中等教育と高等教育の接続（アーティキュレーション）を考える上でも、重要な問題になっていることは確かである。それは、「分数や小数のできない大学生」という言葉や、本来なら高校段階までに習得しておくべきはずの学習内容を大学で補習する「リメディアル教育」が、話題になっていることなどからも明らかであるにちがいない。1949年時点での学力低下問題についても、同様の議論があったことは、後に詳述するとおりである。

こうしてみると、学習指導要領の変遷を明らかにすることは、初中等教育と高等教育の接続問題を考える上でも、重要な視点の一つになってくるものと思われる。それが、本章の第一の目的である。なお、本章では、各教科目のなかでも、特に理科の学習指導要領について取り上げることにする[1]。それは、たとえば1990年代にわき起こった「理科離れ」議論に代表されるように[2]、「科学技術立国」という一般受けする標語のもとで、理科系科目の教育こそが、どの時代にもほぼ共通して、最大の論議の的となってきたからである。

初中等教育と高等教育の接続のあり方を検討する上で大切な要因の一つが、学習指導要領であるとすれば、もう一つより直接的な意味で、その大きな制度的規定要因になっているものが、大学入試である。そこで、本章では、大学入試教科目の変遷などを中心として、その視点からも総合的に、初中等教育と高等教育の

接続問題を考察していくことにする。それが、本章の第二の目的である。

第2節―理科学習指導要領の変遷[3]

1. 1947年および1951年学習指導要領

　まず、理科学習指導要領の変遷からみていこう。戦後新学制下の理科教育は、1947年にCIE（民間情報教育局）の指導によって刊行された学習指導要領をもとにスタートした。表3-1に示したとおり、小中学校における理科の授業時間数は、戦前期に比べて増加した。しかし、戦後期と異なり戦前期には、国語の国定教科書（『国語読本』）の編纂には、理科系の学者などが加わり、教材の中に理科に関する読物が多く収録されていたことなどを考えれば、単純に増加したとは言えない、との指摘もある[4]。この学習指導要領が策定された当時のアメリカでは、児童中心主義、経験・生活主義にもとづいた、生活単元・問題解決学習が広まっていた。そして、このデューイらによって唱導された「新教育」は、先の学習指導要領にも持ち込まれ、理科でも児童・生徒の生活経験を重視した教育が導入された（生活理科）。

表3-1　理科の最低履修時間数

学年	国民初等学校						国民学校高等科・旧制中学校				
	1	2	3	4	5	6	1	2	3	4	5
国民学校 旧制中学校	2	2	1	2	2	2	2 2	2 3	3	4	4

年度　　学年	小学校						中学校			高校1〜3学年	
	1	2	3	4	5	6	1	2	3	必修	実状*
1947・1951	2	2	2	3	3〜4	3〜4	4	4	4	5（1科目）	
1955										6（2科目）	
1958（義務教育） 1960（高校）	2	2	3	3	4	4	4	4	4	12（4科目）	15
1970										6（2科目）	12
1977（義務教育） 1978（高校）	2	2	3	3	3	3	3	3	4	4（理科Ⅰ）	8〜12
1989（単位数） （授業時間数）	0 0	0 0	3 105	3 105	3 105	3 105	3 105	3 105	3〜4 105〜140	4（2科目）	6〜8
1998（単位数） （授業時間数）	0 0	0 0	3 70	3 90	3 95	3 95	3 105	3 105	3 80	4（2科目）	?

注）＊については、安斎育郎・滝川洋二・板倉聖宣・山崎孝『理科離れの真相』朝日新聞社、1996年、53頁参照。

また、「占領軍の意向を大幅に取り入れ」た結果、理科については、物理、化学、生物、地学のなかから、1科目選択制がとられた。[5]

しかし、この学習指導要領は、終戦後の混乱期に、しかも短期間に作られたこともあり、多くの不備を抱えていた。このため、1951年には学習指導要領の改訂が行われたが、ここでは生活単元・問題解決学習の一層の徹底が図られた。さらに、1953年には、理科教育振興法が公布され、国庫補助による理科設備の充実が図られ、実験・観察をとおして科学的能力を高める理科教育が期待されるに至った。また、1958年から5カ年計画で、文部省初等中等教育局によって、理科実験講座が行われ、5年間に、小学校教員10％、中学校および高等学校の理科担当教員それぞれ50％を対象として、実験・観察などの指導力の向上が図られてもいる。

2. 1958・60年の学習指導要領

1947～52年が「生活理科」の完成過程であるとすれば、1953～58年はその解体過程であったとされる。[6]第一に、生活単元学習は、経験を尊重するあまり、客観的な知識についての教育を軽視することになったり、近視眼的な目先の必要に応ずる断片的な学習、いわゆる「はい廻る経験主義」や「適応主義」に堕し、特に科学的・抽象的概念の学習に弱点をもたらすようになり、基礎学力低下の原因ともなった。[7]このような基礎学力低下に対する憂慮と非難は、1948年頃から始まったが、49年頃になると、教育界の内外において大きく注目されるようになり、1940年代後半～50年代前半の時期にかけては、数多くの基礎学力実態調査が行われている。[8]産業界も、基礎学力の低下を防ぐことを急務とし、特に理科においては、生活単元学習を改めることを要望した。

第二に、生活単元・問題解決学習には、一つの科目については、時間的余裕があり、十分な教育を行うことができるというメリットがあった。しかし、生徒の選択科目の偏りが目についてきたのみならず、大学側からは、入学してから必要と考えられる科目を、高校時代に履修してこない生徒がいることなどに対する不満がでてきた。事実、「大学側から理科系進学者が理科1科目で入学してくると、大学に入ってから他の理科科目の補習をする必要があるとの指摘が強くなされるようになった」。[9]

第三に、1954年に結成された科学教育連絡協議会（会長：菅井準一）は、教材が雑多で数えにくいとの現場の声を反映して、生活理科を批判し、系統学習を

唱えた。系統学習とは、自然科学の論理体系にもとづいて、科学知識を選択・配列する教育方法である。

このように、生活単元学習排撃は、民間から起こった主張ではあったが、これが1958・60年の学習指導要領改訂における、系統学習への転換に繋がったのは、欧米における科学技術教育重視と、これに同調した産業界の要望が強く文部省の意向に反映したことも、大きな要因になった、とされる。

これらの問題のなかでも、特に大学側を中心とする履修科目数に対する上記の第二の批判については、その改善が図られ、まず1955年の高校の学習指導要領改訂によって、理科のみならず社会を、1科目選択制から2科目選択制へ移行した。ただし、後述するように、すでに1952年から国公立大学の多くは、理科・社会などの入試では、1教科につき2科目選択制を採るようになっていた。つまり、国公立大学志願者にとっては、実質的にこれら教科に対する2科目選択履修が必須化していたことになる。こうしてみると、1955年の高校の学習指導要領改訂による理科・社会の1科目選択制から2科目選択制への移行は、高校−大学の接続のあり方に関する大学側、特に国公立大学を中心とするエリート大学の意向を、その入試の実態に合わせ、高校生全般に適用する方向で、実現されたとみることも可能と思われる。

さらに、1960年の高校の学習指導要領改訂では、理科4科目を必修とした。この点については、これより前、アメリカの高校では物理を選択科目として履修する生徒が年ごとに減少し、1952年にはついに21％にまで落ち込み、アメリカの物理教育の危機として大きくアピールされたことがあった。すべての科目を必修にしたのは、そのような問題を日本では回避するためだった、との指摘がある。加えて、1954年には日本の高校進学率が50％を超えたことを踏まえて、必修教科・科目を増加して、できるだけ国民的教養の偏りを少なくすることが図られた、とされる。

3. 1968・70年の学習指導要領

アメリカでは1956年に、連邦教育省と全米科学財団の資金援助を受け、MIT教授のザカライアス（Jerrild R. Zacharias）を委員長とし、物理学者、高校教師から構成される、PSSC（Physical Science Study Committee：物理科学学習委員会）が発足した。科学技術は急速に発展しているのに、高校教科書は旧態依然のままで古典物理に留まっているとの認識が、第2次大戦後に強まっていった。そ

こで、PSSC の目的は、教科書の内容に、現代の科学技術の成果を反映させることであった（「新しい物理学」）。そして、この「現代化」した教科内容を効果的に教える方法として取り入れられたのが、ブルーナー（Jerome S. Bruner）の主導のもとに開発された「探究学習」であった。探究学習とは、科学者の論理展開過程に沿って生徒に学習を進めさせる方法である。そして、カリキュラム内容は、学問の論理に従って系統的に編成されることになった。1957 年にアメリカを襲ったスプートニック・ショックによって、生活適応教育は生徒の学力低下をもたらす、といった批判は最高潮に達した。このこともあって、教科内容の「現代化」と系統学習は、さらに促進されることになり、物理以外の教科にも広がっていくことになる。

以上のようなアメリカにおける動向が、当時、アメリカに留学していた理科教師によって紹介されるという形で、日本の理科教育における探究学習および現代化運動は始まったとされる。しかし、理科教育カリキュラム改革の重要性が、日本の教育者や科学者に認識される大きな契機となったのは、アメリカの理科教育カリキュラム改革に携わった人を、日本に招いて行われたセミナーであった。まず 1961 年には物理教育学会主催で、アメリカからハーバーシャイム（Uri Harber-Schaim）らの講師を招き、PSSC セミナーが開催された。ついで、1962 年には化学、1963 年には生物のセミナーが行われている。

このような理科教育界の風潮などを受け、学習指導要領に、探究学習および現代化路線が取り入れられたのは、小・中学校では 1968 年、高校では 1970 年の改訂以降である。この時、高校では、それまでの理科 4 科目必修が 2 科目選択となった。「物理は難しく、現高校においても消化不良が非常に多い。これ等の者に強制的に履修させても無意味である」という考え方が、高校長会その他で非常に強かったことが、その移行理由とされる。

先述したように、理科 4 科目が必修になったのは、1960 年の高校学習指導要領改訂のときからである。この処置は、高校進学率が 50％を超え、ユニバーサル化したときに、エリート型教育の徹底を図ることによって、高校教育のてこ入れを意図したものともみなせる。しかし、かりにそうであるとするならば、1970 年の改訂ではそれは頓挫し、ユニバーサル化した高校生の現実に対応するための軌道修正が図られたことになる。

この点は、当時、文部省の初等中等教育局の中学校課・高等学校課の教科調査官の職にあった、小林学のつぎのような証言からも明らかである。「当該学年の

8割を対象とした教育は、かつてのごく一部のエリート集団を対象とした教育と自ずから異なるものでなければならない。すなわち入学してくる生徒の能力・適性・進路等の多様化にどのようにカリキュラムが対応するかということである。能力・適性に合わせるカリキュラムは、生徒に自由な選択をさせることが一つの方策として考えられる。そのためには、各教科とも必修の単位数を減らし、選択を増加させることである」。そう指摘されているからである。

その一方で、1967年の「理科教育及び産業教育審議会」の「理科・数学に関する学科の設置について」の答申を受け、1968年には、全国16道府県で32の理数科が設置された。その目的は、探究学習を重視し、実験・観察や演習に十分時間をかけ、科学的な思考過程、創造的・探究的な態度を育成することにあるとされた。しかし、理数科は、「専門教育を主とする学科でありながら普通科との類似性が強」かった。そのため、「高等学校学習指導要領の枠内で、理数科を重点的に教育するとすれば、その意味するところは」、「明言は慎重に避けられて」いるものの、「明らかに大学進学者だけを想定した早期理数科教育コースであ」り、そこには、「国際競争を前提にした日本の貧しい理科教育への焦燥感が背景にあ」った、とされる。いずれにせよ、ここで指摘されているような実態をもとにすれば、理数科の設置は、理科カリキュラムを中等教育のユニバーサル化に対応したものへと、全般的にシフトさせることを前提として、そのなかで脆弱になるエリート教育を部分的に温存する場所を確保した措置とみなせる。

4. 1977・78年の学習指導要領

教科内容が現代化されたことによって、教育内容はそれまで以上に過密化の様相を呈してきた。そこで、「ゆとりの時間」を設けるなどして、生徒の負担軽減などの期待に応えようとしたのが、1977・78年の学習指導要領の改訂である。それまでのカリキュラムは、同一の項目をレベルを上げながら、小、中、高校で繰り返し学習する、といったスパイラル学習の形式を取っていた。しかし、それを改め、重複部分を少なくした。また、小学校低学年の理科については、他教科との合科的指導を試みるように配慮された。さらに、高校では、「理科Ⅰ」という総合科目が必修化された。その導入により、「中学校理科との関連を図り、重複して扱うことがさけられ、中学校の学習内容の軽減を行うことができた」とされるので、単位数の上でも内容の面でも、小中学校段階で削られた理科教育の部分を、高校の「理科Ⅰ」に持ち越す形になった、とみることも可能と思われる。

日本の高校進学率は1974年に90％を超え、ほぼ義務教育化した。それを受けて、生徒の多様化にともなう、高校の学習内容の不消化を解消するためにも、中学校までではなく、高校までで、国民共通の教養・基礎学力の完成を図ることにしたといえる。

　なお「理科Ⅰ」の導入について補足しておけば、1970年の高校学習指導要領によって、理科の必修科目・単位数は、4科目必修の15単位（または12単位）から2科目選択の6単位に激減した。その限られた単位時間数のなかで、理科4科目全般を網羅できるような「偏りのない教育はできないのか」といった可能性について、文部省の高等学校理科の学習指導要領協力者会議では、「多くの時間と精力を費やして議論」が行われた。そして、「結果的には、高校生として物理、化学、生物、地学のそれぞれ特徴的な見方・考え方を習得させることが望ましいというのが圧倒的に多い意見」となり、それを実現する科目として「基礎理科」という総合科目が新設された。さらに、先述の協力者会議では、この科目を「必修にするか否かについての論議も熱心に行われた」ものの、「高等学校現場では強い拒否反応が現れていた」ため、選択制に落ち着いた。実際、「基礎理科」の履修率は、1973年の導入時には5％程度に留まり、その後も減少をつづけたのみならず、「当時、ある週刊誌に『基礎英語』と『基礎理科』は劣等生専用、とまで書かれて関係者を嘆かせたものである」、という。いずれにせよ、こうして、「わが国の高等学校理科の流れの一つである各領域の教養の偏りをなくすという総合的カリキュラム」の必修化は、1970年の高校学習指導要領では実現しなかった。しかし、その念願を復活させたものが「理科Ⅰ」の必修化であった、とされる。[21]

　1977・78年の学習指導要領に話をもどそう。そこでは、「教育課程の多様化・弾力化」が目指され、複数のコースを併設し、生徒にある程度の教科目選択の自由を認める、総合選択制高等学校が設置されていくことになり、1995年以降に創設が始まる総合学科の先駆けとなる。この「教育課程の多様化・弾力化」の措置も、中等教育のユニバーサル化にともない、多様な生徒が進学するようになった高校の現実に対応するための試みの一つと、とらえることができる。

5.　1989年の学習指導要領

　1980年代後半以降、産業界を中心として、教育に対して「モノマネからの脱却」、「生活に密着した理科」を要請する声が強まった。産業界が「創造性」を希

求するには、つぎのような背景があった。1980年代も後半になると、ハイテク製品を中心に、世界市場における日本の生産技術の優秀性は明らかになってきた。日本の一部民間企業が「もはやアメリカに学ぶものはない」と宣言するのがこの頃である。しかし、その一方で貿易摩擦が嵩じた結果、日本は「モノマネ大国」と揶揄され、欧米諸国から「知的所有権」が問われるようになった。このため、それまでの欧米キャッチアップ型体質を脱し、日本自身が世界に先駆けた独創的な研究成果を出す必要性（「世界の工場」から「世界の研究所」への転換）が叫ばれるようになった。そして、産業界にとっては、それを可能にする教育が重要関心事になったのである。[22]

このような時代背景の影響を受けて策定されたのが、「創造的能力の育成」を骨子とする1989年の学習指導要領改訂である。[23] そこでは、「新学力観」の名のもとに、主体的な思考力の育成が図られた。「教科内容の〝現代化〟の主張は、科学・技術の急速な発展に対応して学校教育に科学・学問を積極的に採用し、人的資源の活用と養成のために知的教育の重要性を強調した」[24]。そのこともあって、「現代化」論に対しては、能力主義的であり[25]、エリート主義、学問至上主義への傾斜が強いとの批判がなされてきた[26]。そして、それまでのそういった能力主義にもとづく「系統的探究学習」が、知識偏重をもたらしてきたとの反省に立ち、1989年の学習指導要領では、生活体験・問題解決学習にもとづく合科的な指導をも併用することがうたわれた[27]。それが集約されたものが、小学校低学年における「生活科」の新設であり、その導入にともない、この学年の理科、社会は廃止された。

さらに、ゆとり重視路線の延長として、高校の理科、社会（地歴、公民）を、それまでの教育内容をほぼ踏襲するB科目と、かなり平易にした内容からなるA科目に分け、どちらの科目を履修するかは生徒の選択に任せることになった。つまり、A科目を選択した生徒は、従来以下の学力でも高校を卒業できることが、制度的に保証されるようになったのである。

なお、1977・78年の学習指導要領改訂では、「ゆとりの時間」の導入にともない、他の教科と同様に、理科の授業時間数も削減をみた。さらに、1989年の学習指導要領改訂では、「生活科」の導入にともない、理科の授業時間数はさらに削減される憂き目をみることになった。これが、「理科離れ」論争を巻き起こす一因となったことは、まだ記憶に新しい[28]。1990年代後半になると、この「理科離れ」論争は、一端は終焉をみせる。しかし、それは、2002・2003年の学習指

導要領改訂にあわせ、理科以外の教科目の教育内容にも拡大する形で、「学力低下」問題として再燃することになる。この意味で、1990年代前半に起こった「理科離れ」論争は、最近の学力低下論争の先駆けになったともいえる。

6. 2002・2003年の学習指導要領

小・中学校では2002年、高校では2003年から実施された学習指導要領では、「自ら学び、自ら考える力」、つまり「生きる力」の育成が標榜された。そして、その目的にそくして、児童中心主義・生活体験学習を全面に押し出した、「総合的学習の時間」が導入されることになった。これは、1989年の学習指導要領改訂にともなう、小学校低学年における「生活科」の新設の延長線上にある措置とみなせる。また、1977・78年の学習指導要領改訂に始まる「ゆとりの時間」政策の延長として、学校完全週休2日制が導入されることに決定した。これらの措置により、各教科目の教育内容は3割の削減をみ、それが学力低下論争に発展したことは、周知のとおりである。[29]

第3節—大学入試教科目の変遷

つぎに、大学入試教科目の変遷といった観点から、中等教育と高等教育の接続についてみていこう。新制大学の発足当時の1949・50年の大学入試制度は、数学、理科、社会については、それら教科のなかで、それぞれ1科目を選択するというものであった。ただし、入試教科についていえば、国公立大学の入試は、4教科しか課さないごく一部の大学を除き、ほとんどは国語、数学、外国語、理科、社会の5教科型であった。一方、私立大学では3〜4教科型の大学が多く、なかには1〜2教科しか課さない大学もあった。1951年からは、国公立大学は1教科につき2科目選択制を採ってよいことになったものの、それは東京大学など一部の大学に留まった。国公立大学の多くが、2科目選択制を採るようになるのは、1952年度からである。さらに、この年から、たとえば工学部志願者の理科については、物理・化学の選択を義務付けるなどの、受験科目の指定制を採る国公立大学ができた。[30] 1960年改訂の学習指導要領は、1963年度の第1学年から実施されたので、1966年度は、定時制（4年制）を含め、すべての高校卒業生が新学習指導要領履修者となった年であった。これに併せ、大学入試における受験科目指定制が文部省によって公認された。[31]

表3-2　私立大学の入試要求教科数

数字は選抜単位数、（　）は％

教科数	1977年度	1981年度	1988年度	1990年度	1993年度
0	15 (2.1)	16 (2.1)	15 (1.7)	13 (1.3)	10 (0.9)
1	19 (2.6)	23 (3.0)	22 (2.5)	41 (4.2)	63 (5.6)
2	118 (16.2)	126 (16.6)	212 (24.0)	265 (27.1)	407 (36.2)
3	557 (76.6)	576 (76.1)	632 (71.6)	658 (67.2)	644 (57.2)
4	17 (2.3)	16 (2.1)	2 (0.2)	2 (0.2)	1 (0.1)
5	1 (0.1)				
合計	727 (100.0)	757 (100.0)	883 (100.0)	979 (100.0)	1,125 (100.0)

出典：岩田弘三・清水留三郎・三浦真琴・丸山文裕「私立大学における入試教科目の推移に関する分析」清水留三郎編『大学入試制度と受験競争激化の社会的・経済的・文化的要因に関する総合的研究』平成6年度文部省科学研究費補助金 総合研究（A）研究成果報告書、7頁より転載。

　その後、大学入試教科目はどのように推移したのだろうか。まず、私立大学についてみてみよう。表3-2は、選抜単位（入学者選抜が行われる単位）を基準として、1977～93年度までの、私立大学における入試教科数の変化を示したものである。表をみる限り、少なくとも1993年時点までは、私立大学の半数以上が、3教科型の入試を行っていることが分かる。しかし、2教科以下の入試を行うところは、1977年以降、少しずつ増加をみせ、特に1990～93年にかけて大幅に増大しており、入試教科の削減傾向は顕著である。

　それでは、国公立大学については、どうだろうか。共通1次試験制度発足直前の状況からみてみよう。たとえば、共通1次試験制度発足の前年度（1978年度）では、教員養成系以外の学部の選抜単位は1116、教員養成系のそれは754あった。このうち5教科型の入試を実施していた選抜単位は、それぞれ752(67.4％)、736(97.6％)にも達している。一方、3教科型以下の入試を行っていたところは、それぞれ34（3.0％）、2（0.3％）に過ぎない。入試教科数と選抜単位の規模（定員）の間に、何らかの関係がみられるのかどうかについての資料はない。したがって、かりにそれらが無相関であると仮定すれば、共通1次試験制度発足以前は、一期校・二期校制の下、受験機会は複数化されていたために、国公立大学志願者にとって、5教科型入試のもつ比重は、上に示した数字以上に大きかったものと考えられる。

　さらに、1979～86年度間は、共通1次試験制度をとおして、すべての国公立大学が5教科入試を堅持していた。しかし、1987年度以降は、国公立大学でも、共通1次試験で5教科のうち特定教科だけで入試を行うア・ラカルト方式の採用が認められた。そして、特に1990年度には、共通1次試験が、私立大学の参加

を認めた大学入試センター試験へと移行するなかで、これを契機に、国公立大学でア・ラカルト方式を採用する大学が一躍多くなり、その後も増加をつづけている。このように、国公立大学イコール5教科入試といった対応関係は、幾分崩れつつある。しかし、国公立大学志願者のなかでは、いまだ5教科受験者が主流をしめていることは疑いない。事実、データは少々古いものの1993年度についてみれば、国公立大学志願者（実数）32万9114人のうち、5教科受験者はいまだ27万6738人（84.1％）を占めている。[34]

　一般に、国公立大学志願者には5教科をほぼ万遍なく勉強しているタイプ（「5教科オールラウンド型」）が多く、私立大学専願者には3教科に絞った勉強をしているタイプ（「3教科型」）が多いとは、よくいわれる対比である。以上の結果をみると、ア・ラカルト方式を採用していた時代をとってさえ、国公立大学志願者が「5教科オールラウンド型」と呼ばれるのには、十分な根拠があったことは明らかである。しかも、2004年度から、国公立大学は、大学入試センター試験で、5教科必須制に復帰することになった。

　しかし、1987年には、受験生の負担軽減をうたい文句に、国公立大学についても、共通1次試験の理科および社会が、2科目選択制から1科目選択制へと削減された。1979年の共通1次試験の発足当時から、各大学が行う個別試験（2次試験）については、理科系学部では社会を課さず、理科は1科目選択型、文科系学部では理科を課さず、社会は1科目選択型をとっている大学がきわめて多かった。ただし、共通1次試験と2次試験とで、理科系学部では別の理科科目の、文科系学部では別の社会科目の、受験を義務づける大学がほとんどであった。この点を考慮すれば、理科系学部での理科、文科系学部での社会は、実質的には2科目必須状態を維持していたといってよい。そうだとしても、理科系学部では社会が、また文科系学部では理科が、それぞれ1科目削減されるという事態をもたらしたことは事実である。また、かりに共通1次試験があくまで高校段階での基礎学力を測る試験であり、2次試験ではより高度な専門的学力が試されていたとするならば、理科系学部の理科、文科系学部の社会でも、1科目については、実質的にレベルを落としたことになる。

　同様に、1989年の学習指導要領改訂にともなう、1997年からの新課程入試では、理科、社会（地歴、公民）の大学入試センター試験で、4単位のB科目と2単位のA科目のみならず、難易度が異なる国語Ⅰ、Ⅱなども、個別大学による格段の指定がなければ、同列で選択可能になった。これももちろん、選抜基準の

レベル引き下げを表すと同時に、荒井克弘が指摘するように、能力主義的機会均等という「エリート選抜」原理の放棄を意味するものといえる。[35]

第4節―特別選抜の増加

さらに、大学入学者選抜における学力基準のレベル引き下げは、入試教科目の負担軽減の風潮に留まらなかった。1990年代には、国公立大学、私立大学を問わず、特別選抜と呼ばれる学科試験以外の選抜方法も急増した。1998年のデータでは、私立大学の附属（系列）校推薦、帰国子女や社会人の特別推薦を除いても、推薦入学者は、4年制大学の全入学者の4分1を超えた、との指摘もある。[36]

2000年に入ると、AO（アドミッション・オフィス）入試の浸透・普及によって、特別選抜はより拡大をみせることになった。日本で、AO入試を最初に導入したのは、1990年の慶應大学・藤沢キャンパスであった。その成功を横目に、特に2000年度以降、それは他大学にも広がっていくことになる。AO入試では、教科型の基礎学力・知識よりも、学習意欲が重視される場合がほとんどである。その意味で、大学入学者選抜方法としては、AO入試は自己推薦入試と、ほとんど変わらない性格をもったものになっている、とされる。[37]しかも、推薦入試と異なり、AO入試には、出願時期の制限や定員枠の上限規制もない。この利点を利用して、多くの大学は実質的に自己推薦入試の別法として、AO入試を用いたのである。

アドミッション・オフィスを設け、それを利用した入学者選抜を行った嚆矢は、アメリカのコロンビア大学に遡る。その入試は、基本的には、数多くの志願者のなかから不適格者を振るい落とすことを目的としていた。[38]また、今のアメリカの大学でも、多くの場合そうである。しかし、日本の場合は、18歳人口減にともなう受験生確保に必死となっていた諸大学が、志願者を振るい落とすというよりは、一人でも多くの受験生を受け入れるために活用した。この点が、元祖アメリカのAO入試の性格と大きく異なる特徴である。

中村高康は、マーチン・トロウ（Martin A. Trow）の高等教育発展段階説をもとに、「エリート高等教育段階」では、公平性の原則重視のもとで、入学試験の成績などの能力主義的基準を基礎においた入学者選抜が主流をしめると指摘し、このような入学者選抜のあり方を「エリート選抜」と名づけた。また、「マス高等教育段階」では、能力主義的基準を採用しつつも、知的能力とは関係ない

選抜基準も採用される、とのトロウの指摘を前提にして、後者のような選抜基準をもとに、必ずしもエリートとは呼べない大衆を高等教育に呼び込むために行われる入学者選抜方式を、「マス選抜」と名づけた。

さらに、日本における推薦入学制度は、知的能力とは関係ない選抜基準で行われることが多いとの認識のもとに、推薦入学制度こそ「マス選抜」の一つの典型例であると捉える。そして、文部省による推薦入学制度の公認は、日本の高等教育がマス段階に突入した時期と一致している。つまり、「エリート選抜」の基本原理である公平性をもとにした能力主義的基準を突き詰めた結果、日本では試験地獄と呼ばれる現象が顕在化したが、マス段階に入ると、必然的にそれだけでは対応しきれなくなった。そこで、「試験地獄緩和」という「マス高等教育」の論理をもとに、知的能力とは関係ない、すなわちエリート的・能力主義的とはいえない選抜基準が入り込んできた。その一つの典型例が推薦入学制度だというのである。[39]

こうしてみれば、1990年代以降に広まっていった、推薦入試やAO入試に代表される、学科試験以外の基準を重視する特別選抜の一般化は、「マス高等教育」段階が際に達し、まさしく「ユニバーサル高等教育」段階に突入しようとする日本に現出した、典型的な教育接続のあり方だったとみなせる。のみならず、幅広く深い教養をもったエリートを、公平性を保ちながら、能力主義的基準をもとに選抜することこそが、「エリート選抜」の典型的なあり方だとするならば、「試験地獄緩和」の主張と相通じる「受験生の負担軽減」という旗印のもとに行われた入試教科目の削減は、「マス高等教育」の論理に裏打ちされた、「エリート選抜」からの離脱であると考えられる。そして、それもまた、日本において「マス高等教育」段階が際に達し、まさしく「ユニバーサル高等教育」段階に突入しようとする時期に顕在化した、ある意味で必然の現象であったとみなせる。

第5節――中・高等教育の発展段階と教育接続

ここまで、戦後日本における学習指導要領と大学入試の変遷について概観してきた。これを、中等教育と高等教育の接続のあり方を考えるために、中等教育、高等教育の発展段階から生じる課題と組み合わせて、時期別に重要な要点をまとめたものが、表3-3である。

まず、1954年に高校進学率が50％を超えたのを受けて、それ以降に教育上の

問題となったのは、高校教育がユニバーサル化したのを踏まえて、それにどのように対応するかといった点であった。1960年の学習指導要領では、理科4科目を必修にするなど、深く幅広い教養の確保・保持が図られている。その種の教養の確保・保持が、エリート教育段階的な理念だとすれば、この措置は、ユニバーサル化した高校教育に対し、エリート教育的な理念で、建て直しを図った試みだったとも考えられる。

また、1958年に行われた中学校の学習指導要領改訂では、選択科目としての農業科、工業科、商業科、水産科、家庭科が、薬業科を加えて復活した。そし

表3-3 日本における教育接続の時代区分

年代	時代区分	高校理科教育	大学教育・入試
1960年代	ユニバーサル化した高校教育に対するエリート選抜理念による建て直し	（1960年学習指導要領）理科4科目必修制	（推薦入学制度の公認←高等教育のマス化にともなうマス選抜要素の侵入）
1970年代	高校教育のユニバーサル化という現実の受容	（1970年学習指導要領）(1) 理科2科目選択制への復帰 (2) 理数科の設置	共通1次試験制度の導入（1979年）
1980年代	高校教育のユニバーサル化に対するマス選抜理念もしくはユニバーサル選抜理念的対応	（1978年学習指導要領）(1) 「ゆとりの時間」導入による、教科学習の削減 (2) 選択制高校の創設	
1990年代	高等教育でのマス選抜の一般化	（1989年学習指導要領）(1) A科目導入による教科学習のレベル引き下げ (2) 「生活科」の新設にともなう生活体験学習の導入開始	(1) 私立大学も利用可能な大学入試センター試験制度の導入 (2) 受験教科目の削減による幅広い教科学力の放棄 (3) 推薦入試の増大による教科学力の軽視 (4) リメディアル教育など、高校段階で行われる教育の大学への侵入 (5) 専門教育の場としての大学院教育の重視
2000年代	中等教育におけるユニバーサル型教育と高等教育におけるマス選抜の接続	（2003年学習指導要領）(1) 「総合的な学習の時間」の設置にともなう生活体験学習の大幅な導入 (2) および学校完全週休2日制にともなう教科学習の削減	AO入試拡大による教科学力軽視の増大

て、特に第3学年では、これら「職業に関する教科」は、卒業後の就職希望者に対する職業準備のための基礎教育と位置づけられ、英語、数学を学ぶ進学希望者との組分けが行われた。これも、早期選抜の徹底を図った措置とも考えられる。

ところが、高校に話をもどすと、1970年の学習指導要領では、理科2科目選択制への復帰がなされる。もちろん、これは、このときの学習指導要領から日本でも「教育内容の現代化」が図られ、教えるべき教育内容が量的に飛躍的に増えたために、同じ授業時間数のなかでは、4科目すべてを教育することが困難になった事情に付随する措置とも考えられる。しかし、そういった理由ばかりではなく、これが、物理などの科目の落ちこぼれ対策の意味合いが強かったとすれば、深く幅広い教養の確保・保持というエリート教育段階的な理念によって、ユニバーサル化した高校教育の全般的建て直しを図った、1960年の学習指導要領の目論見からの、まさしく撤退であったと考えられる。別の言い方をすれば、ここにおいて、日本の高校教育は、ようやく中等教育ユニバーサル化の現実を受け入れたともいえる。

ただし、マーチン・トロウも指摘するように、教育が量的のみならず質的にも「ユニバーサル段階」に移行を遂げたとしても、そのなかでエリート型、マス型の教育機関は、部分的に存続しつづけることになる[40]。こうしてみると、この時期に同時並行的に進行した、高校理数科の設置は、高校のユニバーサル化対応シフトのなかでの、エリート教育部分の温存策とみなすことができる。

さらに、1978年の学習指導要領では、(1)「ゆとりの時間」導入による、教科学習の削減、(2)選択制高校の創設など、高校教育のユニバーサル化にともなう、生徒の多様化から派生する諸問題の解決に向けた措置が進展していく。そして、1989年の学習指導要領における、(1) A科目導入による教科学習のレベル引き下げ、(2)「生活科」の新設にともなう生活体験学習の導入開始をへて、2002・03年の学習指導要領では、(1)「総合的な学習の時間」の設置にともなう生活体験学習の大幅な導入、および(2)学校完全週休2日制にともなう教科学習の削減という形で、ユニバーサル型の高校教育は、一つの到達点に達することになる。

一方、大学入試の方に目を向ければ、1960年代に推薦入学制度の公認というマス選抜要素の侵入を許すものの、それは周辺的な現象に過ぎず、1980年代までは、高校教育のユニバーサル化のみならず、高等教育のマス化に対しても、基本的にはエリート選抜を崩すことはなかったといえる。

ところが、1990年代に入り、18歳人口減少にともない、好むと好まざるとに

かかわらず、日本の高等教育がマス化を加速させるのみならず、ユニバーサル化が現実的必然としてみえてきた。この時に当たって、志願者確保の観点が切実な現実問題となるにつれ、ようやく高等教育でのマス選抜が一般化していったと考えられる。その現れが、⑴受験教科目の削減による幅広く深い教科学力の放棄、⑵推薦入試の増大による教科学力の軽視、⑶リメディアル教育に代表される、高校段階で行われる教育の大学への侵入、などである。

さらに、1990年代になると、⑷専門教育の場としての大学院教育の重視が進行した。これまでは、大学で専門教育が行われることを前提に、高校の一般教養との接続が問題とされてきた。大学の格付けを含めて、どの種の専門教育を受けるかで、エリートの選抜が行われていたとすれば、学部段階の高等教育は、能力主義的機会均等という「エリート選抜」原理を標榜していればよかったといえる。しかし、専門教育の比重が大学院に移行し、エリート選抜の機能が、学部から大学院に重点を移しつつあるとすれば、アメリカの場合のように、学部段階の高等教育が「エリート選抜」原理を貫徹する必然性はなくなった。そのかわり、誰もが学部教育にアクセスできるよう、それを受ける教育機会を保障することこそが、大きな役割になったといえる。まさしく、「マス選抜」原理への転換である。

そして、この能力主義的機会均等という「エリート選抜」原理の放棄を象徴する出来事こそ、1997年以降の大学入試センター試験に代表されるような、理科、社会、国語などの同一教科のなかで、明らかに難易度が異なる科目を、同列の選抜材料に用いるといった選抜形態の採用である、とみなすことも可能だと思われる。

こうしてみると、1990年代以降、現在にいたる、中等教育と高等教育の接続の方向性は、中等教育のユニバーサル化と、高等教育のマス化を、ようやく現実のものとして受け入れた形での、選抜・教育的接続への移行期にあるともみなせる。

[注]

(1) なお、本章の元原稿が収録されている、下記の報告書では、理科教育の推移を補うために、理科系職業科目の変遷についても概観しているが、本章では割愛した。
①荒井克弘編『高校と大学の接続―選抜接続から教育接続へ』平成11〜14年度日本学

　　　　術振興会科学研究費補助金：基礎研究（A）(1)（マス高等教育段階における新しい教
　　　　育接続の研究）研究成果報告書、2003年3月。
　(2)　岩田弘三「理工系人材養成をめぐる問題―理工系離れ、科学技術離れ、理科離れ」中山
　　　　茂・後藤邦夫・吉岡斉編『通史　日本の科学技術』第5巻のⅡ、学陽書房、1999年。
　(3)　この節の記述は以下の文献を参照した。ただし、①は1960年までの状況を記述したも
　　　　のである。
　　　　①日本科学史学会編『日本科学史大系』第10巻　教育3、第一法規出版、1966年。
　　　　②奥田真丈監修『教科教育百年史』建帛社、1985年。
　　　　③板倉聖宣・永田英治編著『理科教育史資料』第1巻（科学技術論・教育課程）、東京
　　　　　法令出版株式会社、1986年。
　　　　④水原克敏『現代日本の教育課程改革』風間書房、1992年。
　　　　⑤小林学「『理科Ⅰ』設立の経緯」松田良一・正木晴彦編『日本の理科教育があぶない』
　　　　　学会センター関西（学会出版センター）、1988年。
　　　　⑥荒井克弘「戦後の学習指導要領の変遷と大学入試」『大学入試フォーラム』No.24、大
　　　　　学入試センター、2001年。
　(4)　①安斎育郎・滝川洋二・板倉聖宣・山崎孝『理科離れの真相』朝日新聞社、1996年、97
　　　　　-100頁。
　　　　②前掲、『理科教育史資料』第1巻、418-419頁。
　(5)　小林学、前掲、87頁。
　(6)　前掲、『日本科学史大系』第10巻、教育3、463頁。
　(7)　久木幸男・鈴木英一・今野喜清編『日本教育論争史』第4巻、現代編（下）、第一法規
　　　　出版、1980年、4-5頁。
　(8)　同書、282-286頁。
　(9)　小林学、前掲、88頁。
　(10)　前掲、『日本科学史大系』第10巻、教育3、463頁。
　(11)　同書、543頁。
　　　　なお、この時期における科学技術教育（理科教育）重視についていえば、理科教育振興法
　　　　により設置された理科教育審議会は、1959年8月1日に、「理科教育設備の充実と理科教
　　　　員の拡充強化について」と題する建議を出している。そのなかでは、理科教育センターの
　　　　設置が強調された。これを受けて、国庫補助のもと、まず1960年には千葉、富山、岐阜、
　　　　大阪、山口の各府県が、主に教員の研修・研究を目的として、理科教育センターを設置し
　　　　たのを皮切りに、各県に理科教育センターが設置されていった。
　(12)　前掲、『理科教育史資料』第1巻、547頁。
　(13)　金子忠史『変革期のアメリカ教育―学校編』東信堂、1985年、68頁。
　(14)　世界教育史研究会編『アメリカ教育史』Ⅱ（世界教育大系18）講談社、1976年、174-
　　　　180頁。
　　　　物理以外の理科教育プロジェクトについては、前掲、『教科教育百年史』796頁参照。
　(15)　物理以外の理科教育の動きについては、前掲、『教科教育百年史』803頁参照。
　(16)　吉本市「高校物理の新教育課程に関連して」『物理教育』第18巻第2号、1970年、63
　　　　頁。
　(17)　小林学、前掲、89頁。
　(18)　文部省初等中等教育局長1968年1月24日通知「高等学校における理数科の設置・運営
　　　　について」『現代日本教育制度史料』昭和43年・通知等文章、東京法令出版、1996年、81
　　　　頁。
　(19)　水原克敏、前掲、468-476頁。
　(20)　小林学、前掲、93頁。

(21) 同書、90-95頁。
(22) なお、この点については、岩木秀夫(『ゆとり教育から個性浪費社会へ』、ちくま新書、2004年)による、つぎのような指摘もある。1980年代には、日本経済一人勝ち状態に対して、日本の内需拡大・規制緩和を求める圧力が、とくにアメリカを中心として日本にかけられることになった。この内需拡大・規制緩和の課題を、教育面でも促進しようとしたのが、当時の中曽根内閣のもとで招集された臨時教育審議会であり、そこでは、「ナショナル・メリットクラシー(一国内能力主義)」というそれまでの競争主義的路線から転換し、その競争のもとで禁欲的に抑制されていた、消費に対する欲望を解放するために、「自由化」という旗印のもとに、「イディオシンクラシー(個性消費)」重視路線が標榜された。そして、そのとき打ち出された路線転換が底流となり、現在にいたる「ゆとり教育」の流れが形作られていった、とされる。
(23) 産経新聞社会部『理工教育を問う』新潮社、1995年、69頁。
(24) 久木幸男・鈴木英一・今野喜清、前掲、6頁。
(25) 水原克敏、前掲、第6章第3節。
(26) 同書、7頁。
(27) 同書、第8章。
(28) 岩田弘三、前掲、1999年。
(29) 2002・2003年の学習指導要領改訂を引き金とする学力低下論争については、数多くの出版物がでている。それらについては、市川伸一『学力低下論争』ちくま新書、2002年に要領よく要約されているので、ここでは一々列記しない。
(30) 佐々木亨「大学入試の歴史」第18-21回、『大学進学研究』No. 56-60、1988-89年。
(31) 同論文、第25-26回、『大学進学研究』No. 64-65、1989-1990年。
(32) 詳しくは、以下の文献参照。
①岩田弘三・清水留三郎・三浦真琴・丸山文裕「私立大学における入試教科目の推移に関する分析」『大学入試制度と受験競争激化の社会的・経済的・文化的要因に関する総合的研究』(平成6年度文部省科学研究費補助金 総合研究(A)研究成果報告書;研究代表者 清水留三郎)、1995年
(33) 池田輝政・中島直忠「国公立大学における入試教科・科目の変化とその特徴—昭和53年度と昭和54年度を比較して」『大学入試センター研究紀要』No. 9、1984年。
(34) 岩田弘三・清水留三郎・三浦真琴・丸山文裕、前掲、6頁。
(35) 荒井克弘「高校と大学の接続—ユニバーサル化の課題」『高等教育研究』第1集、1998年、185頁。
なお、荒井は、能力主義的機会均等については、「マス選抜」原理と定義している。ただし、ここでは、後に注(39)で述べる理由により、「エリート選抜」と記すことにした。
(36) 同論文、188頁。
(37) 大宮知信『学ばず教えずの大学はもういらない』草思社、2000年、35-42頁。
(38) 岩田弘三「アメリカにおける大学入学者選抜方法多様化の歴史的背景」『大学研究』第7号、筑波大学・大学研究センター、1990年。
(39) 中村高康「推薦入学制度の公認とマス選抜の成立」『教育社会学研究』第59集、1996年。なお、高等教育の発展段階と選抜のあり方の問題に、同じく焦点を当てて検討を進めた、荒井克弘(前掲、1998年)は、中村とは異なり、「能力主義的機会均等」原則にもとづく選抜様式を「マス選抜」とし、「個人の意志」、「教育達成の均等化」を図る選抜様式を「ユニバーサル選抜」と位置づけている。つまり、中村と荒井の定義には、高等教育の発展段階と対比した場合に、1段階のズレがある。どちらの位置づけ方がより適切であるのかの判断は、ここでは下さないことにして、ここでは本論の文章のつながりを重視し、とりあえず中村の定義を援用することにした。

（40）　マーチン・トロウ（天野郁夫・喜多村和之訳）『高学歴社会の大学』東京大学出版会、1976年、序文、iv頁。
（41）　荒井克弘編『大学のリメディアル教育』広島大学大学教育研究センター、1996年。

[編著者]

中村高康　Takayasu NAKAMURA
大阪大学大学院人間科学研究科准教授・東京大学大学院教育学研究科准教授(併任)
1967年神奈川県に生まれる。東京大学大学院教育学研究科博士課程単位取得退学。東京大学大学院教育学研究科助手、群馬大学教育学部助教授を経て、現職。博士(教育学)
専攻：教育社会学。
著書：『学歴・選抜・学校の比較社会学』(共編著、東洋館出版社、2002)

リーディングス　日本の高等教育──1
大学への進学　選抜と接続
2010年10月10日　初版第1刷発行

企画編集————橋本鉱市・阿曽沼明裕
編　　集————中村高康
発行者————小原芳明
発行所————玉川大学出版部
　　　　　　〒194-8610　東京都町田市玉川学園6-1-1
　　　　　　TEL 042-739-8935　FAX 042-739-8940
　　　　　　http://www.tamagawa.jp/introduction/press
　　　　　　振替　00180-7-26665
ブックデザイン——鈴木堯・佐々木由美[タウハウス]
印刷・製本————図書印刷株式会社
　　　　　　乱丁・落丁本はお取り替えいたします。
　　　　　　©Takayasu NAKAMURA 2010 Printed in Japan
　　　　　　ISBN978-4-472-40410-8/NDC377

玉川大学出版部

リーディングス　日本の高等教育　全8巻

［企画編集］橋本鉱市・阿曽沼明裕
Ａ５判上製・平均３７６頁
高等教育研究に新しい視座と議論を提供する重要文献を問題群別に精選し解説

第1巻　**大学への進学**　選抜と接続　　　編集　中村　高康
　　　　大学入試制度や受験競争の功罪、所得格差と高等教育機会の選択、選抜の原理、高大接続の本質に迫った論考を集成し、解説を付す。

第2巻　**大学の学び**　教育内容と方法　　　編集　杉谷祐美子
　　　　大学教育の質や学習成果が問われる今、単位制、成績評価や、初年次教育などの新しい教育プログラムを検証し、学士課程教育改革の課題を考察。

第3巻　**大学生**　キャンパスの生態史　　　編集　橋本　鉱市
　　　　戦後の青年文化・消費文化の中で揺れ動く大学生の立ち位置や、学生生活・学生文化、政治・思想運動の側面、学生生活への不適応の問題を分析。

第4巻　**大学から社会へ**　人材育成と知の還元　編集　小方　直幸
　　　　非大学型高等教育や大学院も含めて、日本の高等教育は、どのような人材を育成し、また雇用システムとどのような関係を構築し機能してきたか。

第5巻　**大学と学問**　知の共同体の変貌　　　編集　阿曽沼明裕
　　　　知の共同体・大学は、戦後社会の変動とともに変貌をとげてきた。大学教授職や学術政策、研究者養成などの諸研究を通じて、その変貌をたどる。

第6巻　**大学と国家**　制度と政策　　　編集　村澤　昌崇
　　　　大学の大衆化、政府と大学、設置認可行政、大学評価と質保証など、日本の高等教育システム全般や、大学の国際化の本質についての論考を収録。

第7巻　**大学のマネジメント**　市場と組織　　編集　米澤　彰純
　　　　戦後、マネジメント、市場、組織という概念が普及する過程でメルクマールとなった研究と最先端の研究を採録し、大学の自治とは何かを問う。

第8巻　**大学とマネー**　経済と財政　　　編集　島　一則
　　　　高等教育の費用は誰がどのように負担しているのか。企業・家計・大学・政府間のマネーの流通や教育と所得・経済成長などをミクロとマクロで分析。